超人气网店设计素材展示

396个
关联多图推荐格子模板

330个
精美店招模板

660款
设计精品水印图案

2000款
漂亮店铺装修素材

大型多媒体教学光盘精彩内容展示

一、丰富实用的教学视频教程

（一）赠送超值实用的视频教程

1. 5 小时手把手教您装修出品质店铺的视频教程
2. 6 小时 Photoshop 照片处理的视频教程
3. 246 分钟的打造爆款视频教程
4. 200 分钟的手机淘宝视频教程

（二）部分视频内容目录展示

1. 打造爆款的视频教程

第 1 章　电商爆款运营思维全透视
1.1　认识电商爆款
1.2　解析后爆款时代
1.3　打造爆款的思路

第 2 章　电商爆款打造的准备工作
2.1　调研互联网用户关注动向
2.2　调研淘宝买家对产品的关注动向
2.3　关注细分属性，精确定位产品
2.4　爆款产品定价策略

第 3 章　爆款产品的视觉营销设计
3.1　爆款产品图片拍摄
3.2　爆款产品首图设计三大策略
3.3　爆款产品详情页设计

第 4 章　爆款产品的流量基础
4.1　爆款产品标题设计及优化
4.2　爆款产品上下架
4.3　爆款产品破零及基础销量规划

第 5 章　打造爆款产品的引流及转化工具
5.1　直通车引流
5.2　钻展引流
5.3　淘宝客引流
5.4　活动引流及提升转化

第 6 章　爆款打造攻坚战——4 周打造出爆款
6.1　爆款打造第 1 周
6.2　爆款打造第 2 周
6.3　爆款打造第 3 周
6.4　爆款打造第 4 周

第 7 章　维护好爆款——延长爆款生命周期
7.1　时刻关注，维护爆款
7.2　从 3 个维度延长爆款生命周期

第 8 章　微店爆款产品的定位与挖掘
8.1　微店产品定位
8.2　如何找到爆款产品
8.3　爆款产品市场营销定位

第 9 章　微店爆款的线上线下引流方法
9.1　线上引流方法
9.2　线下引流方法

第 10 章　微店爆款产品的成交转化秘诀
10.1　朋友圈营销系统
10.2　微信群营销
10.3　玩转情感营销

2. 手机淘宝的视频教程

第 1 章　电商玩法变了：手机淘宝领跑移动电商
1.1　传统电商与移动电商
1.2　移动电商的现在与未来
1.3　移动电商必备的三大思维
1.4　为什么要开手机淘宝店铺

第 2 章　快速开通店铺：手机淘宝店铺的开通与管理
2.1　淘宝开店前的准备工作
2.2　开通 PC 端淘宝店铺
2.3　使用千牛客户端管理手机淘宝店铺
2.4　淘宝网店的编码与库存管理
2.5　手机支付宝的使用

第 3 章　手淘装修必学：手机淘宝网店的视觉营销
3.1　手机淘宝装修要素
3.2　文字的视觉营销
3.3　色彩的视觉营销
3.4　版式的视觉营销

第 4 章　手淘装修必会：快速装修与设计手机淘宝网店
4.1　手机淘宝的页面基本装修
4.2　手机淘宝首页的其他装修
4.3　手机淘宝的详情页装修

第 5 章　站内推广必会：直通车、钻展、淘宝客
5.1　无线钻展推广
5.2　手机无线直通车推广
5.3　淘宝客推广
5.4　手机端其他运营推广

第 6 章　站外推广必知：手机淘宝店铺的外部推广与引流
6.1　百度推广
6.2　QQ 推广
6.3　论坛推广
6.4　其他外部推广方式

第 7 章　数据分析与运营：生意参谋、引流与转化
7.1　使用“生意参谋”分析店铺数据
7.2　提升手机淘宝流量的决窍
7.3　提升手机店铺转化的五大技巧

第 8 章　服务助力营销：做好客户沟通与售后服务
8.1　打造优秀的淘宝客服团队
8.2　做好网店售后服务
8.3　建立店铺顾客会员关系维护老客户
8.4　无线会员营销

第 9 章　手淘开店安全：安全使用网上银行、支付宝
9.1　使用手机杀毒软件保护手机安全
9.2　手淘网店安全保障技巧
9.3　网上银行的安全必知与防范措施
9.4　支付宝使用安全技巧

二、超值实用的电子书

（一）新手开店快速促成交易的 10 种技能

技能 01：及时回复买家站内信
技能 02：通过千牛聊天软件热情地和买家交流
技能 03：设置自动回复，不让客户久等
技能 04：使用快捷短语，迅速回复客户
技能 05：使用移动千牛，随时随地谈生意
技能 06：保存聊天记录做好跟踪服务
技能 07：巧用千牛表情拉近与买家的距离
技能 08：使用电话联系买家及时跟踪交流
技能 09：与买家交流时应该注意的禁忌
技能 10：不同类型客户的不同交流技巧

（二）你不能不知道的 100 个卖家经验与赢利技巧

1. 新手卖家开店认知与准备技巧

技巧 01：网店店主要具备的基本能力

三、超人气的网店装修与设计素材库

- 28 款详情页设计与描述模板（PSD 分层文件
- 46 款搭配销售套餐模板
- 162 款秒杀团购模板
- 200 套首页装修模板
- 396 个关联多图推荐格子模板
- 330 个精美店招模板
- 660 款设计精品水印图案
- 2000 款漂亮店铺装修素材

超人气网店是如何打造成的

从月销3万到100万！

凤凰高新教育◎编著

北京大学出版社
PEKING UNIVERSITY PRESS

内容提要

随着网上购物的推广和普及，网上开店已经成为许多人实现创业梦想的捷径。目前，网上开店不仅成为一种时尚，更成为一些人的主业。但是，为什么我的网店没流量，为什么我的网店不赚钱，相信很多店主都有这一疑惑，而本书的推出，将彻底为你解决这些难点，让你轻松获得流量，实实在在地获得成交。

本书共分10章，全面、系统地讲解了网店引流、转化及提升网店收益的相关方法与策略技巧。内容包括：网店宝贝发布优化→网店视觉营销方法→网店营销与促销活动策略→直通车、钻展及淘宝客推策略→站外营销推广策略→爆款打造手法→双11、双12营销策划与运营→网店大数据分析与运营→网店客服交易沟通技能及售后服务技能→无线商店铺的运营与管理。

书中适时穿插了丰富的"问答"栏目内容，帮助卖家及时解决网店经营中可能会遇到的相关问题。并且还安排了10个"运营大师谈经验"板块，将高手在开店过程中积累的经验、心得、技巧等插在正文中，让读者能够快速掌握这些简便方法或操作技巧，快速上手，少走弯路。不仅加深您对重点内容的理解和把握，还带给您一种新的思维方式去感悟网店的经营与管理。

本书不仅适合想全面掌握淘宝天猫店铺经营的创业者学习，更适合已经开有网店，缺乏运营推广经验，想提高网店流量和效益的老店主学习提高。还可以作为各类职业院校或培训机构的教材参考用书。

图书在版编目（CIP）数据

超人气网店是如何打造成的：从月销3万到100万 / 凤凰高新教育编著 .—北京：北京大学出版社，2017.7

ISBN 978-7-301-28243-4

Ⅰ.①超… Ⅱ.①凤… Ⅲ.①网店—运营管理 Ⅳ.① F713.365.2

中国版本图书馆CIP数据核字（2017）第085250号

书　　名　超人气网店是如何打造成的——从月销3万到100万
CHAO RENQI WANGDIAN SHI RUHE DAZAO CHENG DE

著作责任者　凤凰高新教育　编著

责任编辑　尹　毅

标准书号　ISBN 978-7-301-28243-4

出版发行　北京大学出版社

地　　址　北京市海淀区成府路205号　100871

网　　址　http：//www.pup.cn　　新浪微博：@北京大学出版社

电子信箱　pup7@pup.cn

电　　话　邮购部62752015　发行部62750672　编辑部62580653

印 刷 者　三河市博文印刷有限公司

经 销 者　新华书店

787毫米×1092毫米　16开本　18.75印张　彩插2　409千字

2017年7月第1版　2017年7月第1次印刷

印　　数　1—3000册

定　　价　39.00元

序言 Preface

"电子商务"开创了全球性的商业革命，带动商业步入了数字信息经济时代。近年来我国电子商务发展迅猛，不仅创造了新的消费需求，引发了新的投资热潮，开辟了新的就业增收渠道，为"大众创业、万众创新"提供了新空间，同时加速与制造业融合，推动服务业转型升级，催生新兴业态，成为提供公共产品、公共服务的新力量，成为经济发展新的原动力。

在商务部、中央网信办、发改委三部门联合发布的《电子商务"十三五"发展规划》中，预计到2020年将实现电子商务交易额超过40万亿元，同比"十二五"末翻一番，网络零售额达到10万亿元左右。电子商务正以迅雷不及掩耳之势，进入到百姓生活的方方面面，可以说，电子商务已经成为网络经济中发展最快、最具潜力的新兴产业，而且是一个技术含量高，变化更新快的行业，要做好电子商务产业，应认清行业的发展趋势，快速转变思路，顺应行业的变化。电商行业的发展呈现了以下5个较为鲜明的发展趋势。

移动购物。2016年天猫"双十一"全天交易总额为1207亿元，其中无线端贡献了81.87%的占比，这是阿里巴巴举办"双十一"8年来的最高交易额，比2015年全天交易额的912亿元、无线端贡献的68%，有了大幅度增长。随着智能终端和移动互联网的快速发展，移动购物的便利性越来越突出。在主流电商平台的大力推动下，消费者对于通过移动端购物的接受程度也大大增加，用户移动购物习惯已经养成。无线购物正在迅猛地发展，21世纪不仅仅是PC端网购的时代，更是无线端网购的新时代。

电子商务向三、四、五线城市及农村电商渗透。如果说前10年是电子商务的起步和发展阶段，一、二线城市享受着电子商务带来的产业升级变化和大众的生活便利，那么，后10年会是三、四、五线城市，以及农村电商发展的黄金时期。随着国家政策的大力扶持，以及交通运输、网络物流的改善，电商正在逐渐渗透到三、四、五线城市及农村电商市场。

社交购物。社交购物的模式大家一定不陌生，在我们的社交平台上已经充斥着各种各样的电商广告，同时通过亲人、朋友等向我们推荐，作为我们的购物参考。社交购物可以让大家在社交网络上更加精准地营销，更个性化地为顾客服务。

大数据的应用。大家知道如果以电子商务的盈利模式逐渐作为一个升级，最低级的盈利是靠商品的差价。往上一点的是为供应商商品做营销，做到返点。再往上一点的盈利是靠平台，通过流量、顾客，然后收取平台使用费和佣金提高自己的盈利能力。再往上一点是金融能力，也就是说为我们的供应商、商家提供各种各样的金融服务得到的能力。而在电子商务迅猛发展的今天，我们要通过电子商务顾客大量的行为数据，分析和利用这个大数据所产生的价值，这个能力是当前电子商务盈利的最高层次。

精准化营销和个性化服务。这个需求大家都有，都希望网站为我而设，希望所有为我推荐的刚好是我要的，所以以后的营销不再是大众化营销，而是精准化营销。而这个趋势也是基于数据应用来实现的，通过数据的分析为顾客提供个性化的营销和服务。

然而，随着我国电子商务的急剧发展，互联网用户正以每年100%的速度递增，电子商务人才严重短缺，预计我国在未来10年大约需要200万名电子商务专业人才，人才缺口相当惊人。行业的快速发展与人才供应不足的矛盾，形成电子商务领域巨大的人才真空。从社会调查实践来看，大量中小企业正在采用传统经济与网络经济相结合的方式生产经营，对电子商务人才的需求日益增加。

面对市场对电子商务人才的迫切需求，人才的培养已得到普遍重视，国内很多大学及职业院校都已开设了电子商务专业，力争在第一时间将符合需求的专业人才推向市场。目前市场上关于电子商务的图书很多，但很多图书内容时效性差、技术更新落后、理论多于实际操作。北京大学出版社出版的这套电子商务教程，结合了当前几大主要电商运营平台（淘宝、天猫、微店三大平台），并针对电商运营中重要的岗位（如网店美工、网店运营推广）和热点技术（如手机淘宝、大数据分析、爆款打造）等，进行了全面的剖析和系统的讲解。我相信这套教程是中国电子商务人才培养、产业发展创新的有效补充，能为电商企业、个体创业者、电商从业者带来实实在在的帮助。互联网的发展很快，电商的发展更是如此，相信电商从业者顺应时代发展，加强学习，一定能做出自己更大的成绩。

中国电子商务协会副会长

李一杨

Foreword 前言

为什么我的网店没流量？

为什么我的网店不赚钱？

现在的网店真的越来越不好做吗？

其实，商机一直都在，而且还不断地扩大，从这几年的销售数据就可以看出电商发展之快，成效之大。

电子商务正以迅雷不及掩耳之势，进入到百姓生活的方方面面。根据近几年双11成交额数据显示：2012年191亿元；2013年350亿元；2014年571亿元；2015年921亿元；2016年1207亿元，可以说，网络经济已经成为当今发展最快、最具潜力的新兴产业。

而正是由于如此诱人的商机，现如今开网店的人越来越多，这无疑给淘宝市场带来前所未有的压力，但我们发现，即便是如此大的行业竞争，有的淘宝商仍然能月收入上百万元，而有的店铺却无人问津；有些店铺几年前的销售业绩很好，而今销售业绩一年不如一年，一月不如一月。很多网店卖家埋怨现在的淘宝不如以前好做了，其实主要原因：一是大多数人对于开网店没有经验或者经验不足，导致店铺在运营、管理、推广方面知识的欠缺，使店铺停滞不前；二是有些老网店还在采用前几年的方法和思路来经营，跟不上淘宝的新规则、新变化，导致店铺业绩下滑。要突破这些瓶颈，我们就必须跟上信息时代的变化，掌握更多的店铺营销推广知识才能在激烈的竞争中高人一筹。针对此情况，我们策划并出版了本书。

为什么我的网店不赚钱？相信很多店主都有这一疑惑，而本书的推出，将彻底为你解决这个难题，教你如何让自己的店铺轻松获得流量，实实在在地增加成交量，从而实现店铺效益最大化。

行业专家教你

一 网店的正确优化方法与引流技巧

二 网店的营销推广方法与流量转化技巧

三 从0到1的电商爆款打造秘诀

四 如何经营好“一年一度双11网购盛宴”

五 大数据运营分析与手机无线端的经营管理

竞争对手都在学的技能，你还在等什么？

本书内容

本书共分为10个章节，全面、系统地讲解了网店运营、管理与推广的相关技能，具体内容如下。

章　名	内容介绍
第1章　优化商品发布，做好网店引流的第1步	宝贝标题优化、宝贝描述优化、产品上下架优化、推荐与搜索排名优化、宝贝定价策略优化
第2章　借力视觉营销，好店铺带来高人气	网店视觉营销的六大要素、定位原则及设计方法、网店首页装修技法、网店详情页设计与优化
第3章　做好促销与营销活动，让店铺流量源源不断	网店促销活动引流方法、相关营销工具引流方法，以及参加平台活动引流方法与技巧
第4章　站内推广三大宝，直通车、钻展、淘宝客	直通车的投入方法与策略、钻展位广告的投入方法与推广策略、淘宝客的推广策略
第5章　站外推广不可少，免费流量多又好	站外社交工具推广方法、网站论坛推广方法、自媒体（博客、微博、视频、网红等）的推广方法
第6章　打造爆款，网店引流的“必杀器”	打造爆款的内功修炼（选款技巧、拍照、详情页制作）、爆款产品的标题优化、上下架策略、流量获取及差评应对
第7章　一年一度网购盛宴，做好双11、双12营销	双11、双12营销策划与创意、活动报名技巧、双11活动的相关准备、双11活动预售及正式活动经营管理技巧
第8章　大数据时代，店铺的数据化运营	生意参谋数据分析方法及相关指标解析，阿里指数、体检中心、淘宝排行、看店宝等相关工具的数据分析方法
第9章　人气网店必知，销售服务的重要性	优秀客服的销售沟通秘诀、产品售后服务方法与策略、产品包装与物流发货技巧
第10章　一定重视移动端，手机店铺运营与管理	手机移动端店铺的管理、移动端店铺的装修方法，以及移动端店铺的运营与推广方法

超值光盘

本书配套光盘内容丰富、实用、超值，全是干货，不仅赠送有网上开店的相关视频教程，还赠送有皇冠卖家运营实战经验与技巧的相关电子书。另外，还为新手开店的卖家提供了丰富的网店装修模板，能有效帮助新手卖家快速掌握网店的装修与设计技能。具体如下：

一、实用的开店视频教程

（1）5 小时手把手教您装修出品质店铺的视频教程。

（2）15 个网店宝贝优化必备技能的视频教程。

（3）6 小时 Photoshop 照片处理的视频教程。

（4）246 分钟的打造爆款视频教程。

二、超值实用的电子书

（1）你不能不知道的 100 个卖家经验与赢利技巧（电子书）。

（2）新手开店快速促成交易的 10 种技能（电子书）。

三、超人气的网店装修与设计素材库

28 款——详情页设计与描述模板

46 款——搭配销售套餐模板

162 款——秒杀团购模板

200 套——首页装修模板

396 个——关联多图推荐格子模板

330 个——精美店招模板

660 款——设计精品水印图案

2000 款——漂亮店铺装修素材

本书特点

● 本书内容全面实用，系统地讲述了网店经营与营销推广的方方面面，包括：宝贝的优化与引流、网店的营销与推广策略、网店的视觉营销策划、爆款的打造方法、节假日活动策划与运营、网店数据的分析与管理，以及无线端的运营与管理。

● 本书大部分的技术都是经过作者或者其他卖家证明过的、确实有效的技术，都能够实实在在帮助卖家提高店铺的利润。

● 本书以贴近实际的案例分析、最新的推广方法，为店铺打开营销思维，促使迅速达成交易。

● 书中适时穿插了丰富的“问答”栏目内容，帮助卖家及时解决网店经营中可能会遇到的相关问题。

● 本书还从心理方面来帮助卖家分析、了解买方的心理动态，更好地帮助卖家轻松赚钱。

● 书中还安排了 10 个“运营大师谈经验”板块，将高手在开店过程中积累的经验、心得、技巧等插在正文中，让卖家能够快速掌握这些简便方法或操作技巧，快速上手，少走弯路。不仅加深您对重点内容的理解和把握，还带给您一种新的思维方式去感悟网店的经营与管理。

读者群体

本书尤其适合以下类型的读者学习参考。

学生朋友：想兼职开网店的在校学生，或即将毕业想自己创业的大学生。

职场白领：有着稳定的工作，希望兼职开展副业，增加自己收入的人群。

个体户商家和老板：自己有实体商铺或工厂，有独到的货源，想进军电商市场增加收入、扩大销售渠道的商家或个体老板。

网店卖家：有自己的网店，但经营效果不理想，缺乏经营指导，想改善网店经营现状，提高经营效益的卖家。

教材用书：各类职业院校、培训机构等电子商务相关专业的教材参考用书。

创作者说

本书由凤凰高新教育策划并组织编写。全书由开店经验丰富的网店卖家、运营经理、网店美工等人员共同参与编写，同时也得到了众多淘宝、天猫卖家及运营高手的支持，他们为本书道出了自己多年的运营实战经验。在此表示衷心的感谢。同时，由于互联网技术发展非常迅速，网上开店的相关规则也在不断地变化，书中疏漏和不足之处在所难免，敬请广大读者及专家指正。

读者信箱：2751801073@qq.com

投稿信箱：pup7@pup.cn

读者 QQ 群：218192911

Contents 目录

第3章 做好促销与营销活动，让店铺流量源源不断

第4章 站内推广三大宝，直通车、钻展、淘宝客

第5章 站外推广不可少，免费流量多又好

第 6 章 打造爆款，网店引流的“必杀器”

第 7 章 一年一度网购盛宴，做好双 11、双 12 营销

第 8 章 大数据时代，店铺的数据化运营

第9章 人气网店必知，销售服务的重要性

第10章 一定重视移动端，手机店铺运营与管理

附录 电子商务常见专业名词解释（内容见光盘）

第1章

优化商品发布，做好网店引流的第 1 步

本章导读

优化商品发布能使宝贝搜索排名靠前，为店铺带来流量。那么，优化商品发布有哪些方法呢？带着这些问题，我们进行本章内容的学习。

知识要点

通过本章内容的学习，大家能够学习到如何优化商品发布，为店铺带来大量的流量。学完后需要掌握的相关技能知识如下：

- 3 招变身标题党，不愁宝贝没流量；
- 优化宝贝描述，提升转化率；
- 解密宝贝发布搜索排名，快速找到突破口；
- 商品定价的“潜规则”。

淘

1.1 3招变身标题党，不愁宝贝没流量

怎样才能让宝贝标题更有吸引力，让宝贝通过标题被更多的客户搜索到，是每个卖家最关心的问题，本节将介绍优化宝贝标题的方法。

1.1.1 商品标题的结构和组合方式

在进行商品标题的组合时要讲究搭配，全是热点词不一定能带来很好的流量。宝贝标题主要有下面几种组合方式，利用各种组合方式，可以让标题更好地吸引顾客。

组合1：年度+品牌名+季节+特色+属性词+风格+类目词

例如，2017 ONLY 春季 新款手工刺绣 中长款 波西米亚民族风 开衫外套。

组合2：促销词+品牌名+功能+品名+规格

例如，正品包邮 飘柔 深度修复烫染受损发质 洗发护发二合一 550ml。

组合3：品牌名+热搜词+属性词+类目+货号

例如，[宓色] 刺绣手工包 小手拿包 零钱包 女包 1899。

这三种组合在什么情况下使用呢？组合1适合应季产品；组合2适合常规产品；组合3适合爆款。但是这3种情况并非是绝对的，卖家可参考使用。此外，天猫要求宝贝标题中必须包含该商品的品牌，淘宝店铺可以不用品牌名。

问： 在设置宝贝的标题时有什么需要注意的呢？

答： 设置商品标题时要注意以下几点。

（1）淘宝规定宝贝的标题最长不能超过60个字节，也就是30个汉字，宝贝标题30个字要写满，增加宝贝在搜索中展现的概率。

（2）不要盲目对已经是爆款的宝贝进行标题优化。

（3）不要频繁操作关键词优化，宝贝容易搜索降权。

（4）不要在宝贝标题中滥用符号。

（5）同类宝贝标题不要完全相同。

（6）不要堆砌关键词。

（7）不使用与宝贝不相关的关键词。

（8）不用违规词、侵权词。

（9）切忌关键词组合太宽泛、无特色。

1.1.2 在标题中突出卖点的技巧

标题有卖点，才能吸引买家点击，标题是卖点的提炼。由于宝贝标题的字数有限，就要求卖家在编写标题时把商品最核心的卖点用精练的语言表达出来。下面介绍一些商品标题中突出卖点的技巧。

1. 标题准确

面对淘宝众多的宝贝，买家没有时间去读咬文嚼字的宝贝标题，因此宝贝标题不能让人产生误解，应该准确而且清晰，让买家能够在一扫而过的时间内轻松读懂。

2. 成交记录

如果店中某件商品销量在一段时间内较高，可以在标题中加上“月销上千”“达人推荐”等文字，利用好这些能够调动人情绪的词，对店铺的销售会有很大的帮助，会令买家极大地降低对此商品的后顾之忧，同时也会让买家觉得既然能卖得这么好，售后一定是到位的。

3. 价格信号

价格是每个买家最关注的内容之一，也是最能直接刺激买家、达成购买行为的因素。如果店里的宝贝具备一定的价格优势，或是正在进行优惠促销活动，一定要用简短有力的词在标题中注明，如“特价”“清仓特卖”“仅售 ×× 元”“包邮”“买一赠一”等，如图 1-1 所示。

图 1-1

4. 进货渠道

如果店铺的商品是厂家直供或从国外直接购进的，可在标题中加以注明，以突出商品的独特性、销售优势，如“厂家直销”“海外代购”等，如图 1–2 所示。

图 1–2

5. 售后服务

因在网上不能面对面交易，买家不能看到实物，所以许多买家对于某些宝贝不愿意选择网上购物，但是如果能提供有特色的售后服务，相信一定能吸引不少买家的眼球，所以我们可以在标题中注明，如“无理由退换货”“全国联保”等，如图 1–3 所示。

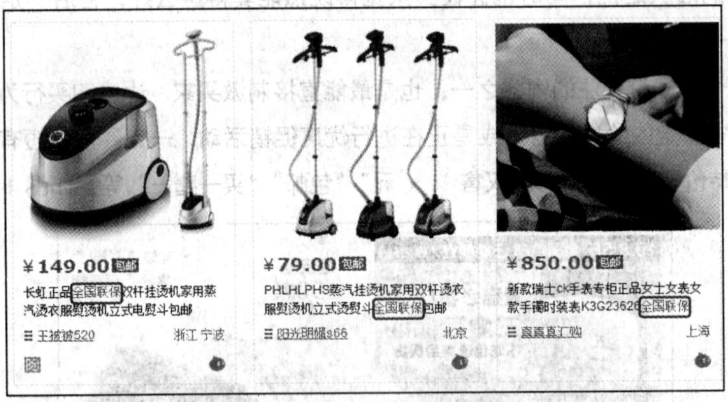

图 1–3

1.1.3 选对关键词，让店铺流量飙升

宝贝标题最重要的就是关键词的选择，如果不知如何取舍，建议先从长尾词入手，先将网撒宽些，等销量一步步上来之后，再修改关键词，在有限的关键词额度中，找到最合适的、利用率最高的关键词。下面介绍几种快速找到热门关键词的方法。

1. 搜索下拉框

在淘宝首页的宝贝搜索栏中输入店铺主营产品的大范围关键词，如“女包”，在下拉框中可以找到其他相关联的很多关键词，如斜挎包、手提包、小包、大包等，如图 1-4 所示，买家便可根据包的属性选择关键词。

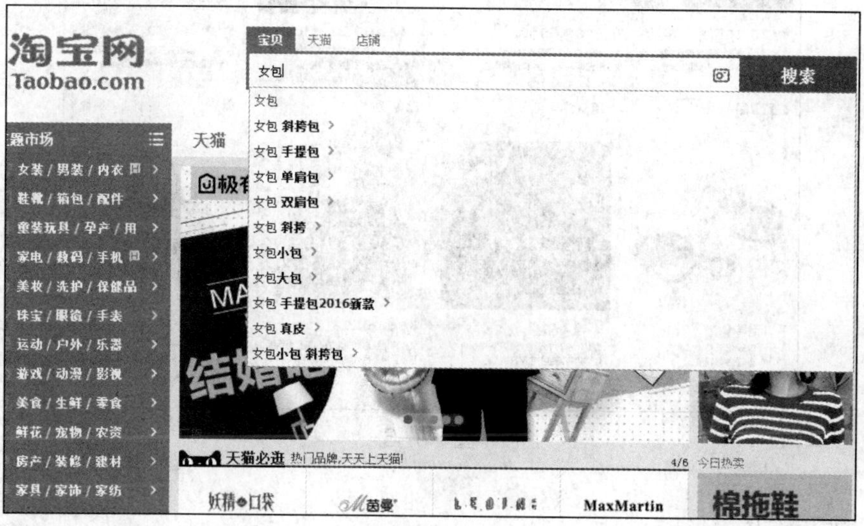

图 1-4

2. 搜索结果页

在首页的搜索结果中，最下方的“您是不是想找”一栏中会显示淘宝推荐的相关关键词，这些也属于优质的关键词，如图 1-5 所示。此外，分类中的类目词也可参考使用。

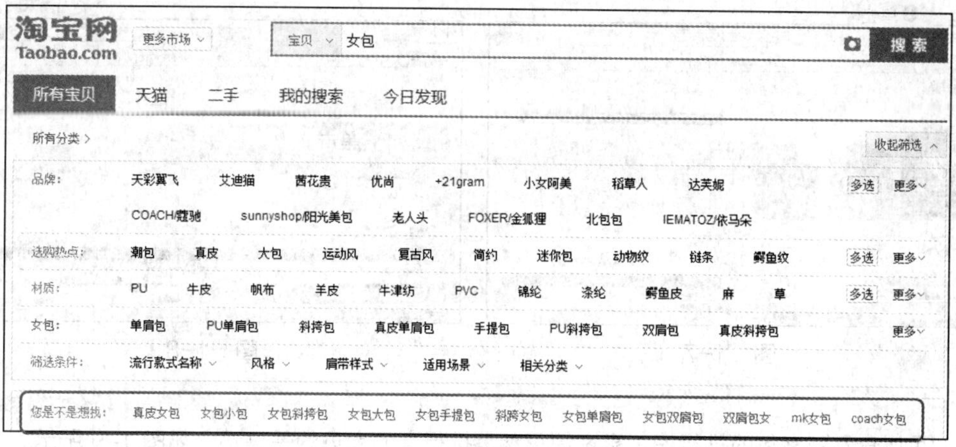

图 1-5

3. 参考其他同行的店铺

卖家也可以参考同行的其他商家的商品标题名称是怎么写的，这样会得到更多的关键词作为预选，如图 1-6 所示。

图 1-6

4. 淘宝排行榜

淘宝排行榜会对淘宝近百万店铺前 500 名进行排名。同样以“女包”为例，进入淘宝排行榜首页，❶ 单击“服饰”标签，如图 1–7 所示，❷ 单击分类中的“女士包袋”链接，如图 1–8 所示。

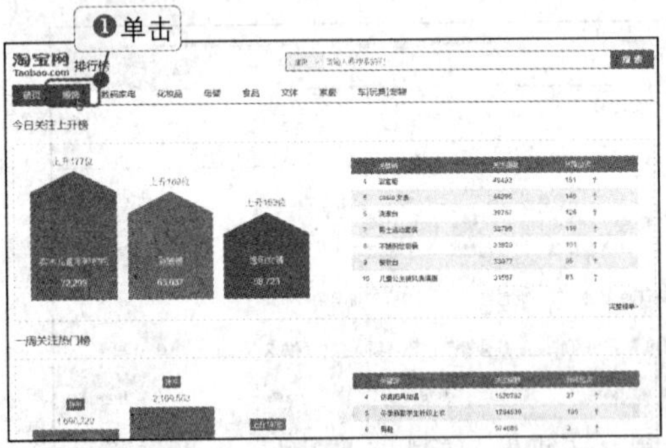

图 1–7

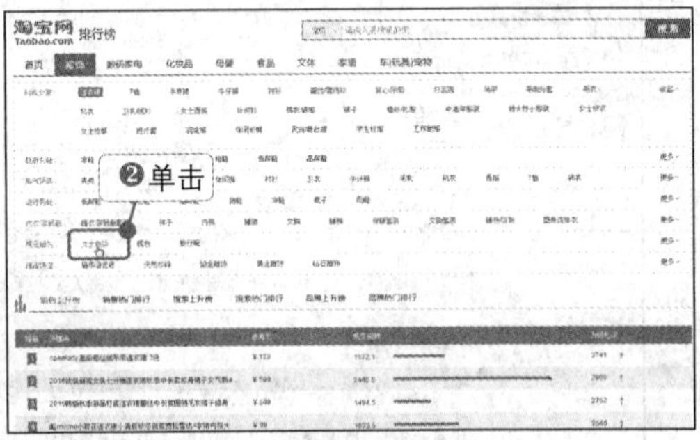

图 1–8

可以查看到女包的排行榜，卖家便可参考排行高的宝贝的关键词，如图 1–9 所示。

5. 生意参谋

利用生意参谋中的选词助手，可以快速找到行业搜索热门关键词。进入生意参谋页面，单击“专题工具”标签下面的“选词助手”标签，如图 1–10 所示，在打开的页面单击“行业相关搜索词”按钮，如图 1–11 所示。

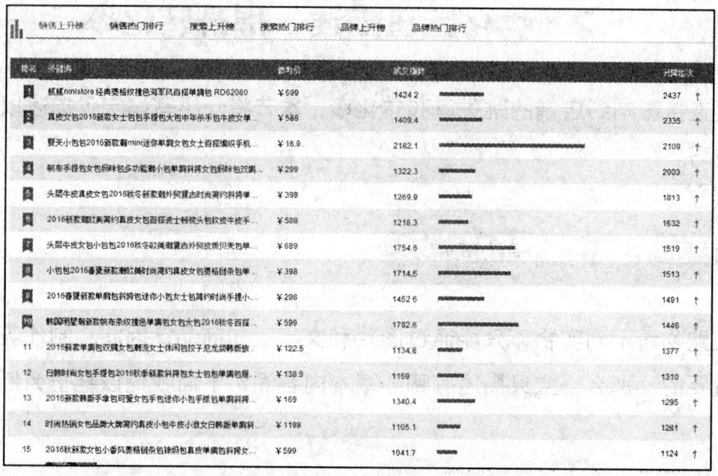

图 1-9

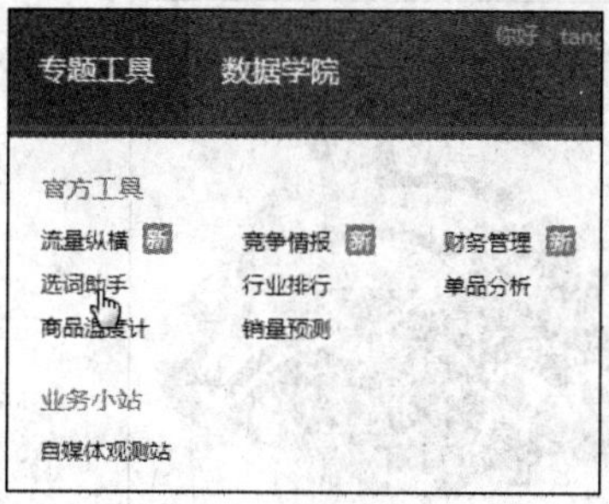

图 1-10

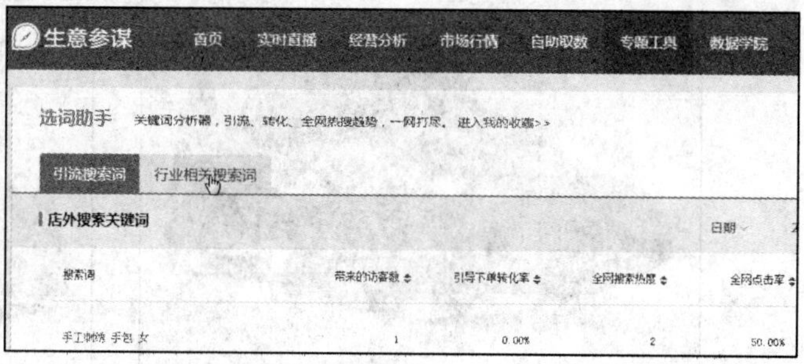

图 1-11

输入行业关键词，如“女包”，再单击“查看”按钮，即可查看到行业相关搜索词排行，如图 1-12 所示。卖家将相关的排行高的搜索关键词加到宝贝标题中，便会让更多的买家能通过这些行业热门搜索词搜索到店铺的宝贝。

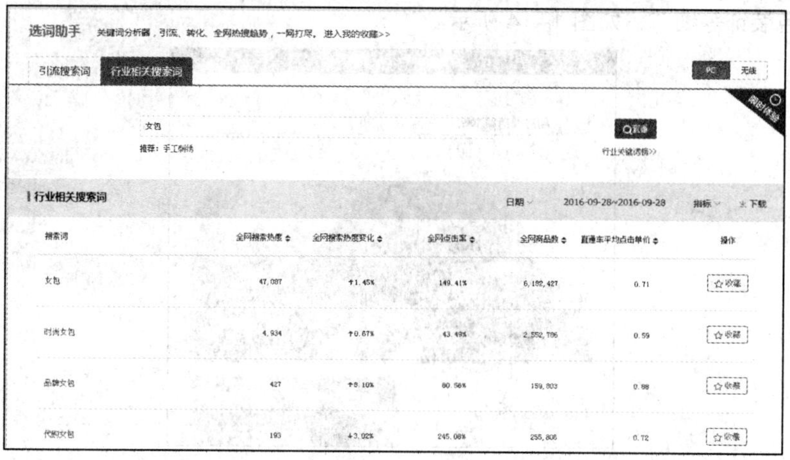

图 1-12

1.2 优化宝贝描述，提升转化率

宝贝描述直接影响到店铺的跳失率和转化率，本节将介绍写好宝贝描述以及优化宝贝图片的方法和技巧。

1.2.1 宝贝描述的基本内容

由于网上购物看不到实物，只能通过图片和文字感知商品，因此，制作吸人眼球的宝贝描述是至关重要的。那么，宝贝描述有哪些基本内容呢？下面我们以鞋子为例介绍宝贝描述的基本内容。

1. 宝贝整体图片

主要是展示产品全貌，包括产品正面、背面、侧面、多角度的展示，如图 1–13 所示。

图 1–13

2. 宝贝细节图片

制作宝贝细节图片的目的在于提高顾客的感官体验，增强产品的质感。要求拍摄效果清晰，近距离拍摄，主要细节元素突出。细节图片必须单独拍摄，不能在主图上进行切割完成。细节是近距离展示商品亮点，展示清晰的细节（近距离拍摄），如鞋子需展示材质、内里、走线和特色装饰等细节，如图 1–14 所示。

图 1–14

3. 宝贝模特图

人是视觉动物，都有从众心理，模特图可以激发买家的潜在需求，促成购买冲动。拍摄的图必须是清晰大图、真实可信、拍摄效果应符合品牌的定位，如图 1-15 所示。也可添加模特资料、模特所试穿的尺码以供买家参考，还可以在描述中写上模特试穿的感受，以增加模特的真实存在感。

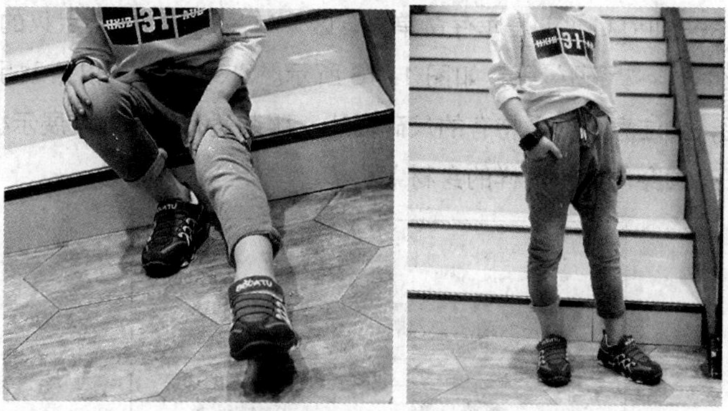

图 1-15

展示模特图的正面、背面及侧面不是机械地摆出几个 pose，而是在不同的方向展示上身效果，需要让买家了解自己穿上后是怎样的效果。若有多个颜色，以主推颜色为主，其他颜色辅以少量展示，最多两个颜色做较多展现。多色的上身效果可以一字排开展示，仅用作对比展示。

是否拍摄模特图由店铺的商品决定，建议经营服装、包包、饰品等商品的卖家都能用真人做模特拍摄图片，这样能给买家传达更多的信息。相比平铺的衣服照片，使用真人模特的照片更能体现出衣服的试穿效果。而且模特的姿势也是各式各样、更能显示出服装的板型和特点。同时使用真人模特拍出来的商品图片，不仅能让买家更多地了解商品，还能起到美化店铺，吸引买家眼球的作用，店铺浏览量也会随之提高。

问：使用模特拍摄商品图片时要注意些什么呢?

答：使用模特拍摄商品图片时要注意以下几点。

- 使用真人做模特，最好在商品描述中标明模特的身高或商品的大小，让买家对商品的了解更加透明。
- 尽量不要在逆光状态下直接面对模特，拍摄者或模特也可以尽量采取斜 45 度的拍摄角度。
- 使用真人模特拍摄图片，选择合适的背景也很重要。地点最好选择在户外，自然光拍摄出来的效果更好。

● 要协调拍摄对象之间的关系，不能喧宾夺主。重点体现商品的特点，但是也要注意商品和模特之间的协调。

● 模特姿势要尽量多且富于变化，动作要自然，不要太僵硬。

4.SKU 属性

SKU（Stock Keeping Unit）是库存量单位，区分单品，在淘宝指宝贝的销售属性集合，如“规格”“颜色分类”“尺码”等，如图 1–16 所示。SKU 属性可以帮助用户自助地选择合适的尺码、功能，要注意该商品特有的尺码描述、服装类有模特的应展示模特信息，以突出身材参数，最好有试穿体验（多样的身材）。

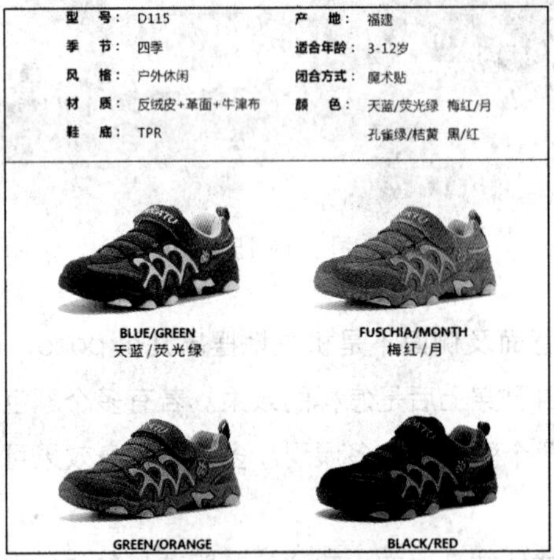

图　1–16

5. 独有的产品卖点

产品卖点的设计应围绕着顾客为什么购买进行思考，要放大产品卖点，一般包括工艺、材质等细节说明，让顾客更多地了解产品的特性。如图 1–17 所示，将耐磨、防滑、缓震作为产品的卖点。

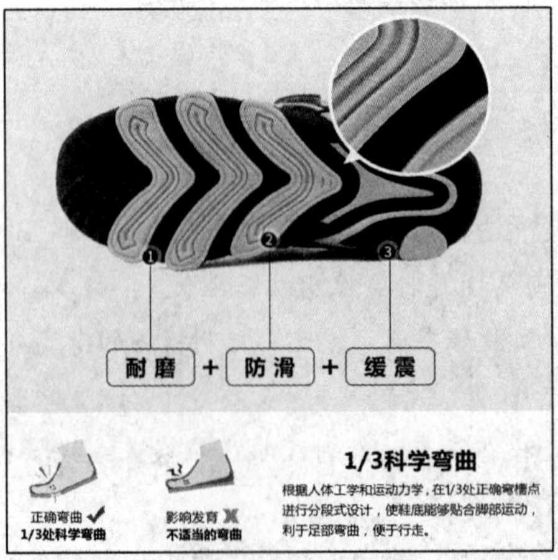

图　1–17

1.2.2 如何做好宝贝描述，有效提升销售转化率

店铺跳失率高的很大一部分原因是宝贝描述不到位，许多卖家因为无话可写，对商品的描述非常简单。因为卖家不知道从哪里收集这些资料，不知从何下手，针对这一情况，下面我们就来介绍一下应该从哪些方面做好宝贝描述。

① 描述中要有详细的商品信息，包括商品图片中不能反映的信息，如材料、产地、售后服务、生产厂家、商品的性能等。

② 产品的基本属性描述，如品牌、包装、规格、型号、重量、尺寸大小等。将这些描述出来，会让买家觉得关怀备至，从情感上抓住顾客的心，宝贝描述应对买家攻心为主，看完宝贝描述后，让买家与我们的宝贝描述中的图片和文字产生共鸣。

③ 商品描述最好能将文字、图像、表格三种形式结合起来，这样买家看起来会更加直观，增加了购买的可能性。

④ 在商品描述中可以添加相关推荐商品进行关联销售，如本店热销商品、特价商品等，即使顾客对当前所浏览的商品不满意，在看到商家销售的其他商品后，也许就会产生购买的欲望。另外即使已经决定购买现在所浏览的商品，在浏览其他搭配商品的同时，也会产生再购买另外商品的打算。图 1–18 所示为在商品描述中添加其他相关推荐商品。

⑤ 在商品描述中注意店铺服务详情，如包邮、退换货、展示相关证书证明等，拉近与买家之间的距离，增加买家的信任度，如图 1–19 所示。

图 1–18

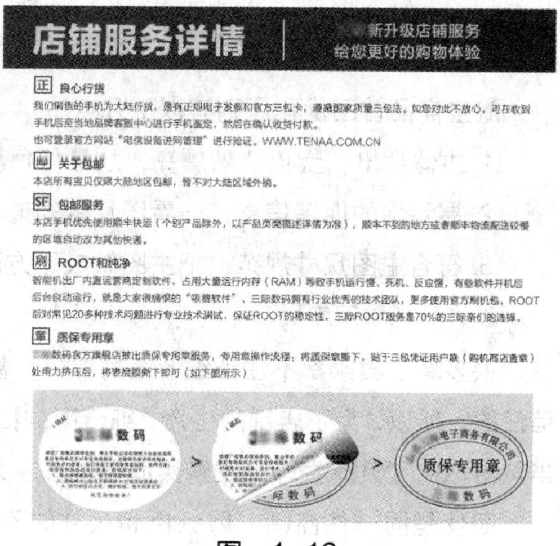

图 1–19

⑥ 要参考做得好的同行的网店，看看他们的商品描述是怎么写的，吸取精华，剔除糟粕，用拿来主义的思想，把好想法化为己用。

1.2.3 优化宝贝图片

宝贝的描述除了文字还有图片，图片比文字更直观。本节将介绍如何从主图、详情图、细节图等方面优化宝贝图片。

1. 主图的优化

买家要购买一件商品，输入关键词后展示的商品一页有几十个，如何在这几十个商品中脱颖而出，让买家点击商品，主图就显得尤为重要了。图 1-20 所示为直观准确的商品主图，能在第一时间吸引喜欢此风格的买家点击进入。

图 1-20

淘宝商品首图优化原则有以下几点。

① 主体突出，宝贝清晰漂亮，从最佳角度展示商品全貌，不要有过于杂乱的背景。

② 展示你的促销信息，一看图片就知道你店铺有优惠活动，更能吸引顾客点击。

③ 符合主图尺寸规范，把主图做成正方形，上下左右不要有空白。

2. 详细地展示宝贝

很多新手卖家都不注重细节图的拍摄，甚至在页面上就没有细节图，这样是很难让买家信任的。所以，为了店铺的生意，细节图的拍摄一定不能少。细节图越多，买家看得越清楚，当然对你的宝贝产生好感及购买欲望也就越大。

即使是同一件商品，因颜色和尺寸的不同，不同的展示图给人们的感觉也常会有很大差异。对于顾客想要了解的内容，不要一带而过，而应该认真、详细、如实地告诉顾客。要站在顾客的角度考虑，考虑到一切可能的细节问题，如果忽略了细节，顾客买回家后不满意，给予差评或退货，反而会让卖家得不偿失。图 1-21 展示了服装精美的手工细节，突出了产品的品质。

图 1-21

3. 宝贝图片的处理

宝贝图片一般都会经过处理再上传到店铺，处理宝贝图片时要注意以下几个方面。

① 首先要调整好图片的大小，要符合在网站上打开时浏览者的视觉感受，并且上传至店铺不会影响网页打开的速度。

② 修正构图，把因拍摄时不注意留下的构图问题，利用黄金分割法调整好让人看上去舒服，并产生美感。如果图片有过亮、过暗、偏色等问题，需要进行调整后再上传。

③ 可以为店铺加上防盗水印，彰显店铺的专业性，也防止网络盗图行为，如图 1-22 所示。

图 1-22

1.3 解密宝贝发布搜索排名，快速找到突破口

影响宝贝搜索排名的因素有很多，如宝贝上下架时间、橱窗推荐、成交量、动态评分、店铺信用、收藏人气等，下面将分别介绍这些提升宝贝搜索排名的突破口。

1.3.1 选择最佳的宝贝上下架时间

淘宝宝贝上下架时间的合理安排是淘宝搜索排名的重要影响因素，淘宝商品离下架时间越近的，排名会越靠前。宝贝上下架的时间安排有两种思路，一种是在高峰时段上架，另一种是避开高峰时段上架，看似矛盾，实则是根据不同的店铺情况，采用的不同方法。

1. 在高峰期上下架宝贝

宝贝的上下架时间周期是7天，快下架的宝贝会排在前面。淘宝网购物是有时间段的，不同的时间段有不同的流量。把握“黄金时段”上架是被很多店主忽视的细节，会影响店铺流量，用好这个技巧，就能为店铺带来更多的流量。流量的高峰时间段是上午11点—下午5点，晚上7点—11点。宝贝的发布时间在这些时间段，如果人最多的时候，你的宝贝排在前面，那你的宝贝浏览量就高了。

并且宝贝上架的时间要均匀，要在同一时间上架的商品最好是不同种类的商品，这样才能使你的宝贝有更多的机会展示在更多的买家面前。比如要发布几十款新款运动鞋，如果几分钟内用淘宝助理一次性全部上传，那以后每周一天只有几分钟你的产品排在前面。但是，如果把几十款新款运动鞋分成14份（7天的两个黄金时间段），在每天的两个黄金时间段隔几分钟上传几个，用7天时间全部上架完毕，以后每天都会有你的产品在黄金时间段排在搜索结果的前列，为店铺带来更多的流量。

2. 避开高峰期上下架宝贝

高峰期的流量多，并不意味着其他时段的流量就少，淘宝拥有众多的买家，每个时段都有大量的人流量。在高峰期上下架的宝贝是最多的，竞争也最大，淘宝展示位置有限，不可能让所有高峰期上下架的宝贝都排在前面。宝贝的排名除了上下架时间，还要受宝贝销量、动态评分等因素的影响，如果你的宝贝本身没有什么竞争优势，最好还是另辟蹊径，避开高峰期，反而能得到更多的展示机会。如图1-23所示，是搜索“时尚”女包的默认排名，从图中可以看到排在前面的大多是销量好的宝贝。

图 1-23

1.3.2 正确地使用橱窗推荐

淘宝的橱窗推荐类似于商场的橱窗，其目的都是让店铺里好的宝贝获得更多的展示机会。经过橱窗推荐的宝贝，排名会比店内的其他宝贝靠前。

在淘宝开店，可以上传任意数量的商品，但橱窗推荐只为每个卖家推荐固定数量的宝贝，每一个被推荐上橱窗的宝贝排名将会大大提前。所以我们要达到搜索流量的最大化，必须利用好每一个橱窗位。把最受欢迎的产品放在橱窗推荐的位置，这样才能够吸引买家进店浏览及购买其他宝贝。

❶ 在“卖家中心－出售中的宝贝”中选择要推荐的宝贝，❷ 再单击“橱窗推荐”即可，如图 1–24 所示。

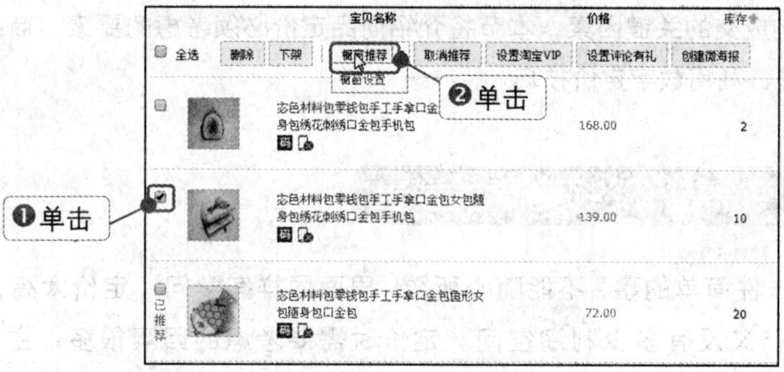

图 1–24

将宝贝上下架时间和橱窗推荐一起使用，会使宝贝的排名大大靠前。尽可能地让橱窗推荐位去推荐你将要下架的宝贝，这样可以获得更多免费流量。淘宝网店利用橱窗推荐具有很强的灵活性，可针对自己店铺的情况酌情使用，只有充分了解橱窗推荐的性能，才能够做到活学活用，相信合理地利用橱窗推荐一定会给网店带来意想不到的收益。

1.3.3 成交量、动态评分影响搜索排名

打开淘宝网，随便输入一个关键词，排在前面的几乎都是销量好的，偶尔会出现几个没销量的，但是从趋势上看，销量为王，成交量越大的宝贝排名越靠前。同等交易量的情况下，交易金额大的宝贝排名高于交易金额小的。

店铺动态评分里有三个评分标准，分别是宝贝与描述相符，卖家的服务态度，卖家的发货速度。淘宝是根据店铺的分数与同行业的平均水平相比较，得到一个参数值，通过这个参数为店铺宝贝分配权重。相比大卖家，店铺动态评分对小卖家的影响极大，因为小卖家成交量小，一个一分的动态评分，就能快速拉低店铺动态评分。评分不高就会影响店铺宝贝的权重，影响宝贝的搜索排名。

1.3.4 店铺信用、收藏人气不可忽略

信用是淘宝站内搜索排名不变的规则，无论是从买家还是排名的角度来考虑，信用永远是很重要的，对于新卖家，淘宝有相应的扶持政策，即留出少量位子给新卖家。

收藏店铺对于新开淘宝店铺来说很重要，店铺收藏利于提升店铺综合排名和人气排名。现在的淘宝越来越人性化，功能也更强大，淘宝希望买家能够快速找到自己喜欢的宝贝，收藏人数越多的店铺表示喜欢该店铺的人越多，排名自然也会越靠前。

1.4 商品定价的“潜规则”

价格是影响成交的关键因素，本节将介绍商品定价必须考虑的要素、商品定价的诀窍、商品定价的方法、利用数字定价技巧。

1.4.1 商品定价必须考虑的要素

定价并非一件简单的事，不能随心所欲，里面同样有学问。定价太高，会无人问津；定价太低，自己又没有多少利润空间。定价时需要考虑的因素很多，主要有以下几个方面。

1. 市场的因素

为商品定价时应该考虑市场上其他商品是如何定价的，再仔细权衡。商品诱惑力的高低直接决定着顾客购买的意愿及数量。如果商品具有一定的吸引力，此商品的销售数量会大大增加；如果商品没有吸引人的地方，那么不论如何促销、降价，都不能成功售出。

定价还要考虑销售市场的大小。销售一种商品时，要准确确定自己的顾客群，要了解由这种顾客群构成的市场的走向情况。

2. 成本费用因素

成本包括生产成本、销售成本和储运成本，下面分别介绍。

（1）生产成本

生产成本指生产过程中所支出的全部生产费用。当店铺具有一定的规模时，产品的成本最低。但不同的商品在不同的条件下，各有自己理想的批量限度，若超过了这个规模和限度，成本反而要增加。

（2）销售成本

销售成本指商品在流通领域中的广告、推广费用。在市场经济体制下，广告、推广等都是商品实现其价值的重要手段，用于广告、推广的费用在商品成本中所占的比重也日益增加。

因此，在确定商品的营销价格时必须考虑销售成本这一因素。

（3）储运成本

储运成本指商品从生产者手中到卖家手中所必需的运输和储存费用。商品畅销时，储运成本较少，商品滞销时，储运成本增加。不管发货的物流费用由谁负担，最终都包含在商品的综合总价里面。

3. 风险因素

对卖家而言，风险主要是支付及运送过程中的风险，这会使卖家成本增加，也会对其信誉度造成损失而影响其长久经营。

4. 销售策略因素

制定商品销售策略，要根据商品性质、企业形象以及店铺的特性。如销售品质优良的名牌产品，则需要定高价，人们才会觉得物超所值。一些流行性十分强的商品，也需要定高价，因为一旦流行期过后，就会削价。如果销售过时的商品，则需要定低价，才会使商品顺利打开销路。

1.4.2 商品定价的诀窍

商品的定价有什么诀窍呢？如果你不知道从何下手，可以参考以下几个方面。

1. 保证正常的利润

不管经营什么商品，制定什么样的价格，都一定要保证自己的基本利润，做生意的根本目的是赚钱，没人想做亏本的生意。

2. 特色商品价格可以高一些

一些时尚类、特产类、手工类等特色商品在网下一般不易买到，且不容易被仿制，这类商品的价格可适当标高一些。

3. 价格要有档次

网店内经营的商品可以拉开档次，高中低价位的都有一些，这样可以满足不同消费层次顾客的需求。

4. 价格要稳定

价格确定后，应具有一定的稳定性，不要在短时间内波动太大，这样会让老顾客感觉到上当，让新顾客驻足观望。网上经营千万不要轻易打价格战，共同维护市场的稳定，大家才可以都有钱赚，最后价格战受损的只能是卖家。

1.4.3 商品定价的方法

商品定价的方法有很多种，网上开店，必须知道以下几种定价方法，卖家可根据自身的实际情况选择适合的定价方法。

1. 高价法

高价法又叫取脂定价法，即在新商品开始投放市场时把价格定得大大高于成本，使店铺在短期内能获得大量盈利。

前提条件：新商品投放市场初期，产品的价格需求较小、竞争对手也较少、市场需求大。

法则：独一无二的商品才能卖出独一无二的价格。

缺点：它是一种短期谋求最大利润的策略，适合于一些资金比较短缺的中小店铺的应急措施，不利于树立店铺的形象，是短期的行为。

2. 低价法

这种策略与高价法相反，是先将产品的价格定得尽可能低一些，使新商品迅速被消费者所接受和迅速开拓市场，优先在市场取得领先地位，又称渗透定价。

优点：由于利润过低，能有效地排斥竞争对手，使自己长期占领市场，并不断更新换代，树立品牌形象。

3. 安全定价法

这是介于高价策略与低价策略之间的中位价格策略，安全定价通常是由成本加正常利润构成的。

4. 九九尾数定价法

商品销售价格的尾数采用九九，是西方零售商根据顾客消费心理采用的定价法。

5. 非整数定价法

这种把商品价格定成带有零头结尾的非整数做法，销售专家们称之为非整数价格，这种定价法的出发点是认为消费者在心理上总是存在零头价格比整数价格低的感觉，尾数价格似乎是经过仔细核算的价格，是一种负责的态度。

6. 整数定价法

对于高档商品、耐用商品或者价格较高商品等则宜采用整数定价策略，给顾客“一分钱一分货”的感觉，借以提高商品的形象。

7. 分级定价法

把商品按不同级别、档次分别定价，使顾客便于按等级购买，各得其所，并产生一种合理可信的感觉。

8. 声望定价法

在顾客心目中有声望的企业、店铺或牌号的商品可以把价格定得比一般同类商品略高，有时为了创出优质优价的品牌形象，也可以使企业的优质产品比其他企业的同类产品的价格定得略高些。

9. 顾客定价法

指为了招徕顾客，将有些商品按低于市价个别甚至低于营业成本的定价方法。顾客多了，不仅卖出了低价商品，而且由于给人一种廉价的印象，也常常带动和扩大了一般商品和高价商品的销售。

1.4.4 利用数字定价技巧

商品定价是一场非常有趣的数字游戏，有的价格虽然相差无几，但在数字上做一点小文章，会给买家完全不一样的心理感受。

1. 非整数法

“差之毫厘，失之千里。”这种把商品零售价格定成带有零头结尾的做法被销售专家们称为“非整数价格法”。很多实践证明，“非整数价格法”确实能够激发出消费者良好的心理呼应，获得明显的经营效果。如一件本来值 10 元的商品，定价 9.8 元，肯定能激发消费者的购买欲望。

把商品零售价格定成带有零头结尾的非整数的做法，是一种极能激发消费者购买欲望的价格。非整数价格虽与整数价格相近，但它给予消费者的心理信息是不一样的。

一家网上服装店进了一批货，以每件 100 元的价格销售，可购买者并不踊跃。无奈商店只好决定降价，但考虑到进货成本，只降了 2 元钱，价格变成 98 元。想不到就是这 2 元钱之差，买者络绎不绝，货物很快销售一空。

2. 整数法

美国的一位汽车制造商曾公开宣称，要为世界上的富人制造一种大型高级豪华轿车，价格定为 100 万美元的整数价。为什么？因为高档豪华的购买者，一般都有显示其身份、地位、富有、大度的心理欲求，整数价格正迎合了这种心理。

对于高档商品、耐用商品等宜采用整数定价策略，给买家一种“一分钱一分货”的感觉，以树立品牌形象。

3. 定价时用小单位

定价时采用小单位，会让买家感觉商品的价格比较便宜，如茶叶每千克100元定成5元/两。或用较小单位商品的价格进行比较，如“使用这种电冰箱每天只耗半度电，才 2 毛钱！”。

4. 选易为买家接受的数字定价

据调查发现，商品定价时所用数字的频率，依次是 5、8、0、3、6、9、2、4、7、1。这不是偶然的，究其根源是买家消费心理的作用。带有弧形线条的数字，如 5、8 等比不带弧线的数字有刺激感，易为买家接受；而不带弧形线条的数字，如 1、7、4 等比较而言就不大受欢迎。

在价格的数字应用上，应结合国情。很多人喜欢 8 这个数字，并认为它会给自己带来发财的好运；4 因为与“死”同音，被人忌讳；因中国老百姓有六六大顺的说法，所以 6 也比较受欢迎。

运营大师谈经验：淘宝搜索 3 大误区

淘宝搜索有以下 3 大常见误区，规避这些误区才能更好地让店铺宝贝被搜索到。

1. 价格越低越容易被搜索到

不能为了低价而低价，价格在很大程度上是由成本决定的。低价的商品就意味着低档的质量。很多买家都是在淘宝摸爬滚打了好几年的，都明白一个道理，那就是一分钱一分货。又好又便宜的商品肯定有，只是相当少，碰到的概率也低。而且低价的商品吸引到的是贪小便宜，吹毛求疵的顾客，卖家稍有不慎，就会得到很多的差评、低动态评分，反而得不偿失。

淘宝最开始吸引到大家的是网购的商品比实体店便宜，那个时候低价是一个很好的选择，但是淘宝发展了这么多年之后，你会发现，网上商品的价格很多和实体店已经相差无几。而且当初玩淘宝的那一批70后、80后已经有了一定的经济实力，他们追求的不再是低价商品，而是有品质的商品。

有的卖家为了追求低价，很容易造成SKU作弊，被淘宝降权。比如手机的卖家，同一款手机会有很多家在淘宝同时售卖，为了脱颖而出，就只能打价格战。如果有卖家投机取巧，把手机的配件放到同一个宝贝里面销售，这种行径一旦被淘宝发现，便会判定为SKU作弊，给予卖家处罚。类似这样的方式其实是自欺欺人，只能引流不能转化。因为即使买家被低价吸引进店，看到怎么回事后也会马上离开。

2. 信誉越高越容易被搜索到

信誉在淘宝搜索中占的比重只是很少一部分，却被刷信誉的人有意地夸大。现在很多买家购买商品都很少看信誉，购物更加自我，只要看到有喜欢的商品，便会直接购买。卖家不用刻意地去追求店铺信誉，只要做好店铺的内功，信誉早晚会提升的。销量和信誉如同一对孪生兄弟，销量高了，信誉自然也就高了。

3. 销量越高越容易被搜索到

销量只是搜索排名的一个方面，并不是全部。有的卖家为了排名靠前而刷销量，殊不知，淘宝现在是千人千面的个性化搜索，它能从细分类目中抓取那些特征与买家兴趣点匹配的宝贝推荐给买家，当顾客搜索同一关键词时，搜索出来的宝贝是不一样的。刷出来的单会扰乱淘宝系统对你的顾客群的判断，不能将你的宝贝推荐到真正有需求的顾客面前。

第2章

借力视觉营销，好店铺带来高人气

本章导读

宝贝的销量与店铺的装修有很大的关系，所以我们既要学习装修店铺的知识，也要学习视觉营销的知识。那么，视觉营销有哪些方面呢？如何装修店铺呢？带着这些问题，我们进行本章内容的学习。

知识要点

通过本章内容的学习，大家能够学习到装修店铺、为店铺带来高人气的方法。学完后需要掌握的相关技能知识如下。

- 做好网店的视觉营销
- 店铺首页的装修方法
- 店铺详情页的设计与优化

淘

2.1 做好网店的视觉营销

视觉营销是在平面设计的基础上，与人们的购物心理、消费行为学、浏览习惯、生活习惯等相结合，设计出更利于顾客对图片进行点击、心理认可的视觉产品，从而一步一步坚定顾客的购买欲望，达到最终下单促成交易为目的的一种销售模式。

2.1.1 视觉营销在网店中的重要性

视觉营销是一个外来词，英文为 Visual Merchandising，简写为 VM 或 VMD。视觉营销也称商品计划视觉化，即在营销过程中展示商品的所有视觉要素，通过色彩、图像、文字等方式展现产品的品牌和定位，展示促销的重点和主题，和其他品牌做出差异化，用视觉来传达产品的特点和优势，从而吸引顾客关注，增加人们对产品的认可度，最终达到营销的目的。视觉是手段，营销是目的，营销通过视觉来呈现。视觉营销是电子商务中不可缺少的一环，能使普通的产品展示变得更有意义，让顾客在购买产品的同时能感受到视觉上、情感上的满足。

实体店铺中的视觉营销是通过有效的设计来提高店铺的客流量和销售量的，如 POP 促销海报、店铺装修、橱窗展示、模特展示、灯光音乐等。而在电子商务中，是通过对店铺中页面的设计、产品主图的设计、产品推广图的设计等来实现的，将视觉营销植入这些领域中去，通过文字和图片的方式对产品和店铺进行整体展示，而并不是简单的产品展示，有效的视觉展示成为电子商务的必要手段。正所谓三分长相、七分打扮，网店的页面就像是附着了店主灵魂的销售员，网店的装修如同实体店的装修一样，让买家从视觉上和心理上感觉到店主对店铺的用心，并且能够最大限度地提升店铺的形象，有利于网店品牌的形成，提高浏览量。图 2-1 所示为精心设计的店铺首页，买家从店铺的首页装修中便能看出店铺的风格与品味。

同时，好的装修可以增加顾客在店铺停留的时间，漂亮恰当的网店装修，给顾客带来美感，顾客浏览网页时不易疲劳，有利于促进成交。网店装修是体现用户体验的主要方式，当顾客进入我们的店铺，会有一个第一印象，其对店铺的感觉越好，越容易购买商品。即使只是收藏本店，也可能带来二次转化。店铺的装修越好，用户回访的概率就越高，黏性就越大，我们的店铺才越有可能成为常青树，在激烈的竞争中立于不败之地！

图 2-1

2.1.2 做好网店视觉营销的六大要素

知己知彼，才能百战百胜。要做好网店的视觉营销，首先要知道你的店铺是做给哪一群人看的，需要分析目标用户，让用户能快速获取信息，同时还要做到页面简洁、显示速度快、遵守用户习惯、互动及时等。

1. 分析目标用户

销售产品要知道目标用户是哪一类人，同样地，装修店铺也要知道是给哪一类人看的，要将店铺装修成目标用户群喜欢的风格。所以要考虑目标用户群会喜欢什么样的风格，什么样的色彩搭配能让他们看着舒服，什么样的布局能方便他们浏览。要随时关注目标用户的需求，然后针对需求分析对店铺设计进行相应的调整，这是获得好的用户体验最基本的一步。

可以通过“生意参谋”(d.alibaba.com)来获取所针对的客户群，进入生意参谋的“经营分析－访客分析”，可以查看到进入到店铺的客户群的性别、消费级别、地域、新老访客等信息，如图 2-2 所示。

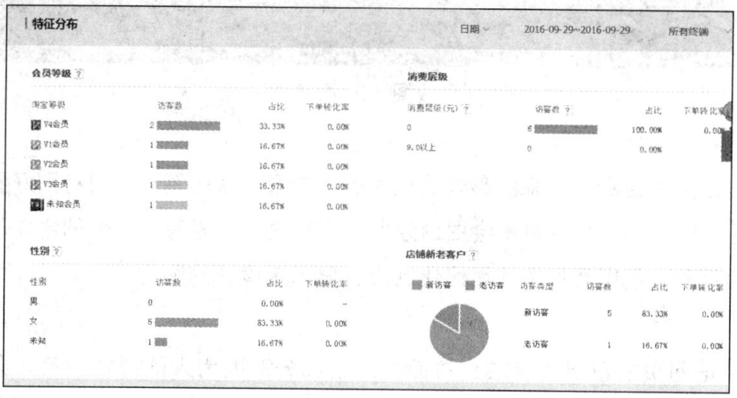

图 2-2

2. 快速获取信息

如果目标用户通过各种渠道进入了店铺内，但是却不能第一时间找到自己需要的产品，便会很快地离开店铺，造成高跳失率。降低跳失率的最佳方法就是让用户来到你的店铺能在第一时间找到他所需要的产品。所以合理的导航，优秀的分类布局，是顾客能快速找到产品的关键，如图 2-3 所示。

图 2-3

3. 页面简洁

好的设计绝不是内容的堆砌，而是化繁为简。如果把页面做得太过复杂，图片、动画满页飞，反而会让顾客找不到北。很多成功的网店的设计都很简洁明了，一眼望到底。事实证明，越是简洁明了的视觉效果越受用户欢迎，图 2-4 所示即为简洁时尚的装修风格。

图 2-4

4. 显示速度快

图片的显示速度给顾客带来的影响是很大的，如果一家店铺设计得特别好看，但是图片太大，从而显示速度慢，顾客是不会白白浪费时间在这里一直等的，他们会立马关掉你的页面而进入其他页面。所以我们要使用优化到位、显示速度快的图片。

5. 遵守用户习惯

为什么要把网页的重要内容放到页面的左上部分？因为人的视觉注意力会首先锁定在左上的位置。为什么按钮平常状态和按下状态一般是不同的？因为用户需要反馈，没有反馈会让人产生疑惑。为什么超市收银台面前会有货物架？因为顾客在排队的时候处于非常无聊的状态，这时候任何商品或信息都会引起他们的注意，是销售某些易耗便携物品的绝佳时机。

6. 互动及时

这是完善用户体验非常不错的一个方法，它能够让我们和用户之间的沟通无障碍，增加用户对店铺的信任度，当用户有什么疑问或者是有什么需要便会直接得到结果，这样会让用户感觉到非常方便和满意，能够大大地促进产品的成交率。同时在与目标顾客进行互动的过程中，也能让店铺获得更高的用户体验度。分析目标顾客后，如果能让顾客在互动过程中很愉悦，无疑会让顾客对店铺形成非常深刻的印象，从而快速让这个过程中的顾客成为忠实的目标。

图 2-5 所示为店铺中设计的客服中心，闪动的旺旺头像可以让顾客及时找到互动客服，如果设计方式能更加有趣味性，也可增加顾客和客服之间的互动。

图 2-5

2.1.3 网店的视觉定位原则

网店的视觉定位需要遵循消费者定位、风格定位原则，下面将分别进行介绍。

1. 消费者定位

消费者的喜好是视觉传达的指引方向和判断标准，消费者的定位对于视觉而言至关重要。如果在消费者上的定位不清晰，就会导致店铺风格多样。例如，年龄层面定位于 25~35 岁的年轻女性，这个年龄阶段的女性仍然有很多细分，比如说年轻白领、小资女、事业女士、文艺女等。如果卖家不针对消费人群做视觉营销，就不能与消费者之间形成共鸣，自然也就无法在视觉上找到契合的手段加以表现，图 2-6 所示是定位于文艺女的网店的首焦图。

2. 风格定位

消费者定位后再来进行店铺装修风格的定位，电子商务中的视觉营销从定位开始，切记不可出现“一个店铺、两种风格、三种款式、四个模特”的现象。这种定位的不明晰会造成视觉上的混乱。如果在不多的产品中，模特却多达四个，会让消费者无所适从，无从选择，

图 2-6

甚至连店铺适合哪个年龄段都很迷惑，更别提品牌的认同感和信赖感了。图 2-7 所示为甜美时尚的产品风格，产品使用了一个可爱的模特，整体风格简约、干净、统一，这样的视觉效果是成功的。

图 2-7

2.1.4 网店装修的色彩搭配

色彩是一种具有视觉冲击力的传播工具，理解和把握好色彩的应用，是做到有效的视觉传达的关键。本节将介绍色彩的视觉营销的相关知识。

1. 色彩的三要素

任何一个色彩，都具有一定的明度、色相和纯度关系，这是色彩的基本要素，称为色彩的三要素。

明度是指色彩的明暗程度。物体受光量越大，反光越多。黑色反光率最低，白色是反光率最高的色。将黑色和白色列在色彩明度的两极，黑色作为零度色标，白色作为10度色标，它们之间的色分为9个明度色标，形成了一个明度色阶序列，如图2-8所示。

图 2-8

在有彩色中，黄色明度最高，紫色明度最低，如图2-9所示，是两种颜色的对比效果。任何彩色中加入白色，明度增加；加入黑色，明度降低。如图2-10所示，其中的红色加入了黑色后就变成了暗红色，明度降低；红色加入了白色后就变成了亮红色，明度升高。

图 2-9

图 2-10

色相是色彩的相貌，是一种色彩区别于另一种色彩的表面特征，它是由光的波长引起的一种视觉感。光和物体的色相千差万别，为了便于归纳组织色彩，我们将具有共性因素的色彩归类，并形成了一定的秩序，如大红、深红、玫瑰红、朱红及不同明度、纯度的红色，都归入红色系中。色相秩序的确定是根据太阳光谱的波长顺序排列的，即红、橙、黄、绿、青、蓝、紫等，它们是所有色彩中最突出的，纯度最高的典型色相，图2-11为常见的12色相环。

纯度也称为饱和度，即色彩所含的单色相饱和的程度，也称为彩度。决定色纯度的因素是多方面的。从光的角度上讲，光波波长越单一，色彩越纯；光波波长越混杂，色彩越不纯。比如，当各色彩光波波长比例均衡时，使各单色光的色性消失，纯度为零。任何一个标准的纯色，一旦混入黑、白、灰色，色性纯度都会降低，混入越多色彩越灰。同一高纯度色彩在强光或弱光的照射下，色彩的纯度也相应降低。图2-12为纯度高低的颜色效果图。

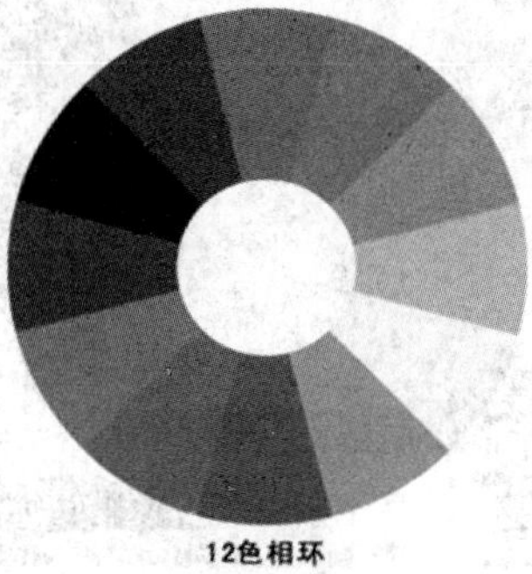

图 2-11

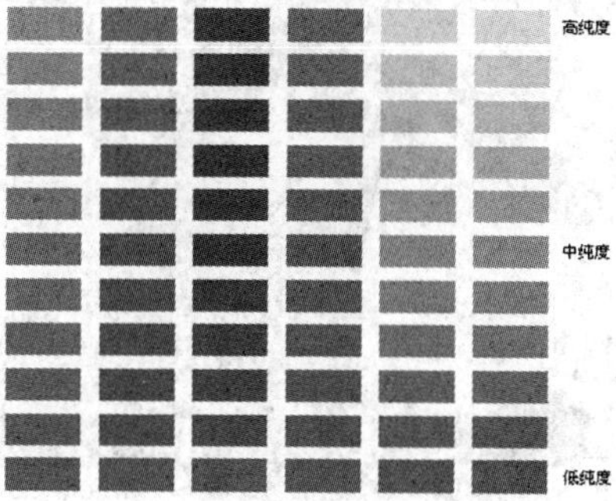

图 2-12

色彩的三属性是互相依存，互相制约的，很难截然分开。其中任何一个属性的改变，都将引起色彩个性的变化。

2. 色彩的心理

色彩会带给人冷暖、轻重、空间、味嗅、动力、透明感等感觉。在进行设计时，可以结合这些因素，选择适合的色彩来表现我们的产品。

● 冷暖感：颜色会给人温度的感觉，如红色、橙色、黄色给人温暖的感觉，青、蓝、绿给人清凉的感觉。冷暖感是因为物理色彩给人的视觉经验以及心理暗示而形成的一种心理感觉，并不是色彩本身的温度有冷暖的差别，而是一种心理作用。图 2–13 是以绿色调为主，给人清凉、健康的感觉。

图 2–14 以红色调为主，给人温暖、喜庆、热闹、热血沸腾的感觉。

图　2–13

图　2–14

● 轻重感：色彩会给人轻重感，色相、纯度、明度都能影响到色彩的轻重感。红、橙、黄等暖色常给人以重的感觉，青、蓝、蓝绿等冷色则给人以轻的感觉。相同明度的颜色之间，纯度低的颜色感到重，纯度高的颜色则感到轻；而明度对色相的轻重感影响是最大的，白色等浅色有轻盈、飘逸和自由的感觉，而暗色则有沉重、下降的感觉。图 2–15 色彩明度高，整体画面给人轻盈的感觉。

图　2–15

图 2-16 所示为明度低的色彩，表现出有重量感的画面。

图 2-16

● 空间感：颜色有前进色与后退色，当它们并存时，则会形成平面上的前后空间层次感。高纯度、高明度的暖色具有向前迫近与扩大的感觉，称为前进色。低纯度、低明度的冷色有后退与收缩的感觉，称为后退色。如图 2-17 所示，彩色为前进色有扩张的感觉，黑色的背景为后退色有收缩的效果。

图 2-17

● 动力感：活动性强烈的高纯度色彩组织在一起，色彩间会发生相互排斥而形成抗争的力量，这使得画面具有很强的动力效应。会产生一种内在的、蓬勃的生命气息，充满活力、跃动与攻击性，有着向外扩张的力度，如图 2-18 所示。

图 2-18

● 透明感：青色、绿色、蓝色等冷色，本身具有一种润湿与透明的感觉。色彩的透明感会表现出轻快、舒畅、富于韵味的视觉效果，图 2-19 所示给人一种小清新的感觉。

图 2-19

3. 色彩的情感

色彩的情感是因为人们长期生活在色彩的世界中，积累了许多视觉经验，视觉经验与外来色彩刺激产生呼应时，就会在心理上引出某种情绪，它同时受到思维者的年龄、性格、经历、民族、地区、环境、文化修养等诸多因素的影响。

● 红色：活泼、生动、强烈、热情，象征着希望、生命，高度的庄严肃穆，用来传达有活力、积极、热诚、温暖、前进等含义的企业形象与精神，长时间观察红色会有不安、紧张、冲动的反应，也用来作为警告、危险、禁止、防火等标示用色。图 2-20 为红色页面，带给我们喜庆的感觉。

图 2-20

● 橙色：具有富丽、辉煌、炙热的感情意味，是十分欢快活泼的光辉色彩，是暖色系中最温暖的颜色。是一种富足的、快乐而幸福的色彩。橙色明度高，在工业安全用色中，是警戒色，在运用时要注意选择搭配的色彩，才能把橙色明亮活泼具有口感的特性发挥出来，图 2-21 为以橙色为主的页面，可以增加食欲，促成购买。

图 2-21

● 黄色：是色彩中最亮的颜色，具有快乐、活泼、希望、光明的感受。也能带来尖锐感和扩张感，但缺乏深度，所以在警示色中多用黄色。如图 2-22 所示，黄色页面，带给我们可爱、活泼、天真的童心童趣的感觉。

图 2-22

● 绿色：绿色代表永远、和平、年轻、新鲜的意味。由于它安宁、静止的特性，绿色能舒缓人们疲劳的脑神经和视觉神经。在商业设计中，绿色所传达的清爽、理想、希望、生长的意象，符合了服务业、卫生保健业的诉求。图 2-23 为绿色页面，带给我们安全、健康、绿色环保的感觉。

● 蓝色：经常用于表示男性的颜色，蓝色是最冷的色，表现出冷静、理智、透明、广博等特性，与积极火热的红橙色相比，是一种内敛的、收缩、学习的色彩，是永恒的象征。由于蓝色具有沉稳理智、准确的意象特征，所以在强调科技、效率的商品或企业形象的商业设计中，大多选用蓝色。图 2-24 所示的蓝色页面，带给我们清新、凉爽、大海的感觉。

图 2-23

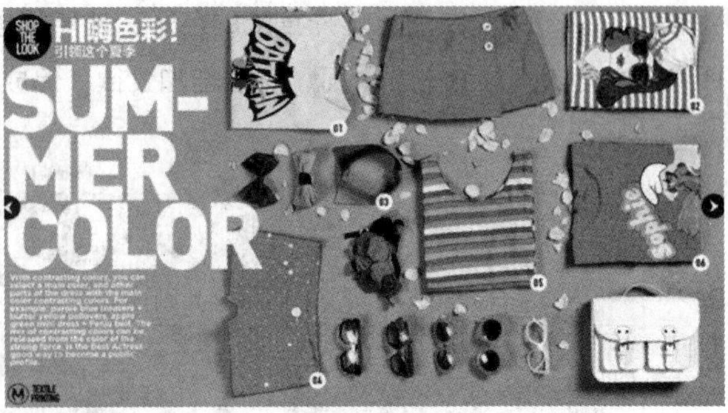

图 2-24

● 紫色：紫色表现出一种神秘、优雅的感觉，优美可爱的紫色会使人心醉。由于具有强烈的女性化性格，在商业设计用色中，紫色多用于与女性有关的商品或企业形象。图 2-25 所示的紫色页面带给我们浪漫、高雅的感觉。

图 2-25

2.1.5 网店装修的文字设计

文字是视觉营销的一个重要因素，本节将重点介绍文字的分类及字体在网店装修中的搭配与布局。

1. 字体的分类

字体分为印刷字体和设计字体，印刷体是在软件中可直接使用的字体，设计字体是自由设计的字体，可以在印刷体的基础上做局部变化，也可以抛开印刷体进行设计。

（1）印刷字体

作为“手书体”对应的概念，“印刷体”特指以几何线型组成的字样。印刷字体是安装于电脑中，可以直接使用的字体，常用的字体有方正字库、文鼎字库、汉仪字库。汉字的基本印刷字体发源于楷体，成熟于宋体，繁衍出仿宋、黑体及现代的多种字体。图 2-26 中的文字均为印刷字体。

图 2-26

（2）设计字体

设计字体又称为美术字，是经过加工、美化、装饰而成的文字，是一种运用装饰手法美化文字的一种书写艺术，是艺术加工的实用字体。印刷体是设计字体的基础，而设计字体则是印刷体的发展，它们构成了字体设计的主要内容。美术字的设计一般先画草图，再在设计软件中制作出来。图 2-27 所示的文字“拼单”为设计字体。

图 2-27

2. 文字的搭配与布局

文字的搭配与布局相宜，设计的作品才会好看。文字的搭配与布局包括文字层级的布局、文字的对比和统一以及字体与风格的搭配。

（1）文字层级的布局

一个设计项目中，根据文字的地位可以将文字划分为不同的层级，如大标题、小标题、正文等，处于不同文字层级的文字对字体的要求也不尽相同。大标题的字体要求突出、醒目，正文的字体则要求清晰易读。

文字可以分为三种层级，只有层级清晰，才能表现出画面中的主次关系。第一层级是首要文字，也就是大标题。第一层的字体一定要有足够的吸引力，将读者的注意力吸引过来。第二层级是次要文字或主题，次要文字是在标题之后正文之前，读者可能要看到的文字，包括小标题、说明文字、引题、导语等。第三层级是正文，为正文选择字体的目的是让读者轻松舒适地进行阅读，而不是和首排文字一样玩各种花样来吸引读者，所以清晰易读是首要原则。图 2–28 所示展示了文字的三种层级。

图 2–28

（2）文字的对比和统一

字体在编排时，文字搭配会影响视觉效果，在字与字之间微小的变化中，会根据设计师的编排产生变化，比如对相近的字进行统一式阅读，对放大的字进行优先阅读，对颜色不同、字体不同、更粗的字会着重阅读，这就是字与字之间的对比和统一带来的效果。如图 2–29 所示，画面中的红色和蓝色为对比色，突出了文字，大标题和小文字的内容也形成了对比，相得益彰。

图 2–29

（3）字体与风格的搭配

设计方案的确立决定了整个设计项目的设计风格。比如，轻松，严肃、古典、现代、自由、传统等，不同的字体有着不同的特点，设计师选择的字体需要和整个设计风格相吻合。下面列出了不同行业常用的字体，可供参考。

- 化妆品类的品牌多用纤细、秀丽的字体，以显示柔美秀气的内涵。
- 手工艺品类的品牌多用不同感觉的手写体，以表现手工艺品的艺术风味或古典情趣。
- 儿童食品与玩具，其品牌多用充满稚气的活泼字体。
- 五金工具，其品牌多用方头、粗健的字体，以表示金属工具的刚劲坚韧。

● 传统的工艺品、仿古制品、民间艺术品等，其标志名字常用古典的字体。

● 高科技电子产品、钟表、时装、汽车等，其品牌名字常采用有时代感的字体。

图 2-30 所示为中国风的画面，所以文字也选择了中国风的毛笔字体。

图 2-30

2.1.6 网店广告文案写作

文字在视觉要素中是最有传达力度的，广告文案的写作尤其重要，广告文案一定要一目了然，简明扼要，让买家看了产生购买的欲望。那么，淘宝网店广告文案需要怎么写呢？下面介绍几种广告文案写作的方法。

1. 简单直接型

在网络环境下消费者看广告文案的时间只有几秒钟，这就要求广告语要简洁精练地传递信息，只选最重要的内容进行突出显示，弱化其他内容，并删除一切不必要的文字。图 2-31 中广告语“美包 6 折”就简单直接地突出了促销活动。

2. 朗朗上口型

好文案要朗朗上口，广告语中切忌生僻字，且语言一定要通顺，不能拗口。图 2-32 所示中的文案“好货好价”就朗朗上口，简单直白。

图 2-31

图 2-32

3. 巧妙俗语型

当某句俗语与产品表达的意思一致时便可使用，有时为了广告效果，还会将俗语中的某个字变为同音的另一个字，如卖螃蟹的广告语“无蟹可击”，夏天的产品的广告语“美丽一夏”等。图 2-33 中的广告文案“我的掌中至宝”，“宝”与“包”同音，用俗语传达了包小巧的特点。

图 2-33

4. 渲染有力型

好的文案要让人热血沸腾，给人紧迫感，而不是看了跟没看过一样，没能记住，也不会产生行动。图 2-34 所示中的文案，就给人一种万人抢购的感觉。

图 2-34

2.1.7 网店装修的版式布局

好的店铺装修首先应该做到合理的版式布局。版式布局是在版面上有限的平面面积内，根据主题内容的要求，运用所掌握的美学知识，进行版面的分割，将版面构成要素中的文字、图片等进行组合排列，设计出美观实用的版面。好的版式布局要有以下几大布局方法。

1. 通过有序的分割让版式整洁

版式最忌杂乱无章，让众多的文字与图片整齐地排列在版面上就需要有序地分割版面，常用的分割方法有矩形分割、菱形分割等，如图 2-35 所示，按内容将版面进行了矩形分割，整个版面干净、简洁明了。

图 2-35

图 2-36 所示为使用菱形将多张图有序地排列了起来，同时菱形大小的变化让整个版面都活泼了起来，避免了枯燥乏味。

图 2-36

2. 平衡的版式布局

平衡是版式布局最基本的要求，通常不能出现左轻右重、左重右轻、上轻下重、上重下轻等情况。但在实际操作过程中，我们要根据实际情况做出判断。如图 2-37 所示，在添加文字之前，版式的重心在右侧，为了维持平衡，应在左侧添加内容。添加的内容差不多即可，如果完全按照重量来配比文字，会让画面显得机械与呆板，画面的灵性也会被束缚，同时，最重要的层次关系也会因为重量的完全相等而无法分清。

图 2-37

3. 从整体考虑版式的布局

有的卖家对店铺的装修还停留在素材上，看到自己喜欢的图片就往首页里塞，东拼西凑，以为这样就大功告成了。可结果往往是买家进来一看，觉得店铺极不专业，杂乱无章，无从下手。所以，店铺装修并不是我们所说的简单的美化，而是要有全局的眼光和独特的出发点，做好全局的规划，从各种视觉元素入手，去打造一个整体的形象。图 2-38 所示是三家不同店铺的首页，设计时都从版式的整体入手，整个页面协调统一、一气呵成。

图 2-38

2.1.8 网店美工必备“神技”

美工除了设计能力、理解能力以外，工作工具也很重要，主要使用 Photoshop 设计页面，Dreamweaver 进行一些简单的代码编辑和页面的特效设计。图 2-39 所示为 Photoshop 软件操作界面，图 2-40 所示为 Dreamweaver 软件操作界面。

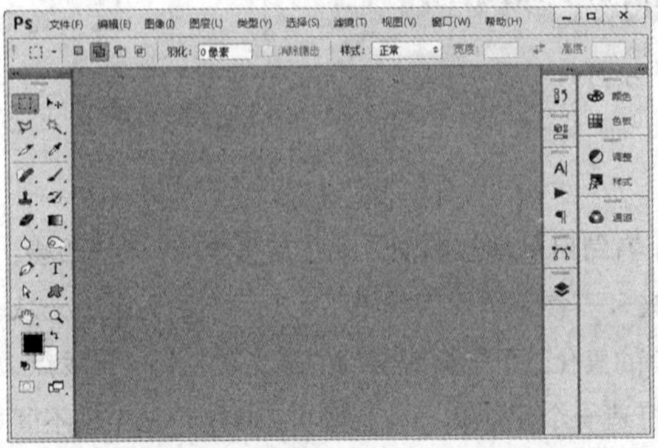

图 2-39

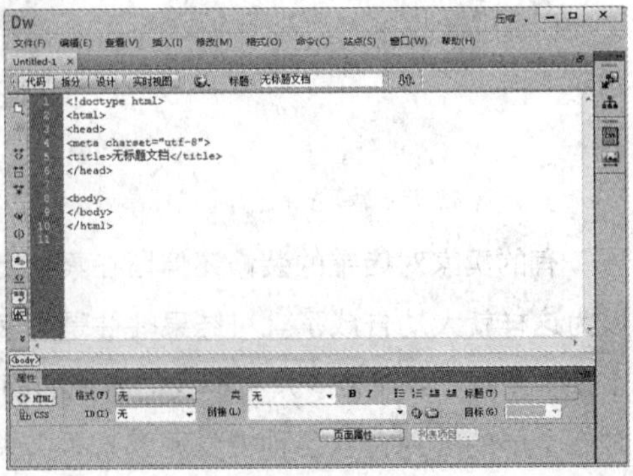

图 2-40

对于美工来说，最重要的两个工具就是 Photoshop 和 Dreamweaver。使用 Photoshop 主要用来对产品图进行图像编辑、图像合成、校色调色及特效制作、抠图排版、美化产品图等，用于设计店铺首页、宝贝描述页、活动页推广页、打造爆款设计与制作。Dreamweaver 常与 Photoshop 相结合使用，将设计效果在页面中显示出来，并且可以实现一些基础的网页特效。

2.2 店铺首页的装修方法

淘宝网店装修有基础版、专业版、智能版三种，其中基础版是免费使用的，专业版一钻以上是付费使用的，智能版全是付费使用的。图 2-41 所示是基础版与专业版的区别，黄色区域为专业版，白色区域为基础版，从图中可以看出基础版的功能是非常有限的，本节将以专业版进行讲解。

页头背景（新）	页面背景	店铺自定义装修（新）	页尾自定义	列表页面模板数（新）	预置SDK免费模板数（新）	预置SDK免费试用模板数	详情页宝贝描述模板数	可添加自定义页面数
√	√	√	√	15	3	10	25	50
		√		1			3	6

首页可添加模板数	列表页可添加模板数	详情页可添加模板数	自定义页可添加模板数	默认配色套数	系统自动备份	自定义备份	页面布局管理	布局结构（首页）
40	15	15	40	24	√	20	√	通栏/两栏/三栏
40	15	15	40	5	√	10	√	两栏/结构

图 2-41

2.2.1 设置店招

店招位于店铺页面的上方，是首页第一个需要设计的区域，经常与导航栏连起来设计，它在旺铺视觉营销中占据了相当重要的位置。

1. 店招的设计要素

店招一定要将最核心的信息展示出来，让顾客一看就懂，一目了然。要凸显品牌的特性，让客户很容易就清楚你是卖什么的，包括风格、品牌文化等，如图 2-42 所示。

图 2-42

视觉重点不宜过多，有1~2个就够了，太多了会给店招造成压力，要根据店铺现阶段的情况来分析，如果现阶段是做大促，可以着重突出促销信息。

在设计店招时，首先要知道店招的内容是什么，确定好内容之后，再想一想它的功能是什么？然后再动手开始设计。设计店招必须具备以下几个要点。

- 品牌LOGO和店铺名：一定要出现在醒目的位置。
- 品牌广告语：展现店铺的特点、风格、形象。
- 视觉点：可以是促销信息、优惠信息等。
- 关注或收藏店铺的入口。

问：店招的尺寸如何设置呢？

答：店招整体尺寸为1920像素 ×120像素，但是核心的内容如店铺Logo、店铺名称、联系方式务必放在画面中央，即950像素以内。如果首页导航栏的30像素也包括在内，那么店招的高应该设置为150像素。

2. 上传店招

可以在Photoshop中根据自己的宝贝特点设计制作店招，然后将其上传到店铺中，具体操作方法如下。

第1步 进入淘宝网卖家中心页面，❶ 单击左侧"店铺管理"选项下的"店铺装修"链接，如图2-43所示。

第2步 进入装修页面后可以使用专业版中免费的系统模板进行装修，也可以在装修市场购买模板进行装修。下面以系统模板为例进行装修。❷ 单击"装修"下面的"模板管理"标签，如图2-44所示。

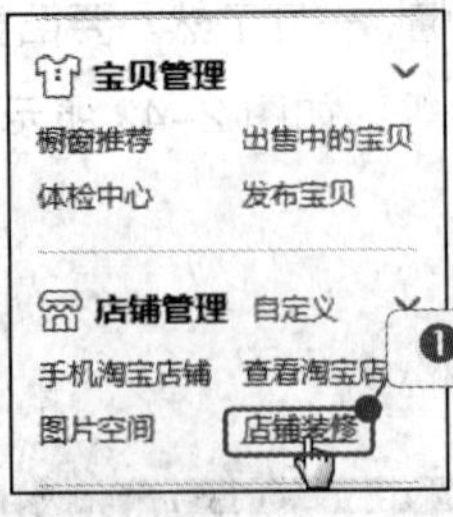

图 2-43

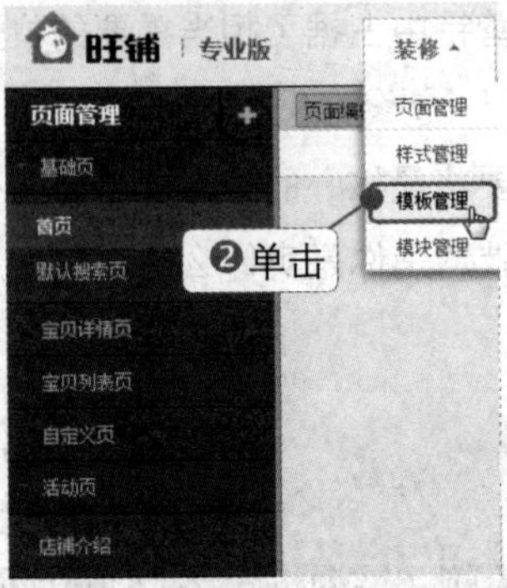

图2-44

第 3 步 ❶ 单击“模板管理”下面的“系统模板”标签，如图 2-45 所示，❷ 选择图 2-46 所示的系统模板。

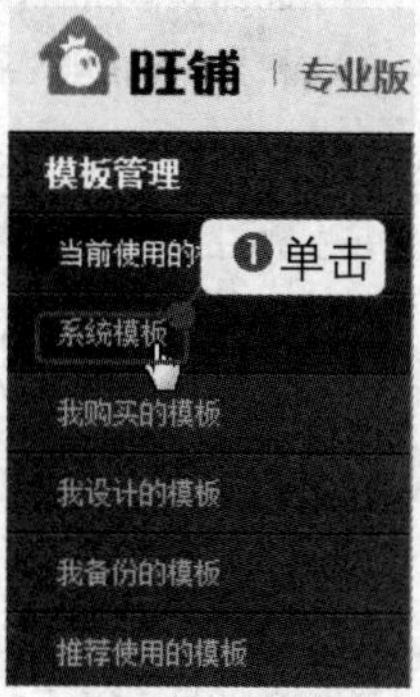

图 2-45

图 2-46

第 4 步 ❶ 单击模板中的“应用”按钮，如图 2-47 所示。❷ 在弹出的提示框中单击“直接应用”按钮，如图 2-48 所示。

图 2-47

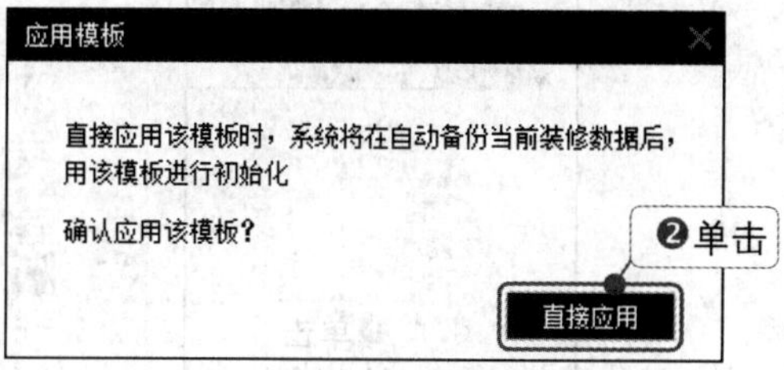

图 2-48

第 5 步 页面编辑内，从上到下第一个可编辑框为店招位置，单击其右上方的“编辑”按钮，如图 2-49 所示。

图 2-49

第 6 步 进入编辑页面后，❶ 单击“选择文件”按钮，如图 2-50 所示。单击“选择文件”后，如果所需图片已经上传到图片空间了，就直接在图片空间选择所需图片；如果所需图片没有上传到图片空间，❷ 单击“上传新图片”选项，如图 2-51 所示。

图 2-50

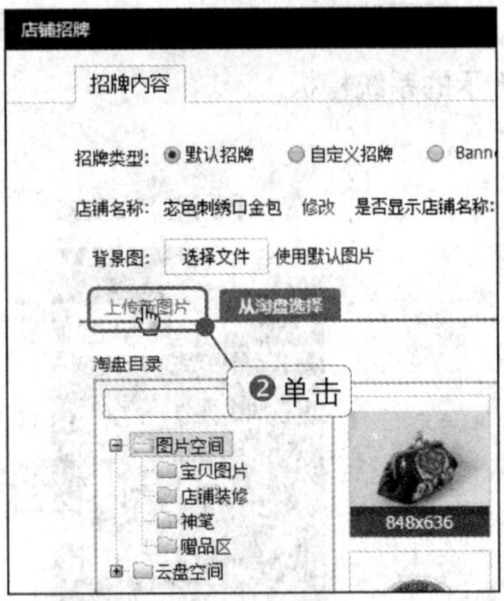

图 2-51

第 7 步 ❶ 在上传新图片内，在下方单击“添加图片”链接，如图 2-52 所示。

第 8 步 ❷ 在出现的对话框中，选择所需图片；❸ 单击“打开”按钮，如图 2-53 所示。

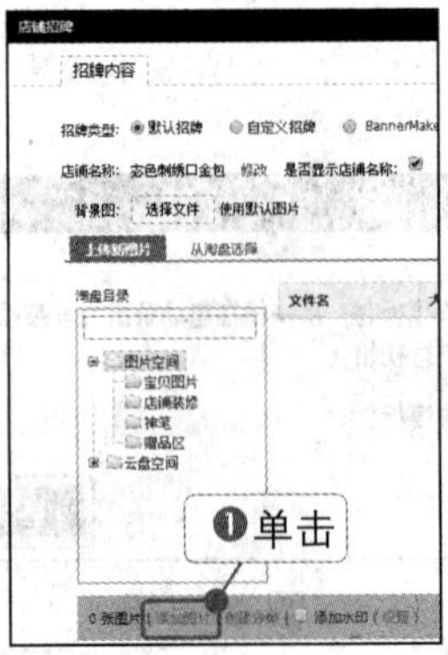

图 2-52

图 2-53

第 9 步 上传完成后，单击“保存”按钮，如图 2-54 所示。此时，即可完成店招的上传，如图 2-55 所示。

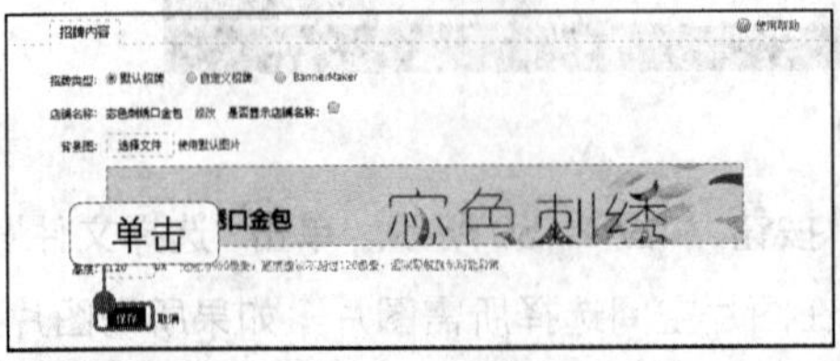

图 2-54

图 2-55

2.2.2 设置店铺的色彩

系统模板中的装修页面提供了多种颜色，以便卖家在不同节日促销、转换经营方向时能更换使用，其具体操作方法如下。

第 1 步 ❶ 在装修页面单击左边栏中的“配色”标签，显示当前模板中可替换的颜色，❷ 单击要选择的颜色，如图 2-56 所示。

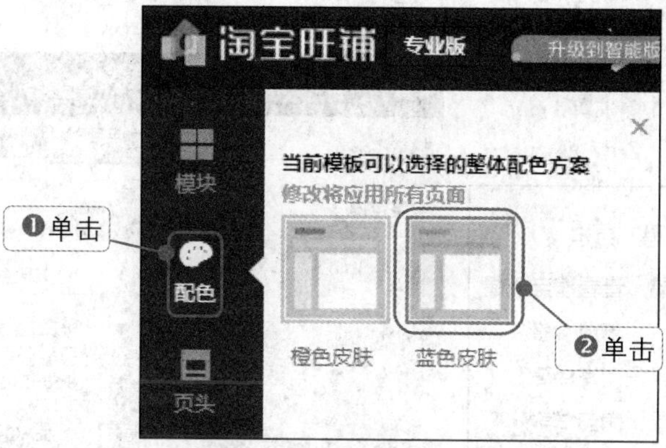

图 2-56

第 2 步 图 2-57 所示为替换前后的颜色显示。每种系统模板提供选择的颜色都不一样，所选模板只提供了两种颜色以供选择。

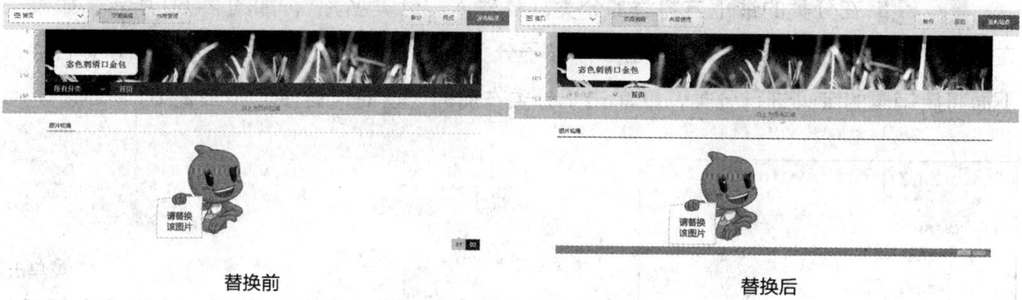

图 2-57

问： 如何选择与店铺风格相匹配的模板颜色呢？

答： 卖家在设置模板时，最好根据自己所销售宝贝的分类、属性来进行选择，如出售儿童用产品，可以选择活泼的绿色；出售女士用品，可以选择粉红、紫色等女性化的颜色。

2.2.3 添加宝贝分类

合理的宝贝分类可以使店铺的商品更清晰，方便买家快速浏览与查找自己想要的宝贝。如果店铺发布的宝贝数目众多，那么合理的分类显得尤为重要。添加宝贝分类具体的设置操作方法如下。

第 1 步 ❶ 在卖家中心单击左侧“店铺管理”栏中的“宝贝分类管理”标签，如图 2–58 所示。❷ 在“宝贝分类管理”页面中单击“添加手工分类”按钮，如图 2–59 所示。

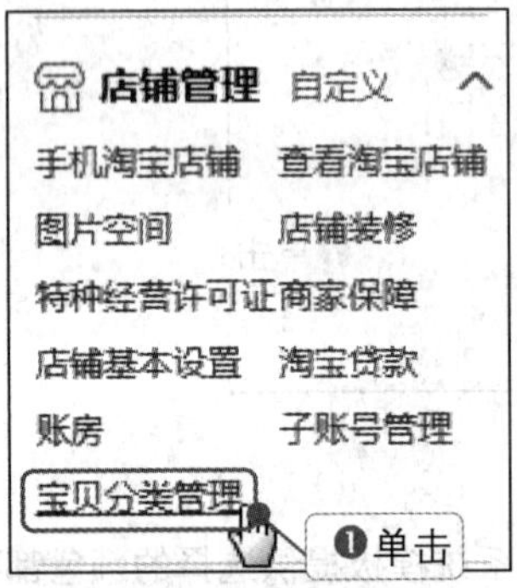

图 2–58

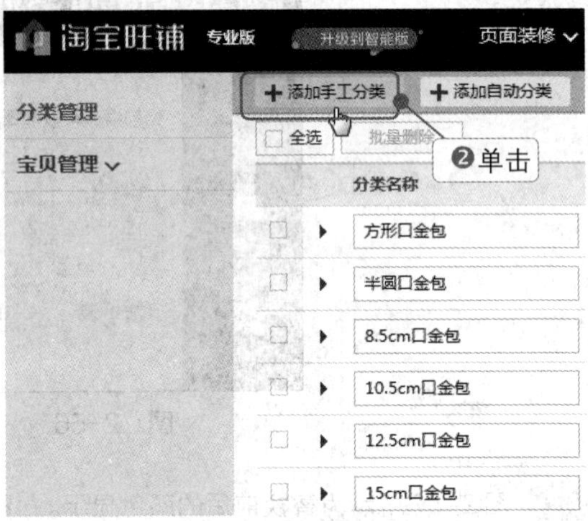

图 2–59

第 2 步 在分类的最下方将添加分类，❶ 输入“分类名称”，如图 2–60 所示，如果需在此名称下添加“子分类”，则单击“添加子分类”按钮，在子分类中输入“子分类名称”。下面将店铺里的宝贝进行分类，❷ 单击子分类右侧的“查看”链接，如图 2–61 所示。

图 2–60

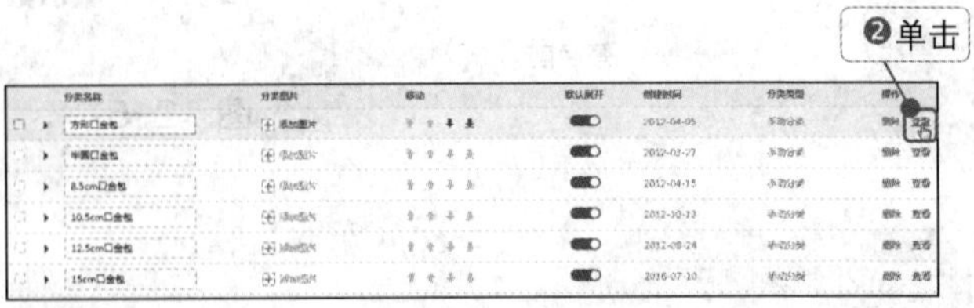

图 2–61

第 3 步 ❶ 单击新打开的页面“宝贝管理”标签下的“全部宝贝”标签，如图 2–62 所示。❷ 单击要分类的宝贝右边的“添加分类”下拉按钮，❸ 单击要分类的复选框，可选择多个分类，如图 2–63 所示。

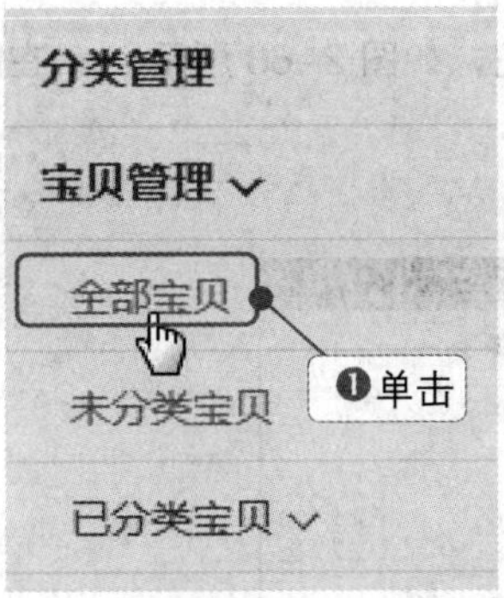

图 2-62

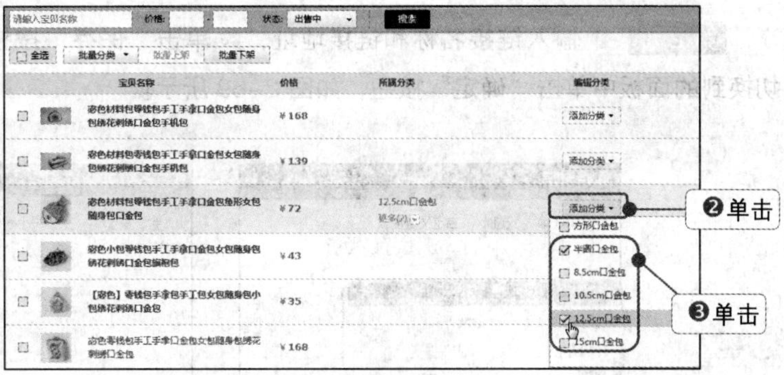

图 2-63

第 4 步 在首页单击“所有分类”下面的“半圆口金包”标签，如图 2-64 所示，可以查看到宝贝添加到了分类中，如图 2-65 所示。

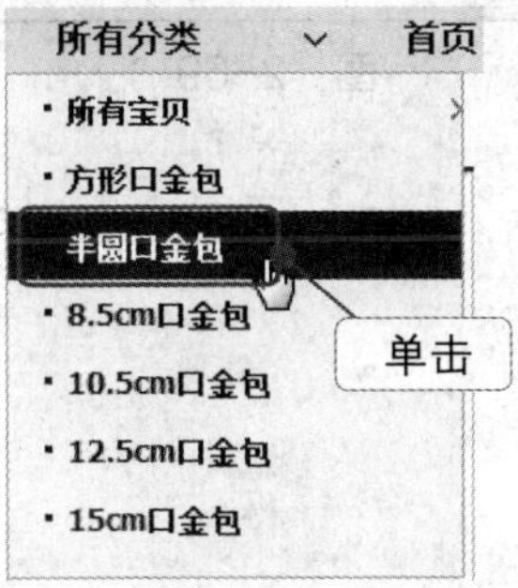

图 2-64

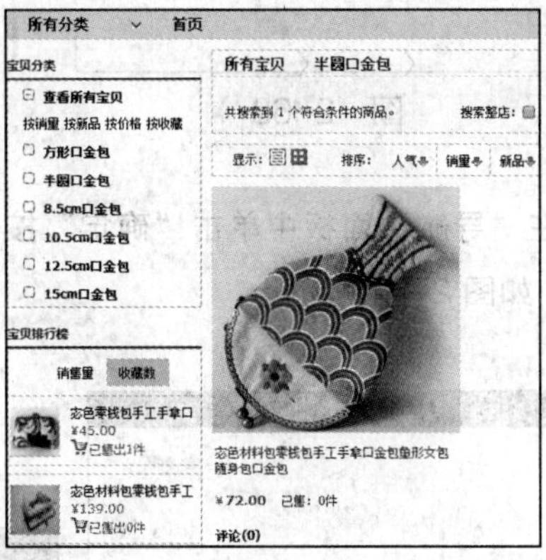

图 2-65

2.2.4 增加店铺导航分类

系统模板中默认的导航只有所有分类和首页，卖家可以根据需要增加店铺导航的分类，其具体的操作方法如下。

第 1 步 ❶ 单击导航栏右边的“编辑”按钮，如图 2-66 所示。❷ 在打开的“添加导航内容”面板中单击“自定义链接”标签，❸ 单击“添加链接”按钮，如图 2-67 所示。

图 2-66

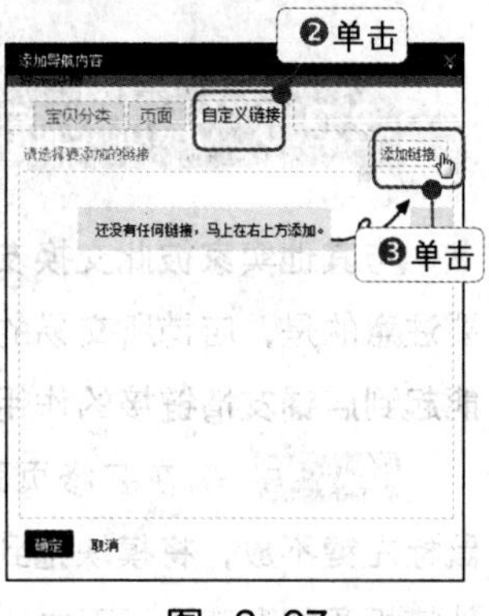

图 2-67

第 2 步 ❶ 输入链接名称和链接地址，❷ 单击“保存”按钮，如图 2-68 所示。❸ 在切换到的面板中单击“确定”按钮，如图 2-69 所示。

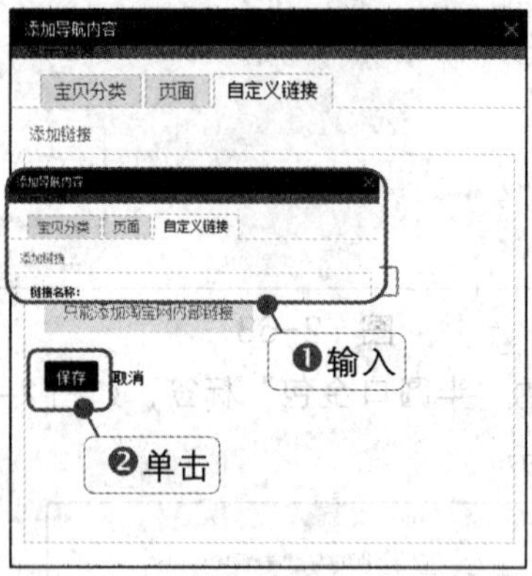

图 2-68

图 2-69

第 3 步 在“导航”面板中单击“确定”按钮，如图 2-70 所示，即可在导航中显示新添加的分类，如图 2-71 所示。

图 2-70

图 2-71

2.2.5 添加店铺友情链接

与其他卖家彼此交换友情链接，不但可以增加店铺的人气，也可以减少相应的支出。需要注意的是，店铺所交易的物品最好是相同主题的，至少是有所关联或互补的，只有这样才能起到店铺友情链接的作用。其具体操作方法如下。

第 1 步 ❶ 在装修页面中将光标放到“友情链接”模块上，如图 2-72 所示。❷ 按住鼠标左键不放，将模块拖到首页的左栏中，如图 2-73 所示。用相同的方法可以将左侧的其他模板添加到装修页面中。

图 2-72

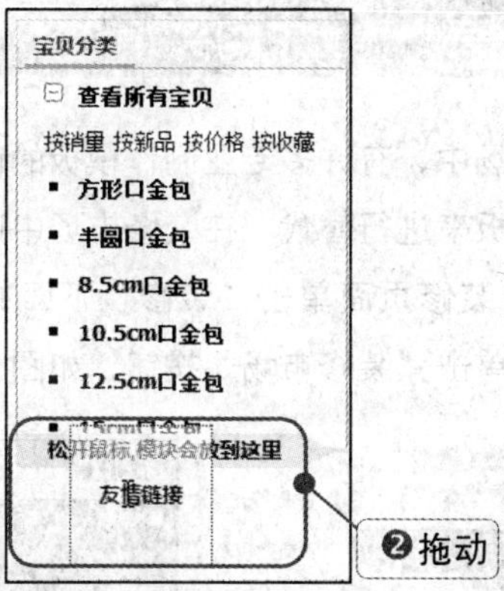

图 2-73

第 2 步 添加的“友情链接”模块如图 2-74 所示，单击“编辑”按钮，如图 2-75 所示。

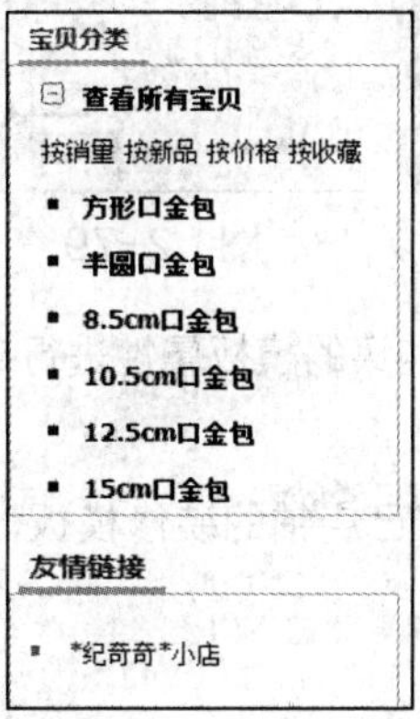

图 2-74

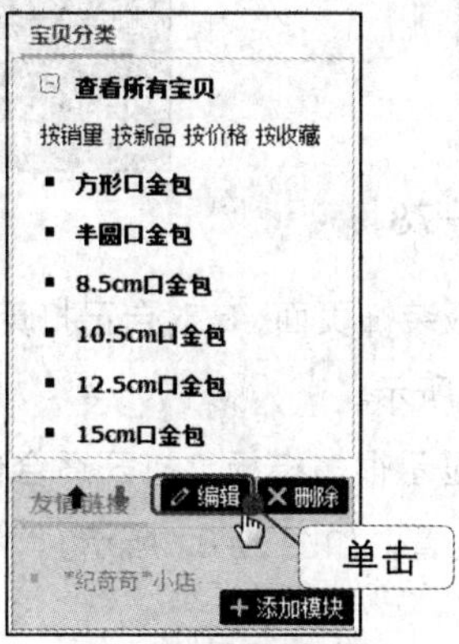

图 2-75

第 3 步 ❶ 在打开的面板中单击“添加”按钮，如图 2-76 所示。❷ 在打开的面板中输入要添加的店铺的链接名称、链接地址后单击“保存”按钮即可，如图 2-77 所示。

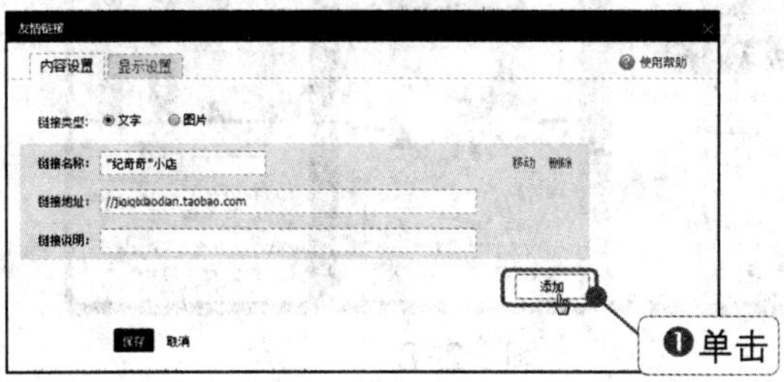

图 2-76

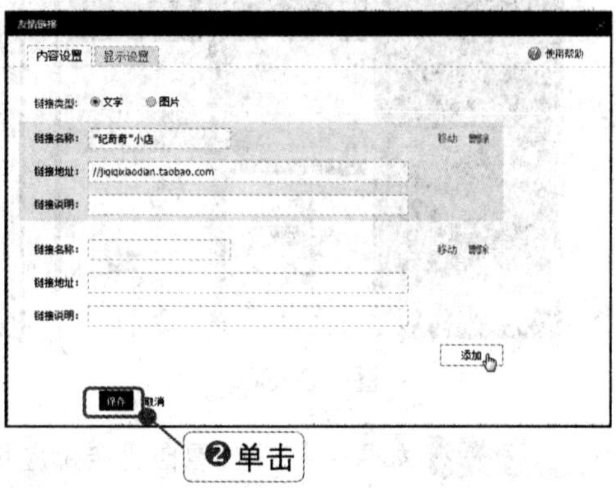

图 2-77

2.2.6 在装修市场中购买装修模板

在淘宝装修市场中，有许多专业制作模板的商家，如果觉得自己制作水平不够好，可以直接购买他们的模板来进行替代。在装修市场中购买装修模板，具体操作方法如下。

第 1 步 ❶ 在装修页面单击“装修”下面的“模板管理”标签，如图 2–78 所示。进入模板管理页面，单击“装修市场”按钮，如图 2–79 所示。

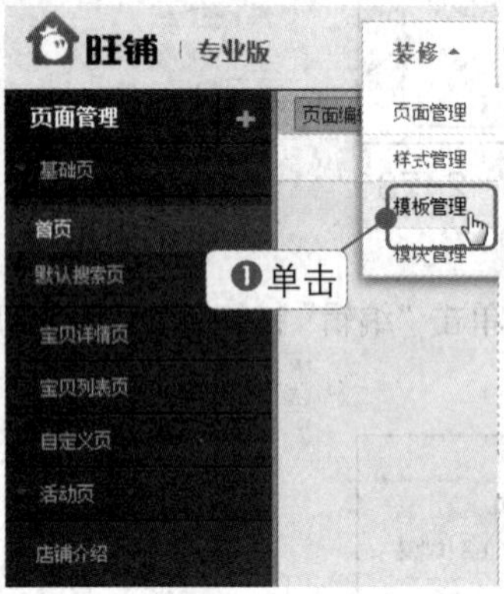

图 2–78

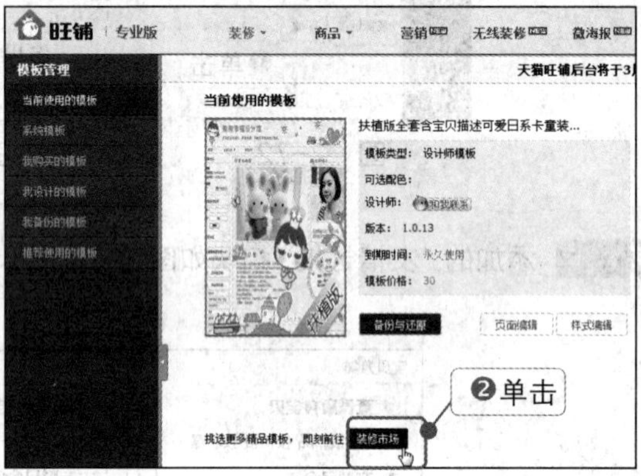

图 2–79

第 2 步 进入模板装饰页面，❶ 对自己打算购买的模板属性进行自定义设置，❷ 单击“确定”按钮，如图 2–80 所示。

第 3 步 页面中显示很多模板，打开适合自己店铺的装修模板，❸ 单击想要查看的模板图片即可进行详细查看，如图 2–81 所示。

图 2–80

图 2–81

第 4 步 如果要打算查看自己店铺应用的效果，❶ 单击“马上试用”按钮，如图 2–82 所示。❷ 在打开的“提醒”对话框中单击“确定试用”按钮，如图 2–83 所示。

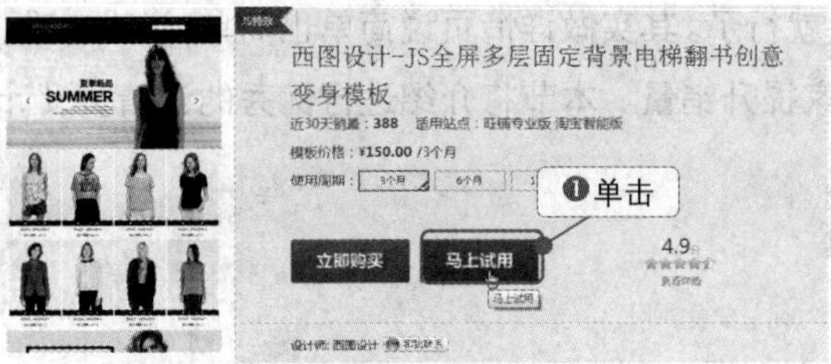

图 2-82

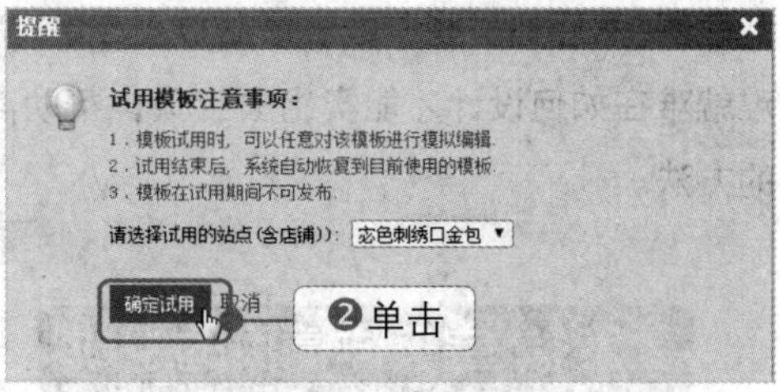

图 2-83

第 5 步 查看该模板效果，是否符合自己店铺的风格，如图 2-84 所示。如果需要购买则回到图 2-82 所示的页面，选择使用周期，单击“立即购买”按钮。如果对模板效果不满意则可以继续选择其他的模板。

图 2-84

问：网店装修都有哪些误区呢？

答：在装修过程中，如果不注意细节问题，则容易陷入淘宝店铺装修的误区，具体有以下几点。

① 色彩配色过多，让人看了就一个感觉，貌似进了一个杂货铺。

② 店铺装修不能抓住重点，完全根据店主自我的喜好想当然地进行设计装修，得不到买家的认同。

③ 使用超级大的图片加载起来很慢，买家会因没有耐心等待而关掉网页。

④ 忽略了首页的搜索功能，不便于买家查找店内宝贝。

2.3 店铺详情页的设计与优化

一个好的详情页胜过一位优秀的导购。一些新手美工以为做详情页就是简单地摆放几张产品图，然后加一些参数表最后放上5星好评就行了。其实做详情页说简单也简单，说难也难，难就难在如何设计才能卖出去宝贝，帮助商家提升销量。本节将介绍进行优秀的详情页设计的方法。

2.3.1 宝贝详情页的组成

宝贝详情页一般由店铺页头、宝贝基本信息区、宝贝详情区、宝贝延伸区组成，如图2-85所示。各组成部分的内容如下。

1. 店铺页头

放置店铺招牌，店招在店铺首页和店铺详情页均要显示。

2. 宝贝的基本信息

不同宝贝的基本信息有所不同，如图2-86所示为一家卖墙纸的店铺的基本信息。

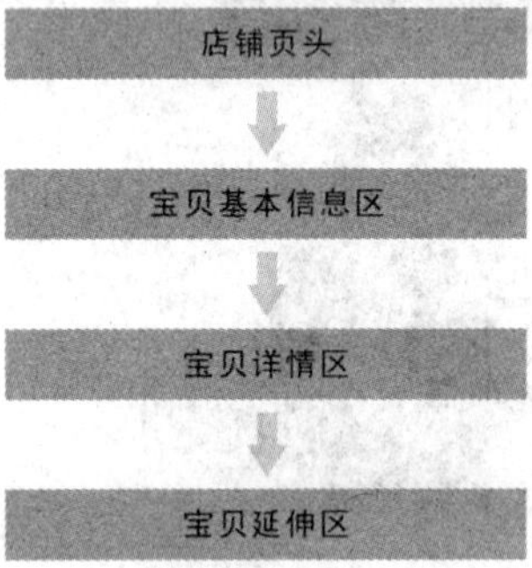

图 2-85

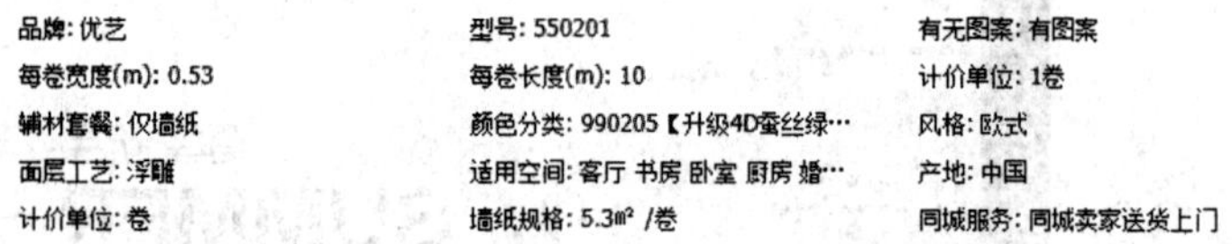

图 2-86

3. 宝贝详情区

宝贝详情区是向顾客详细介绍宝贝的区域，顾客是否喜欢这个宝贝、是否愿意购买都要看宝贝详情页，大多数订单也都是在看过宝贝详情区后生成的。可以说，宝贝详情区的质量直接关系到宝贝的转化率。宝贝详情区的内容主要包含以下几个方面。

① 整体展示：场景展示、摆拍展示等。

② 细节展示：各部分材质、图案、做工、功能等展示。

③ 产品规格尺码。

④ 品牌介绍。

⑤ 搭配推荐。

⑥ 活动促销信息。

⑦ 包装展示：一个好的包装还能体现店铺的实力，给卖家放心的购物延续体验。

⑧ 购物需知：邮费、发货、退换货、衣服洗涤保养、售后问题等。

4. 宝贝延伸区

宝贝延伸区为关联商品、热销商品的推荐。

问：如何判断宝贝详情页的设计是否成功呢？

答：判断宝贝详情页的设计是否成功可以从下面几条进行考核。

① 宝贝详情页的跳失率：看宝贝详情页经过优化后的跳失率和优化之前是否有改变。

② 浏览宝贝的时间：顾客在详情页上停留的时间越长，说明你的详情页越有吸引力。

③ 宝贝的转化率：宝贝的转化率是否提升。

④ 客服的咨询：如果详情页优化后宝贝的咨询明显减少，而转化却没有减少，也是说明宝贝详情页是很成功的。

2.3.2 宝贝详情页的上传

宝贝详情页可以在卖家中心上传，也可以安装“淘宝助理”上传，本节介绍在卖家中心上传详情页的方法，其具体操作步骤如下。

第 1 步 ❶ 在卖家中心单击“宝贝管理”标签下的“发布宝贝”链接，如图 2-87 所示。❷ 选择发布的宝贝所在的类目，❸ 单击“我已阅读以下规则，现在发布宝贝”按钮，如图 2-88 所示。

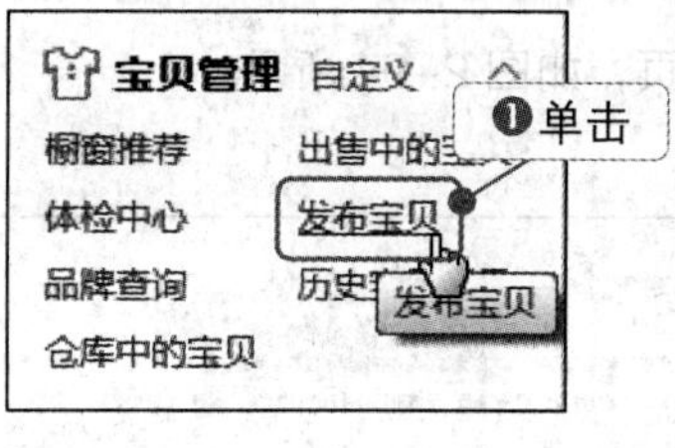

图 2-87

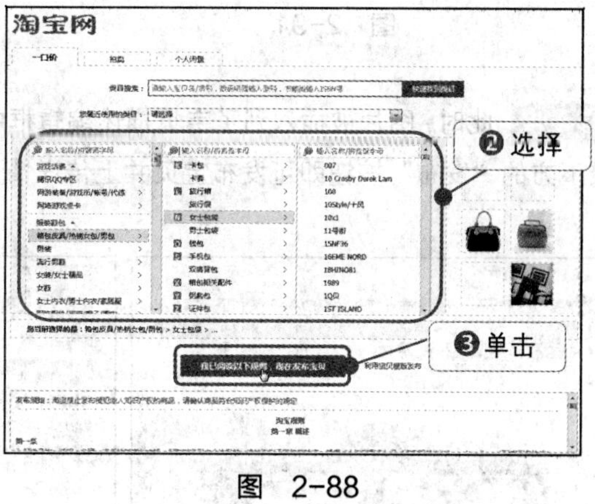

图 2-88

第 2 步 可以在发布的编辑区域内输入文字、插入图片，但是在此区域编辑排版不如专业的设计软件方便。因此可以将整个详情页的文字、图片、版式设计好后，切成几张图，上传到编辑区域，下面介绍上传图片的方法。❶ 单击“插入图片”按钮，如图 2-89 所示。❷ 单击“上传新图片”按钮，❸ 单击“添加图片”按钮，如图 2-90 所示。

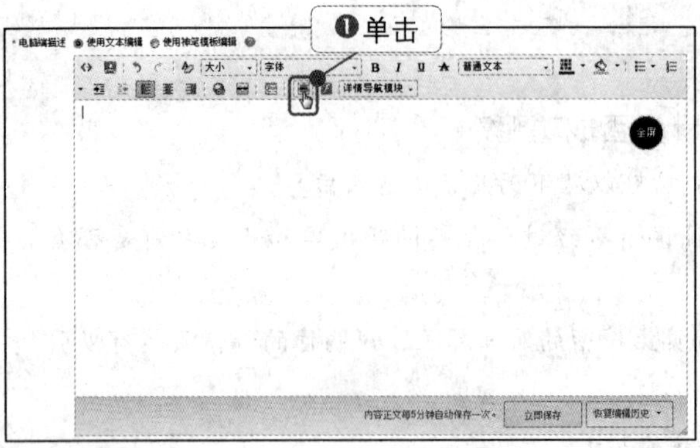

图 2-89

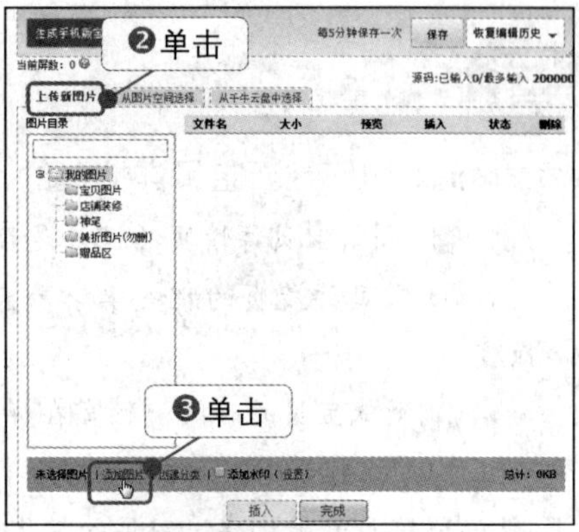

图 2-90

第 3 步 ❶ 在“打开”对话框中选择要上传的文件，❷ 单击“打开”按钮，如图 2-91 所示。❸ 单击“插入”按钮，如图 2-92 所示。

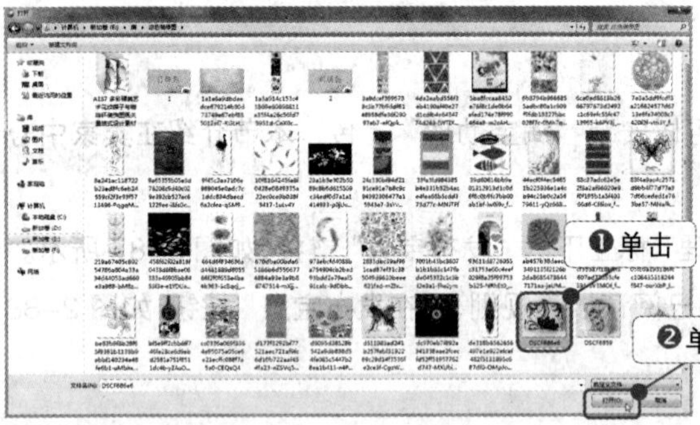

图 2-91

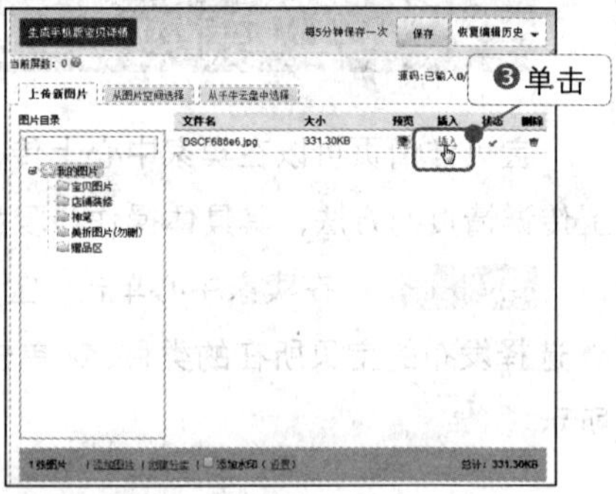

图 2-92

第 4 步 此时，图片被插入到了宝贝描述编辑框中，如图 2-93 所示。所有设置完成后，单击最下方的“发布”按钮即可发布宝贝并上传详情页，如图 2-94 所示。

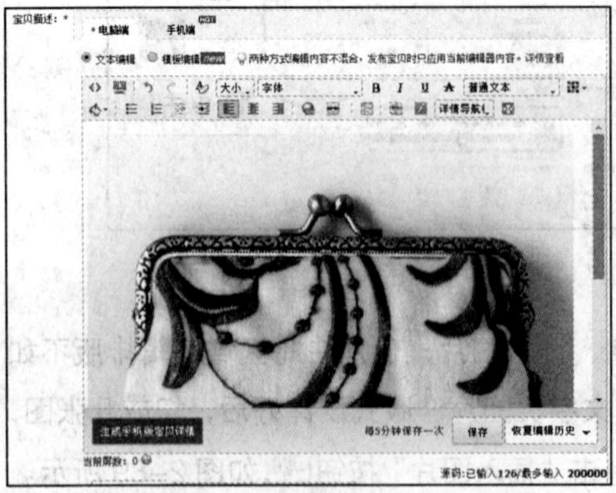

图 2-93

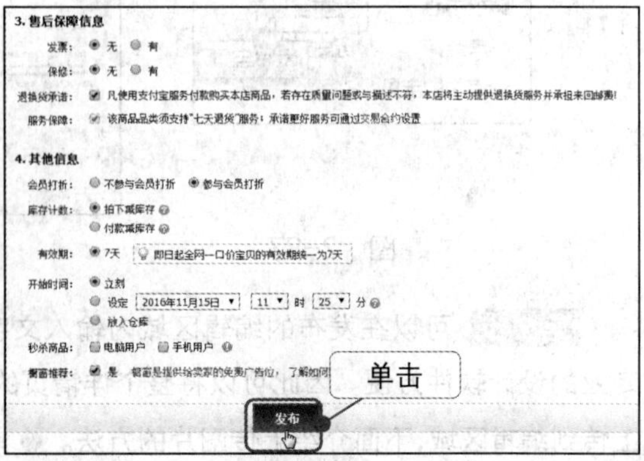

图 2-94

2.3.3 宝贝详情页的设计

宝贝详情页直接决定着网店宝贝的成交与否，宝贝详情页不能太简单也不能太繁杂。最好的宝贝描述页面是什么布局呢？一般我们可以把详情页的必要部分分作四大类别。

1. 店铺商品的展示类

目前店铺商品的展示类包括商品属性、尺寸、色彩、细节、优点（卖点）、包装、搭配和模特效果等，如图 2-95 所示。

尺码参考

尺码	裙长	胸围	腰围	肩宽	袖长
S	86	88	71	35	48
M	88	92	75	36	49
L	90	96	79	37	50
XL	92	100	83	38	51

模特信息：身高170cm,体重52kg，胸围84cm，肩宽41cm，所穿为定制。
温馨提示：由于测量方式不同，会有1~3cm的误差属正常范围，请妃迷们谅解哦！

尺码推荐

身高 / 体重	45kg	50kg	52.5kg	55kg	57.5kg	60kg	62.5kg	65kg	67.5kg
155cm	S	S	M	L	L	XL	XL	XL	XL
158cm	S	S	M	L	L	XL	XL	XL	XL
160cm	S	S	M	L	L	XL	XL	XL	XL
163cm	S	S\M	M	M	L	L/XL	XL	XL	XL
165cm	S	S\M	M	M	L	L/XL	XL	XL	XL
168cm	S	S\M	M	M	L	L/XL	XL	XL	XL
170cm	S	S\M	M	M	L	L/XL	XL	XL	XL
173cm	S	S\M	M	M	L	L/XL	XL	XL	XL

图 2-95

2. 商品吸引购买类

店铺商品吸引购买类通常包括卖点打动、情感打动、买家评价和热销盛况等，图 2-96 所示为设计亮点的展示。

亮点① 简约圆领/后领微开叉 亮点② 网纱刺绣/恬淡悠然 亮点③ 4层裙摆/保暖美观

图 2-96

3. 卖家实力展示类

关于卖家实力展示类主要包括商品品牌、商品荣誉、商品资质、商品销量、生产工艺、实体店等。如图 2-97 所示为服装店铺实体店的展示。

>>专柜展示

图 2-97

4. 商品交易说明类

商品交易说明类主要包括购物须知、关于色差、付款、收货、退换货以及保修等，如图2–98所示。

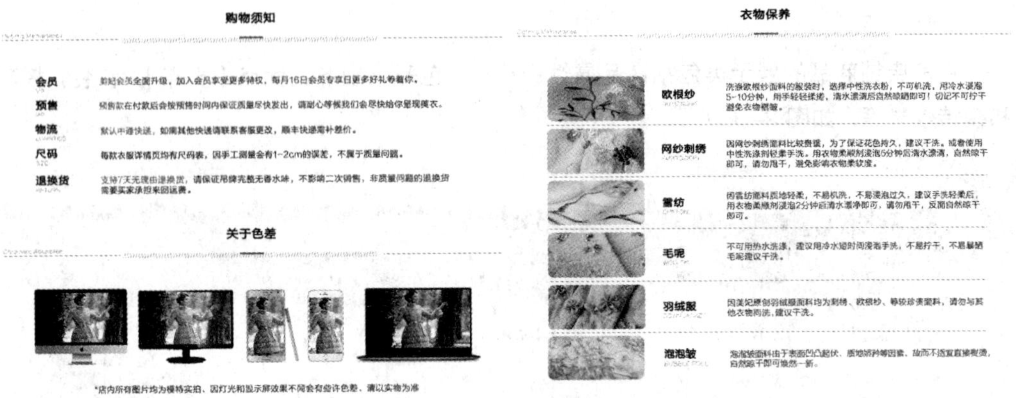

图 2–98

问：宝贝详情页的表述要注意些什么呢？

答：① 表述要具有真实感：商品真实感是再现商品原貌，在展示商品时，多个面的展示（正面、侧面、背面等）。

② 详情表述要具有逻辑性：我们卖家在制作宝贝详情页面时，要根据买家需求进行部署和针对商品卖点陈列，达到层层铺设，以促成买家购买。

③ 要具有亲切感：卖家要根据消费者的特性进行文案、图像的风格设定，亲切、贴近。

④ 要具有对话感：在网店的营销过程中商品介绍是靠文字图片的描述完成的，作为网上虚拟的掌柜，在对宝贝详情描述时要具有对话感。

⑤ 要具有氛围感：宝贝详情的营销氛围和实体店一样重要，要形成多人购买的气氛，以达到让买家因从众心理而决定购买。

2.3.4 宝贝详情页描述遵循的原则

卖家在设计制作店铺宝贝详情页时，其详情描述需要遵循以下两个基本原则。

1. 以买家需求为主

卖家在制作宝贝详情页时，最重要的是要引导你的买家看你想要卖的东西，为潜在客户做决定，引发买家兴趣、激发买家潜在需求，从而达到从信任到信赖的转变。

2. 注重买家的真实购物体验

消费者在搜索商品的时候，通常先搜索，碰到自己喜欢的，就直接进入了宝贝详情页面，所以宝贝详情页是提高转化率的首要入口。在网上购物的客户不能真实体验商品，宝贝详情页要打消买家顾虑，从客户的角度出发，关注最重要的几个方面，并不断强化。高质量的宝贝详情页能够带来高的转化率。

2.3.5 详情页的视觉呈现

详情页的视觉呈现要根据对消费者的分析、自身产品卖点的提炼以及宝贝风格的定位，开始准备所用的设计素材、颜色、文案、字体、排版等。这些不仅是给访问者留下好恶感的第一印象，而且也在一定程度上体现了店铺的实力和美工的设计功底。

常见的宝贝描述页构成框架为：产品价值 + 消费信任 = 下单，详情页上半部分诉说产品价值，后半部分培养顾客的消费信任感。对于消费信任感不光是通过各种证书、品牌认证的图片来树立。使用正确的颜色、字体、排版结构等，对赢得顾客消费信任感也会起到重要的作用。详情页每一块组成都有它的价值，都要经过仔细的推敲和设计。

网上购物最大的体验障碍就是看得见摸不着，我们五官中除了视觉以外，听觉、嗅觉、触觉和味觉在网购过程中是完全无法感知商品的，因此，要想打消客户的顾虑，鼓励他们大胆购买，商家就要用相机镜头代替他们的眼睛，在页面里全方位地呈现出商品的外观和细节，用图文并茂的方式呈现出商品的卖点和品质的保证，给客户营造出一个客观、安全的购物氛围。

运营大师谈经验：网店视觉营销与设计的引流解析

视觉冲击力强的店铺装修能给客户带来好心情，营造良好的购物环境；好的店铺装修能吸引顾客的关注，塑造店铺形象和品牌；还能刺激购物欲望，留住买家促进成交。要把视觉营销做好，也是有规律可循的，我们可以从以下几个方面入手。

1. 首页

首页的布局要重点突出、陈列有序、流畅贯通、创意独特，所谓重点突出是指在视觉热点集中的页头位置布局主款、新品、热卖等营销重点产品，并以强有力的视觉冲击抓住消费者眼球，图 2-99 所示将热卖款放在了显著的位置。

首页的空间是有限的，如何在有限的空间内进行产品的合理陈列，直接影响到了买家的视觉体验。陈列的功能既追求视觉的价值塑造，又致力于最高效的空间功能规划。不要在首页展示太多不必要的产品，也不要在首页出现同款产品浪费位置。陈列时要充分利用首页每屏空间，建议可以展示 4~5 个 SKU，如图 2-100 所示。

图 2-99

图 2-100

在店铺橱窗或者重点推荐产品之后可加上产品分类导航，便于让消费者快速准确地找到所需产品，如图 2-101 所示。

图 2-101

2. 宝贝详情页

宝贝详情页是作为很多流量的入口以及客户确定最终购买的页面，地位自然不同一般，其设计和排版应该逻辑清晰、表述准确、细致到位。产品的基本信息是必须完整的，再在这个基础上添加其他的元素。

3. 首焦图

作为视觉重区的首焦图，相当于线下店铺的门面或者招牌，做得比较亮眼的话，往往能给买家留下深刻的印象。在内容上，要有明确的主题诉求，语句简明扼要；形式上，利用颜色、造型、肢体等元素结合对比、构图等手法来创造视觉冲击力，如图 2-102 所示。

图 2-102

4. 销售氛围

大多数女性消费者都是比较感性的，她们往往容易被一些环境和氛围所左右从而影响到她们的购买行为，所以我们经常能够在卖场看到在各个关键位置都摆放着促销宣传图，包括货架都会根据当下营销策略进行布置，这一系列都是为了给消费者营造出一种购物以及销售的氛围，促使消费者购买。

如图 2-103 所示，文案中“买就返”等词，就能激起顾客的购物欲望，给人一种特别优惠的感觉，这样的销售氛围有利于引导顾客下单。

图 2-103

第3章

做好促销与营销活动，让店铺流量源源不断

本章导读

店铺促销与营销活动能为店铺带来很大的流量。那么，店铺促销有哪些方法呢？店铺的营销活动有哪些呢？带着这些问题，我们进行本章内容的学习。

知识要点

通过本章内容的学习，大家能够学习到店铺促销的方法与店铺的营销活动，为店铺带来大量的流量。学完后需要掌握的相关技能知识如下。

- 利用促销引流
- 利用营销工具引流
- 利用平台活动引流

3.1 利用促销引流

促销引流是非常有效的一种引流方式，本节将介绍促销对于淘宝店的作用、选择适合的促销商品、巧妙促销7大技巧、店铺促销中常见的误区。

3.1.1 促销对于淘宝店的作用

促销实质上是一种沟通活动，即营销者发出作为刺激消费的各种信息，把信息传递到一个或更多的目标对象。促销活动是必不可少的经营手段，促销的作用有以下几个方面。

1. 建立顾客忠诚度

当买家购买了产品，使用后如果满意，便会产生重复使用的意愿。但这种消费意愿在初期是不强烈的，飘忽不定的，需要一个激励，在这种情况下，促销就可以促成消费者的购买。如果有一个持续的促销计划，就可以使消费群基本固定下来。买家习惯了使用这个商品后，便会长期购买。

2. 消化库存积压商品

将库存比较大的商品作为促销对象，可以消化库存积压，让资金周转走向良性化。特别是一些当季商品，如服装类，如果不及时清理库存，一是累积大量资金，二是款式过时，时间越久越不利于销售。

3. 带动店铺其他相关产品销售

促销的第一目标是完成促销产品的销售。在该产品的促销过程中，还可以带动相关的产品销售。如衣服的促销，可以带动裤子的销售，反之亦然。

4. 提升店铺整体销量

网店的业绩越好，信誉越高，购买记录就越多，而购买记录越多，就越容易卖出商品。毫无疑问，它可以改变一些买家的使用习惯及品牌忠诚。因受利益驱动，买家可能会大量地购买。因此，在促销阶段，常常会增加消费，提高销售量。

3.1.2 选择适合促销的商品

促销商品在价格上都会有极大的让利，虽说低价，但选择促销商品时却不能马虎，如果用来做促销的商品一无是处，不仅不能带来预期效果，还有可能适得其反。下面来介绍一些选择适合促销的商品的技巧。

1. 店铺新品

新品上架后，能否在 24 小时内破零，对新品的权重至关重要。新品促销可以作为店铺长期的促销活动，因为一个用心经营的店铺总是会源源不断地上新款的。新品的促销既能加快商品卖出的速度，也利于培养老顾客的关注度，进而提高他们的忠诚度。

2. 大众化款式

如果选择促销的商品都是一些没人喜欢的冷门商品，甚至是卖不出去的商品，即使价格非常低，也缺乏吸引力，不能为店铺带来流量和人气。促销的商品可以选择大众化的、许多人需要的商品。如卖衣服的可以选择打底衫、打底裤等常规、大众款进行促销。

3. 质量好的商品

虽说是促销商品，但买了这个商品的顾客有可能会成为回头客，如果促销商品质量不过关，不仅不利于培养回头客，还有可能招来中差评，这对店铺的长远发展极为不利。

4. 店铺爆款

促销是店铺打造爆款的一种手段，打造爆款，到位的促销方式是至关重要的。可以选择低价促销、包邮促销、赠品促销、限时促销等方式打造爆款，还可以将多种促销方式结合起来使用。

3.1.3 巧妙促销六大技巧

本节将介绍利用赠品做促销活动、通过拍卖方式促销、巧用价格促销、巧妙进行包邮促销、限时限量促销、销售淡季的促销等促销技巧。

1. 利用赠品做促销活动

赠品促销就是买家在购物时，以“赠品”形式向买家提供优惠，吸引其购买商品。赠品促销是最常用的价值促销方式，它把商品作为礼物赠送给买家，以一种实物的方式给买家非价格上的优惠。这种方式虽然没有价格促销这样直接，但它可以以一种看得见而又实实在在的方式冲击买家，促成成交。赠品促销有以下几个优点。

① 可以提升品牌和网店的知名度。

② 鼓励人们经常访问网店以获得更多的优惠信息。

③ 能根据买家索取赠品的热情程度，总结分析营销效果和产品本身的反应情况等。

但赠品选择也不是有什么赠什么、随便什么都行。赠品促销的关键在于赠品的选择上，一个得当的赠品，会对产品销售起到积极的促进作用，而选择不适合的赠品只能造成成本上升，利润减少，顾客不满意的结果。赠品可以是各种不同的东西，可以是销售的产品样品，可以是一件具有纪念意义的礼物，也可以是一种极具实用价值的生活用品。也就是说，只要适合促销目标的东西，都是赠品促销物的选择范围。如图 3–1 所示，两家不同店铺所选的赠品都是与所售产品相关的，非常实用的。

图 3–1

在赠品的选择上要注意以下几个问题。

① 要有吸引力，不能因为是赠品就降低了对其质量的要求。赠品要精，要选择质量过硬、实用、档次不算太低但顾客使用频率较高的商品。

② 要有关联，赠品要与预售商品存在一定的关联。如卖杯子的，可以赠送勺子；卖花瓶、毛巾一类的，可以买大的送小的。

③ 要实用，一件赠品如果不能满足顾客对实用性的需求，必然没有吸引力。

④ 要有价值，赠品要与促销商品的质量和档次相符，不能拿次品来做赠品，否则无法体现售出商品的价值。如果买家购买了价值几千元的商品，赠送 2 元的赠品，就会显得小家子气，买家也不会买账。

2. 通过拍卖方式促销

淘宝拍卖相当于给店铺做广告，会吸引无数的潜在客户。通常对店铺进行宣传，都需要花费一定的时间、精力和金钱，但通过拍卖的方式发布商品，不但可以获得一定的收益，还可以起到宣传的作用。

拍卖的商品由于起价较低，对于有购买这类商品意向的买家来说，在搜索时就更容易先找到拍卖的商品信息，进而进入商品销售页面中参加竞拍，多数买家在进入商品页面后，会习惯性地浏览店铺中的其他商品，这样店铺的访问率就增加了，而访问率的增加，也就同时增加了商品的出售概率。对商品进行拍卖时，卖家可以设定一个较低的起拍价，然后按照一定的加价幅度让买家竞拍，在指定时间范围内，出价最高的买家即可购买到该商品，如图 3–2 所示。

图 3-2

淘宝网提供了两种拍卖方式，一种是单件拍卖，另一种为荷兰式拍卖，如果卖家要发布拍卖商品时，需要注意这两种拍卖方式的区别。

（1）单件拍卖

单件拍卖要拍卖的商品数量只有一件，卖家设定起拍价和加价幅度后，由买家竞拍，最终由出价最高的买家购得该商品。

（2）荷兰式拍卖

如果要拍卖的商品数量大于一件的话，淘宝会自动采用荷兰式拍卖方式。采用该方式拍卖时，出价最高者优先获得宝贝，相同价格先出价者先得，如果商品拍卖数量大于出价人数则按照起拍价成交。

问：在进行拍卖时，有什么技巧呢？

答：既然我们发布拍卖商品是为了赚取人气，那么在拍卖的同时，就可以结合其他方式来加大宣传力度，让更多感兴趣的买家进入店铺中。也就是发布拍卖商品后，我们可以到相应的QQ群、论坛、微信、微博发布针对拍卖商品的宣传帖子，让更多的买家参与竞拍，这样不但增加了店铺人气，而且竞拍的买家会越多，商品最终能售出的价格也就越高。

另外，拍卖过程中如果我们的起拍价设置得很低，而参与竞拍的买家也没有出到较高价格时，卖家就有可能赔本销售，为了不至于赔本太多，我们可以邀请自己的朋友或亲人来参与竞拍以提高拍卖价格，当提高到我们的心理价位后，就可以退出竞拍，让其他买家竞拍并购得，这样即使赔本拍卖，也不至于赔本太多。

3. 巧用价格促销

价格是永远的促销利器，价格是除了质量、性能和款式之外决定买家是否购买的关键因素。卖家在琢磨买家心理的基础上要制定出易于买家接受，且能激发购买欲望的价格促销方式。那么价格促销有哪些技巧呢？下面将详细介绍。

（1）错觉折扣：给顾客不一样的感觉

如果直接打折，顾客会觉得商品本身只值打折后的价格，要打消这种心理暗示就要让买家觉得我买的这个商品其实是原价的，但是我花了更少的钱买到它了，我赚到了。具体怎么去操作呢？如果用“您只要花 49 元，就可以在我们店里挑选任何一件原价的商品”，显然比直接打折效果要好很多。如果给 100 元的宝贝打个 6 折，那买家感觉这个宝贝就是值 60 元，那它的质量估计也就是 60 元的质量。但是如果用“花 60 元就可以带走价值 100 元的商品”，买家就会觉得这个商品的价值还是 100 元，但是我只要花 60 块钱就得到了，它的质量品质还是 100 元的。

（2）超值 1 元：舍小取大的促销策略

超值 1 元就是指在活动期间，顾客可以花 1 元钱买到平时几十元的商品。很多人会问了，这种促销方案不是让店铺亏本很多吗？其实不然，从表面上看，这种 1 元钱的商品确实赚不到钱，但是通过这些商品，店铺吸引了很多的流量，而一个客户如果购买了一件 1 元商品，那他同时再购买店铺里其他商品的可能性是很大的，因为同样需要一次邮费。而那些进到店铺里来却没有购买 1 元商品的买家，购买店铺里的其他商品的可能性也是非常大的。如图 3-3 所示的商品，只需一元一袋，两袋即可包邮，顾客购买后，一般都会在店里再选购其他商品。

图 3-3

（3）临界价格：顾客的视觉错误

“临界价格”就是在视觉上和感性认识上让人有第一错觉的那个价格，比如以 100 元为界线，那么临界价格可以设置为 99.99 元或者是 99.9 元，这种临界价格最重要的作用是给买家一个视觉错误，这个商品并没有上百元，也只不过是几十元而已。尽管这个促销策略已经被超市、商场运用得泛滥了，但是也说明了这个方法屡试不爽，我们在实际的操作中，还是可以拿来使用的。

（4）阶梯价格：让顾客自动着急

所谓阶梯价格就是指商品的价格随着时间的推移出现阶梯式的变化。比如新品上架第一天按5折销售，第二天6折，第三天7折，第四天8折，第五天9折，第六天原价销售。这样给顾客造成一种时间上的紧迫感，越早买越划算，减少买家的犹豫时间，促使他们冲动购物。当然阶梯的方式有很多，店家可以根据自己的实际情况来设定。

（5）降价加打折：给顾客双重实惠

降价加打折实际上就是对一件商品既降价，又打折，双重实惠叠加。相比纯粹的打折或者是纯粹的降价，它多了一道弯，但是不要小看这道弯，它对顾客的吸引力是巨大的。

对于顾客来说，一次性的打折方案和降价加打折比起来，顾客毫无疑问地会认为后者更便宜。这种心理使得客户丧失原有的判断力，被促销所吸引。

对于店铺来说，提高了促销的机动性，降低了因促销而付出的代价。比如以100元商品为例，如果直接打6折，一件商品就会损失40元的利润。但是如果我们先把100元的商品降价10元，再打8折，那么一件商品损失的利润是28元，但是买家在感觉上却是后者划算。

（6）低价出售：让商品更容易被搜索到

低价出售商品也是一种商品的销售技巧，买家在网上购物时，有的会按照价格由低到高的顺序对商品进行排序，如果我们部分商品价格低于其他买家时，自然而然会得到买家的关注，也就会进入商品页面中查看商品信息，而其中多数买家则会习惯性查看店铺中的其他商品，当进入店铺的买家越多，商品的销售概率也就随之增大了。

我们将部分商品价格设置得较低的话，买家进入店铺后就会产生一个心理，那就是卖家的商品价格都会较低，购买意向也就会增加。为了使更多买家能够看到低价商品，还可以结合橱窗推荐与掌柜推荐的方式来展示商品，橱窗推荐可以用于在买家搜索商品时增加被搜索到的概率，而掌柜推荐则针对进入店铺的买家，使之可以首先看到被推荐的商品。

4. 巧妙进行包邮促销

大部分顾客都会选择包邮的商品后，再加购店内其他的商品，因为反正都免邮费了，一次多买点更划算。比如，一件商品价格19元，运费10元，将其设置为29元包邮，肯定更容易被消费者接受。但是如果店铺的商品关联销售性很强，买家一般都会在店铺选购几件产品，便不适合单件包邮促销，可以考虑满多少包邮的方式。图3–4所示为包邮促销。

图 3–4

5. 限时限量促销

所谓限时限量促销，就是降低商品价格，让所有买家在规定的时间内进行抢购。这种促销方式，能极大程度吸引买家眼球，给买家以紧迫感。如果是随处可见、随时都可买到的商品，人们自然不会产生强烈的购买欲。但如果数量、时间上都有所限制，就能触发买家的消费欲望，使他们觉得如能抢购到此物，就占了大便宜。图 3–5 所示为限时促销商品，销量非常好。

图　3–5

限时促销是一种非常有效的促销手段。但如果不能把握其中的诀窍，不仅不能取得很好的效果，还可能会弄巧成拙。那么该如何采取有效的方式去做，尽可能地扬长避短，以达到应有的效果呢？

（1）选择合适的商品

流行商品、应季商品、大众化商品、单价不过高的商品是首选。限时促销商品根据不同的种类最好定为原价的 4 ~ 8 折，价格不能太低，太低就有假货、滞销货的嫌疑，会引发顾客的失望和生疑。

（2）正确的促销时间

很多限时抢购促销失败都与时机选择不对有关。应该选择节假日、周末，特别是有大型促销活动时进行限时限量促销，如换季促销、周年庆、黄金消费周等时间。因为这时网上的人流量大，限时抢购的效果最好。

6. 销售淡季的促销技巧

网店生意和实体店生意一样有淡季、旺季之分，既然是淡季，为什么那些皇冠卖家生意还是那么火爆？如果真的有淡季，那卖家该怎么做？

任何事物都具有两面性，网店经营与实体店一样，不能避免淡旺之别、冷热之变。淡季经营其实更能体现商家的经营理念和思路，很多人说“特殊时期”也不贪多就图个保本、赚个信用，这个方法对于小的店铺尤其是新手卖家来说非常普遍。所以很多采用低价甚至零利润来拉动销售，但实际效果并不理想，甚至依旧改变不了冷清局面；因为降价赚吆喝的促销手段只能是短期行为，不可能长此以往，而小商家在价格上即便无利可图也拼不过底气十足的大卖家；一味降低利润甚至亏本销售只会元气大伤且尽失斗志；甚至陷入“旺季不旺，淡季更淡”的怪圈。

淡季往往空闲时间较多，充分利用好这个时间“苦练内外功”是成长中卖家必须要做的，这时可以做好以下几点。

① 将自己网店装饰得比别人漂亮一点。

② 补上一直没时间弄的真人秀照片。

③ 重新拍照不满意的货品。

④ 增加匆忙上架而未来得及介绍详尽的宝贝描述。

⑤ 为长远发展再去挖掘和拓展货源渠道。

⑥ 趁机将旺季销售的得失和对手的销售情况进行分析总结以及改进。

⑦ 利用空余时间为旺季到来和小店将来发展做一些准备。

3.1.4 店铺促销中常见的误区

在开展促销的过程中，存在许多误区，也给店铺的销售带来了消极影响。如果卖家在促销过程中能够避免这些误区，则可以大大提高促销的效果。那么，店铺促销常见的误区有哪些呢？下面将具体介绍。

1. 价格越低越畅销

很多卖家一想到促销就是低价，低价促销成了促销活动的主要内容，觉得用价格当作促销工具，将降价当作促销活动，战无不胜。但大家都知道这是一把“双刃剑”，刺伤了别人，同时也刺伤了自己。所以，如果能让价格不受促销活动的影响而下跌，如果继续保持稳定且又能让促销效果良好的话，这将是促销创新的极大突破。

2. 夸大商品优点，隐藏缺点

有些卖家为了将产品尽快地销售出去，极力吹嘘商品，大肆夸张商品的某些优点而隐藏缺点。但是如果言过其实，甚至故意欺骗顾客，损害的是自己的利益。因为如果顾客购买后对商品感到不满意，可能会给差评，而且不会再光顾店铺。精明的网商不会随便吹嘘自己的商品，而是将自己的商品全面展示给顾客，让顾客自己做出判断和选择。由此可见，要想生意长久，不能只图眼前利益，而是要注意自己的店铺形象和口碑。

3. 对买家的促销错觉

一些卖家在开展促销的时候，存在对买家的一些错误认识，这些错误认识导致促销失去了真正的目标和对象，因而使促销的效果大打折扣，常见的促销错觉有以下几种情况。

（1）误以为每个人都是买家

理论上，人人都是买家，但实际上由于年龄、性别、环境等因素，每个人的需求就大不相同了。因此，在制定促销策略的时候，要以目标市场的主要买家的特点、购买力等为依据。

（2）误以为购买者就是使用者

使用者不一定等于购买者，促销时应该注意两者的差别。如儿童类的商品购买者一般都是父母，在促销时还要迎合成人的心理。

（3）误以为能够支配买家

促销的宣传力量并非在于支配买家，而是在于迎合买家。如果无法满足买家真正的需要，再出色的商品广告都不会吸引买家。在卖家做店铺装修的时候应该注意这一点，商品描述、店铺公告都要能引起买家的“购买欲”。

4. 售后服务差

在网络销售中，售后服务尤为重要。许多卖家在卖商品时，会向买家做出各种各样的承诺，以打消买家的顾虑，促使其尽快做出购买决定。但是，一旦买家掏钱购买后，他们就将自己所做的承诺抛到了九霄云外。这样的售后服务，是得不到买家认同的，是在自掘坟墓。

5. 与买家争利

有些卖家在销售的过程中，对买家毫不让利，与买家争利，这样的结果只能是将买家拒之门外。对于卖家来说，只有拥有了比较稳定的客户群，才能够获得相应稳定的利润。稳定的客户群是怎样获得的呢？给买家一点“甜头”，就会获得买家的心，他们会再次光临你的店铺，从而成为店铺的回头客。

6. 想当然地推销商品

卖家要想商品销量高，当然要了解买家的心理。然而，有些卖家以为只要自己对商品感到满意，买家就会同样感到满意，完全以个人认知决定大众的需求，结果本末倒置，造成商品的滞销。

7. 忽视培养忠诚顾客

有的店主在抱怨买家缺乏忠诚度的同时，却从来没有将忠诚的买家和一般的买家区别对待，店主的促销都只是为了促成更多的人在一个时段内购买产品。那么针对不同类型的客户应该怎样区别对待，创建客户忠诚度呢？对于某些能让买家多次购买的产品，特别是单品金额较大的产品来说，在买家第一次购买后给予优惠券或积分，在促销期给予促销优惠之外的优惠，这样做一定更能让客户忠诚于品牌。

如果能将临时促销与长期促销结合起来使用，效果自然会随着时间的推移而得到体现——用临时促销抢竞品的客户或是吸引新客户购买，用积分引导忠诚客户长期购买，细分顾客，才能培养忠诚的顾客。

8. 缺乏对目标买家的市场细分

很多店主的促销活动都想一网打尽天下所有买家，其实这是促销的误区。不是所有商品都像大米一样，人人需要。因此，促销也要进行市场细分，可以从以下几个方面入手。

（1）按人口和社会经济因素细分

人口因素包括年龄、性别、家庭人数、生命周期等；社会经济因素则是指收入、教育、社会阶层和宗教种族等。

（2）按心理因素细分

影响网络买家购买行为的心理因素，如生活态度、生活方式、个性和消费习惯等都可以作为市场细分的依据，尤其是当运用人口和社会经济因素难以清楚地划分出细分市场时，结合考虑买家的心理因素，如生活方式的特征等将会变得更有效。

（3）按地理因素细分

根据买家工作和居住的地理位置进行市场细分。由于地理环境、自然气候、文化传统、风俗习惯和经济发展水平等因素的影响，同一地区人们的消费需求具有一定的相似性，而不同地区的人们又形成不同的消费习惯与偏好。

（4）按顾客利益细分

顾客之所以购买某项商品，是因为他们能够从中获得某种利益。可以根据顾客在购买过程中对不同利益的追寻，进行市场细分。这种方法与前面几种方法不同，它侧重于买家的反应，而不是产品购买者本身。

（5）按用途细分

用途细分就是根据顾客对产品的使用方式及其程度进行细分。据此顾客大体上可以被划分成经常使用者、一般使用者、偶尔使用者和无使用者。服务网店往往关注那些经常使用者，因为他们比偶尔使用者的使用次数要多得多。

（6）按服务要素细分

了解顾客对服务中不同要素的看法及反应，将非常有助于网店设计合理的产品组合。

3.2 利用营销工具引流

营销工具是帮助卖家提高成交量的有利工具。本节将介绍限时打折、搭配套餐、淘宝卡券、满就送（减）、美折促销等促销工具，卖家可根据店铺的实际情况自行选择。

3.2.1 满就送（减）

“满就送（减）”功能是基于旺铺的一种促销功能，它给卖家提供一个店铺营销平台，让所有设置了买就送的宝贝，自动实现促销。不用卖家手动进行操作，从而通过这个营销平台带给卖家更多的流量。设置“满就送（减）”的具体操作步骤如下。

第 1 步 登录淘宝网卖家中心，单击“营销中心”栏中“我要推广”链接，❶ 单击“满就送（减）”链接，如图 3-6 所示。

第 2 步 进入订购页面，❷ 选择购买周期，第一次购买可免费试用 15 天；❸ 单击“立即订购”按钮，如图 3-7 所示。

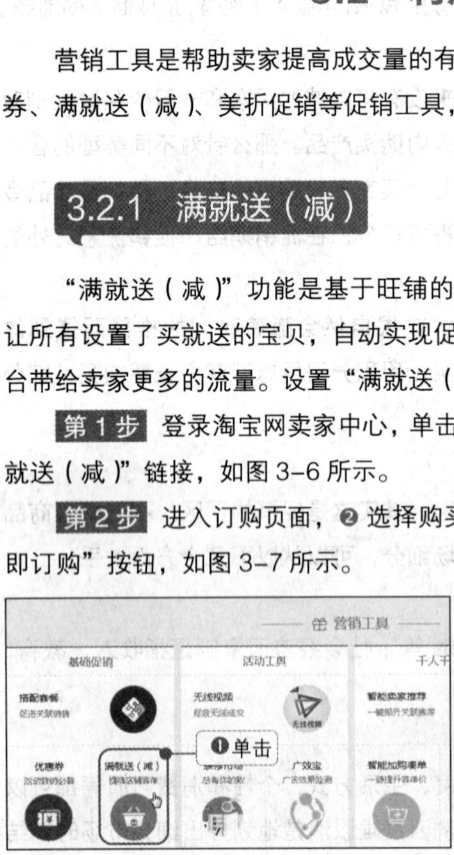

图 3-6

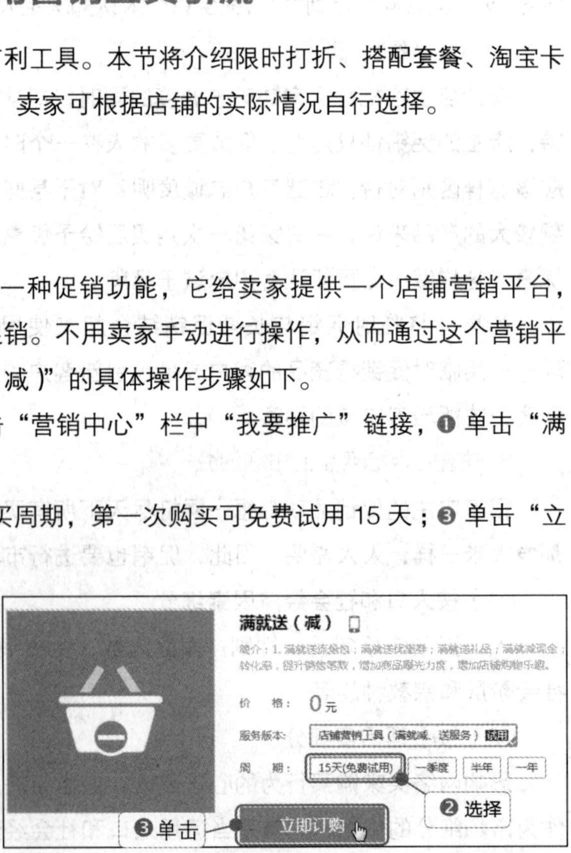

图 3-7

第 3 步 ❶ 确定订购信息无误后，单击“同意协议并付款”按钮，如图 3-8 所示。订购成功后出现图3-9所示的页面，❷ 直接单击营销工具图标即可进行编辑，这是第一种方法。

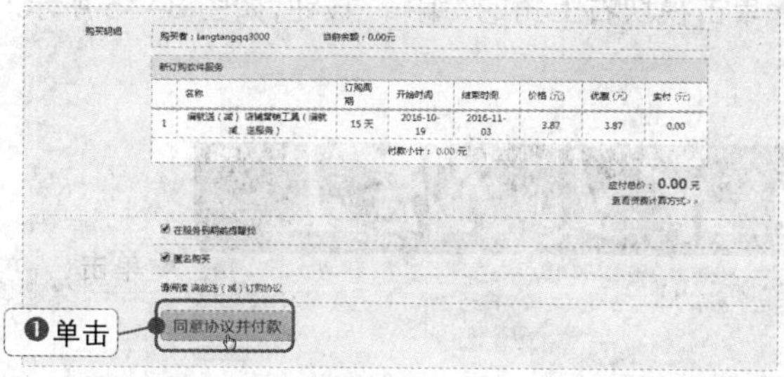

图 3-8

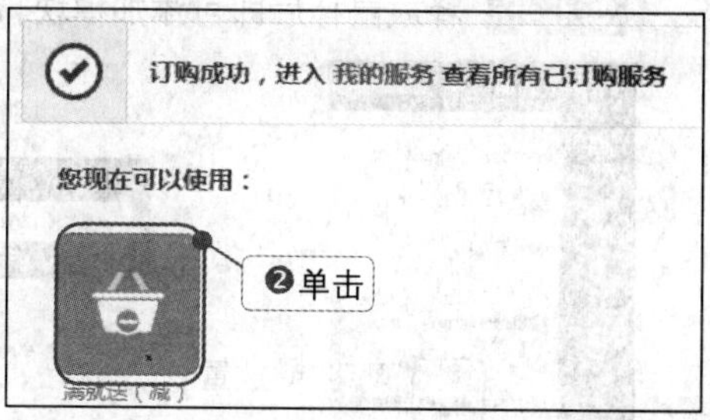

图 3-9

第二种编辑的方法是在卖家中心打开订购的营销工具的编辑页面。下面介绍第二种方法，第一种方法只能在刚购买营销工具时使用，若下次需要编辑，只能使用第二种方法。

第 1 步 ❶ 在卖家中心单击“我订购的应用”标签右边的箭头 >，❷ 单击“满就送(减)”图标，如图 3-10 所示。

第 2 步 ❸ 进入“满就送”的设置页面，设置相关信息；❹ 单击“保存”按钮，如图 3-11 所示。

图 3-10

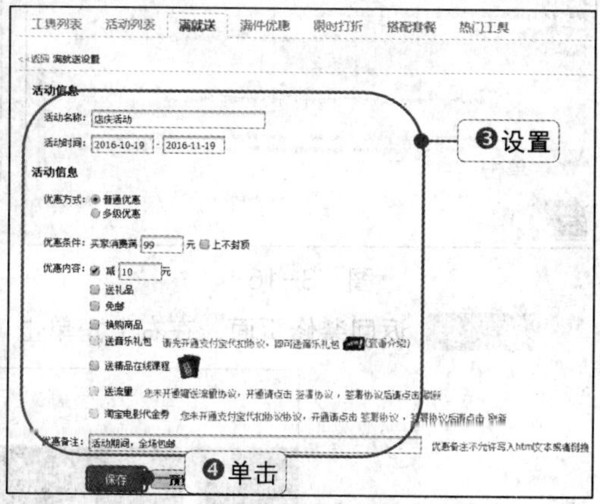

图 3-11

第 3 步 ❶ 单击底部右侧的“拷贝代码”文字链接，如图 3-12 所示。❷ 单击卖家中心“店铺管理”标签下的“店铺装修”链接，如图 3-13 所示。

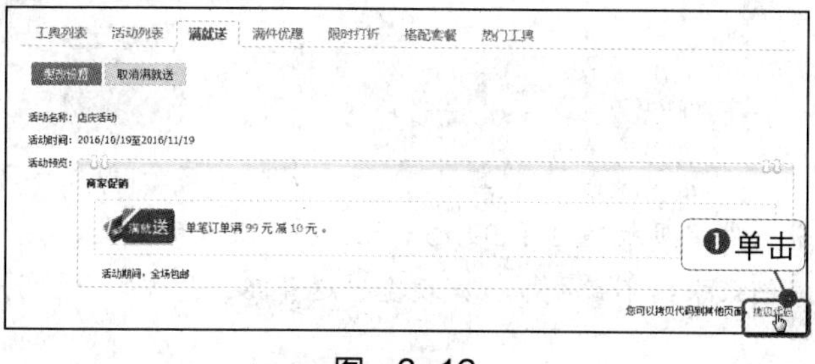

图 3-12

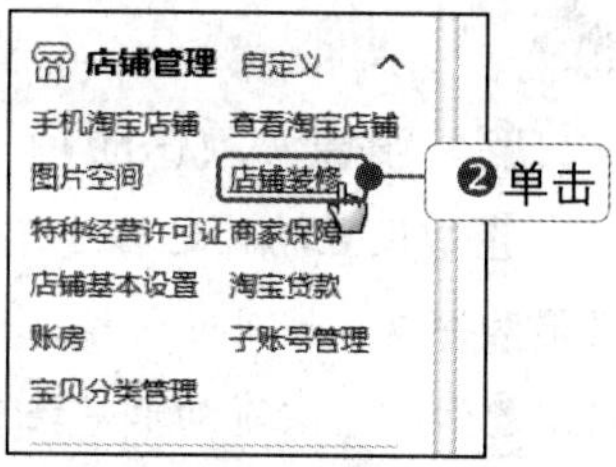

图 3-13

第 4 步 进入“店铺装修”页面，❶ 将光标放到“自定义区”模块上，如图 3–14 所示。按住鼠标左键不放拖到首页中要添加模块的位置。

第 5 步 释放鼠标后即可添加模块，❷ 单击模块右上角的“编辑”按钮，如图 3–15 所示。

图 3–14

图 3–15

第 6 步 在打开的对话框中单击勾选“编辑源代码”复选框，按“Ctrl+V”组合键粘贴代码，单击“确定”按钮，将代码粘贴，添加成功，如图 3–16 所示。此时可以预览到添加的效果，如图 3–17 所示。

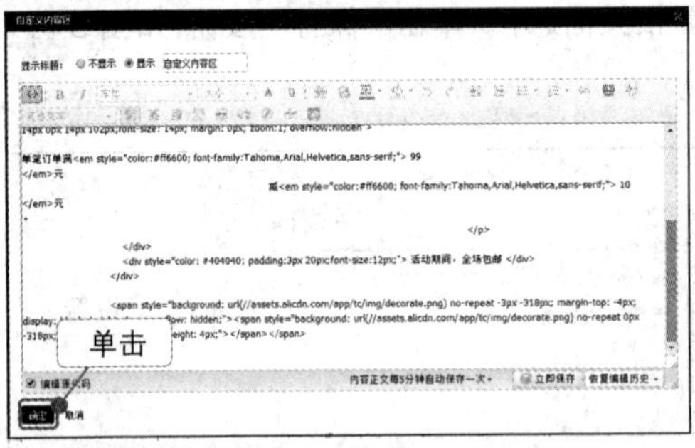

图 3–16

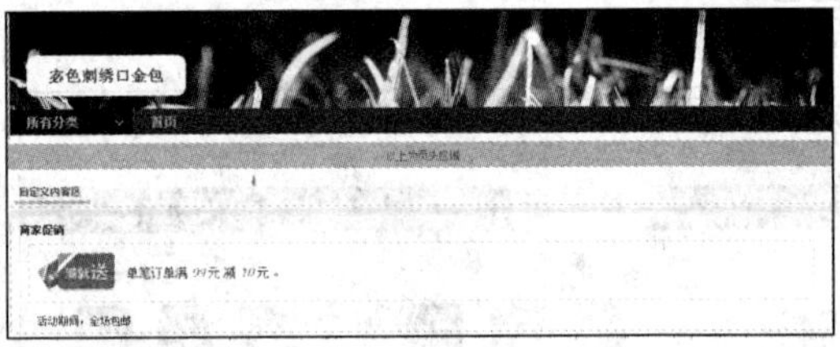

图 3–17

第 7 步 返回装修页面，在右上角单击“发布站点”按钮即可，如图 3–18 所示。

图 3–18

问：设置满就送时有什么技巧呢？

答：设置满就送时选择促销金额很重要，如设置了满 99 元包邮，这个 99 元一定要是两件以上宝贝的价格，如果一件宝贝就超过了 99 元，就失去了促销的意义。促销要量力而行，卖家如果只追求促销效果，不顾成本，减现金、送礼品、包邮等全用上，结果发现不赚反赔就得不偿失了。

3.2.2 搭配套餐

“搭配套餐”是将卖家店铺中销售的几种宝贝组合在一起设置成套餐来进行捆绑销售，这样可以让买家一次性购买更多的商品，从而提升店铺的销售业绩，增加店铺的曝光率，节约成本。PC 端搭配套餐活动通常在产品详情页展示，无线端通常在店铺首页展示。下面分别介绍 PC 端和无线端的搭配套餐的设置。

1. 设置 PC 端搭配套餐

订购及设置 PC 端搭配套餐的具体操作方法如下。

第 1 步 登录淘宝网卖家中心，❶ 单击“营销工具”栏中的“搭配套餐”链接，如图 3-19 所示。

第 2 步 进入订购页面，❷ 选择购买周期，第一次购买可免费试用 15 天，试用期后不再显示免费选项，购买后才能使用；❸ 单击“立即订购”按钮，如图 3-20 所示。

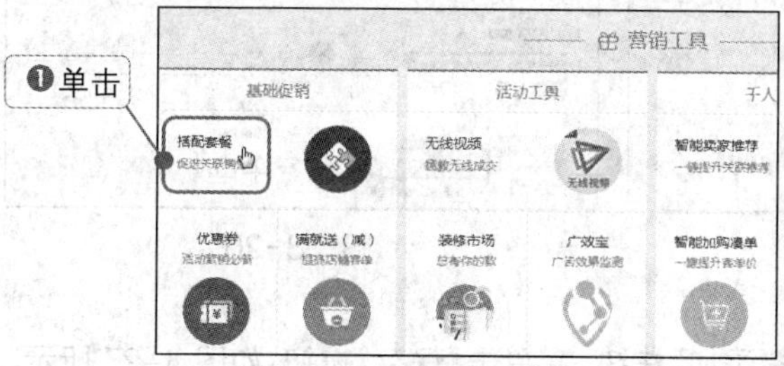

图 3-19

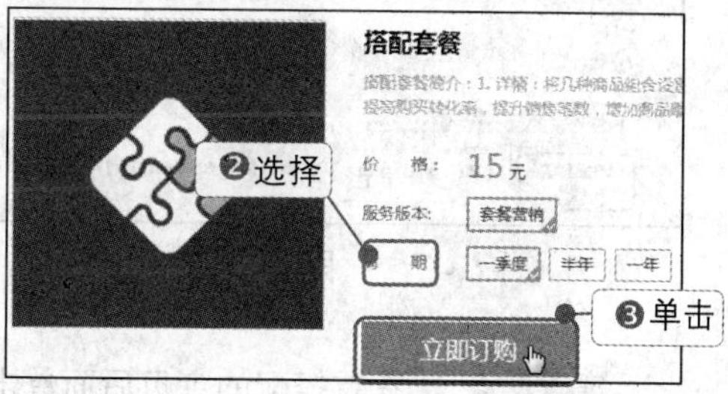

图 3-20

第 3 步 ❶ 确认无误后单击“同意协议并付款”按钮，如图 3-21 所示。弹出确认提示框，❷ 单击“去支付宝付款”按钮，如图 3-22 所示。

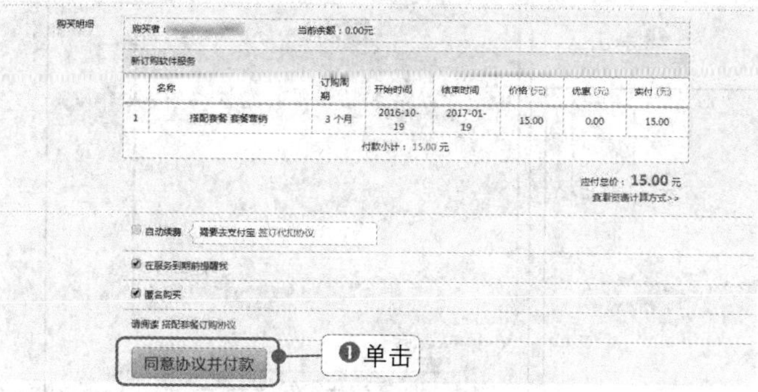

图 3-21

图 3-22

第 4 步 进入支付宝收银台页面，❶ 输入支付宝账户及支付密码，❷ 单击“确认付款”按钮，如图 3-23 所示。

第 5 步 此时，店铺优惠券服务即可订购成功，❸ 单击“搭配套餐”图标即可进行设置，如图 3-24 所示。

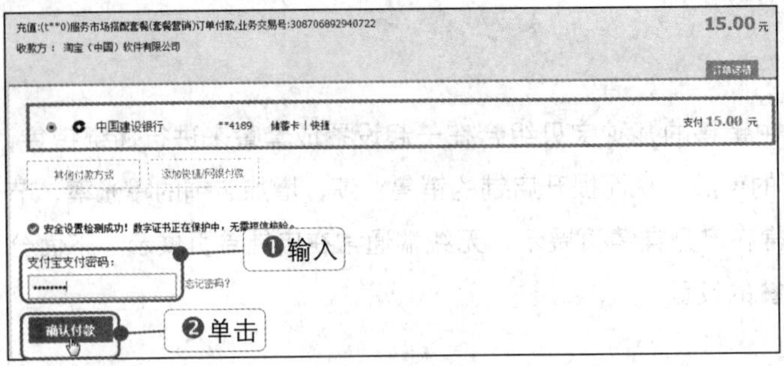

图 3-23

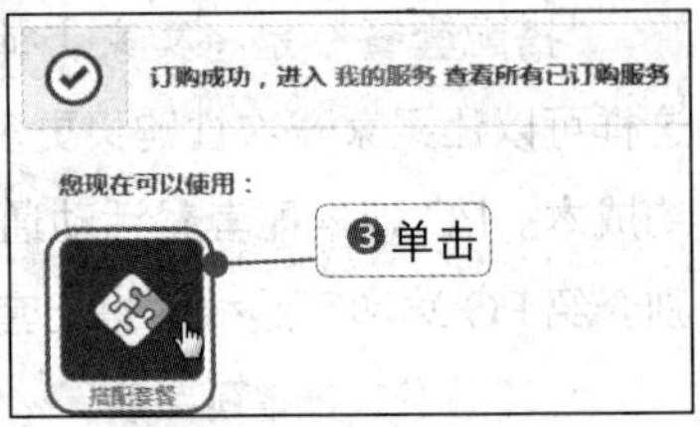

图 3-24

第6步 ❶ 单击“创建搭配套餐”链接，如图3-25所示，❷ 输入“套餐标题”，❸ 单击“添加搭配宝贝”链接，如图3-26所示。

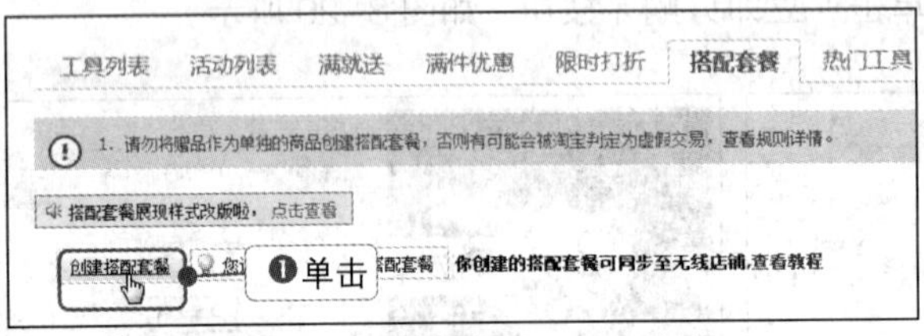

图 3-25

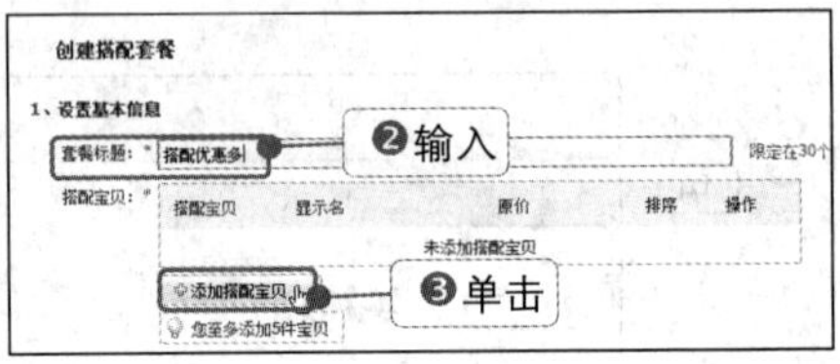

图 3-26

第7步 ❶ 在要搭配的宝贝后面单击“添加”按钮，❷ 单击“保存”按钮，如图3-27所示。❸ 输入套餐商品价格、套餐描述、设置物流信息，❹ 单击“发布”按钮，如图3-28所示。

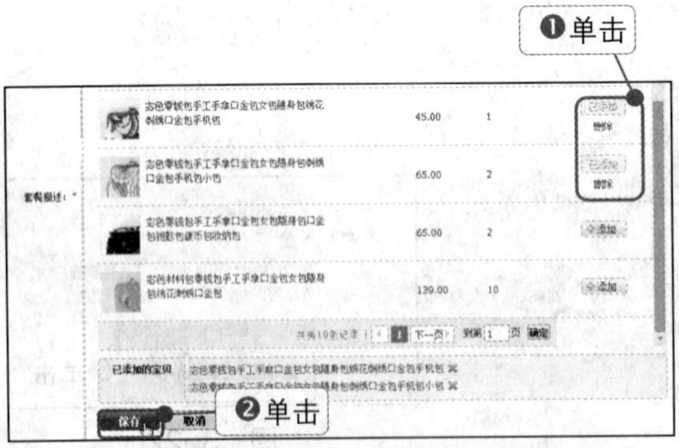

图 3-27

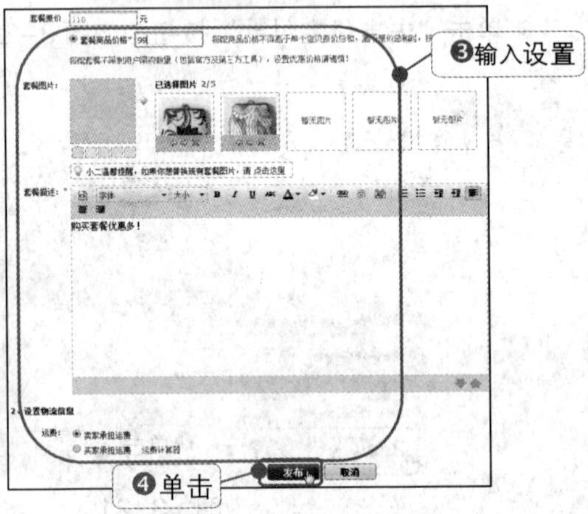

图 3-28

第8步 发布成功后会出现图3-29所示的页面，单击“查看”按钮，可以查看到套餐，如图3-30所示。

第9步 打开搭配了套餐的宝贝，在其详情页可以看到搭配套餐，如图3-31所示。

图 3-29

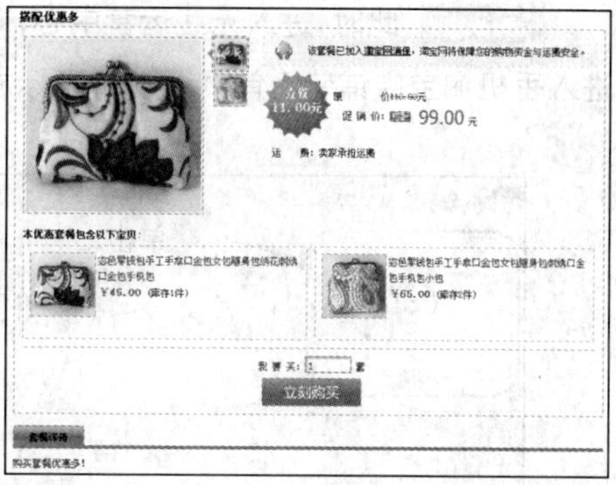

图 3-30

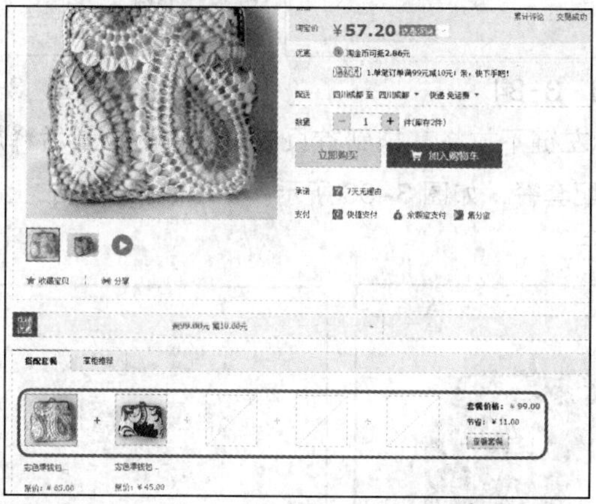

图 3-31

2. 设置无线端搭配套餐

PC 端设置的搭配套餐不会在无线端自动显示，需要进行一系列操作，下面介绍其具体的操作方法。

第 1 步 在卖家中心单击“店铺管理”标签右侧的展开按钮，显示此选项下所有菜单，❶ 单击“手机淘宝店铺”链接，如图 3-32 所示。

第 2 步 进入手机淘宝店铺页面，❷ 单击“无线店铺”中的“立即装修”链接，如图 3-33 所示。

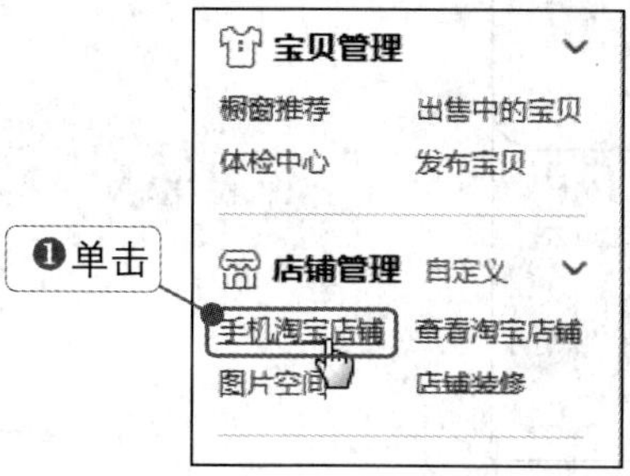

图 3-32

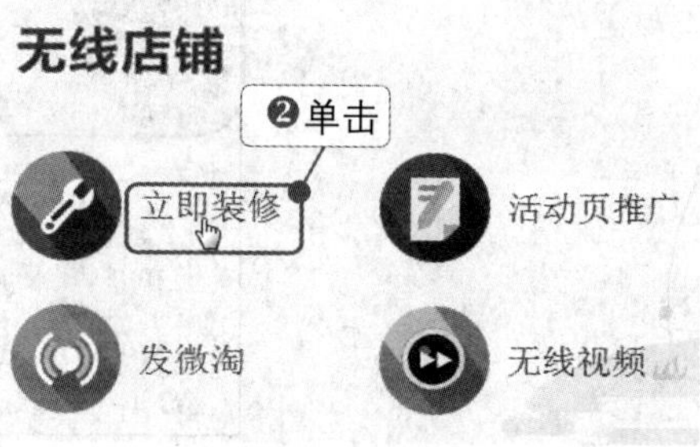

图 3-33

第 3 步 此时，进入无线运营中心，❶ 在页面中单击“店铺首页”链接，如图 3-34 所示。进入手机淘宝店铺装修首页，❷ 将光标放到“搭配套餐模块”上，如图 3-35 所示。

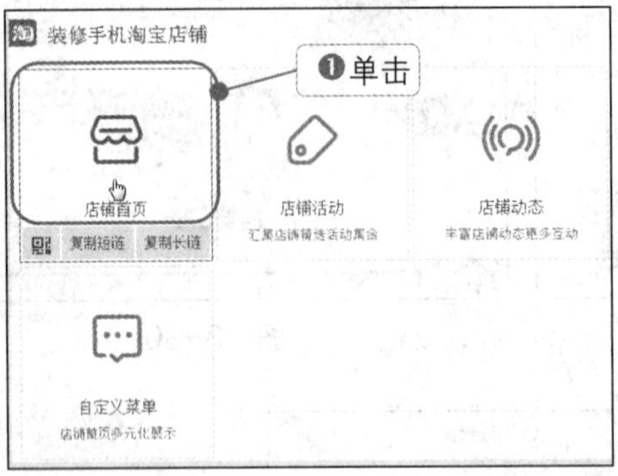

图 3-34

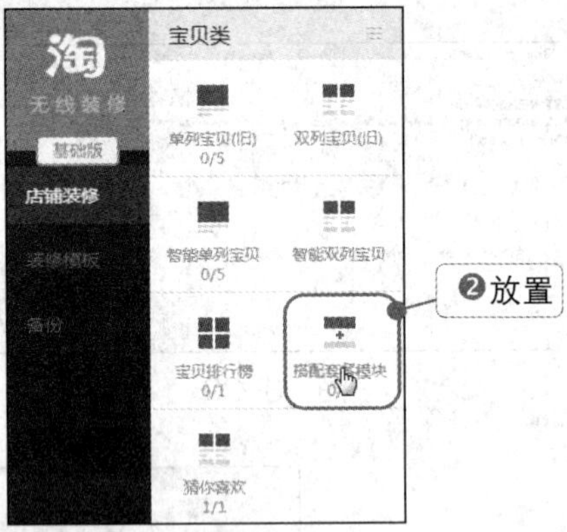

图 3-35

第 4 步 按住鼠标左键不放将其拖到首页中想放置的位置后释放鼠标，即可在首页中添加 PC 端已设置的搭配套餐，如图 3-36 所示。单击装修页面右上角的“发布”按钮，即可发布，如图 3-37 所示。

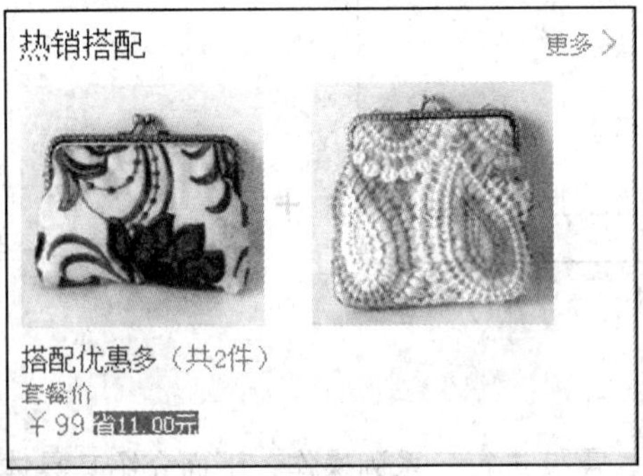

图 3-36

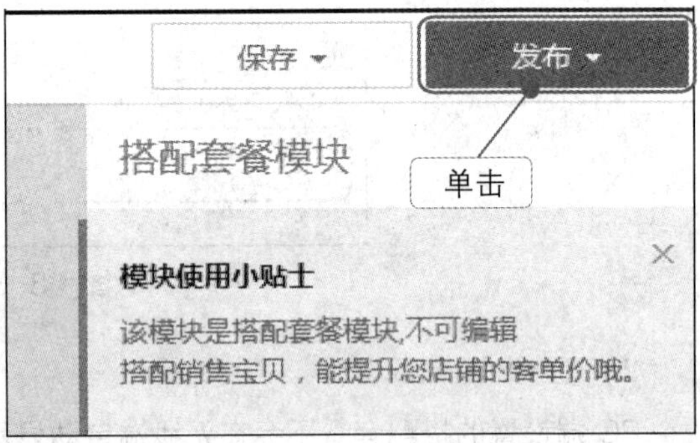

图 3-37

第 5 步 发布成功后即可在手机淘宝显示搭配套餐，如图 3-38 所示。

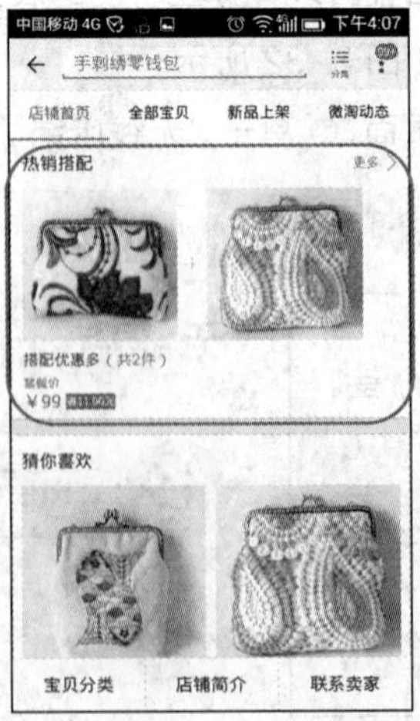

图 3-38

问： 如何很好地利用搭配套餐卖出更多的宝贝，有什么技巧吗？

答： 下面介绍几种搭配套餐的技巧。

① 从橱窗推荐的商品中选择，逐一使用套餐，因为这些是买家最容易看到的商品。

② 先排序商品销量，商品销量最好的开始设置搭配套餐。这个最关键，选择什么样的商品进行搭配，关系到店里所有商品的整体销售，要让销量好的商品带动其他滞销的商品销售，还要让销量好的商品搭配新品推广。

③ 要选择有关联性的商品，来做搭配套餐的活动，这样才能达到事半功倍的效果，比如选择衣服 + 裤子、打印机 + 油墨等，相互搭配关联性强的商品。

④ 选择多少商品搭配也很重要，一般情况下搭配一个，也可多搭配一些。如选择一个热卖商品并搭配些不好卖的商品可以增加后者的流量。

⑤ 合理设置搭配套餐的价格，让买家产生购物冲击力，关于这点大家可以根据自己的商品利润来看，原则是搭得多优惠得多。让买家感觉到实惠和实用，遵循这两个原则很重要。

3.2.3 满件优惠

"满件优惠"类似于搭配套餐工具，能有效提高客单价及连带率。"满件优惠"包含"全店活动"和"商品活动"两种类型。"全店活动"是针对全店商品设置优惠活动，顾客购买全店任意商品即可享受满足条件的优惠。"商品活动"是针对指定商品（卖家设置的商品）设置的优惠活动，顾客购买指定的商品才可以享受满足条件的优惠。选择"商品活动"的时候，需要在设置过程中选择要参加活动的商品。"满件优惠"是可以设置多级不同条件的，卖家要根据自己的实际情况进行合理设置，以提高转化率。使用"满件优惠"的具体操作步骤如下。

第 1 步 登录淘宝网卖家中心，❶ 单击"营销中心"标签下的"官方营销工具"链接，如图 3-39 所示。单击"促销管理"下的"立即设置"按钮，如图 3-40 所示。

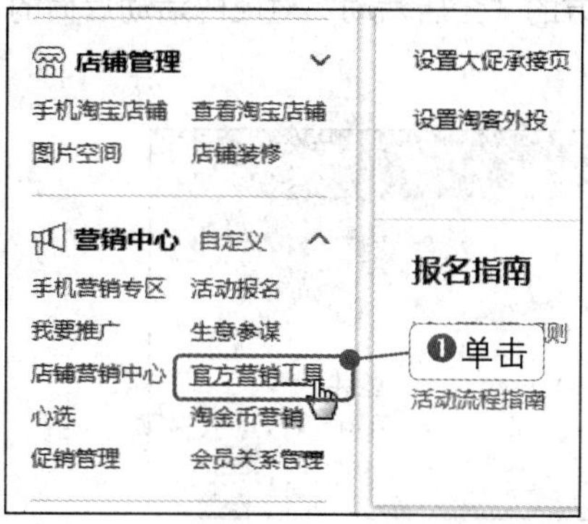

图 3-39

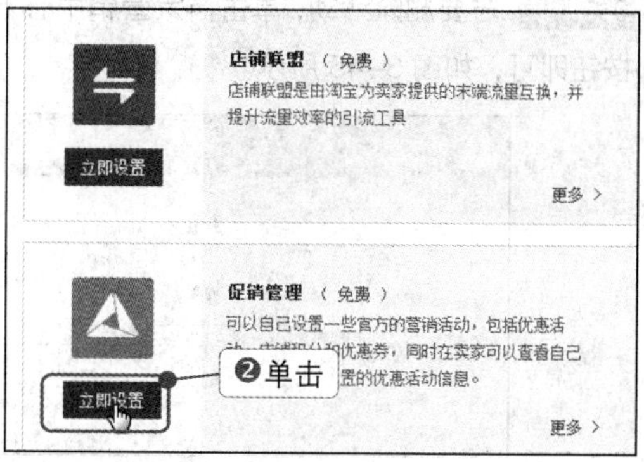

图 3-40

第 2 步 进入商家营销中心页面，❶ 单击“优惠活动”标签，如图 3-41 所示。❷ 单击“满件优惠”标签，如图 3-42 所示。

图 3-41

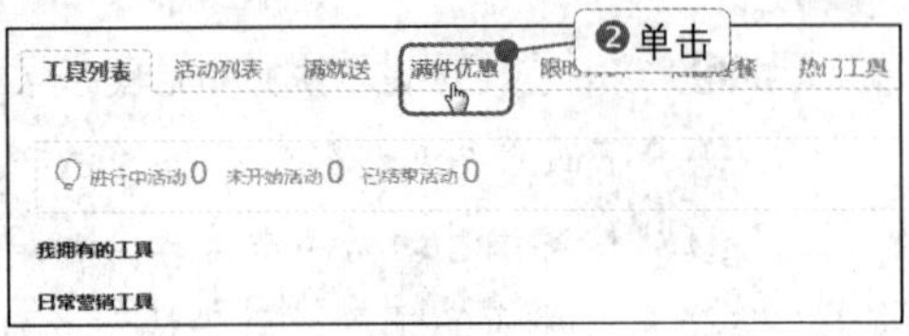

图 3-42

第 3 步 下面以全店活动为例进行讲解。❶ 单击“设置全店活动”链接，如图 3-43 所示。❷ 设置活动名称、活动时间、优惠条件、优惠内容等，❸ 单击“保存”按钮，即可成功创建“满件优惠”活动，如图 3-44 所示。

图 3-43

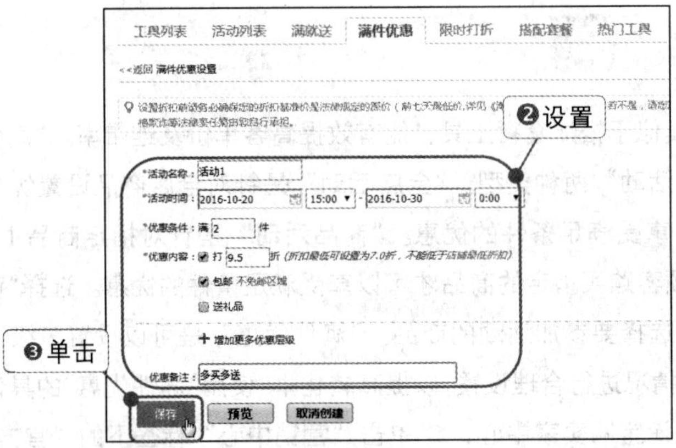

图 3-44

第 4 步 若要删除活动，单击商家营销中心下方的“全店活动”对应的活动后面的“删除”按钮即可，如图 3-45 所示。

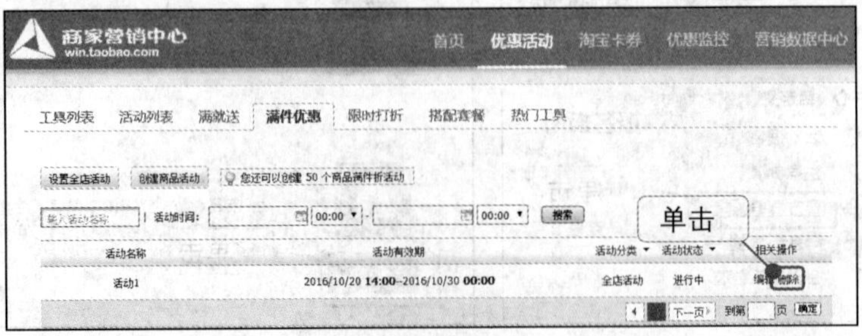

图 3-45

3.2.4 限时打折

“限时打折”是帮助卖家设置限时限量的打折活动，刺激买家的购买行动力，活动时间不能超过 240 个小时。订购了此工具的卖家可以在自己店铺中选择一定数量的商品在一定时间内以优惠的价格促销。使用“限时打折”的具体操作方法如下。

第 1 步 登录淘宝网卖家中心，❶ 单击“营销中心”标签下的“店铺营销中心”链接，如图 3–46 所示。❷ 单击“热门营销工具”中的“限时打折”链接，如图 3–47 所示。

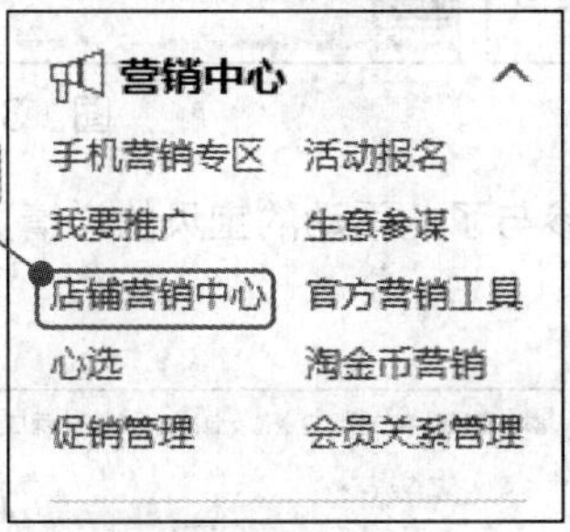

图 3–46

图 3–47

第 2 步 ❶ 单击“马上订购”按钮，如图 3–48 所示。订购方法前面已经介绍过，不再详讲。❷ 订购成功后单击“限时打折”图标即可进入其操作页面，如图 3–49 所示。

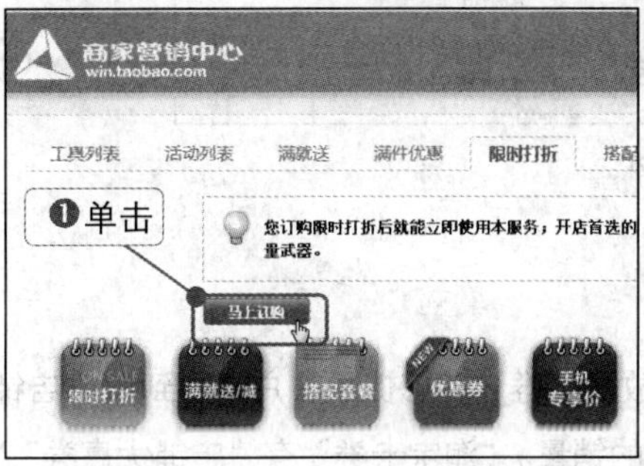

图 3–48

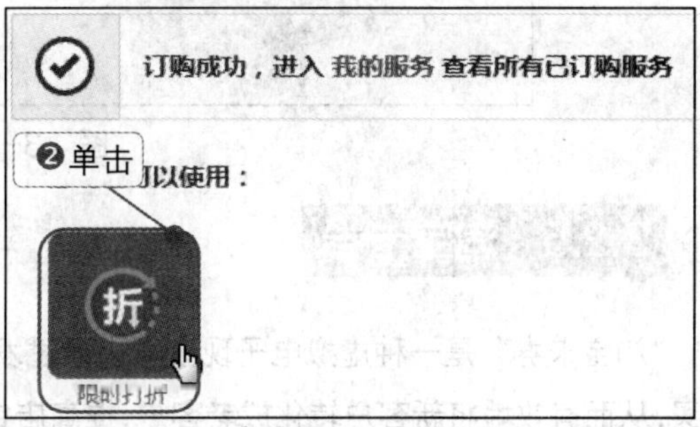

图 3–49

第 3 步 ❶ 单击“创建活动”按钮，如图 3–50 所示。❷ 设置促销名称、促销开始时间和促销结束时间，❸ 单击“确定”按钮，如图 3–51 所示。

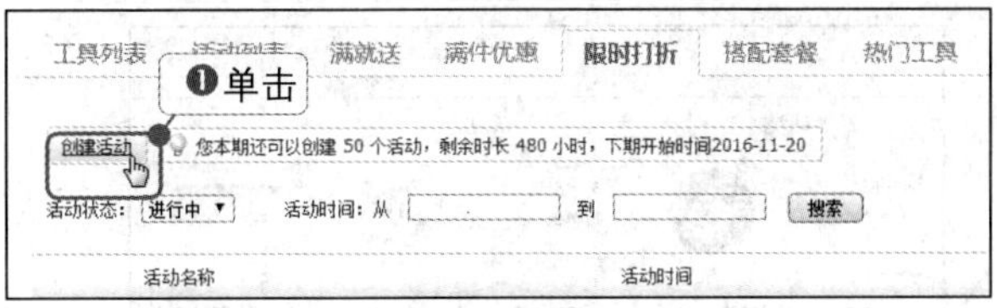

图 3–50

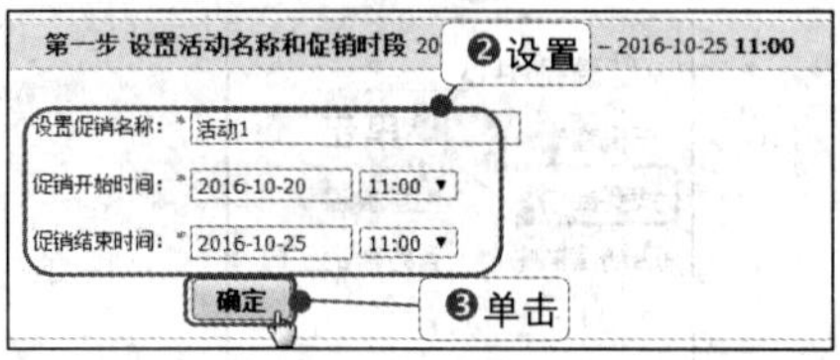

图 3–51

第 4 步 ❶ 单击要参加活动的宝贝，可选择一个或多个宝贝，如图 3–52 所示。❷ 设置限时折扣、每人限购数，❸ 单击“保存”按钮，如图 3–53 所示。

图　3-52

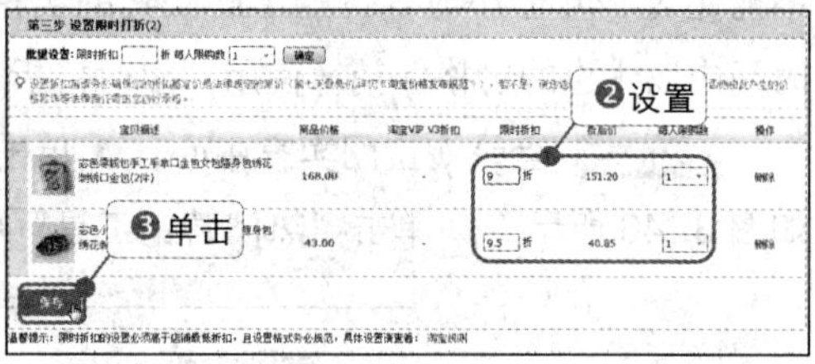

图　3-53

第 5 步 设置“限时打折”后，打开参与了此活动的宝贝的详情页面，可查看到活动，如图 3-54 所示。

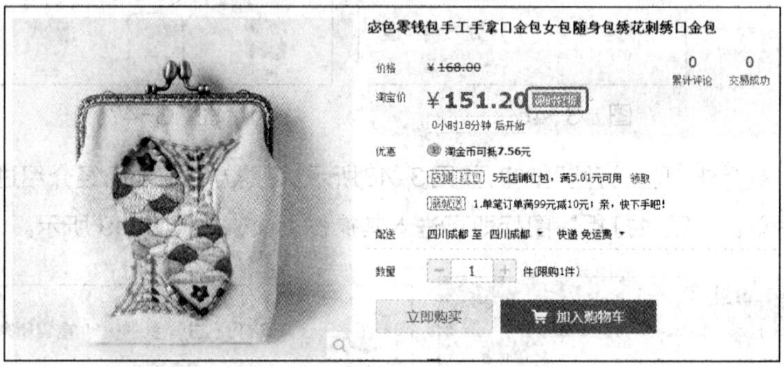

图　3-54

3.2.5　淘宝卡券

“淘宝卡券”是一种虚拟电子现金券，通过发放优惠券，能够促进客户再次到自己店铺中购买，从而有效地将新客户转化成老客户，提高店铺的销量。“淘宝卡券”有“店铺优惠券”“商品优惠券”“包邮券”三种类型，各类型的设置大致相同，下面以“包邮券”为例进行介绍。

第 1 步 登录淘宝网卖家中心，在“我是卖家”页面，❶ 单击“营销中心”栏中“我要推广”链接，如图 3-55 所示。❷ 在“基础促销”中单击“优惠券”图标，如图 3-56 所示。

图　3-55

图　3-56

第 2 步 首次使用需要订购，订购方法与前面相同，不再介绍。优惠券服务订购成功后，❶ 单击其图标即可进入编辑页面进行设置，如图 3–57 所示。❷ 单击“包邮券”下方的“立即创建”按钮，如图 3–58 所示。

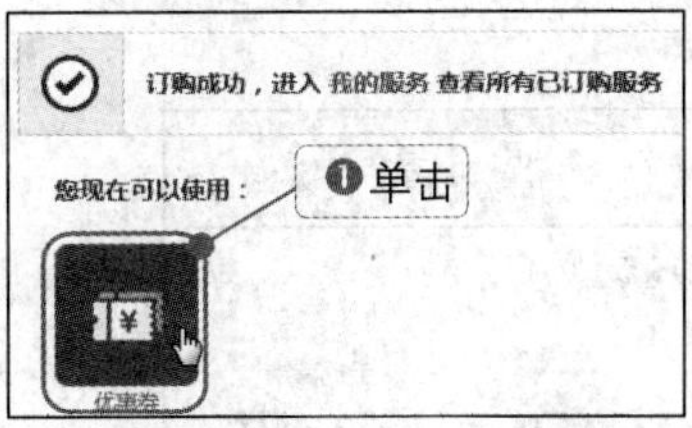

图 3–57

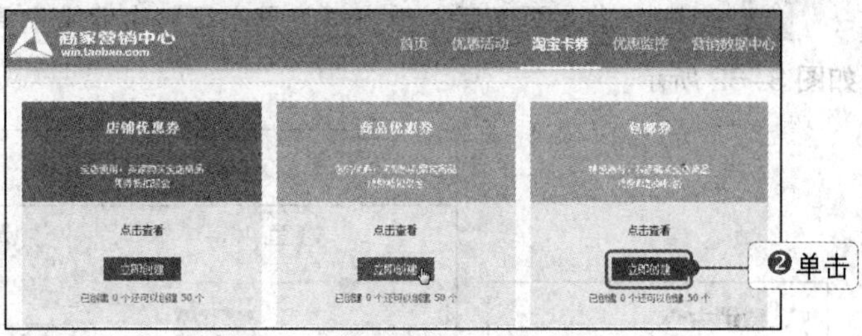

图 3–58

第 3 步 ❶ 输入并设置包邮券的基本信息，❷ 单击“保存”按钮，如图 3–59 所示。

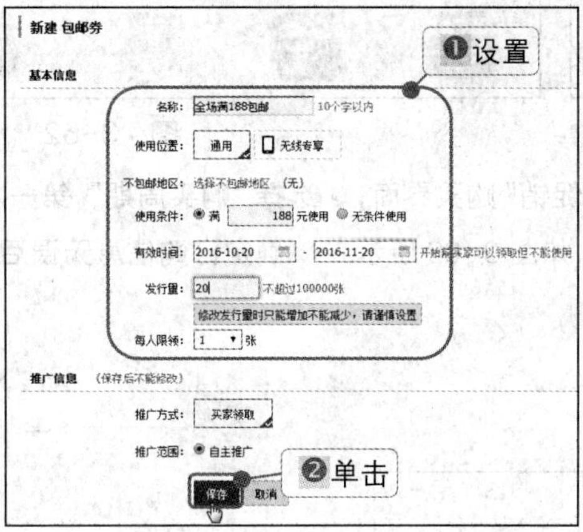

图 3–59

第 4 步 此时，即可查看到“全场满 188 元包邮优惠”券的状态为“领取中”，如图 3–60 所示。当买家购物后，就可以领取包邮券。如果要结束活动，单击“结束”按钮即可。

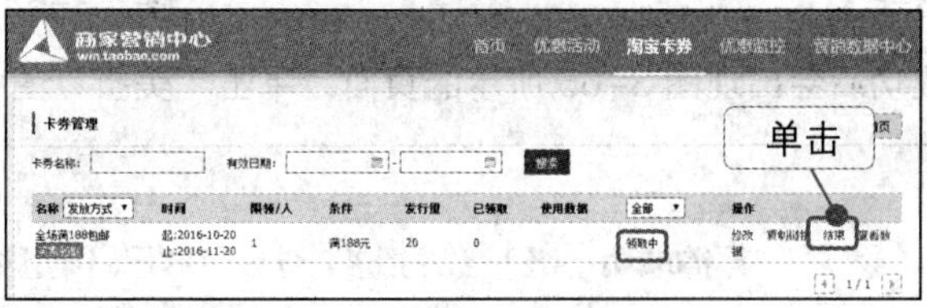

图 3–60

3.2.6 美折促销

“美折促销”可以设置折扣优惠促销和满减促销，既可以对店内部分宝贝进行设置，也可以对全店所有宝贝统一设置。下面分别介绍折扣优惠促销和满减促销的操作。

1. 设置折扣优惠促销

“美折促销”中的“折扣 / 减价”与“全店打折”用法相同，其区别是“折扣 / 减价”

是对部分宝贝进行设置，“全店打折”是对全部宝贝进行设置，其具体操作方法如下。

第 1 步 进入淘宝网卖家中心界面，❶ 在左侧“营销中心”标签下单击“我要推广”链接，如图 3-61 所示。

第 2 步 ❷ 进入页面后，单击“工具市场”中促销工具下面的“美折”链接进行订购，如图 3-62 所示。

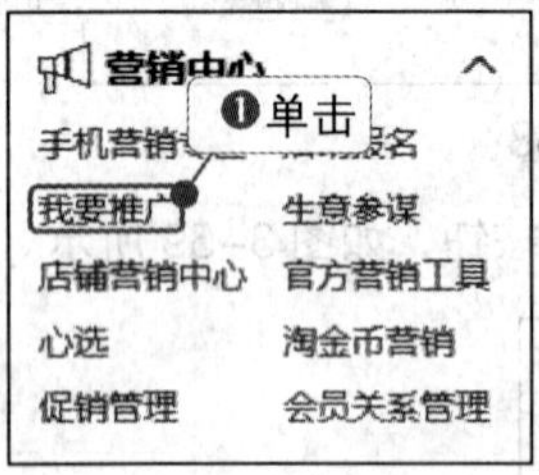

图 3-61

图 3-62

第 3 步 进入“美折促销”购买界面，❶ 选择“购买周期”，第一次购买可免费试用 15 天；❷ 单击“立即订购”按钮，如图 3-63 所示。❸ 确定订购信息无误后，单击“同意协议并付款”按钮，如图 3-64 所示。

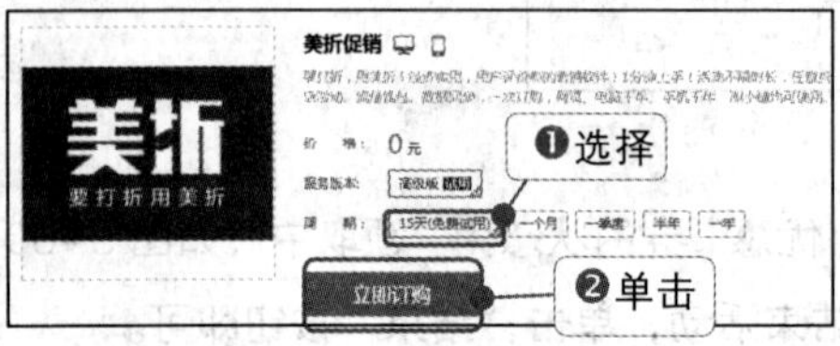

图 3-63

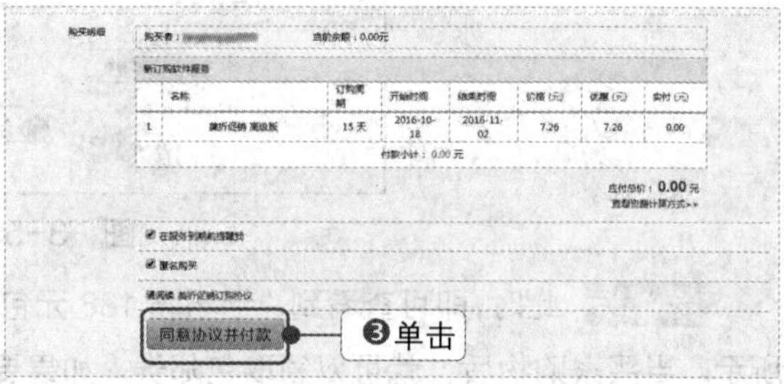

图 3-64

第 4 步 订购成功后会出现图 3-65 所示的页面，单击“美折”图标即可使用。

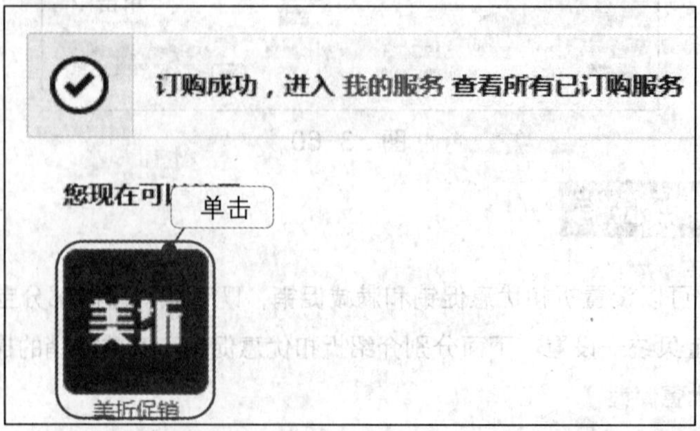

图 3-65

第 5 步 进入美折活动页面，将指针放到“创建新活动”标签上，❶ 在弹出的菜单中单击“折扣 / 减价”链接，如图 3-66 所示。

第 6 步 ❷ 设置活动名称、开始时间、结束时间等活动信息；❸ 单击“下一步：选择打折商品”按钮，如图 3-67 所示。

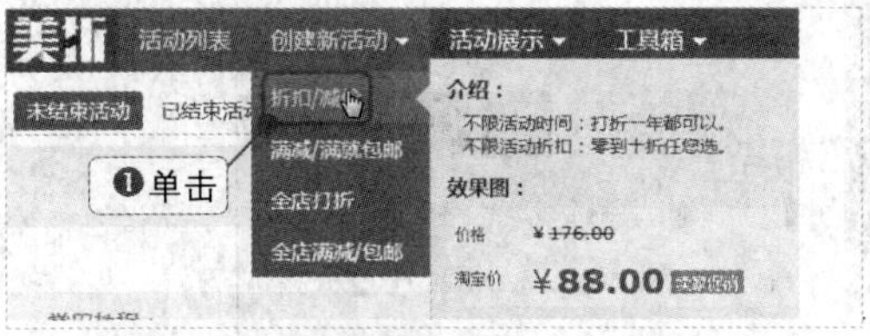

图 3-66

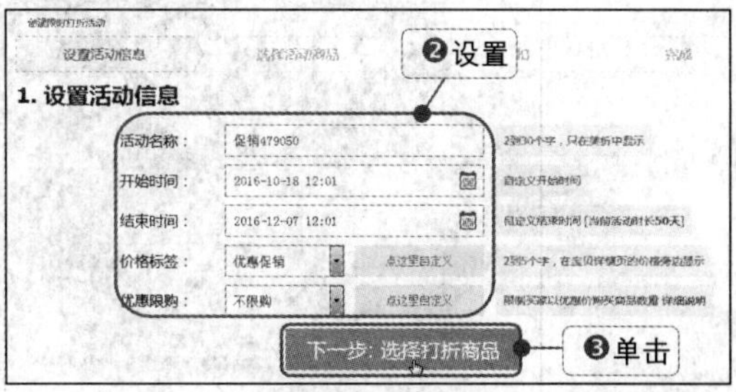

图 3-67

第 7 步 进入选择活动商品页面，❶ 单击需要进行打折的商品旁边的“加入活动”按钮，可以选择一个或多个宝贝。选择完成后，❷ 单击“下一步：设置商品折扣”按钮，如图 3-68 所示。

第 8 步 ❸ 进入设置商品折扣页面，给需要打折的商品设置商品折扣，❹ 设置完成后，单击“完成并提交”按钮，如图 3-69 所示。

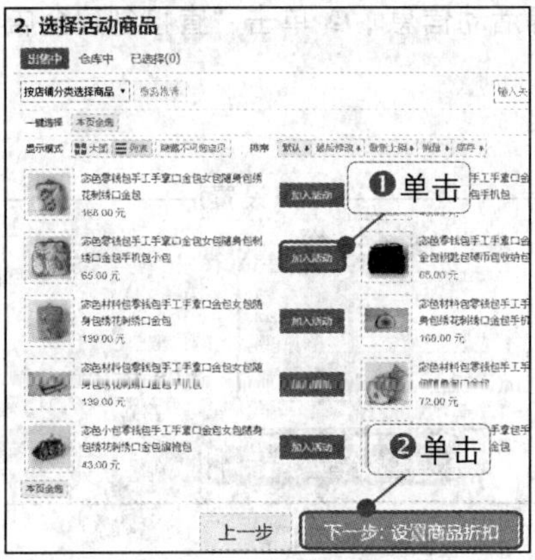

图 3-68

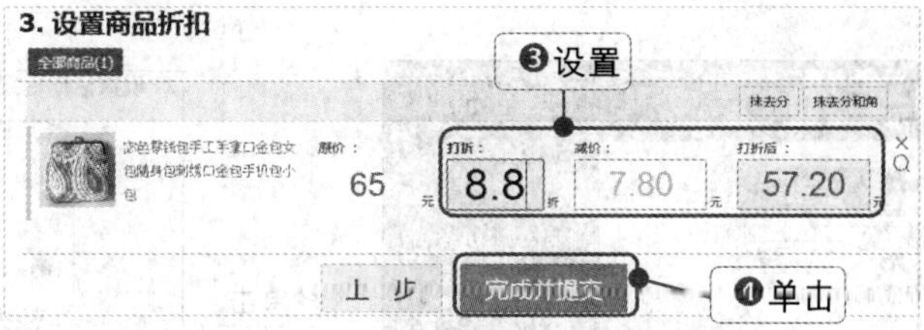

图 3-69

第 9 步 此时会弹出图 3-70 所示的提示框，单击“去淘宝授权”按钮，再单击上图中的“完成并提交”按钮，会打开图 3-71 所示的页面，即创建成功。

图 3-70

图 3-71

第 10 步 参加活动后，店铺中的该活动商品页面即会显示出促销价，如图 3–72 所示。

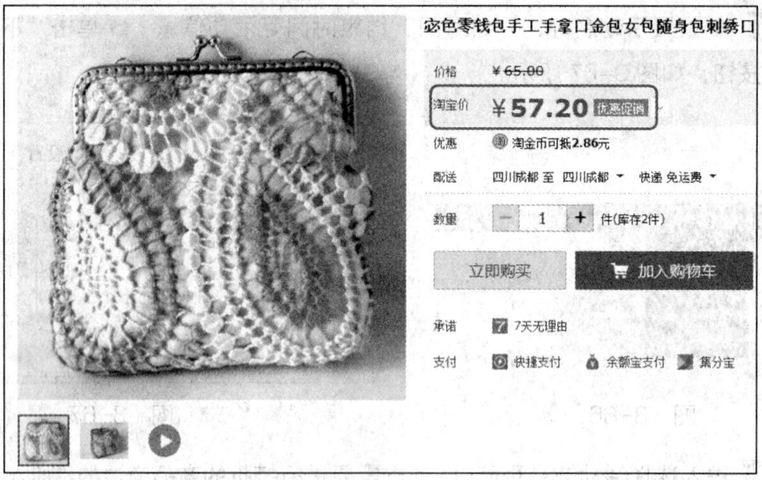

图 3–72

第 11 步 如果要对全店的宝贝设置统一的折扣价，可以使用“全店打折”命令。进入美折活动页面，将指针放到“创建新活动”标签上，❶ 在弹出的菜单中单击“全店打折”链接，如图 3–73 所示。

第 12 步 ❷ 设置活动名称、开始时间、结束时间等活动信息；❸ 单击“直接创建全店打折活动”按钮，如图 3–74 所示。

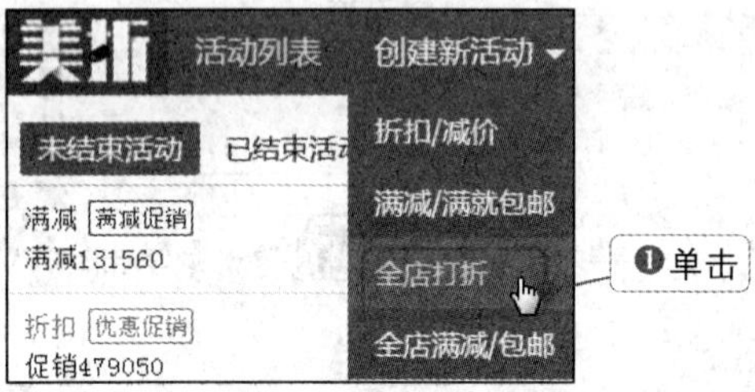

图 3–73

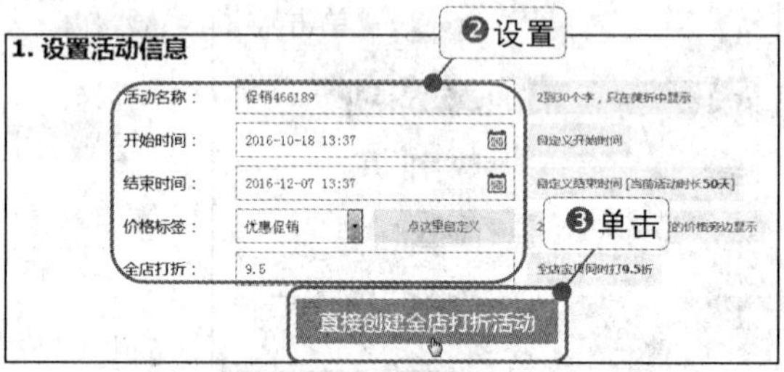

图 3–74

第 13 步 在弹出的提示框中单击“确定”按钮，如图 3–75 所示，即可完成活动的创建，如图 3–76 所示。

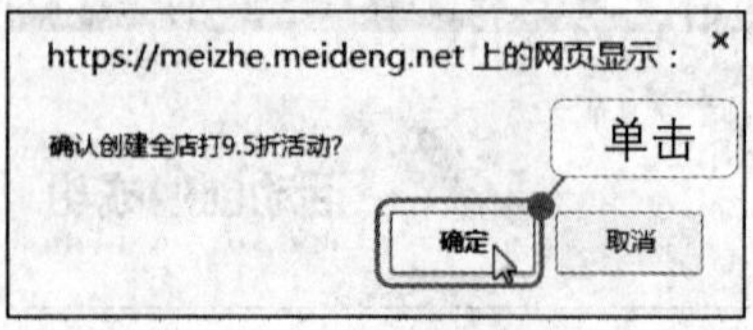

图 3–75

图 3–76

2. 设置满减促销

“美折促销”中的“满减 / 满就包邮”与“全店满减 / 包邮”用法相同，其区别是“满减 / 满就包邮”是对部分宝贝进行设置，“全店满减 / 包邮”是对全部宝贝进行设置，其具体操作方法如下。

第 1 步 进入美折活动页面，将指针放到“创建新活动”标签上，❶ 在弹出的菜单中单击“满减 / 满就包邮”链接，如图 3-77 所示。

第 2 步 ❷ 设置活动名称、开始时间、结束时间等活动信息；❸ 单击“下一步：选择活动商品”按钮，如图 3-78 所示。

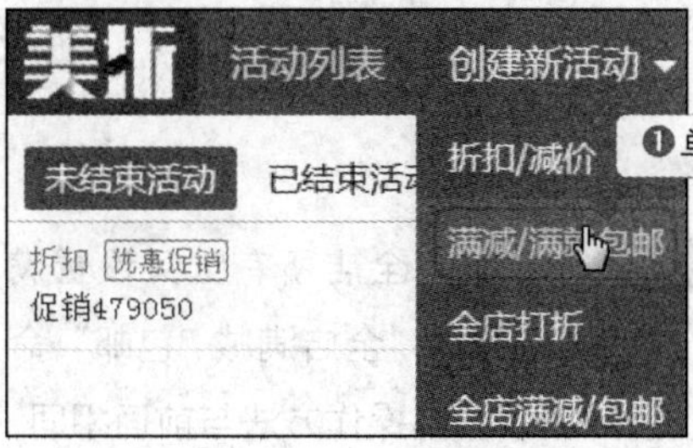

图 3-77

图 3-78

第 3 步 可以分别单击选择宝贝，也可以全页选中，❶ 若要全页选中，单击“本页全选”按钮，如图 3-79 所示。❷ 选择完成后单击“下一步：设置活动详情”按钮，如图 3-80 所示。

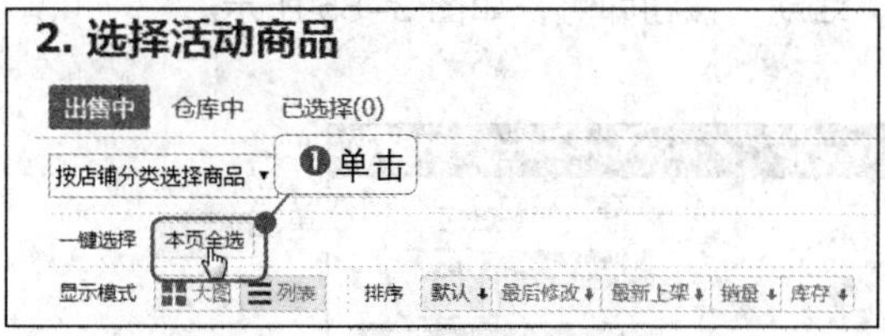

图 3-79

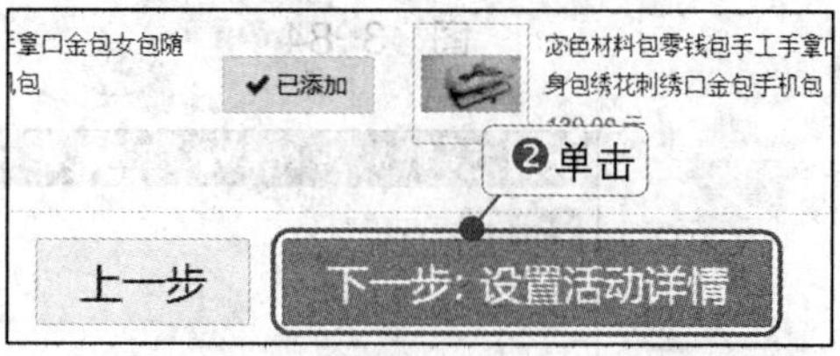

图 3-80

第 4 步 满减有满金额减和满件减两种方式，以满件减为例进行介绍，❶ 单击满件减的选项，设置件数，❷ 设置折扣，若要包邮，单击“包邮”选项，❸ 完成设置后单击“完成并提交”按钮，如图 3-81 所示。此时，会打开图 3-82 所示的页面。

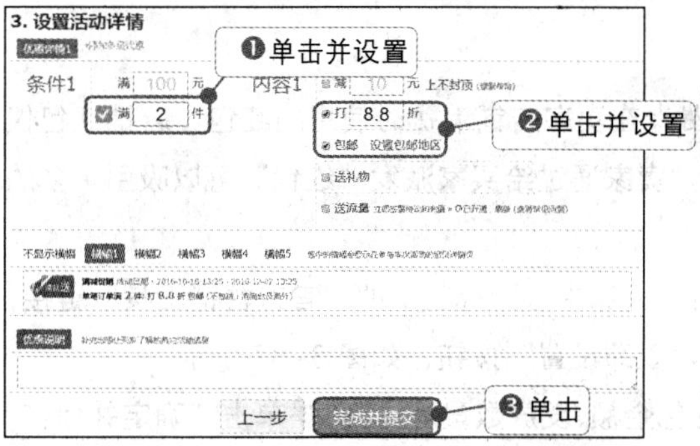

图 3-81

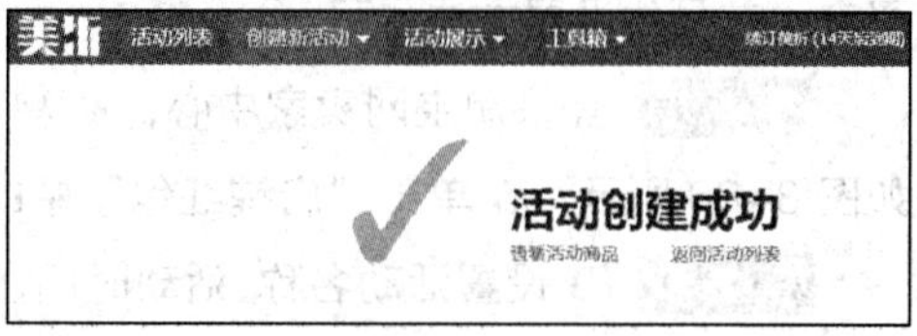

图 3-82

第 5 步 参加活动后，店铺中的该活动商品详情页面即会显示出满就送活动，如图 3-83 所示。

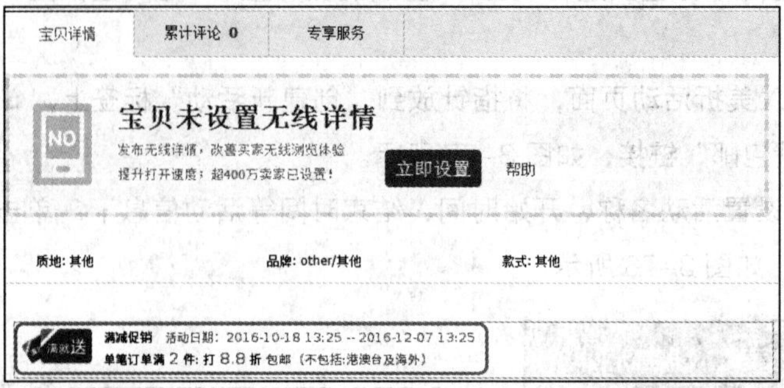

图 3-83

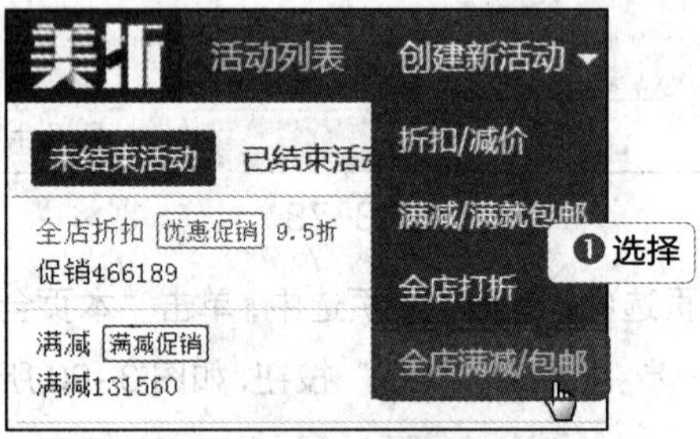

图 3-84

第 6 步 如果要对全店所有宝贝设置满就减活动，❶ 可以选择“全店满减 / 包邮”命令，如图 3-84 所示。其操作方法与前面相同，不再介绍。

第 7 步 活动设置后如果不需要可以将其结束。❷ 在要结束的活动后面单击“结束活动”按钮即可，如图 3-85 所示。

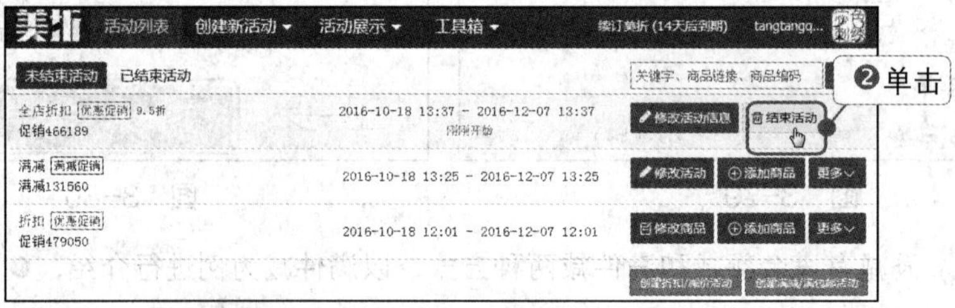

图 3-85

3.2.7 使用店铺红包

“店铺红包”是由卖家自己设置、供消费者在卖家店铺消费时使用的红包。店铺红包仅限在其发行店铺使用，并且对全店商品通用。卖家通过给买家派发“红包”可以吸引更多的买家，其具体设置方法如下。

第 1 步 登录淘宝网卖家中心，❶ 单击“营销中心”标签下的“官方营销工具”链接，如图 3-86 所示。❷ 单击“店铺红包”中的“立即设置”按钮，如图 3-87 所示。

第 2 步 ❸ 设置活动名称、活动时间、红包金额、发放数量等内容，❹ 单击“确定并保存”按钮，如图 3-88 所示。❺ 在弹出的提示框中单击“确定”按钮，如图 3-89 所示。

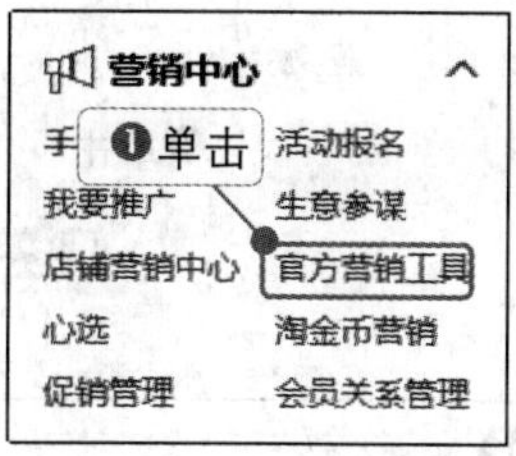

图 3-86

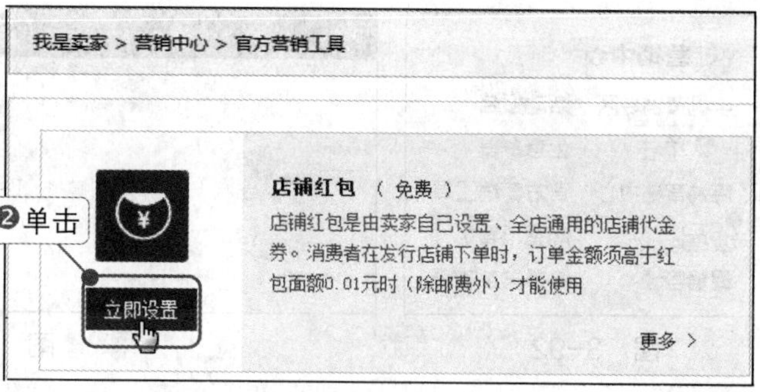

图 3-87

图 3-88

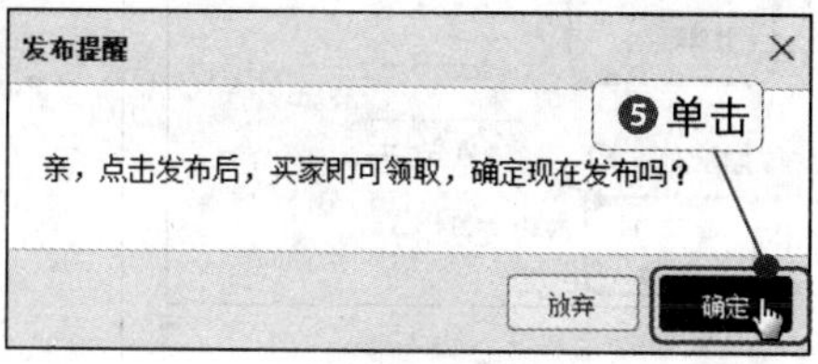

图 3-89

第 3 步 创建成功后出现图 3-90 所示的页面。打开店铺中的宝贝，即可查看到设置好的店铺红包，如图 3-91 所示。

图 3-90

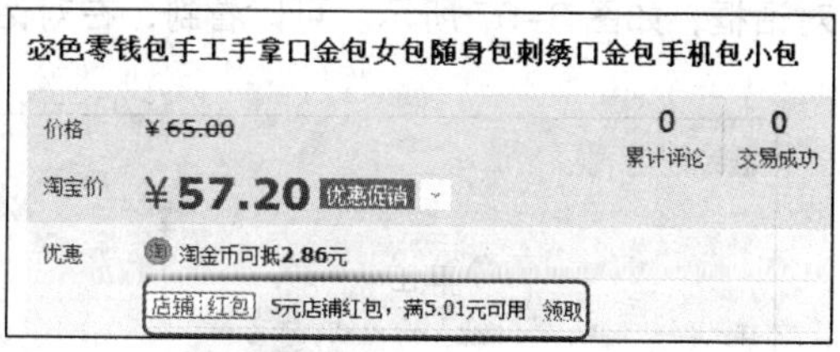

图 3-91

3.2.8 店铺心选

店铺心选可以让消费者快速找到与浏览的宝贝能够搭配或关联的宝贝，从而促进消费者下单并提高客单价。其具体的设置方法如下。

第 1 步 登录淘宝网卖家中心，❶ 单击“营销中心”标签下的“心选”链接，如图 3-92 所示。❷ 单击“新建计划”按钮，如图 3-93 所示。

第 2 步 ❶ 输入计划名称，❷ 单击“选择主商品”按钮，如图 3-94 所示。❸ 单击要选择的商品，可选择 10 个展示区域用于投放推荐内容，❹ 单击“确定”按钮，如图 3-95 所示。

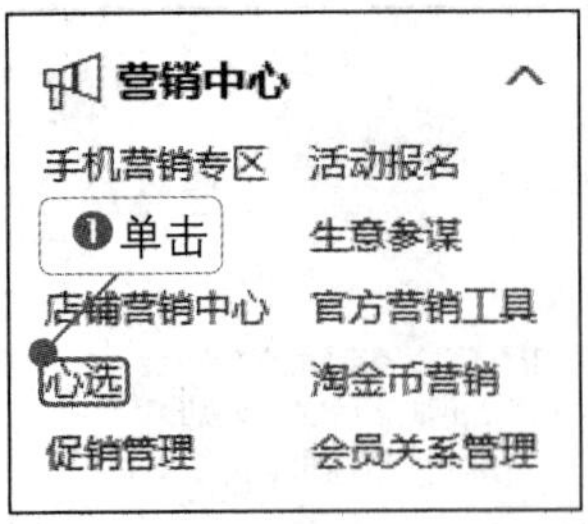

图 3-92

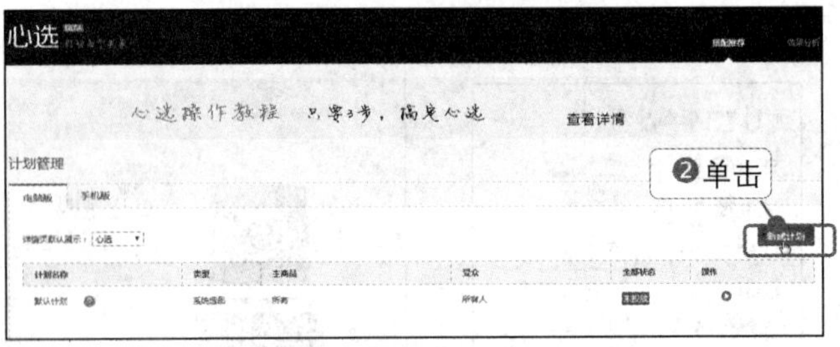

图 3-93

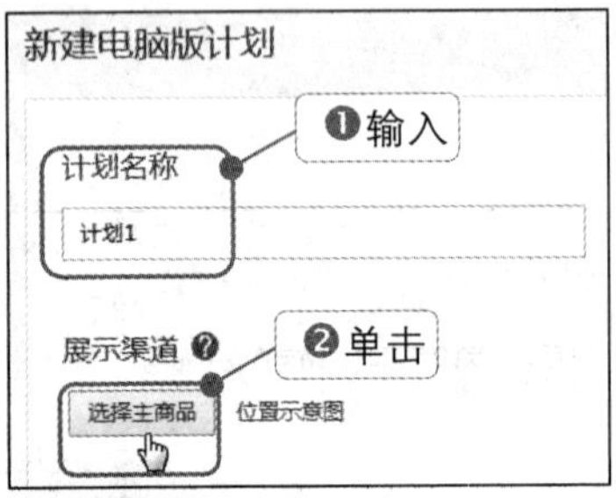

图 3-94

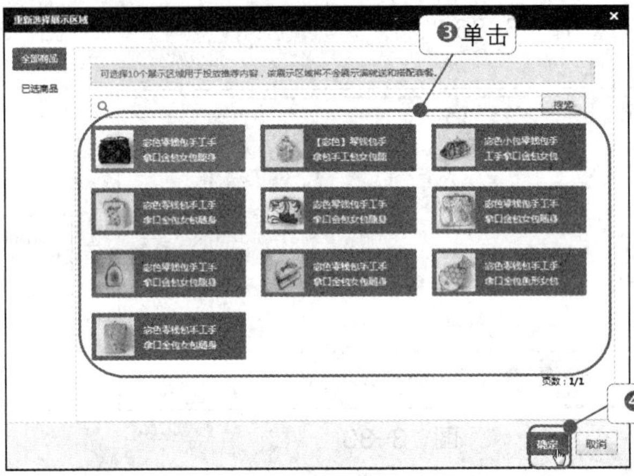

图 3-95

第 3 步 单击“掌柜推荐”图片下面的商品图片链接，如图 3-96 所示。打开“编辑商品”对话框，如图 3-97 所示。可以看到，在对话框中需要输入商品的链接。

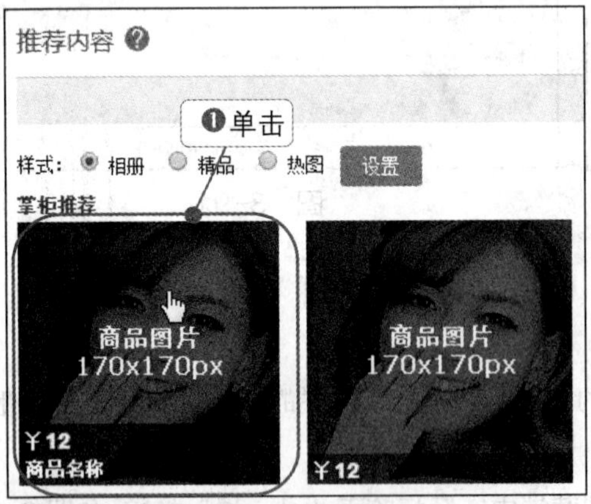

图 3-96

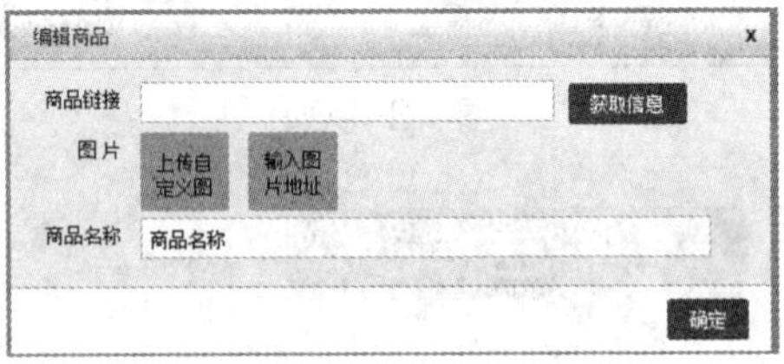

图 3-97

第 4 步 ❶ 打开宝贝，复制地址栏中的链接，如图 3-98 所示。❷ 粘贴到“编辑商品”对话框中的“商品链接”文本框中，❸ 单击“获取信息”按钮，即可自动将商品名称显示到“商品名称”文本框中，❹ 单击“确定”按钮，如图 3-99 所示。

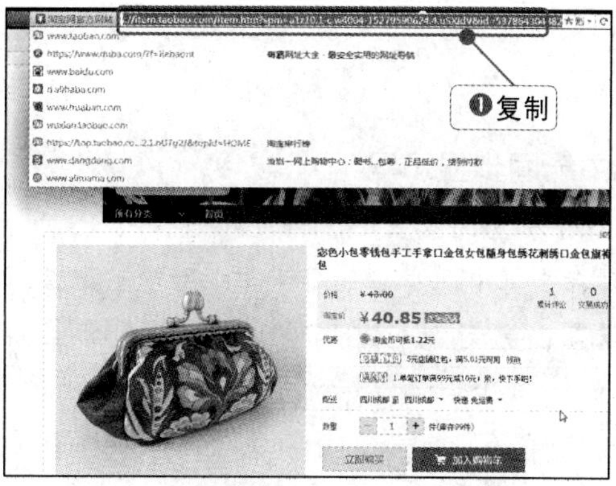

图 3-98

图 3-99

第 5 步 用相同的方法设置其他商品，完成后单击“发布”按钮，如图 3-100 所示。此时，页面转入图 3-101 所示的计划管理页面。

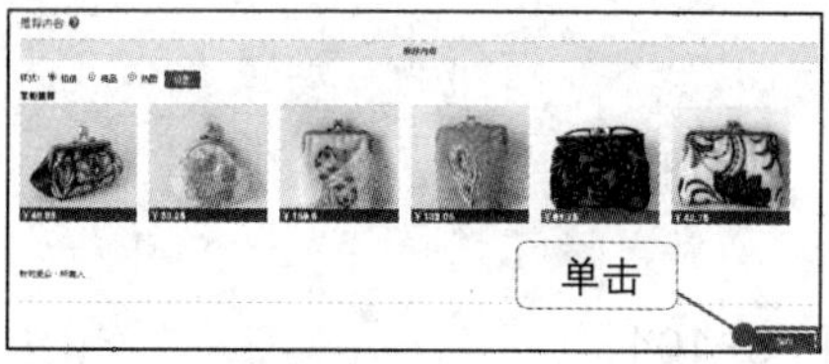

图 3-100

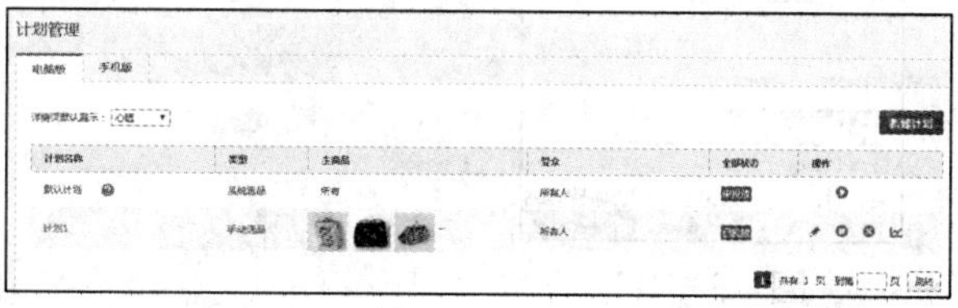

图 3-101

第 6 步 打开所选宝贝中的任一宝贝，即可看到所设置的掌柜推荐的宝贝，如图 3-102 所示。

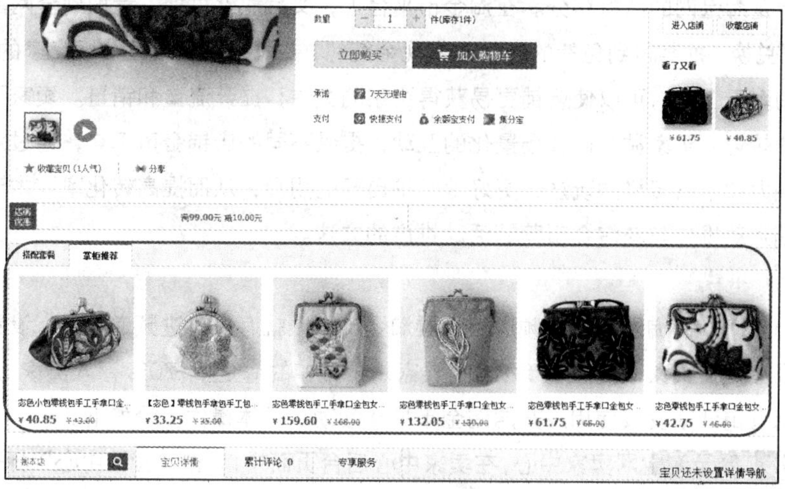

图 3-102

问：营销活动在PC端设置后在手机中能同步显示吗？

答： 大淘宝网众多的营销工具有的可以在手机中同步显示，有的需要单独设置。如美折促销、满就送（减）等营销活动会自动在手机中同步，如图3-103所示。如搭配套餐、店铺心选等营销活动需要在手机中设置。单击“心选”中的“手机版”标签设置即可，如图3-104所示，其操作方法与PC端相同。

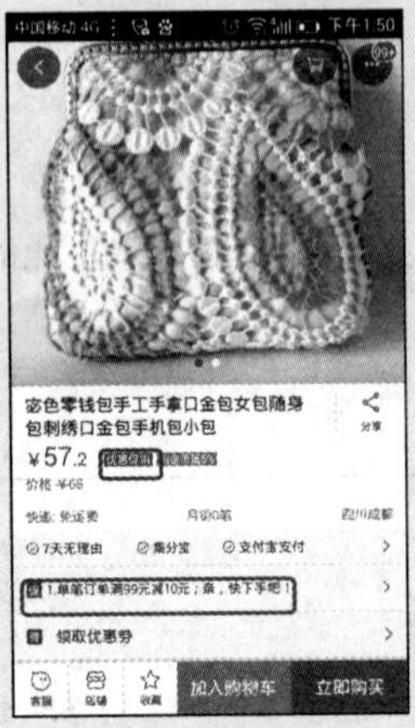

图 3-103

图 3-104

3.2.9 淘金币营销

淘金币是淘宝网的虚拟积分。在淘金币平台上，买家能够兑换、竞拍到全网品牌折扣商品，也可以兑换、抽奖得到免费的商品或者现金红包，并可以进行线上线下商家的积分兑入。卖家提供淘金币工具，可以使店铺更易获得买家的关注，提升流量和销量。卖家可以针对无线端店铺的转化、买家黏性以及场景化的互动，提供不同的店铺金币工具，通过淘金币在买家中的影响力和丰富多样的玩法，更好地维护自己的用户，从而提高转化率。本节将介绍赚淘金币营销活动推广与花淘金币营销活动推广的方法。

1. 淘金币抵钱

淘金币专门开设淘金币抵钱频道，设置淘金币抵钱就有机会进频道展示，设置淘金币抵钱即全店商品支持买家进行淘金币抵扣。买家用于抵扣的淘金币，70%存入卖家淘金币账户，供后期店铺营销活动发放使用。开启淘金币抵钱活动，具体操作步骤如下。

第1步 登录淘宝网卖家中心，在卖家中心后台页面中，单击“营销中心”标签下的“店铺营销中心”链接，如图3-105所示。

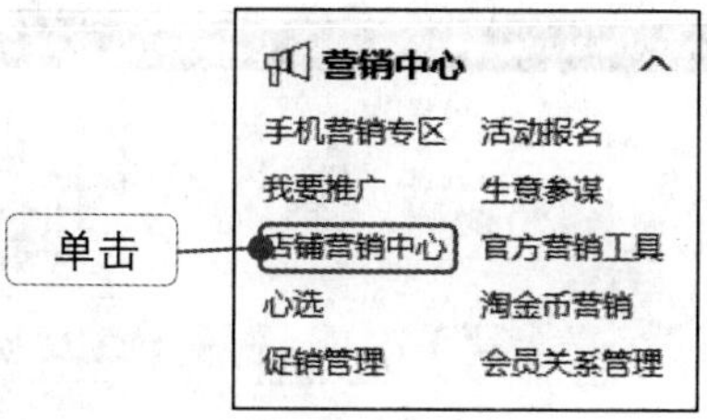

图 3-105

第 2 步 ❶ 单击“热门营销工具”中的“金币抵钱”图标，如图 3-106 所示，进入“淘金币卖家服务中心”页面，❷ 单击“立即申请淘金币账户”按钮，如图 3-107 所示。

图 3-106

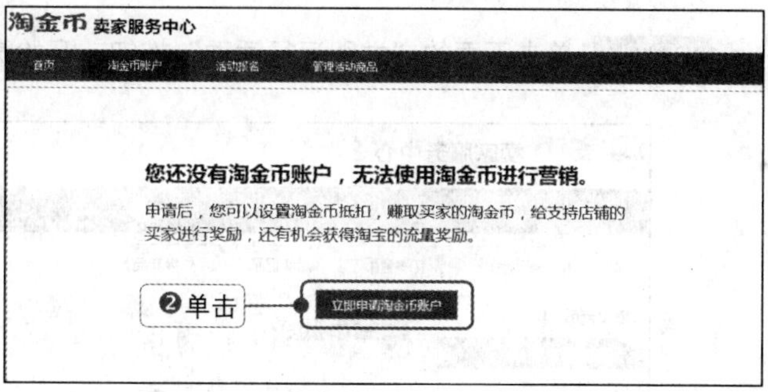

图 3-107

第 3 步 ❶ 在打开的页面中单击“同意协议并申请账户”按钮，如图 3-108 所示。❷ 在弹出的提示框中单击“确认”按钮，即申请成功，如图 3-109 所示。

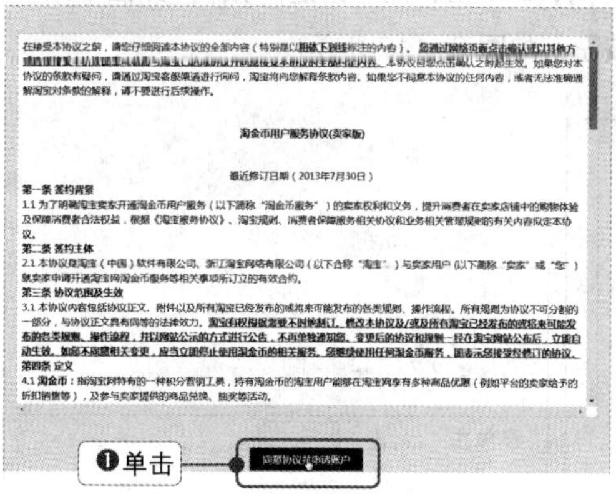

图 3-108

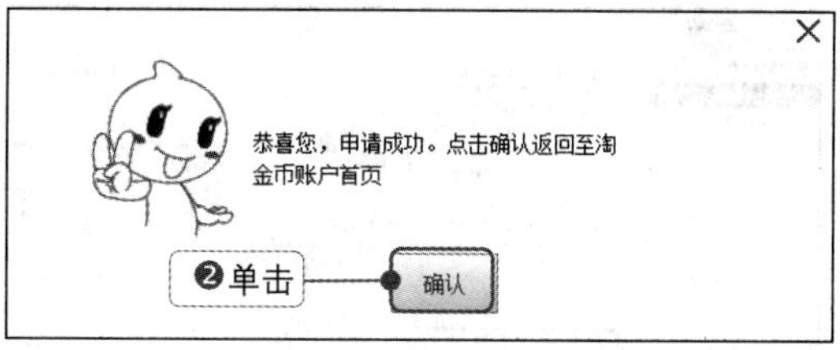

图 3-109

第 4 步 进入淘金币抵扣后的界面如图 3-110 所示。新开通的淘金币后台的金币是 0，单击下面的“淘金币抵钱”按钮。

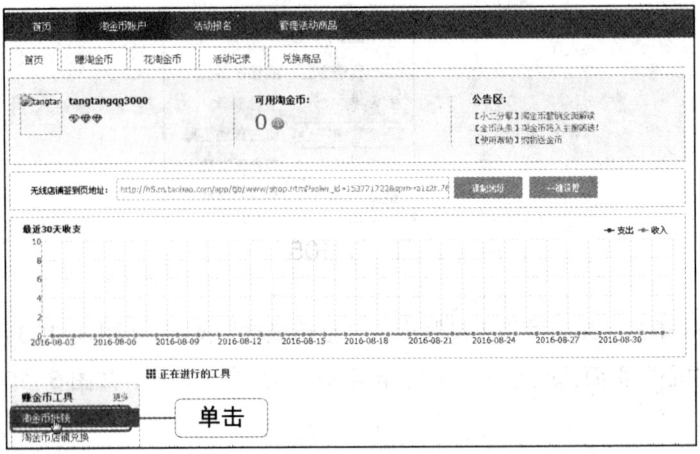

图 3-110

第 5 步 单击下面的“立即运行活动”按钮，开始赚淘金币，如图 3-111 所示。

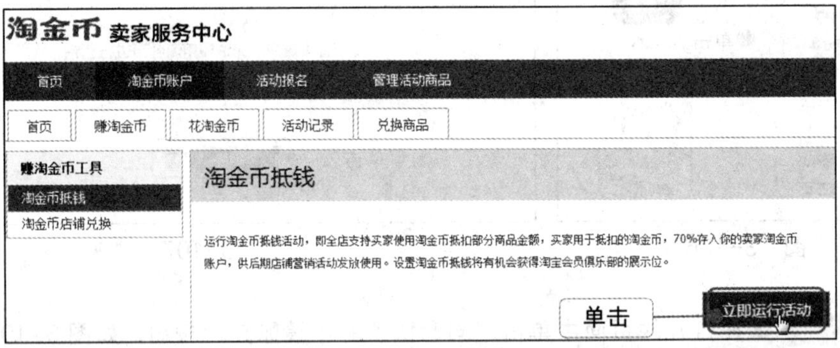

图 3-111

第 6 步 ❶ 设置最高可抵扣比例以及活动时间，❷ 单击“同意开通”按钮，如图 3-112 所示。❸ 在弹出的提示框中单击“确定开通”按钮，如图 3-113 所示。

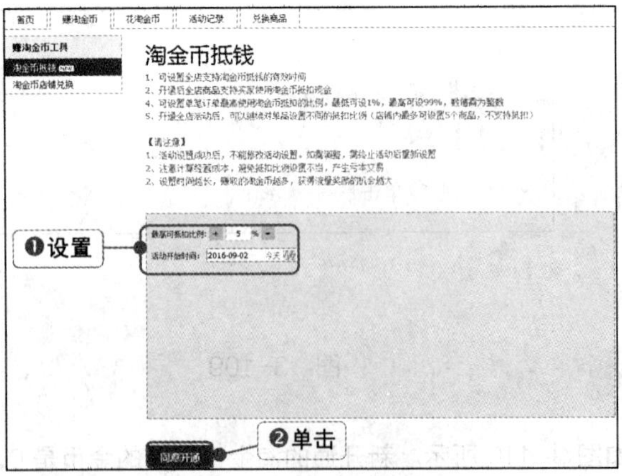

图 3-112

图 3-113

第 7 步 在返回的页面中单击“添加单品”按钮，如图 3-114 所示。

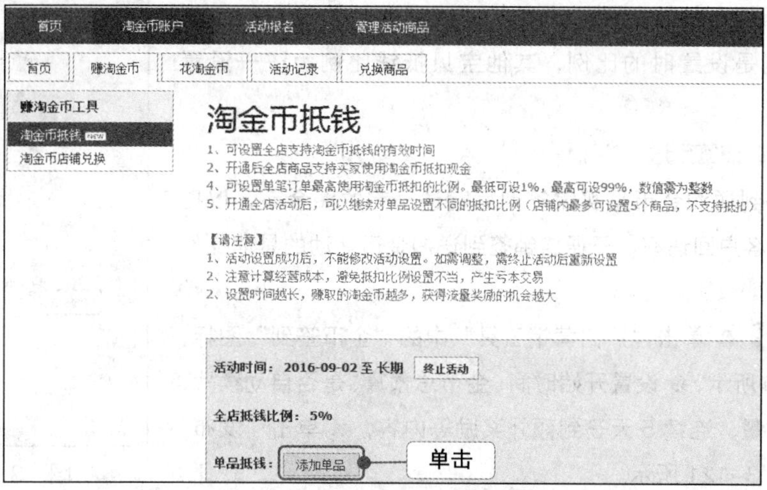

图 3-114

第 8 步 ❶ 设置单品抵扣比例，❷ 单击“确定添加”按钮，如图 3-115 所示。添加的宝贝会出现在淘金币抵钱页面的下方，如图 3-116 所示。

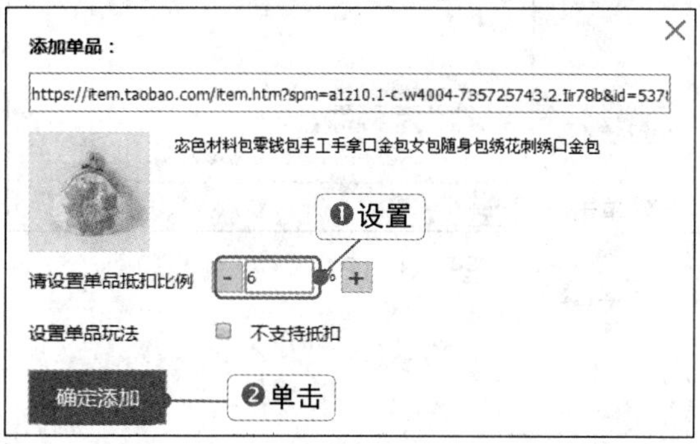

图 3-115

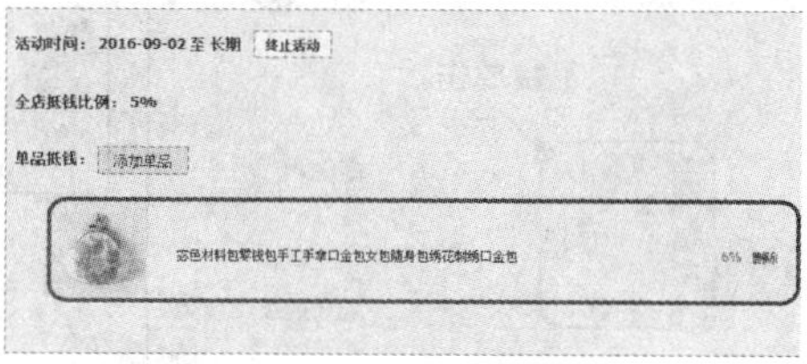

图 3-116

第 9 步 用相同的方法可以为多个宝贝设置不同的抵扣比例，设置后的宝贝会出现在淘金币抵钱页面的下方，如图 3-117 所示。

第 10 步 设置淘金币抵钱后的宝贝在 PC 端与手机端同时生效，图 3-118 所示为 PC 端页面宝贝淘金币抵钱的效果，显示的不是比例，而是换算后的价格。

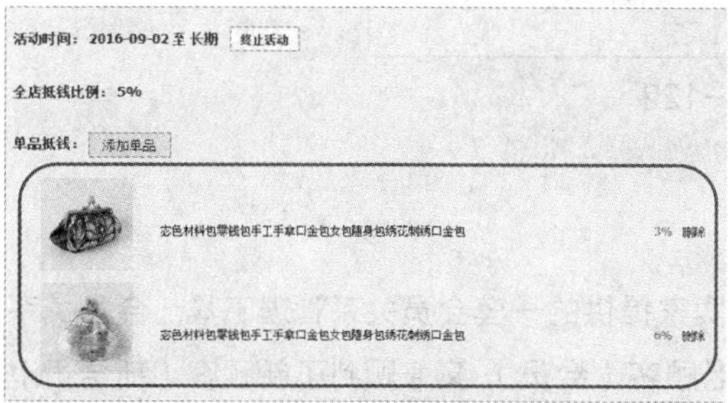

图 3-117

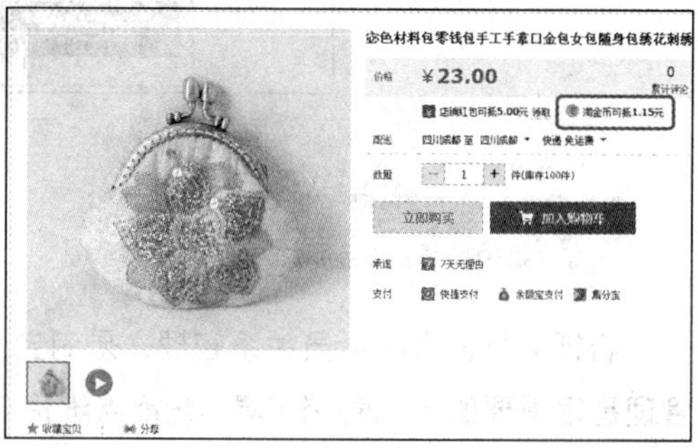

图 3-118

第 11 步 图 3-119 所示为手机端页面宝贝淘金币抵钱的效果，显示的是抵钱比例。进行了“添加单品”设置的宝贝的抵钱比例是设置时的比例，其他宝贝抵钱比例为统一设置的比例。

图 3-119

2. 设置店铺签到送淘金币

店铺签到送淘金币是买家签到后赠送一定的淘金币，以提升店铺的老客户回访率。开通店铺签到送淘金币活动的具体操作步骤如下。

第 1 步 ❶ 单击“热门营销工具”中的“金币签到”图标，如图 3-120 所示，❷ 设置开始时间、金币总预算、是否自动续费、单次签到数量、连续 5 天签到额外奖励等内容，❸ 单击“发布”按钮，如图 3-121 所示。

图 3-120

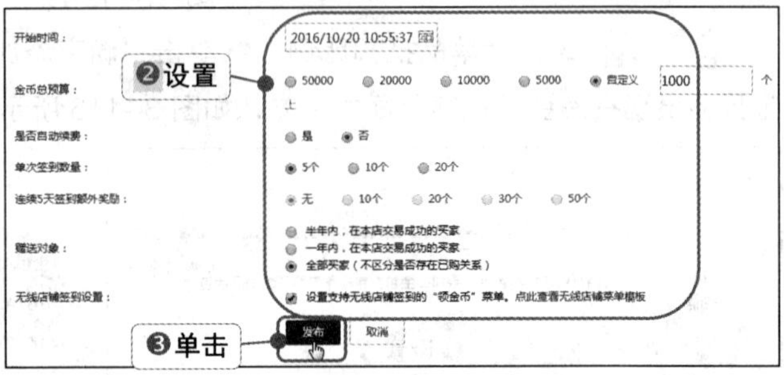

图 3-121

第 2 步 在弹出的提示框中单击“确定发布”按钮，如图 3-122 所示。

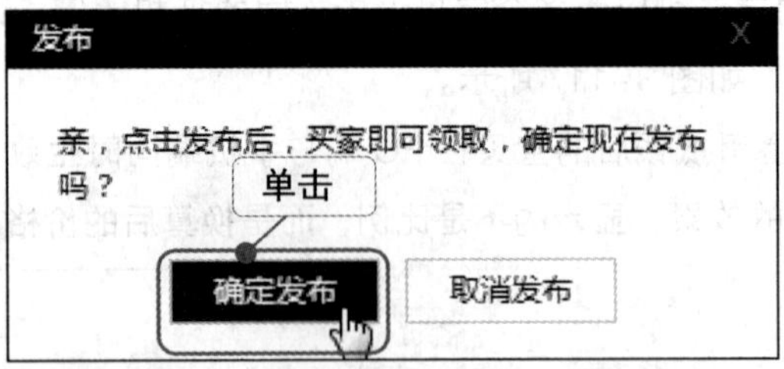

图 3-122

3.2.10 店铺会员

店铺会员，也叫会员关系管理，是淘宝为卖家提供的一套会员关系管理工具。会员关系管理是很重要的店铺营销工具，既重点维护了老顾客（会员），又兼顾到了新顾客（新会员）。利用该工具卖家可以对店铺的会员进行深度维护，其用途有以下几点。

问：进入营销工具的途径是唯一的吗？

答：进入营销工具有多种方式，如淘金币工具除了上面介绍的方式外，单击“营销中心”标签下的“淘金币营销”链接也可以进入，如图 3-123 所示，其他营销工具同样有多个途径进入。

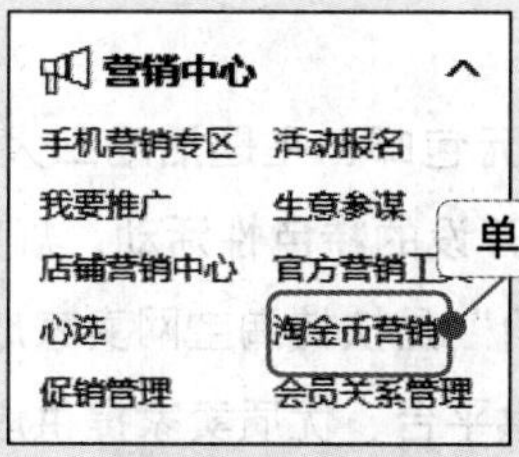

图 3-123

① 对客户进行基本分析和设置。

- 查看客户列表，客户列表有成交会员、未成交会员等分类。
- 从不同纬度对会员进行分析。
- 进行客户画像分析，也就是清楚知道你的客户定位。
- 可以对顾客进行群组管理，并且可以给你的客户加上标签。

② 设置店铺的会员等级、会员权益，以及对会员卡进行管理。

③ 针对会员提供更多营销工具支持，如购物车营销、红包营销、优惠券营销、专享价、新人礼包等，还有话费、流量等特色营销工具。

④ 设置店铺号及适用于移动端营销的淘宝短链接。

登录淘宝网卖家中心，单击“营销中心”标签下的“会员关系管理”链接，如图 3-124 所示。即可进入会员（客户）关系管理界面，如图 3-125 所示。

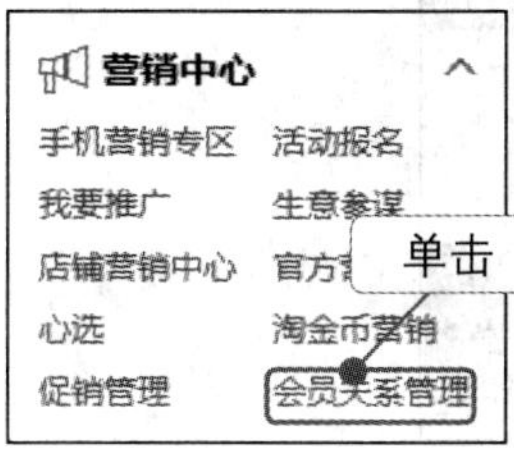

图 3-124

图 3-125

3.3 利用平台活动引流

利用平台活动可以在短时间内大量引流，提升店铺销量。本节将介绍天天特价、聚划算、淘抢购、试用中心、淘宝清仓等平台活动。

3.3.1 天天特价

“天天特价”目前有类目活动、10元包邮、主题活动三大块招商，其中类目活动、10元包邮为日常招商，主题活动为不定期开设的特色性活动，规则会区别于常规活动。“天天特价”是扶持淘宝网卖家成长的营销平台，通过淘宝网提供平台、优质卖家提供应季折扣单品、买家限时抢购的互动模式实现三方受惠。卖家获得高流量展示机会，推广店铺，增强其店铺营销能力。报名“天天特价”活动的具体操作方法如下。

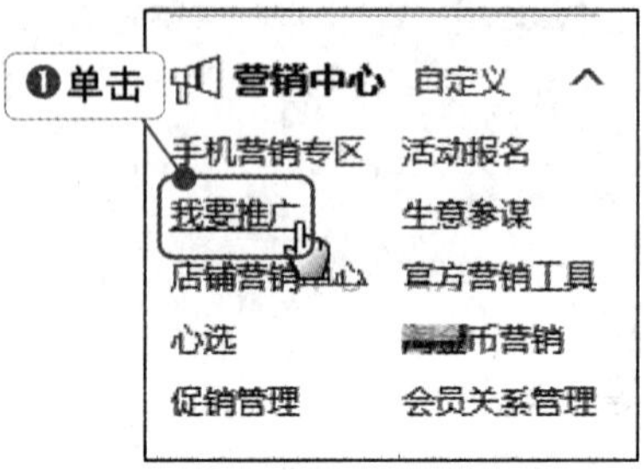

图 3-126

第1步 登录淘宝网卖家中心，❶ 单击“营销中心”标签下的“我要推广”链接，如图3-126所示。❷ 单击“常用入口”中的“天天特价”链接，如图3-127所示。

图 3-127

第2步 进入“天天特价”活动页面，单击“我要报名”按钮，如图3-128所示。

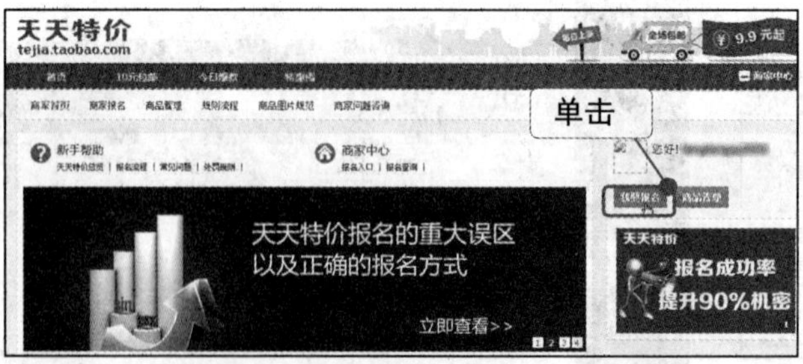

图 3-128

第3步 出现日历页面，单击选择报名主题日期，在右边选择当时活动即可参与报名，如图3-129所示。

图　3-129

3.3.2 聚划算

“聚划算”最开始是淘宝论坛的一个独立板块，用以聚拢卖家进行团购活动，后发展成为阿里集团旗下的团购网站，并在 2010 年 9 月启用了二级域名。有城市团购、品牌团、聚名品、聚设计、聚新品等频道。报名“聚划算”活动的具体操作方法如下。

第 1 步 登录淘宝网卖家中心，❶ 单击“营销中心”标签下的“我要推广”链接，如图 3-130 所示。❷ 单击常用入口中的“聚划算”链接，如图 3-131 所示。

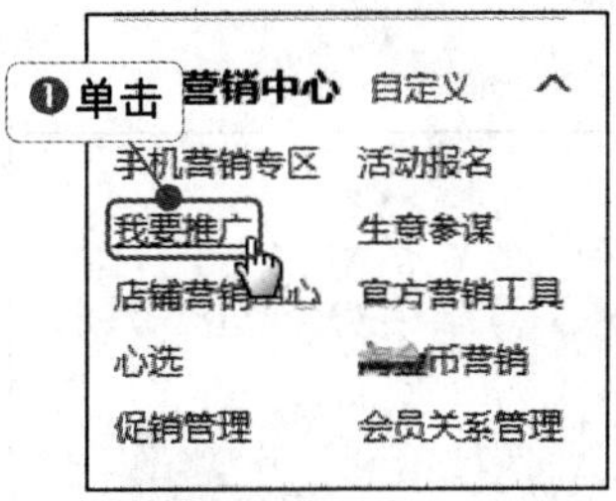

图　3-130

图　3-131

第 2 步 进入聚划算活动页面，单击“我要报名”按钮，如图 3-132 所示。在打开的页面中选择活动即可参与报名，如图 3-133 所示。

图　3-132

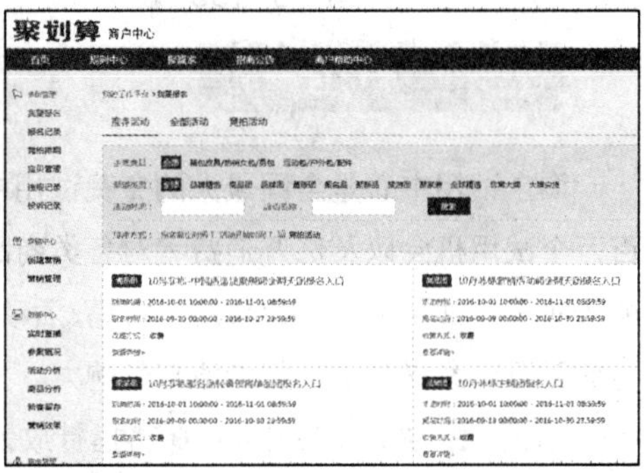

图　3-133

3.3.3 淘抢购

“淘抢购”是淘宝重要的营销产品，目前的活动形式是以时间为维度，每天 12 个场次进行商品展示，所有商品限时限量售卖。“淘抢购”活动作为手机端淘宝第一大流量活动，是淘宝大力扶持的平台，参与“淘抢购”可以给商家带来无限的机遇。报名“淘抢购”活动的具体操作方法如下。

第 1 步 ❶ 在淘宝网首页单击“淘抢购”链接。如图 3-134 所示。进入“淘抢购”活动，❷ 单击“商家报名”链接，如图 3-135 所示。

图 3-134

图 3-135

第 2 步 进入商家报名页面，查看“报名流程”后，单击“点击进入报名”按钮，如图 3-136 所示。在打开的页面单击要报名的活动即可，如图 3-137 所示。

图 3-136

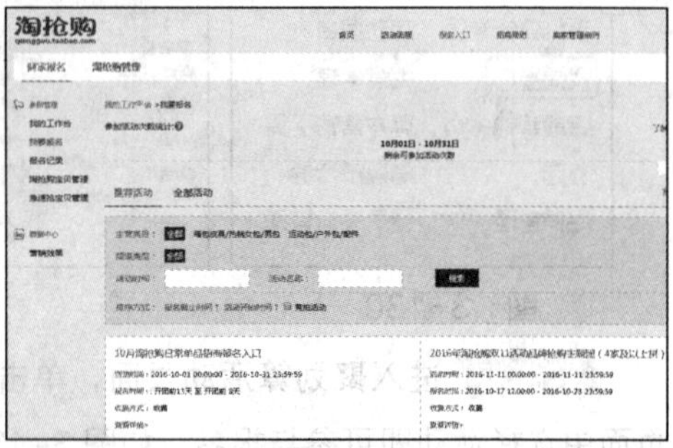

图 3-137

3.3.4 试用中心

淘宝试用中心是全国最大的免费试用中心，最专业的试客分享平台。试用中心聚集了上百万个试用机会以及亿万消费者对各类商品最全面真实客观的试用体验报告，为消费者提供购买决策。试用中心作为集用户营销、活动营销、口碑营销、商品营销为一体的营销导购平台，为数百万商家提升了品牌价值与影响力。报名“试用”活动的具体操作方法如下。

第 1 步 进入卖家中心，❶ 将指针放置到“卖家地图”标签上，❷ 在弹出的页面中单击“营销活动报名”链接，如图 3-138 所示。

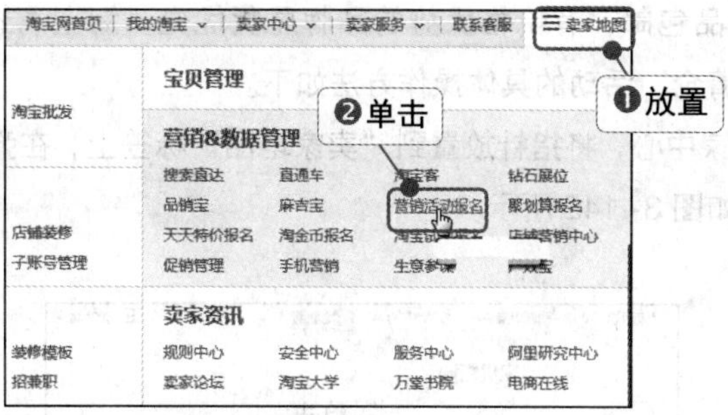

图 3-138

第 2 步 将指针放置到“网站导航”标签上，在弹出的页面中单击“特色购物”中的“试用”链接，如图 3-139 所示。

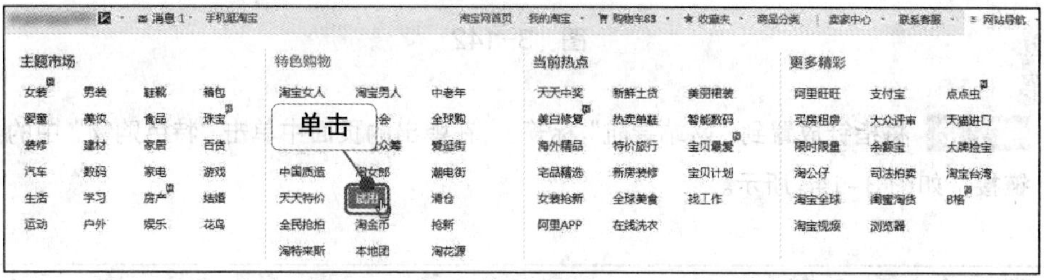

图 3-139

第 3 步 ❶ 选择活动日期，❷ 单击“我要报名”按钮，如图 3-140 所示。❸ 设置试用活动时期、试用活动基本信息、商家信息等内容，❹ 单击“提交报名申请”按钮，如图 3-141 所示。

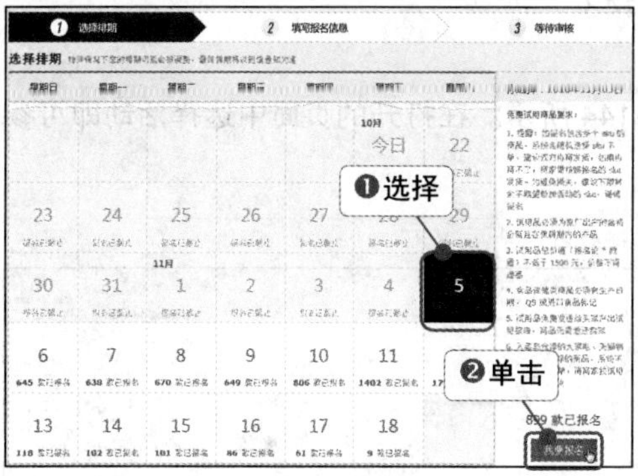

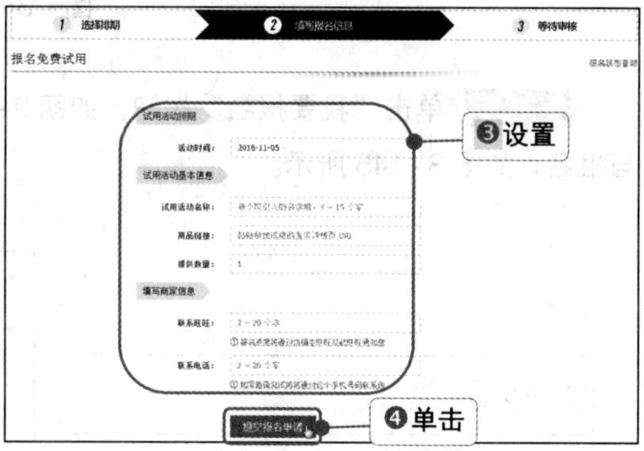

图 3-140　　图 3-141

3.3.5 淘宝清仓

“淘宝清仓”是为品牌清理库存的一个平台，流量集中、坑位有限。清仓价必须低于最近 365 天最低价，正品包邮、有价格优势的品牌尾货优先。淘宝清仓的优势是价格便宜、流量大。报名“淘宝清仓”活动的具体操作方法如下。

第 1 步 进入卖家中心，将指针放置到“卖家地图”标签上，在弹出的页面中单击“营销活动报名”链接，如图 3-142 所示。

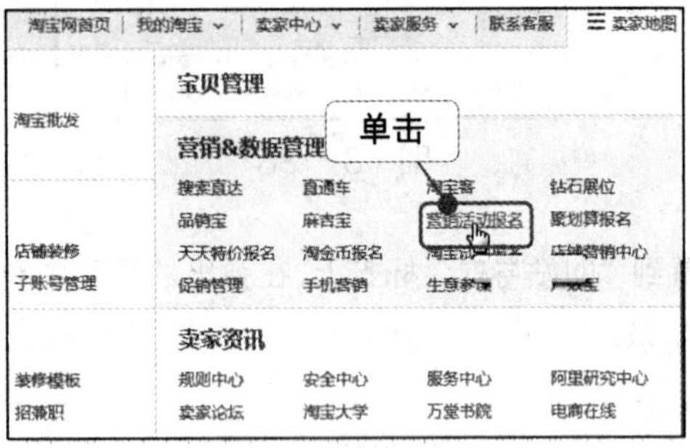

图 3-142

第 2 步 将指针放置到“网站导航”标签上，在弹出的页面中单击“特色购物”中的“清仓”链接，如图 3-143 所示。

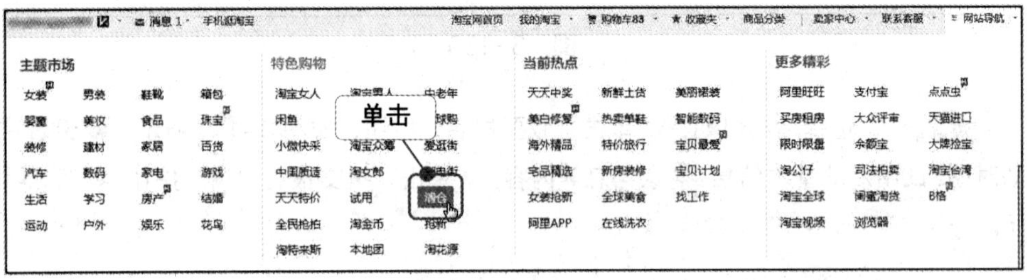

图 3-143

第 3 步 单击“我要报名”按钮，如图 3-144 所示。在打开的页面中选择活动即可参与报名，如图 3-145 所示。

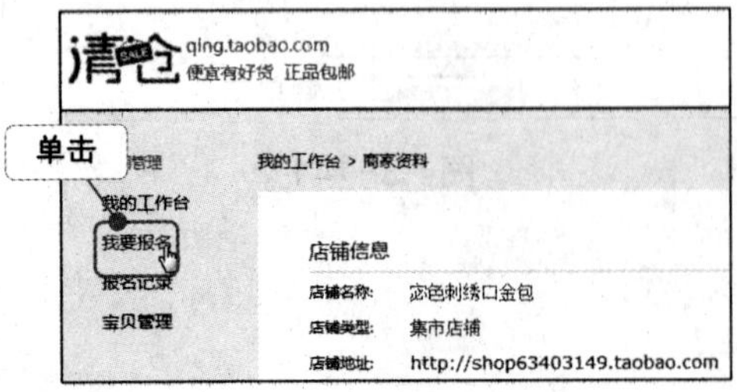

图 3-144

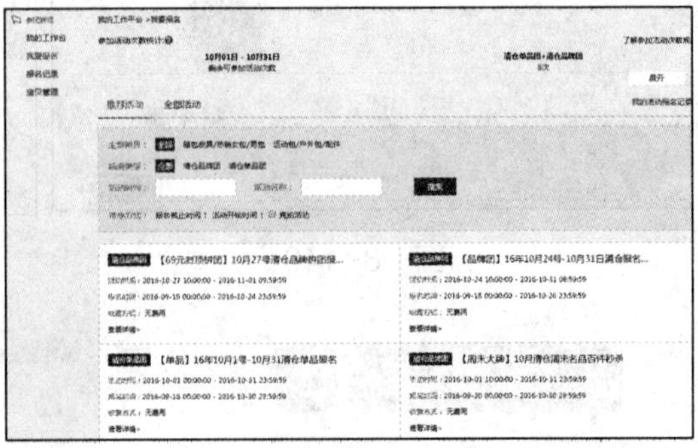

图 3-145

3.3.6 加入供销平台，提升销量

淘宝（天猫）供销平台上的供应商数量已经达数十万家，分销商的数量则达到了几百万家。如此多的分销商，也吸引了越来越多的供应商入驻，越来越多的品牌商也在加速进军淘宝供销平台。本节将介绍加入供销平台的相关知识。

1. 选择什么样的商品做网络供销

网上开店的前提和核心是商品，但不是所有商品都适合做分销的。那么，哪些商品是适合做网络分销的呢？

（1）知名度较高的平民化商品

知名度高、平民化的商品市场空间足够大，相比新品牌或不知名品牌，做起来要容易很多。

（2）有足够的商品库存

库存宽度，是指商品款、色、码的种数。库存厚度是指某一款、色、码的件数。如果库存宽度太少，那就对商品能否热卖的要求相当高，如果库存厚度不够深，若做成了爆款，会损失很多潜在的收入。库存厚度要视品牌商的实力和规模，还有库存情况而定。

（3）单价适中的商品

目前单价过高的商品在网上销售的量不如实体，因其不如实体有完善的客户体验。客单价太低的商品，分销商的利润空间太小，他们就不太会有动力去卖你的商品。

（4）绝对利润不是太低的商品

一般情况下，绝对利润很低的商品基本可以不用考虑分销，除非可以销售出千万级别的量来。

2. 如何扩大网络分销

要想成为受欢迎的供应商，利用分销迅速扩大自己的品牌知名度和市场占有率，需要做到以下几点。

（1）让利给分销商

只有让分销商赚到钱，他们才会卖力地销售你的产品。如果分销商的利润很低，就不会轻易去做促销和推广。

（2）货源稳定

如果分销商好不容易打造出爆款，供应商那边却说断货了，这种打击对分销商来说是致命的。

（3）描述跟实物要相符

在网络交易，分销商和买家看不到供应商的产品，只能通过描述来了解。对产品的描述一定要真实，实事求是，不然买家收货后发现实物和图片差别太大，给出很差的反馈，分销商也不会再与供应商合作。

（4）发货速度快

供应商应该明确发货时间，如果供应商没有按自己定好的时间准时发货，产生的问题

责任应该主动承担。大多数买家都很看重发货速度，速度跟不上，会降低买家和分销商的信任度。

（5）保证在线时间

如果供应商在线时间不稳定，有买家询问的时候分销商不知道有没有货。而且有的供应商库存信息更新跟不上，有时候买家拍下了又没有货。这会直接影响店铺服务质量，导致客户流失。

（6）产品管理

供应商的产品分类一定要清晰明确，做好商品编码，以便分销商查询。产品的类目和属性一定要正确、完整，这些是分销商无法修改的，一旦类目属性错误，分销商会失去很多淘宝搜索免费优质的流量，甚至被判违规处罚。

（7）有诚意不欺瞒

有些供应商的产品描述里，到处是自己店铺的广告信息，让分销商帮其做广告；甚至，会在宝贝描述里加入自己店铺的隐形链接；或者供应商在给买家发货时，把自己的店铺信息和联系方式给买家，让买家下次购买时，直接去找供应商。这样不遵守游戏规则的做法显然是不可取的，一旦被分销商发现，便不会再与其合作，得不偿失。

（8）敢于承担责任

供应商、分销商、买家三者之间，出现矛盾是不可避免的。问题出现了，不要相互埋怨和推卸责任，要及时沟通和积极解决问题，把争议和纠纷降低至最小化。做到让买家购物满意，让卖家销售省心。供应商作为领头人，应该主动承担责任，而不是推卸责任。

（9）监督管理供销价格体系

很多供应商的供销之路，毁于供销价格体系的混乱，造成内部分销商之间的自相残杀。因此，对分销商的销售价格要统一并进行严格的监管。

3. 成为供销平台供应商的条件

淘宝供销平台为企业的网络营销之路打开了另一扇门，它不仅让网络供销管理变得更为高效，而且为品牌快速搭建了网络供销渠道，从而帮助店铺更快更好地建立起自身的网络供销模式。

要成为供销平台的供应商，需要满足以下条件：

① 申请入驻账号必须为天猫旗舰店或专卖店账号。

② 入驻的支付宝需要使用全新未绑定的支付宝，且和申请账号的前台店铺公司名一致。

③ 确保用于入驻的支付宝内有足够的保证金。

④ 入驻成功后将生成全新的供应商账号。

⑤ 入驻后将开通品牌授权服务，开通的品牌必须是天猫店铺中的品牌。

供应商申请通过审核的资质说明如下：

① 无法通过申请的类目：网络游戏点卡、网游装备 / 游戏币 / 账号 / 代练、电子客票（包含代售门票类）、充值类（移动联通充值中心、腾讯 QQ 专区、彩票）、二手闲置手机、网

络服务 / 电脑软件、书籍 / 杂志 / 报纸、音乐 / 影视 / 明星 / 乐器、古董 / 邮币 / 字画 / 收藏、成人用品 / 避孕用品 / 情趣内衣、烟酒、医疗器械、翡翠等宝石。

② 店铺没有受到侵权处罚。

③ 服装类个人供应商需同时满足店铺好评率 98% 及以上，DSR 动态评分 4.7 及以上，否则无法申请通过。

4. 入驻供销平台成为供应商

在淘宝首页登录后，进入卖家中心，❶ 单击“货源中心”标签下的“分销管理”标签，如图 3-146 所示。出现如图 3-147 所示的入驻界面，❷ 单击“供应商入驻”按钮后完成相关设置即可入驻供销平台。

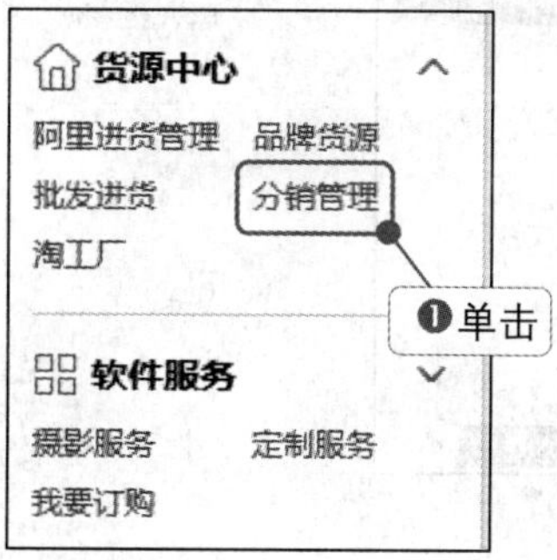

图 3-146

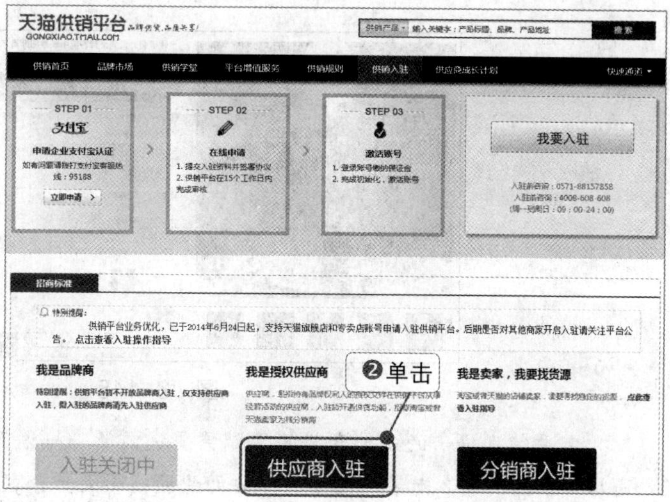

图 3-147

问：供应商如何写出有吸引力的招募书？

答：一份优秀的招募书必须有公司名称、品牌、自身优势、分销商申请条件、供应商激励政策、折扣措施、支持政策、售后服务、产品优势、联系方式。在这些条件都具备后再进行招募书的美化工作，色彩不可偏杂，选择同一种色系，排版规整，字体统一并有意识地突出重点，适当插入图片，让整个招募书图文并茂，使客户有看下去的意愿。

运营大师谈经验：促销也需要理由，最合情合理又打动人的4个理由

促销虽然能带动店铺销量，但也不能动不动就促销，如果一个店铺经常搞促销，反而会使买家不信任店铺，促销也就变得没有意义了。所以，给促销找个理由是非常重要的。最适宜的理由便是节假日、店庆促销，此外新品促销、换季促销也是易被人接受的理由。

1. 节假日促销

节假日促销是商家惯用的手法，尤其是像情人节、中秋节、端午节、国庆、元旦、圣诞等以及淘宝网的大促销时间11月11号、12月12号，这些都给商家带来促销的理由。卖家可以将营销工具与促销方法结合起来使用，图3–148所示为双11促销。

图 3–148

需要特别提出的是，春节的促销需要提前做。一方面春节期间大家都去实体超市商店买东西，或者走亲访友；另一方面快递公司大部分也放假了不收货。

2. 店庆促销

店铺在“升钻升冠”时，都可以庆祝一下，搞促销优惠。店铺开张周年庆，更是大好时节，不仅可以做比较大的促销，还可以向顾客展示店铺历史，给人信任感。图3–149所示为店铺4周年庆活动。

图 3–149

3. 新品促销

新品促销是一种常见的手段，它可以使得新产品能很快地打开市场。人们都有一种从众心理，新品不像老产品有集市销量，有评价，容易销售。新品要想快速提升销量，促销无疑是最好的方法，图 3-150 所示为新品促销。

图 3-150

4. 换季清仓促销

一些季节性强的商品，换季促销活动力度一般都会比较大，而顾客显然也很乐于接受换季清仓这类的活动。一些断色、断码或即将断货的商品，进行清仓处理，往往能吸引不少人气。图 3-151 所示为店铺换季清仓促销。

图 3-151

第4章

站内推广三大宝，直通车、钻展、淘宝客

本章导读

直通车、钻展、淘宝客是站内推广的三大法宝。那么，直通车、钻展、淘宝客推广有哪些方法呢？带着这些问题，我们进行本章内容的学习。

知识要点

通过本章内容的学习，大家能够学习到如何进行站内直通车、钻展、淘宝客推广，为店铺带来流量。学完后需要掌握的相关技能知识如下。

- 直通车推广大量引流
- 钻展精确定位推广
- 淘宝客推广互利互惠

4.1 直通车推广大量引流

直通车是淘宝推出的一种全新的搜索竞价模式，按点击付费的营销工具，实现宝贝的精准推广。在给宝贝带来曝光量的同时，精准的搜索匹配也给宝贝带来了精准的潜在买家。

4.1.1 浅析淘宝直通车推广

淘宝直通车是为淘宝卖家量身定做的推广工具，是根据宝贝设置的关键词来进行排名展示，然后按照点击进行扣费。

1. 什么是淘宝直通车

淘宝直通车是目前淘宝付费推广手段中最知名的一种方式，直通车竞价结果不仅可以在淘宝网上以“全新的图片 + 文字”的形式进行展示，还可以展现到站外，如网易、搜狐等。淘宝卖家的每件商品可以设置 200 个关键字，并且可以针对每个竞价词自由定价，价格越高，排名越靠前。

如果卖家想推广某一个宝贝，首先要为该宝贝设置相应的关键词及宝贝标题。当买家在淘宝网通过输入关键词搜索商品，或按照宝贝分类进行搜索时，就会展现出你推广中的宝贝。如果买家通过关键词或宝贝分类搜索后，在直通车推广位点击了你的宝贝，系统就会根据你设置的关键词或类目的出价来扣费，直通车推广位位于搜索页面的右侧与下方，如图 4-1 所示。

图 4-1

问： 店里什么宝贝适合做直通车推广呢？

答： 选择做直通车推广的宝贝最好是店铺中综合质量较高的宝贝，这样才能为店铺引来大量的流量，可以从以下几方面考虑。

（1）图片背景清晰，宝贝突出。

（2）宝贝价格有竞争优势。

（3）最好有售出记录，可以给买家信心。

（4）宝贝详情内容丰富。

（5）选择不同分类的宝贝。

2. 直通车推广的优势

淘宝直通车是淘宝收费较高的一种推广工具，但可以为淘宝卖家带来实质性的流量。与其他推广方式相比，直通车推广有以下几个优势。

① 被直通车推广的宝贝，只要有买家搜索类似的宝贝，你的推广宝贝就能被看到，大大提高了宝贝的曝光率，也带来了更多的潜在客户。

② 直通车能给整个店铺带来人气，虽然卖家推广的是单个宝贝，但很多买家都会进入店铺看看，一个点击带来的可能是几个成交量，这种整体连锁反应，是直通车推广的最大优势。

③ 可以参加更多的淘宝促销活动，参加后会有不定期的直通车用户专享的促销活动，加入直通车后，可以报名参加各种促销活动。

④ 在展示位上免费展示，买家点击才付费，自由设置日消费限额、投放时间、投放地域，能有效控制投入，合理掌控成本。同时有强大的防恶意点击技术支持，系统24小时不间断运行，保证了点击真实有效。

4.1.2 直通车推广方式

淘宝直通车是淘宝网上想获得成功的卖家们的必用工具。那么，淘宝直通车推广的方式有哪些呢？

1. 关键词搜索推广

关键词是买家在淘宝网搜索用的词语，卖家想推广某一个宝贝，就要为该宝贝设置相应的关键词，当买家在淘宝网通过输入你所设置的关键词搜索商品时，就会展现你推广的宝贝。关键词是直通车推广的核心，如果不设置关键词，买家将无法通过关键词搜索到你的宝贝。在选择直通车关键词时，先把和宝贝相关的品牌、颜色、款式、型号、用途、产地、质地、功效、适用人群、流行元素等不同角度的关键词找出来，再根据各种买家的搜索习惯组合。

2. 淘宝类目推广

在淘宝网购买商品有两种搜索途径，一种是在搜索框直接输入关键词，另一种是直接单击类目搜索。在淘宝直通车中输入关键词对应的是竞价词，而搜索类目对应的就是类目出价。类目出价的扣费与关键词扣费一样，当买家通过类目浏览，看到卖家的宝贝出现在直通车展现位上，并点击时才产生扣费，扣费不会大于卖家设置的类目出价。进入淘宝网首页，单击所要选择的类目，即可进入类目搜索页面，如图 4-2 所示。

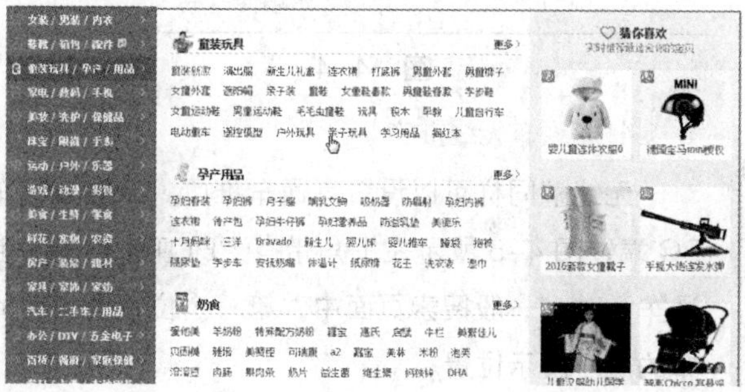

图 4-2

如单击“童装玩具 / 孕产 / 用品”类目下的“亲子玩具”分类，只要你的宝贝属于这个类目并且设置了类目出价，就可以显示在掌柜热卖中，如图 4-3 所示。

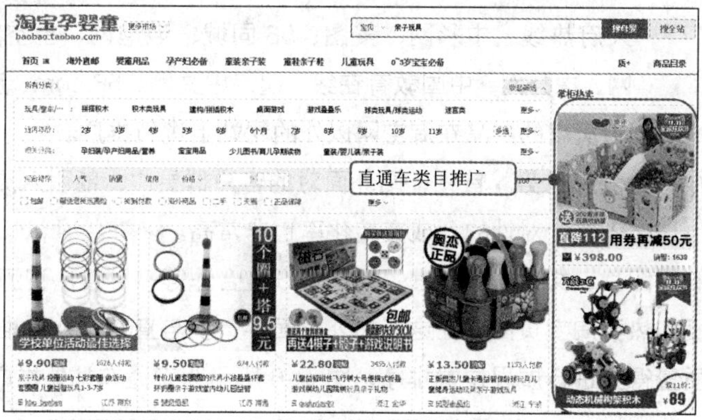

图 4-3

3. 直通车定向推广

淘宝直通车定向推广是继关键词搜索推广之后的又一精准推广方式。利用淘宝网庞大的数据库，通过创新的多维度人群定向技术锁定目标客户，并将推广信息展现在目标客户浏览的网页上。除了淘宝网站内的热门页面外，淘宝直通车还整合了多家外部优质网站，帮助卖家推广宝贝并覆盖到更多的目标客户。

定向推广的展示位置有“千牛通知”“我的淘宝 - 已买到的宝贝”“淘宝资讯页面”等，如图 4-4 所示是“我的淘宝 - 已买到的宝贝”下方展现的直通车广告。

图 4-4

4. 直通车无线推广

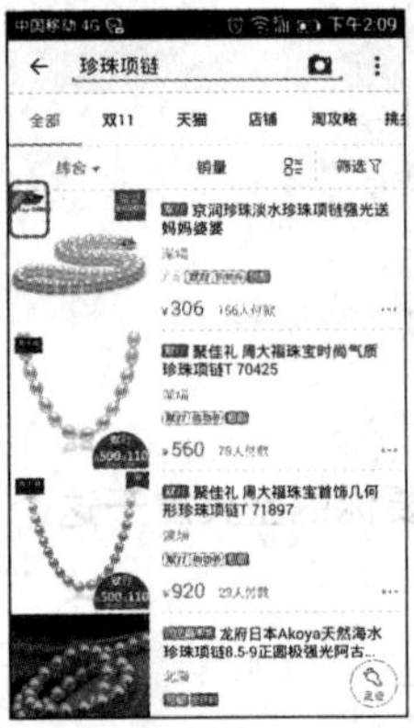

图 4-5

无线端同样可以设置直通车推广。无线直通车推广的位置不同于 PC 端，图 4-5 所示左上角带有“HOT”字样的宝贝正在参加手机直通车活动，一般搜索页面中，第一个位置及靠前的位置都有手机直通车的广告展示位置。

5. 直通车站外推广

随着淘宝网站内推广资源的竞争日趋激烈，站外流量的重要性逐渐突显出来。淘宝直通车从 2010 年开始，与全国所有主流优质网站合作，包括网易、优酷网、酷 6 视频、迅雷、土豆网、搜狗、红袖添香、天府热线、中彩网、美图、58 同城、泡泡网、星空宽频、中国经济网、虎扑网、中国教育在线、起点中文网、56.com、激动网、和讯等。通过直通车站外推广，把卖家的产品在淘宝网以外的网站上进行推广。

站外投放有很好的资源优势。首先，站外面对的客户群更广，能引入更多有效的流量；其次，站外投放也是比较有针对性的，成交转化率也非常高。

淘宝直通车利用图片、文字链、搜索关键词、频道合作等多种推广资源，将潜在买家吸引到淘客搜索页面和热卖淘宝页面。在这些站外页面中，参与直通车外投推广的宝贝将根据其关键词出价和质量得分进行展现位置排序，图 4-6 所示为直通车站外推广。

图 4-6

4.1.3 使用直通车推广宝贝的技巧

在了解了直通车的基础知识后，就可以通过对淘宝直通车的具体操作来展开推广活动了。

1. 进入淘宝 / 天猫直通车

淘宝直通车可以让卖家的宝贝在众多的商品中脱颖而出，吸引大量的流量。那么，如何加入直通车呢？其具体操作步骤如下。

第 1 步 ❶ 登录淘宝卖家中心，单击“营销中心”下的“我要推广”链接，如图 4-7 所示。进入到淘宝营销中心页面，❷ 单击“淘宝 / 天猫直通车”下面的“即刻提升”按钮，如图 4-8 所示。

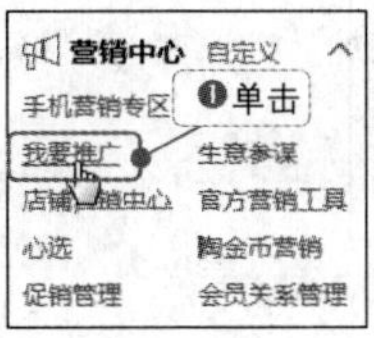

图 4-7

图 4-8

第 2 步 在打开的“淘宝直通车软件服务协议”中单击“同意”按钮，如图 4-9 所示，即可进入淘宝直通车，如图 4-10 所示。

图 4-9

图 4-10

第 3 步 打开直通车充值页面，淘宝直通车第一次开户需要预存 500 元以上的费用，这 500 元都将用于推广，单击“我要充值”按钮即可充值，如图 4-11 所示。

图 4-11

2. 新建推广计划

“推广计划”可以把相同推广策略的一组宝贝加入同一个推广计划下进行管理，为这个推广计划进行独立的限额、投放时间、投放地域、投放平台等设置，并设置关键词、出价及创意。新建推广计划具体操作步骤如下。

第 1 步 ❶ 在淘宝直通车首页的下方单击“新建推广计划”按钮，如图 4-12 所示。❷ 在“推广计划名称”中输入“日常推广”，❸ 单击“提交”按钮，如图 4-13 所示。

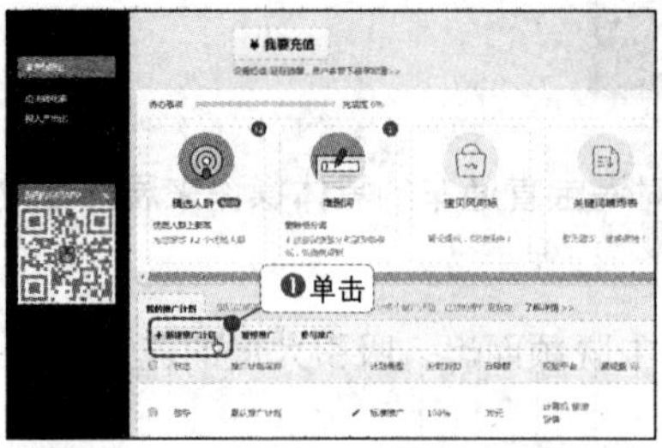

图 4-12

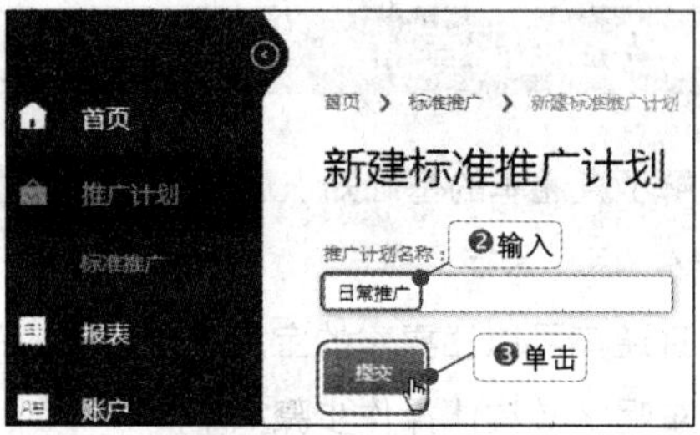

图 4-13

第 2 步 新建后出现图 4-14 所示的页面，即成功创建推广计划。

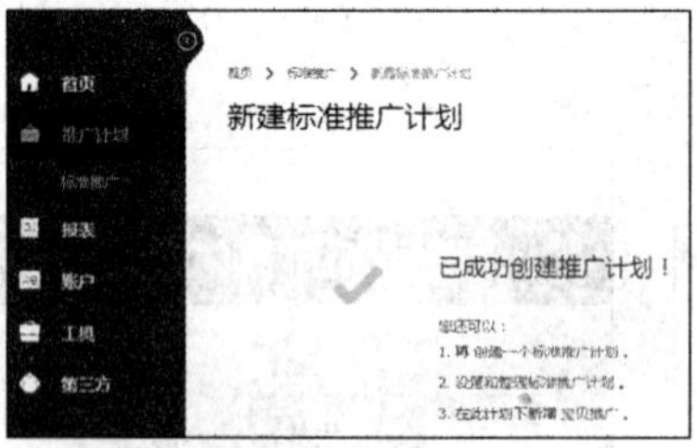

图 4-14

问：可以创建的推广计划有哪些呢？

答：可以创建“直通日常推广”“直通引流产品推广”“直通车节日活动推广”等计划。

（1）“直通日常推广”计划

选取店铺里一些销量较大的宝贝做直通车推广，如果价格方面有优势的话，那么可以每个品种都选一种做直通车推广。当然，直通车竞价不要太高，要根据情况调整竞价。

（2）“直通引流产品推广”计划

选店铺里 2~3 款热卖的产品，并且价格、卖点都突出的产品做直通车推广。这一计划里推广的宝贝，可以单独优化宝贝详情页、关联销售、引导页面等细节，用以引导买家去看店里的其他产品，提高成品转化率和关联销售。

（3）“直通车节日活动推广”计划

这一计划主要针对一些重大节日店铺里的一些活动和淘宝的官方活动等，所选的宝贝是一些活动产品和针对节日的产品。

3. 推广店里的宝贝

新建了推广计划之后，便可在此计划下推广店里的宝贝，推广宝贝的具体操作步骤如下。

第 1 步 ❶ 在直通车首页下方单击新建的“日常推广”计划后面的“编辑”按钮，如图 4-15 所示。❷ 单击“日常推广”计划中的“新建宝贝推广”链接，如图 4-16 所示。

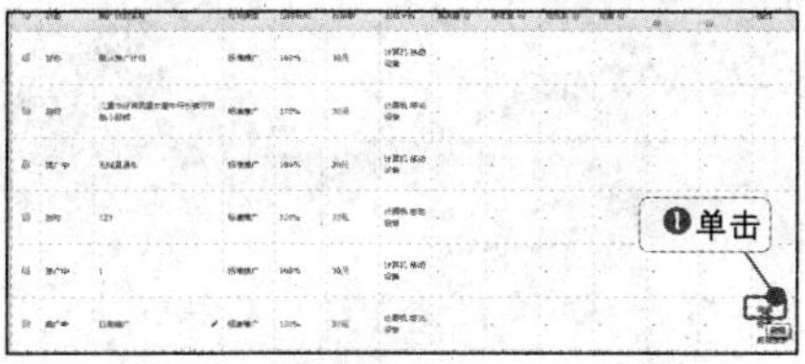

图 4-15

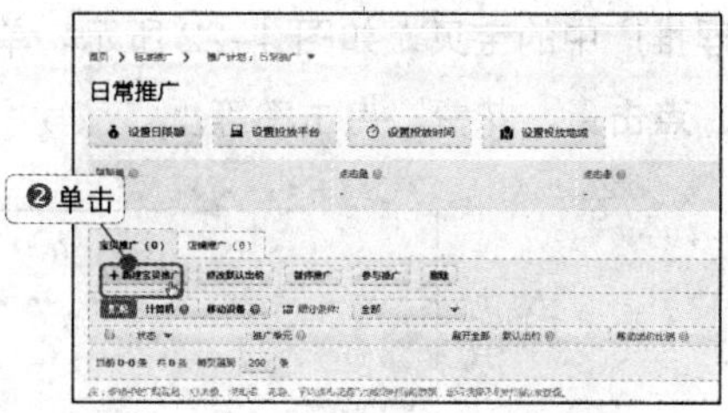

图 4-16

第 2 步 ❶ 单击宝贝后面的“搜索”按钮，如图 4-17 所示。❷ 在要推广的宝贝后面单击“推广”链接，如图 4-18 所示。

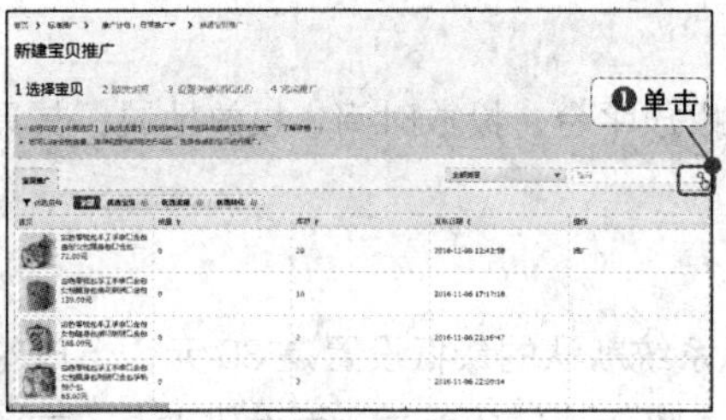

图 4-17

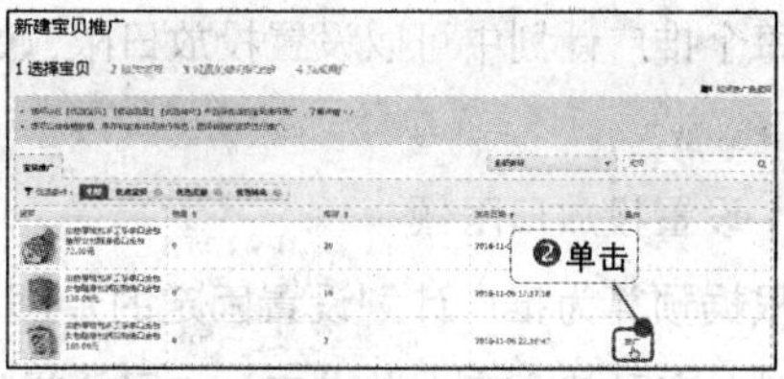

图 4-18

第 3 步 ❶ 编辑推广的宝贝的标题，❷ 单击“下一步”按钮，如图 4-19 所示。

第 4 步 ❸ 接下来选择推广的关键词，要从买家的角度出发，想想他们可能搜索什么词，选择词的范围包括产品名称、品牌、型号、质地、功能等。单击推广的关键词，关键词会出现在左边的文本框中，也可以直接在文本框中输入关键词。❹ 设置默认出价，❺ 单击“完成”按钮，如图 4-20 所示。

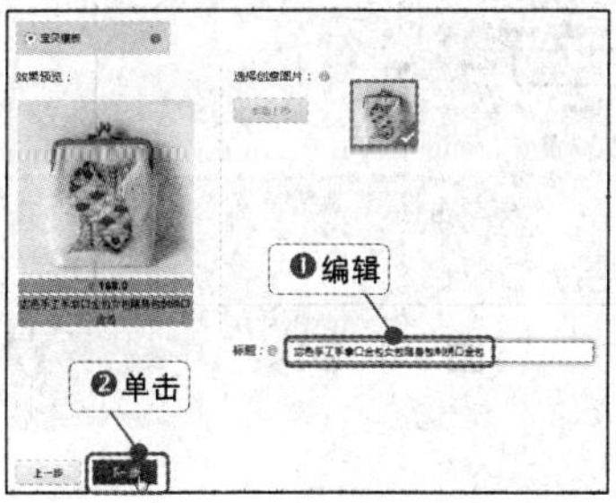

图 4-19

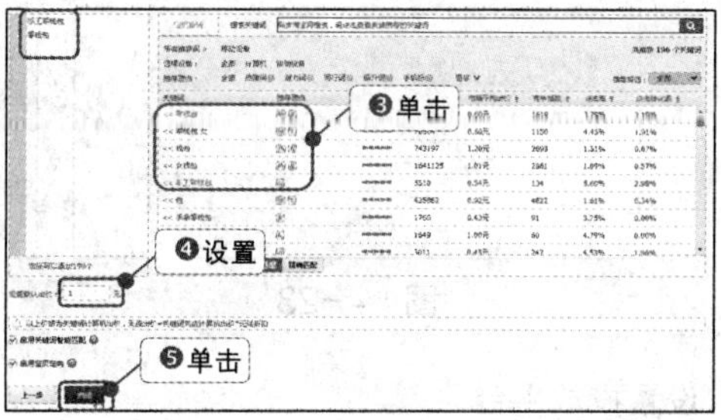

图 4-20

第 5 步 推广宝贝成功后出现图 4-21 所示的页面，即可进行宝贝的推广。

图 4-21

4. 管理推广中的宝贝

在打开的推广计划的页面可以看到推广的宝贝，每个宝贝下侧均有“暂停\启用”、“查看报表”和“删除”三个按钮，方便管理推广中的宝贝，如图 4-22 所示。单击“查看报表”按钮，可以查看推广宝贝的展现量、点击量、花费、点击率等。

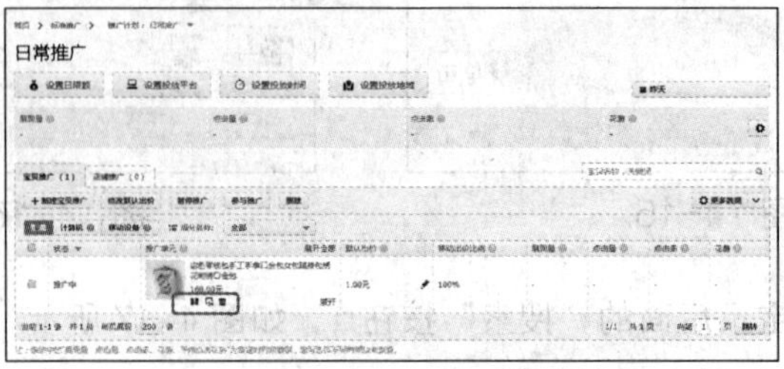

图 4-22

5. 设置推广计划

在每个推广计划中可以设置投放日限额、投放平台、投放时间、投放地域，其具体操作方法如下。

（1）设置投放日限额

可根据预算为推广计划设置固定的金额，系统默认的最低设置是 30 元，当日花费达到日限额时，宝贝就会停止做推广。如果希望某个推广计划的宝贝一直在线推广，可选择“不设置预算”。设置投放日限额的具体操作步骤如下。

第 1 步 ❶ 在打开的推广计划中单击“设置日限额”按钮，如图 4-23 所示。

第 2 步 ❷ 在打开的“设置日限额”面板中设置每日最高预算，❸ 单击“保存设置”按钮，如图 4-24 所示。

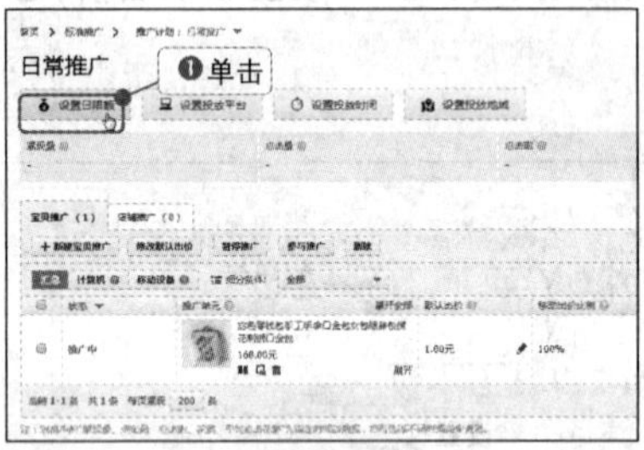

图 4-23

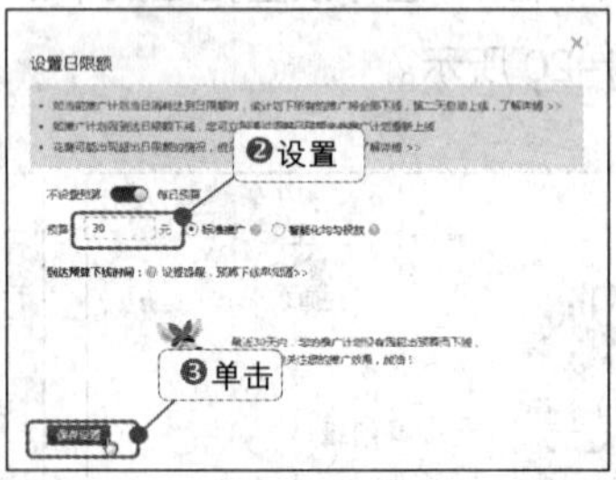

图 4-24

（2）设置投放平台

可以设置 PC 端的淘宝站内、淘宝站外，移动端的淘宝站内、淘宝站外四种平台，默认情况下四种平台都处于选择状态，设置投放平台的具体操作步骤如下。

第 1 步 ❶ 在打开的推广计划中单击“设置投放平台”按钮，如图 4-25 所示。

第 2 步 ❷ 默认的是全选状态，单击取消不需要的推广平台，❸ 完成后单击“保存设置”按钮，如图 4-26 所示。

（3）设置投放时间

投放时间是指宝贝在直通车内做推广的时间。如果直通车推广的宝贝不在投放时间内，

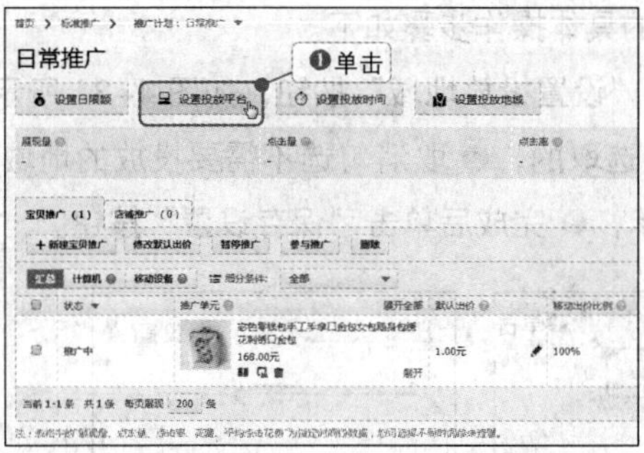

图 4-25

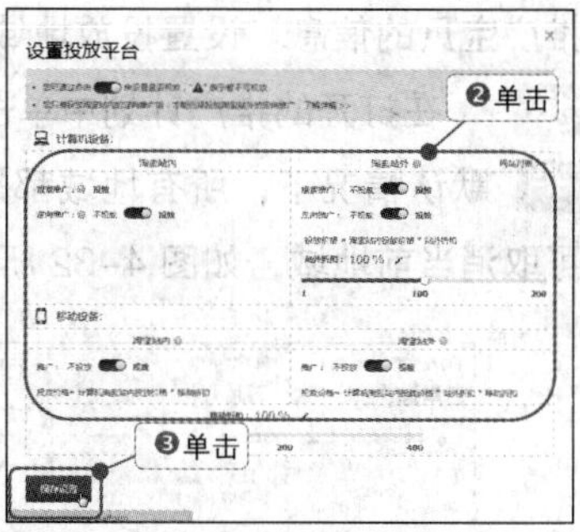

图 4-26

将不会在推广位展示。时间段投放的最小单位是半小时，全时间投放指宝贝全天 24 小时都在淘宝网做推广。设置投放时间的具体操作步骤如下。

第 1 步 ❶ 在打开的推广计划中单击“设置投放时间”按钮，如图 4-27 所示。❷ 在设置投放时间的区域内按住鼠标左键不放拖动选择要投放的时间范围，将其选中，❸ 在弹出的面板中设置倍数，❹ 单击“确定”按钮，如图 4-28 所示。

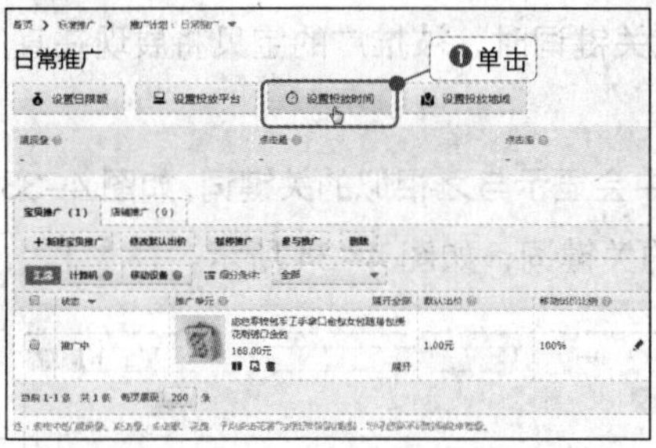

图 4-27

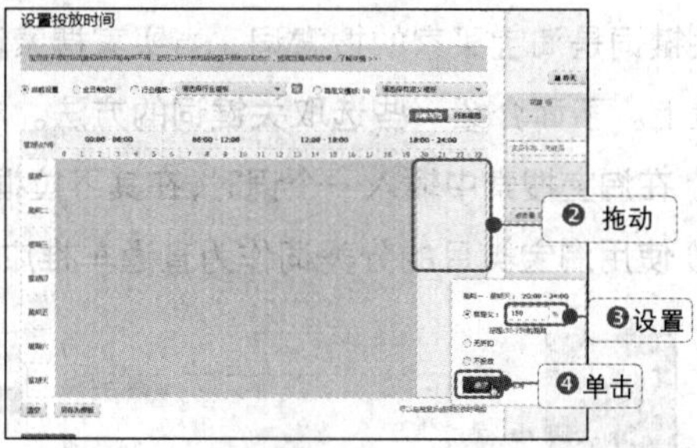

图 4-28

第 2 步 ❶ 单击“列表视图”按钮，可以以列表形式查看投放时间，如图 4-29 所示。设置完成后，❷ 单击“保存设置”按钮即可，如图 4-30 所示。

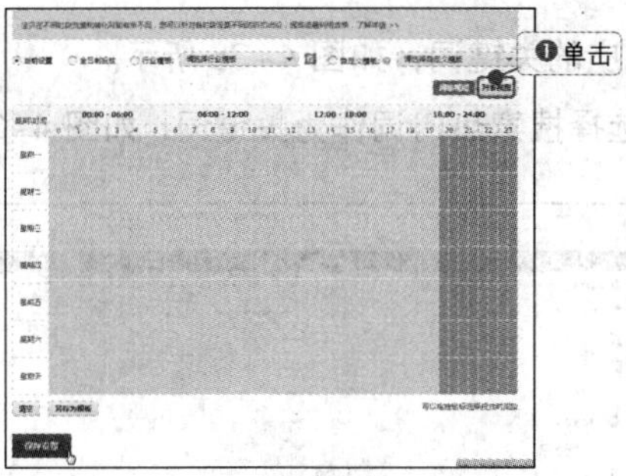

图 4-29

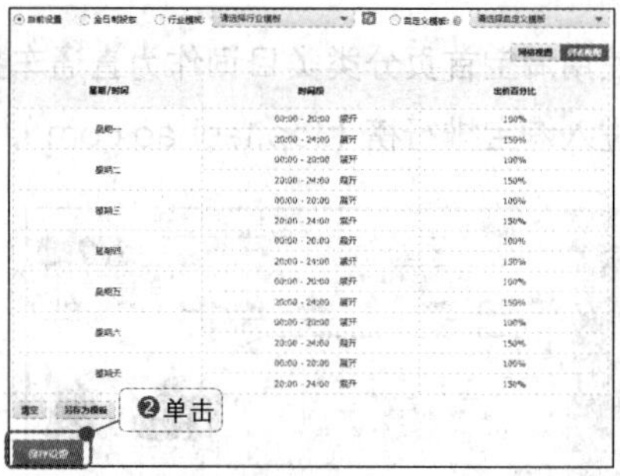

图 4-30

（4）设置投放地域

不同的推广计划可以设置不同的地域投放，方便掌柜更有针对性地对宝贝进行区别推广。在没有投放的地域，宝贝不会在其直通车推广位上出现，只有所选的地域范围内的买家才能看到推广宝贝的信息。设置投放地域的具体操作步骤如下。

第 1 步 ❶ 在打开的推广计划中单击“设置投放地域”按钮，如图 4-31 所示。

第 2 步 默认情况下，所有地域都是选取的，❷ 取消勾选不需要投放的地域前面的复选框，即可取消当前地域，如图 4-32 所示，❸ 完成后单击“保存设置”按钮。

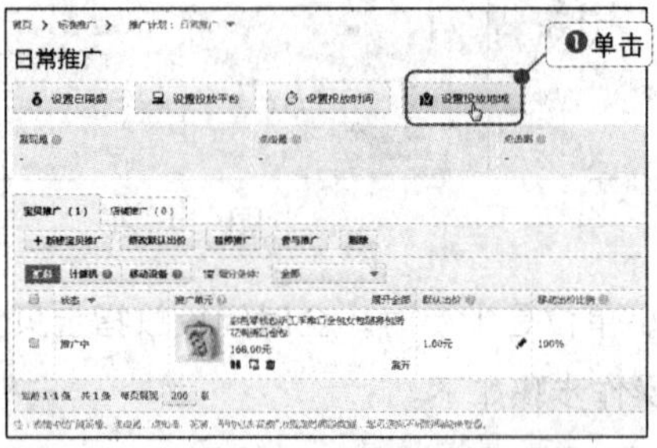

图 4-31

图 4-32

4.1.4 直通车推广关键词选词攻略

关键词是淘宝买家的搜索词，当买家搜索该关键词时，被推广的宝贝将展现在直通车推广位置上。下面介绍一些选取关键词的方法。

① 在淘宝搜索中输入一个词时，在其下拉框中会显示与之相似的关键词，如图 4-33 所示。

② 使用淘宝类目的分类词作为直通车推广的关键词，如图 4-34 所示。

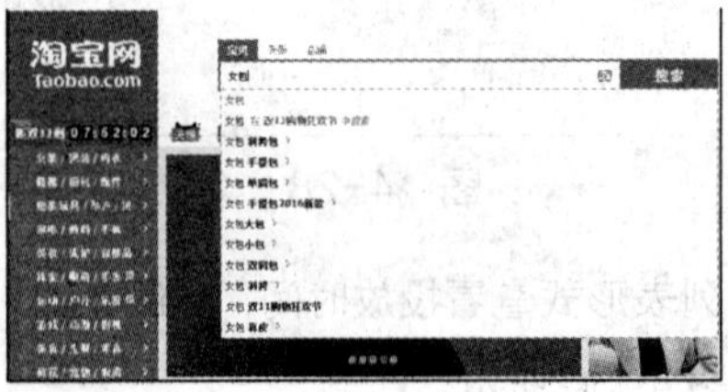

图 4-33

图 4-34

③ 使用淘宝首页分类类目词作为直通车推广的关键词，如图 4-35 所示。

④ 进入淘宝排行榜（top.taobao.com），选择搜索热门词作为关键词，如图 4-36 所示。

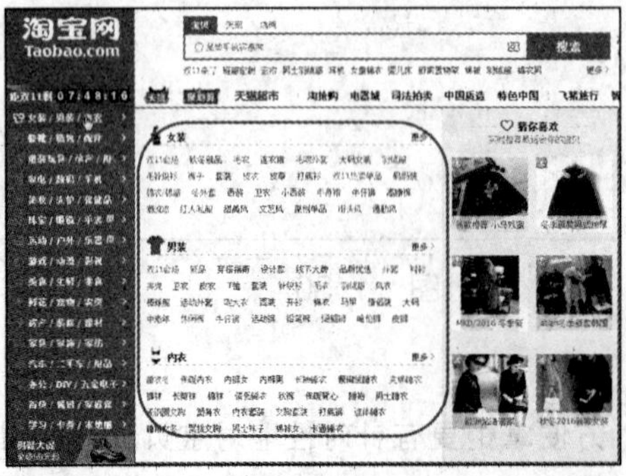

图 4-35

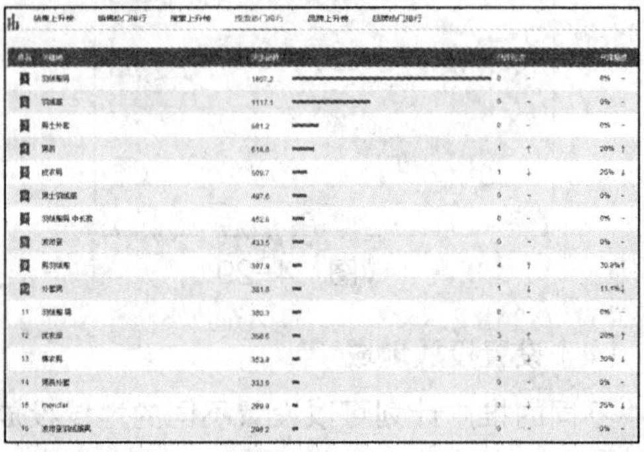

图 4-36

⑤ 可以根据淘宝直通车提供的关键词作为自己的关键词，如图 4-37 所示。

⑥ 可以使用宝贝标题中的关键词作为推广的关键词，如图 4-38 所示。

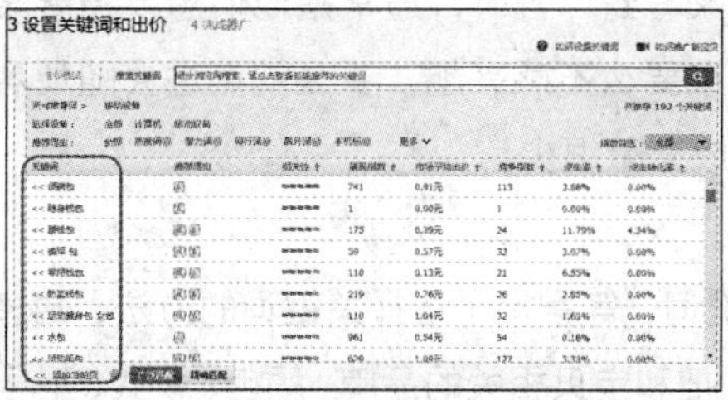

图　4-37

图　4-38

4.1.5　直通车优化技巧经验分享

开通淘宝直通车的目的是提高宝贝的曝光率，吸引更多的流量。但是如果开通直通车后，每天的流量还是没多少，这是什么原因呢？要想让直通车推广效果最大化，需要做到以下几点。

1. 挑选最适合推广的宝贝

参与直通车推广首先要选好推广的宝贝，这是推广的第一步。选出来做推广的宝贝，一定要有突出的卖点，能让买家在最短的时间内注意到你的宝贝。卖点可以是性价比高（如价格有优势、有促销等）、产品功能强（如产品本身功效好、漂亮等）、品质好（如行货、正品）等。当然，卖点一定要实事求是，夸大的卖点可能会让你花冤枉钱。

2. 优化推广图片的设计

买家搜寻、浏览商品的速度非常快，看广告的时间就更短了。如果你的宝贝图片不清晰、广告标题不简练、卖点不明确的话，买家只会匆匆浏览而过，不会点击进入。因此，优化推广图是非常重要的。直通车的推广图一定要美观清晰，简洁、有吸引力，可以用简单的文字描述卖点，如图 4-39 所示为非常精练的直通车主图。

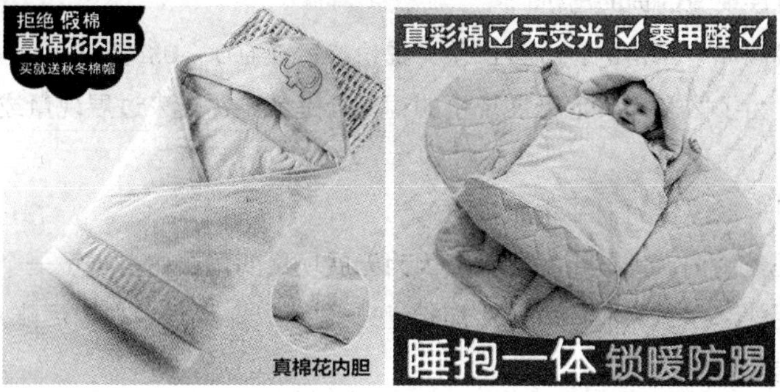

图　4-39

3. 设置吸引人的标题

买家主要通过标题了解商品的卖点，所以标题应该简单直接、卖点明确，让买家即使一扫而过，也能快速明白商品的特点。店铺宝贝的标题与直通车广告的标题是各自独立的，差别很大，所以要认真了解直通车标题优化技巧。

标题应介绍产品，而不是说明店铺。买家看到广告时，通常是他们想要搜寻某商品的时候，如果在此时出现介绍店铺的信息，买家要么不感兴趣，要么就点进去随便看看。这样的话，无效点击很多，花费不少钱，而且成交量很少。

4. 选择合适的关键词

刚开始使用直通车时可以先少选几个关键词，等掌握了选择关键词的方法，再多选一些进行大范围推广。选择直通车关键词时，要先把和宝贝相关的品牌、颜色、款式、型号、用途、产地、质地、功效、适用人群、流行元素等不同角度的中心词想出来，才能尽可能地涵盖这个宝贝的所有关键词。同时，还要根据各种买家的搜索习惯进行组合。选择关键词有以下一些技巧。

（1）选择的关键词一定要和商品相关

买家是通过搜索关键词找到卖家的商品，如果设置与商品毫无关系的词，带来的买家就不是真正想购买该商品的人。这样做很难带来精准的流量，还会因无效的点击，浪费推广费用。

（2）选词的时候避免范围太大、概念太广的词

一般范围很广的词虽说流量会比较大，但带来的买家购买目的不明确，可能导致最终成交量低的情况。

（3）从买家的角度考虑

卖家可以把自己当成买家，考虑买家寻找商品的时候可能会搜索的词，如果能从这个角度去考虑选词，一定会很有帮助。

5. 优化直通车展现和点击量

有的卖家开通了直通车后并没有获得大量的展现与点击，那么，要如何才能提升直通车的展现和点击量呢？可以从以下几个方面入手。

（1）提升有展现量的词的出价

对展现量较高和有点击的词提升出价，提价幅度在0.01~0.2元即可，并且使用自定义出价，这样做是为了区别于其他无展现量的词，凡是为账户带来过展现量或者点击量的词，就必须保留。

（2）删除没有展现量的词并添加新词

对于无展现量的词，需要定期删除，因为无展现量的词白白占据了一个设置词的位置，却没有实际的用处。在删除的同时，添加新词来“换血”，经过换血以后账户中有展现量和点击量的词会越来越多。

6. 利用各类报表分析总结

利用报表的数据去分析推广的效果，宝贝推广后观察账户的点击数据，利用市场数据来检验推广效果。通过对各类数据的分析，可以了解到推广设置不足的地方并加以改正，改正

时具体问题具体分析。

① 关键词无展现量或者展现量过低的冷僻词需要替换掉，非冷僻词微调价格。

② 排在前面、但无展现量无点击量的词，需要替换掉。

③ 部分关键词出价较高，流量一般，整体花费多，调整出价。

④ 关键词好流量低，如果是因为排名太靠后了，建议把价格适当提高。

⑤ 如果类目产生的扣费很多但没效果，建议改低一下类目出价或者调整其他宝贝进行类目出价。

⑥ 对于展现量很高，即没有点击量的词，检查是否是因为关键词与宝贝的相关性太低，导致搜索了该关键词的人看到宝贝，并没有产生兴趣。如果是这种情况，建议替换成与宝贝相关性更高的关键词。

4.2 钻展精确定位推广

“钻石展位”是淘宝图片类广告位自动竞价平台，是专为有更高信息发布需求的卖家量身定制的产品。本节将介绍钻石展位的相关知识及推广技巧。

4.2.1 浅析钻石展位推广

钻石展位是淘宝付费推广中比较划算的一种推广方式。要推广好的话，先要了解钻石展位的规则、位置、定位等。

1. 钻石展位概述

钻石展位是按照流量竞价售卖广告位的，计费单位是“每千次浏览单价”（CPM），即广告所在的页面被浏览 1000 次所需要收取的费用。钻石展位精选了淘宝最优质的展示位置，不仅适合发布宝贝信息，也适合发布店铺促销信息。可以在为店铺带来充裕流量的同时增加买家对店铺的好感，增强买家黏度。如图 4-40 所示淘宝首页一屏的广告就是钻石展位。

图 4-40

与其他付费推广方式相比，钻石展位具有以下几大特点。

（1）超低门槛

对卖家限制少，只要出价合理就可以在淘宝最有价值的展示位上发布信息。

（2）超炫展现

展现形式更炫丽，展现位置更大，展现效果更好。

（3）超优产出

不展现不收费。自由组合信息发布的时间、位置、花费，轻松达到最优异的投产比。

2. 钻石展位的规则

知己知彼，方能百战不殆。进行钻石展位的推广，首先要了解钻石展位的规则。

① 系统每天15点后自动提交计划进行竞价投放。

② 系统会提供过去7天被竞价的数据。

③ 如果没有足够的余额，系统会自动停止第二天的计划投放，所以用户在计划投放前一天的15点之前，要保证消费账户里有一天的日预算金额，否则将会因为金额不足而停止投放。

④ 在同一天同一个时段内CPM出价高的计划优先投放。

⑤ 如果计划分为多个小时段投放，系统将会根据实际的流量情况以小时为单位平滑消耗。

⑥ 如果计划的投放达到日预算限制则自动停止投放，系统会保证每天消耗不超出账户的日预算限制。

⑦ 如果计划有多个展示图片将会被随机轮播显示。

⑧ 允许在15点之前调整计划的基本信息。具体内容包括CPM出价、日预算、展示图片、开始结束日期、时段等信息，修改完成后需要等到次日才能生效。

⑨ 允许暂停投放中的计划，并在次日生效。

⑩ 不允许用户当天强行终止投放中的计划，如果有特殊情况需提交客服人员。

⑪ 用户可以随时充值消费账户，充值使用的支付宝需为淘宝账户绑定的支付宝。

⑫ 系统每天15点后从消费账户冻结计划第二天的预算。

⑬ 系统每天凌晨自动结算消耗金额，并返回消费账户计划前一天的消耗余额。

⑭ 如果计划被竞价成功投放，该计划的实际投放结算价格将按低于当前CPM价格的下一位有效出价加0.1元进行结算。

3. 钻石展位的位置

钻石展位的位置有淘宝首页、垂直频道和特卖促销频道，下面分别介绍。

（1）淘宝首页钻石展位

淘宝首页流量巨大，对于资金雄厚的大卖家来说，在首页进行钻石展位投放可以带来巨大的流量，从而带来更多的顾客。

（2）垂直频道钻石展位

钻石展位只要展示了就要进行收费，对于某些产品，选择垂直频道进行投放反而更匹配。图4-41所示为女装频道首页的垂直频道钻石展位。

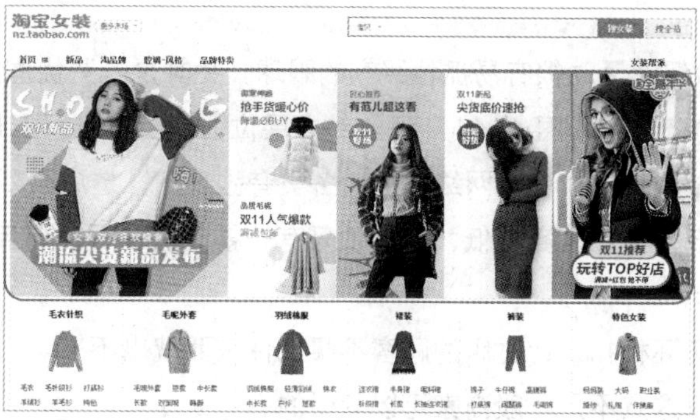

图 4-41

（3）特卖促销频道钻石展位

在淘宝天天特价，免费试用等频道也有钻石展位，图 4-42 所示为天天特价钻石展位。

图 4-42

4. 钻石展位的不同定位

进行钻石展位推广需要卖家有活动、促销等意识，要以最适合的噱头推广最合适的产品。钻石展位可以推广商品、推广店铺活动、推广店铺等，所以推广前要从钻石展位推广的产品定位着手。

（1）推广商品

如果主推的是商品，一定要把商品做到极致。因为钻石展位是按照流量付费的，广告是否成功，很大程度上是用点击率来衡量的，而点击率很大程度上取决于商品本身的好坏，好的商品才能吸引买家点击浏览，商品没有优势，造成点击率低或没有点击量，那么这个广告就是失败的。图 4-43 所示为钻石展位的商品推广。

图 4-43

（2）推广店铺活动

在钻石展位中做促销活动很容易抓住买家的眼球，尤其是一些优惠力度很大的活动，同时也可以带来很大的流量，如图 4-44 所示。钻石展位活动引流有以下几个注意事项。

● 素材一定要做得劲爆，各类网络热词，各类夸张表情，造成强烈的视觉冲击。

● 折扣一定要低，虽然其实不低，但哪怕只有一款产品 3 折，而且限量 10 件，也一定要说成是全场 3 折起。

● 活动策划要环环相扣，让进店的顾客不买几件东西就出不来。

● 庞大的预算，这点不是一般商家可以承受的。

总的来说，这类钻石展位的投放是在短时间内引入巨大流量，带来巨大的销售额，并实现当期盈利，但需要通过精密的策划来实现的促销行为。

图 4-44

（3）推广店铺

推广店铺是钻石展位广告中用得比较多的广告形式，成功的钻石展位店铺推广往往能引爆店铺的销量。推广前一定要先把店铺装修好，才能把引进的流量转化为成交量。否则流量暴涨却不能提升成交量，也将成为失败的广告。图 4-45 所示为钻石展位的店铺推广。

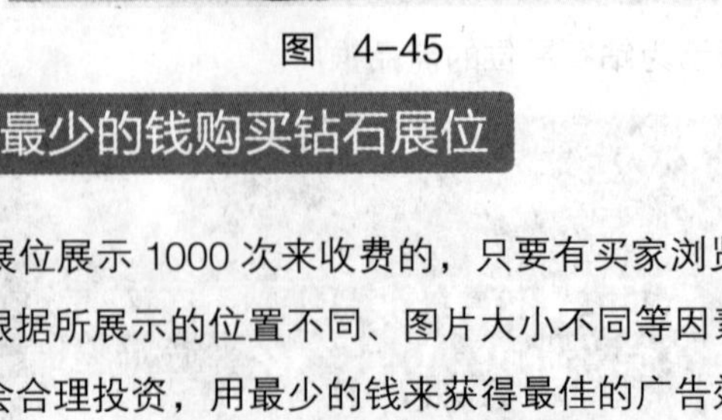

图 4-45

4.2.2 如何花最少的钱购买钻石展位

钻石展位是按一个展位展示 1000 次来收费的，只要有买家浏览页面，卖家的广告有展现就要收费。钻石展位根据所展示的位置不同、图片大小不同等因素，收费价格都会有所差别。作为卖家一定要学会合理投资，用最少的钱来获得最佳的广告效应。

1. 出价要科学

钻石展位和直通车的竞价是不一样的，直通车竞价是争抢商品展现排名，而钻石展位只是为了获得优先投放的权利。直通车展位是出价最高的广告排在最前面；而钻石展位出价最高的广告获得被优先投放的权利，也就是说出价最高的广告先被投放，投放完毕后才轮到出价在第二位的广告进行投放。广告展示多久，和广告竞价的高低无关，展示时间越长，卖家花费越多。

怎样用低竞价在相同的预算下拿到最多的流量呢？比如在流量高峰期投入，因为在一个比较短的时间段内的流量是有限的，所以在高峰期取得优先权就很重要，可以在相同的时间内获得更多的流量。

2. 选位要冷静

钻石展位推广要找到最适合自己店铺的广告投放位置，并且根据利润及销售量计算出能够承受的价位。如果有较多的人抢位时，能抢到固然好，但是超出预算的话可以看一看其他位置是否合适。

建议在开始竞价前先研究自己选中的广告位的特征，以及最近的出价数据，算好了再出手。切忌不顾一切地去抢广告位，有时一时冲动，有可能一不小心抢到了不适合自己商品的展位。

3. 竞价要快速

每天在 15：00 之前几分钟是竞价最激烈的时候，很多卖家往往在前几秒出价或加价，所以，创建了投放计划后，可以利用创建快速竞价迅速抢位。

4.2.3 如何选择进行钻展投放的位置

通过前面的介绍，我们知道了钻展可以投放在淘宝首页、垂直频道和特卖促销频道，那么，如何选择进行钻展投放的位置呢？

1. 投放位置和广告预算相符

广告投放在哪个位置，除了和商品类型有关外，还和广告预算密切相关。每个展位都有最低日限额，如果你的预算低于这些广告位的最低预算，可以不用考虑。

2. 投放位置和店铺经营状况相当

除了预算，买什么位置，要多少流量，还和自己的店铺经营状况有密切关系。即使你的资金充足，可以一天买进 10000 个点击量，但如果你的店铺在做广告前只有几百个流量，客服也只有一两个的话，对于这个流量店铺是承受不住的。因为一两个客服远远无法满足 10000 个流量下买家的咨询。建议每天由广告引进的流量比平时多 2~3 倍，日常流量提升后再慢慢加大投入。

4.2.4 决定钻石展位效果好坏的因素

有的卖家购买钻石展位后点击率仍然很低，没有达到预期效果，那么决定钻石展位效果好坏的因素有哪些呢?

1. 广告图片

广告图片是极为重要的，有一个适合店铺，能凸显主题的广告图片会给卖家带来无限的收益。有的卖家没有意识到广告图片的重要性，觉得自己都可以做，能用就行。看似节省了开支，却大大制约了收入。如果广告图片可以展现店铺所要表达的内容，带来的收益远远大过广告图片的设计投入。图 4-46 所示的广告，广告图片精美、简洁，让人一看就有购买的冲动。

图 4-46

2. 广告文案

推广图片上的广告文字和图片一样也决定着广告的效果。同样的图片，上面的文案不同，广告所带来的效果也不同。广告文案不能太杂乱，要让客户一眼就能看明白，只要包含主题、价格、产品就可以了，还可以加上一个时间能给客户造成紧迫感，以此来提高点击率。图 4-47 所示的广告文案，看到“第 2 份半价包邮”，那么对此产品感兴趣的买家很快就会被其吸引住。

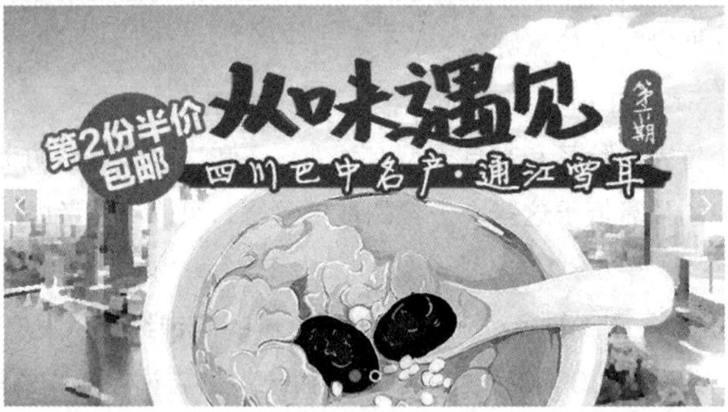

图 4-47

4.3 淘宝客推广互利互惠

淘宝客推广是继淘宝直通车、钻石展位之后，淘宝掌柜的又一营销利器。本节将介绍淘宝客基础知识、设置店铺淘宝客推广、如何主动出击寻找淘宝客、吸引众淘宝客帮助推广经验分享等相关知识。

4.3.1 浅析淘宝客推广

与其他广告形式相比，淘宝客推广具有很高的投入产出比，不成交不付费，真正实现了花最少的钱获得最佳的推广效果。

1. 什么是淘宝客

淘宝客——简称“淘客”，是指通过互联网帮助淘宝卖家推广商品，并按照成交效果获得佣金的人或者集体（可以是个人、网站、团体、公司）。在淘宝客推广中，有卖家、淘客、买家以及淘宝联盟四个角色，他们是缺一不可的，如图 4-48 所示。

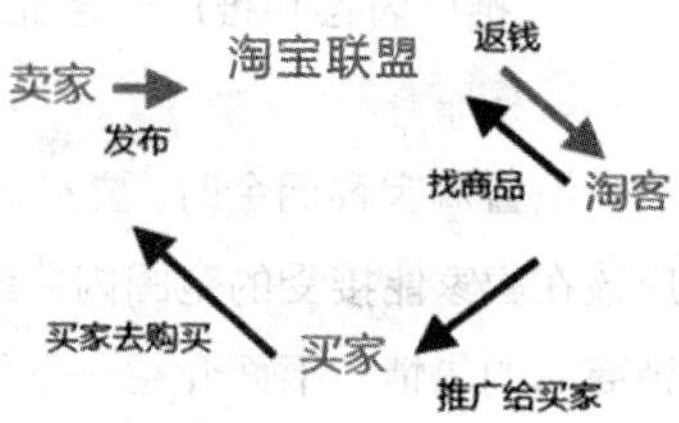

图 4-48

● 卖家：佣金支出者，他们提供自己需要推广的商品到淘宝联盟，并设置每卖出一个产品愿意支付多少的佣金。

● 淘客：佣金赚取者，他们在淘宝联盟中找到卖家发布的产品，并且推广出去，当有买家通过自己的推广链接成交后，那么就能够赚到卖家提供的佣金（其中一部分需要作为淘宝联盟的服务费）。

● 买家：单纯的购买者。

● 淘宝联盟：阿里妈妈旗下的淘宝联盟专门负责淘宝客管理，帮助卖家推广产品；帮助淘客赚取利润，每笔推广的交易抽取 1%~50% 不等的服务费用。

淘宝客推广是为淘宝卖家提供淘宝网以外的流量和人力，帮助推广商品，成交后卖家才支付佣金报酬。卖家可以把自己需要推广的商品发布到淘宝客平台上，让淘客来推广。对于卖家来说，淘宝客推广就像聘请了一些不需要底薪的业务员，业务员越多，店铺就越有可能开拓更大的市场。

问：阿里妈妈和淘宝联盟有什么关系呢？

答：阿里妈妈是阿里集团旗下的广告平台，下设众多淘宝推广工具，如淘宝联盟、淘宝直通车、淘宝橱窗推广、钻石展位等推广工具。就如同淘宝和天猫都隶属于阿里巴巴集团一样。

2. 淘宝客的优势

对于淘宝卖家来说，通过淘宝客找到一个优秀的淘客将为其带来可观的流量。淘宝客先推广，后付费的模式是其最大的优势。除此之外，淘宝客还具有以下一些优势。

① 成本小，展示、点击、推广全都免费，只在成交后支付佣金，并能随时调整佣金比例，灵活控制支出成本。

② 省时轻松，只需要把佣金比例调整好，等着淘客来推广就可以了。

③ 拥有互联网上更多的流量，通过更多的人群帮助推广销售，让买家无处不在。

④ 推广精准到店铺和商品，直击用户需求。

⑤ 推广内容和推广途径完全自定义，灵活多样。

3. 淘宝客的佣金

设置淘宝客佣金时，要在商品单价和佣金之间寻找到好的平衡点，佣金比例的合理设置，应该在卖家能接受的范围内，给予淘宝客更多的佣金。只有这样才能激发淘宝客们为卖家推销商品的热情。下面介绍一下关于佣金的几个概念。

（1）佣金比率

指淘宝卖家愿意为推广商品而付出的商品单价的百分比。

（2）个性化佣金比率

淘宝卖家加入淘宝客推广后，可以在自己的店铺中最多挑选20件商品作为推广展示商品，并按照各自的情况设定不同的佣金比率，这些商品的佣金比率称为个性化佣金比率。

（3）店铺佣金比率

淘宝卖家加入淘宝客推广后，除了设定个性化佣金比率外，还需要为店铺中其他商品另外设定一个统一的佣金比率，用来支付由推广展示商品而带给店铺其他商品成交的佣金。

（4）佣金

指该商品的单价 × 佣金比率；是淘宝卖家愿意为推广商品而付出的推广费。

买家通过支付宝交易并确认收货时，系统会自动将应付的佣金从卖家收入中扣除并在次日记入淘客的预期收入账户中。每个月的15号都会对上一个月做月结，月结后，佣金正式转入淘客的收入账户。

4.3.2 设置店铺淘宝客推广

进行淘宝客推广的设置，需要了解加入淘宝客推广的条件，知道如何制订合理的佣金计划。

1. 加入淘宝客推广的条件

淘宝掌柜参加淘宝客推广要满足以下条件：

① 淘宝店铺星级在一心以上或参加消费者保障计划。

② 掌柜的店铺状态是正常的。

③ 掌柜的店铺内，商品状态正常，并且结束时间比当前系统时间晚。

2. 制订合理的佣金计划

淘宝联盟提供了推广计划管理，可设置1个通用推广计划、1个工具推广计划、9个定向推广计划。9 个定向推广计划根据店铺不同情况和针对不同等级的淘客，提供了不同的佣金计划，下面是佣金设置实例。

如果宝贝的佣金过高，卖家利润就会变低。如果佣金过低，又不能足够地吸引淘宝客。佣金并不是越高越好，如店铺的某一个商品的佣金设置为 20%，成交量为 0；而另一个商品的佣金为 8%，成交量为 100，那么淘宝客肯定会选择成交量高佣金相对少的商品来做推广。制订佣金计划，还可以以一个梯度式会员高佣金制度来吸引和鼓励淘宝客推广。

在制定佣金比例的时候，也需要参考同类商品的竞争情况。处于进攻阶段时，可根据竞争对手佣金比例进行适当上调；处于防御阶段时，需要实时关注对手的佣金变化，采用跟随策略。

4.3.3 加入淘宝客推广

淘宝客推广是一种按成交计费的推广模式，淘宝客提供单个商品和店铺的推广链接，可以指定推广某个商品或店铺。下面将讲解如何加入并使用淘宝客推广，具体操作步骤如下。

第 1 步 ❶ 登录我的淘宝，单击“营销中心”中的“我要推广”超链接，如图 4-49 所示。❷ 进入“我要推广”页面，单击“淘宝客”中的“开始拓展”按钮，如图 4-50 所示。

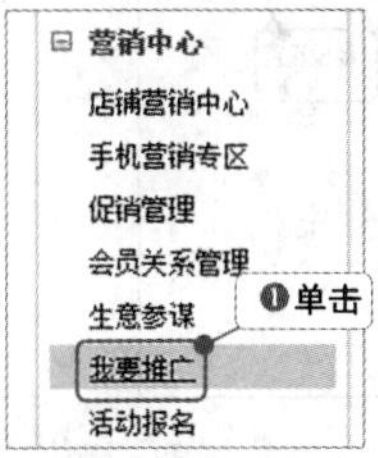

图 4-49

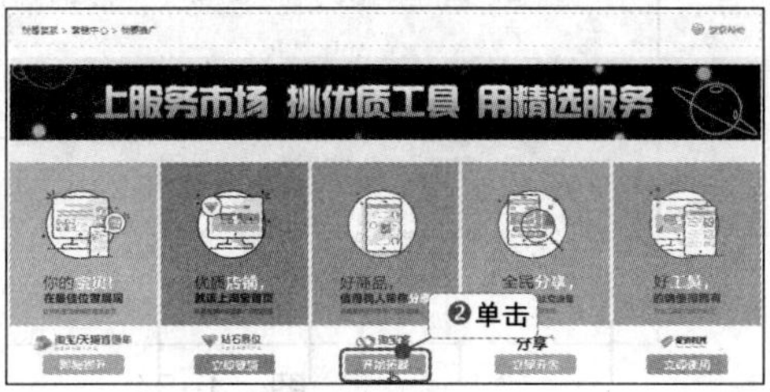

图 4-50

第 2 步 进入图 4-51 所示的推广页面。在淘宝客推广中有如意投计划、通用计划、定向计划几种方式，下面分别介绍。

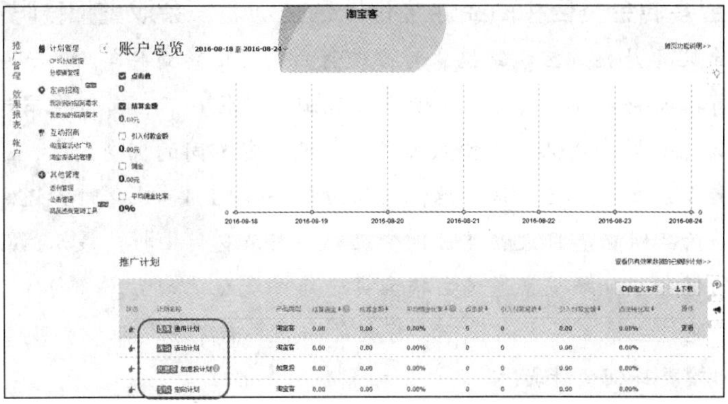

图 4-51

1. 如意投计划

如意投是为淘宝卖家量身定制的板块，它帮助卖家快速提升流量，按成交付费的精准推广营销服务。下面介绍具体操作。

第1步 ❶ 单击“如意投计划”前面的“激活计划”按钮，如图 4–52 所示。❷ 在打开的“委托支付协议”页面中选中“同意”选项后单击“确定”按钮，如图 4–53 所示。

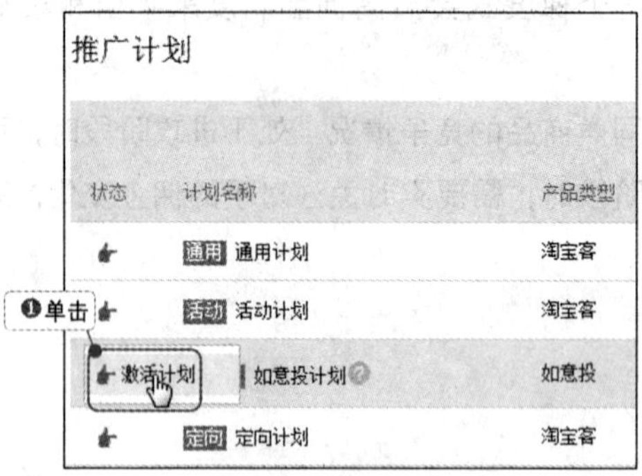

图 4–52

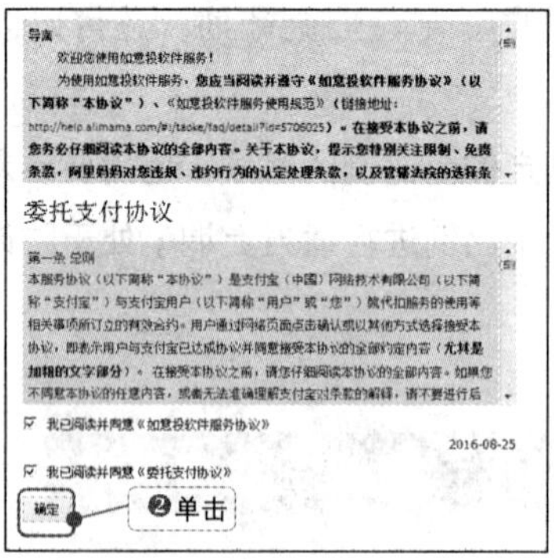

图 4–53

第2步 接下来设置类目佣金，单击“批量设置”链接，如图 4–54 所示。

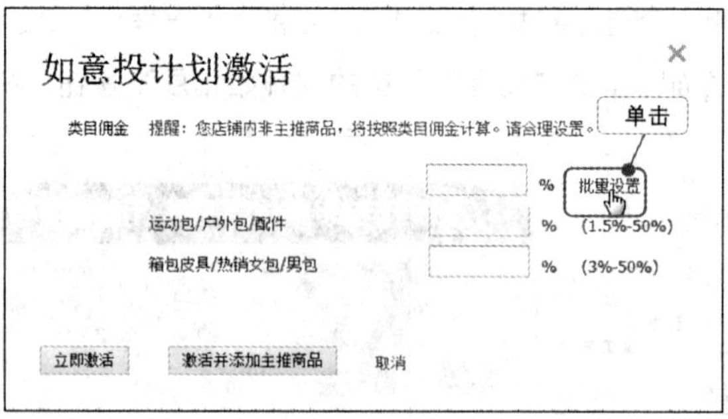

图 4–54

问：淘宝客佣金类目和商品佣金有什么区别呢，会双重扣钱吗？

答：佣金比率是指淘宝卖家愿意为推广商品而付出的商品单价的百分比。佣金有类目佣金和商品佣金两种形式。淘宝卖家加入淘宝客推广后，可以在店铺中最多挑选30件商品作为推广展示商品，并按照各自的情况设定不同的佣金比率，这种佣金是商品佣金。淘宝卖家加入淘宝客推广后，除了设定个性化佣金比率外，还需要为店铺中其他商品根据商品所在类目设置类目佣金比率，用来支付由推广展示商品带给店铺其他商品成交的佣金。如果买家通过主推宝贝进店并成交，淘宝客佣金按商品佣金率计算。如果买家通过主推宝贝进店但并没有成交那个主推宝贝，却买了店里另一件宝贝，淘宝客佣金则按类目佣金计算。

第 3 步 ❶ 设置好类目佣金，❷ 单击“确定”按钮，如图 4-55 所示。

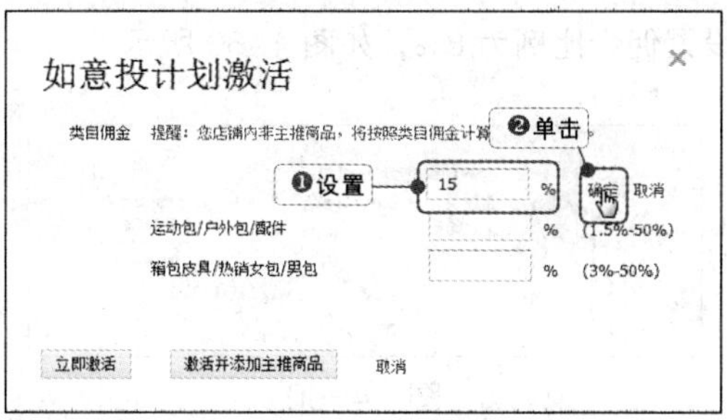

图 4-55

第 4 步 确定后即可将所有类目设置为相同佣金，如图 4-56 所示。也可以不用批量设置，分别设置类目佣金。在佣金管理中单击“新增主推商品”按钮，如图 4-57 所示。

图 4-56

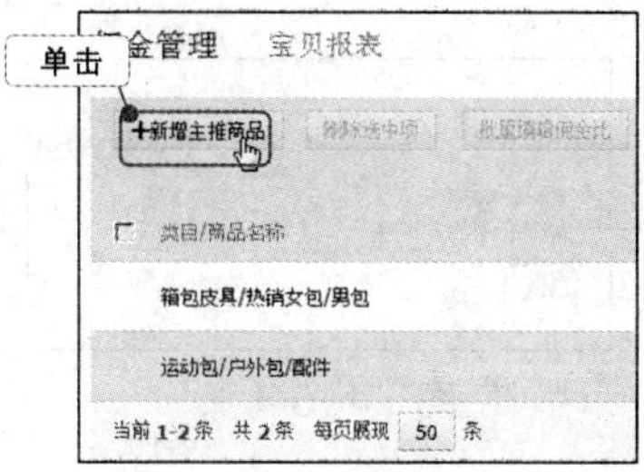

图 4-57

第 5 步 接下来选择主推商品，❶ 在要推广的宝贝上单击，❷ 设置佣金，❸ 单击“完成添加”按钮，如图 4-58 所示。

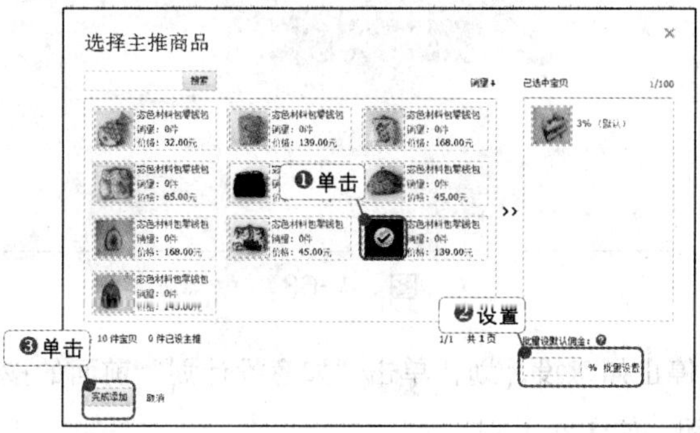

图 4-58

第 6 步 设置主推宝贝佣金后还可以编辑佣金，单击主推宝贝后面的“编辑佣金比”按钮，如图 4-59 所示。

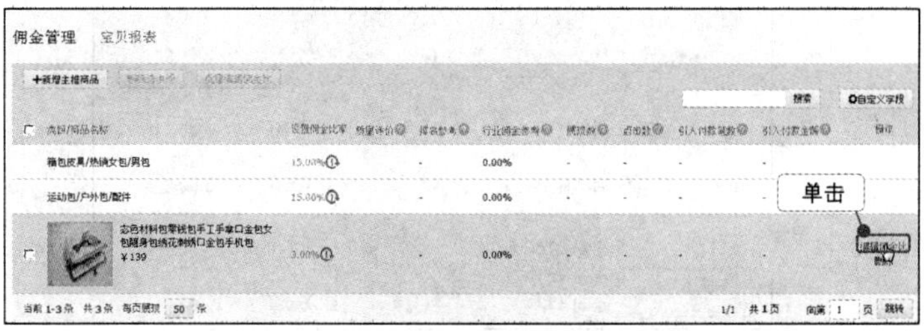

图 4-59

第 7 步 设置新的佣金比，佣金范围为 3%~50%，佣金根据实际情况设置，每款主推宝贝的佣金可以不同，设置佣金比例为 8%，如图 4-60 所示。

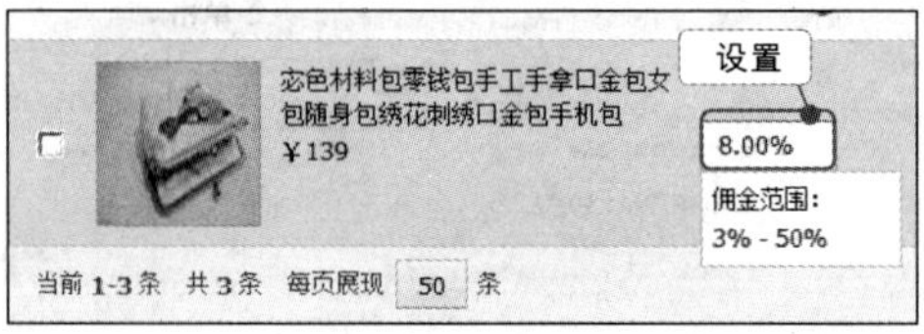

图 4-60

第 8 步 修改好佣金后单击“确定”按钮，如图 4-61 所示。即可在页面查看到新设置的佣金，如图 4-62 所示。

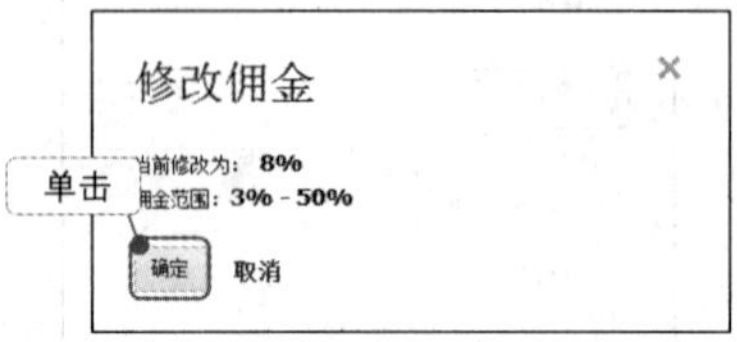

图 4-61

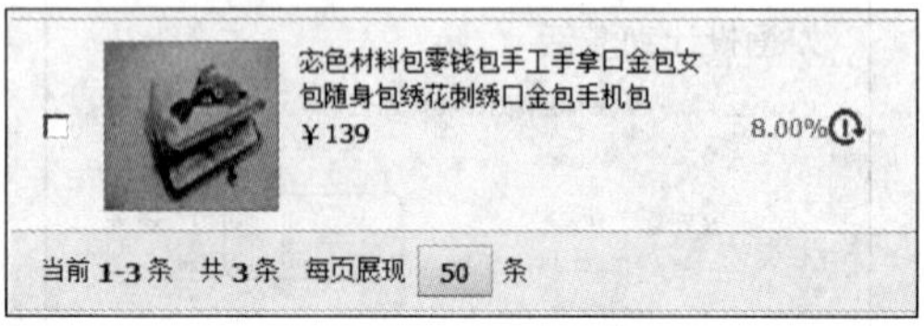

图 4-62

第 9 步 如果不想推广某一宝贝，在宝贝后面单击“删除”按钮即可，如图 4-63 所示。

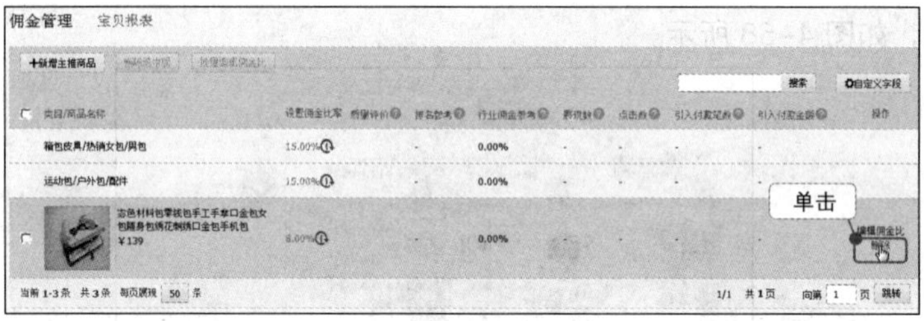

图 4-63

第 10 步 如果要停止如意投计划，单击“如意投计划”前面的按钮，在弹出的快捷菜单中单击“停止”按钮，如图 4-64 所示。

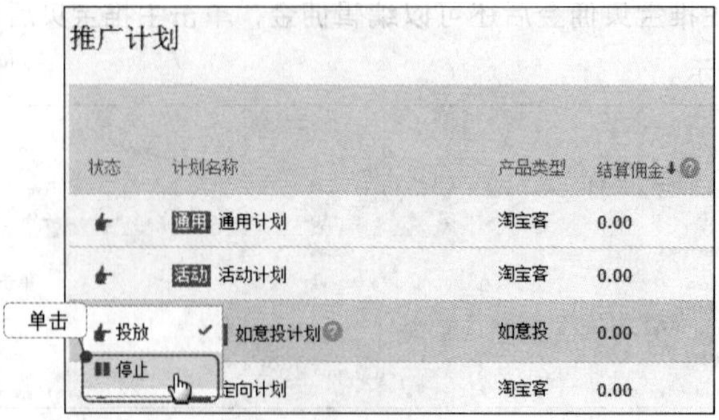

图 4-64

第 11 步 在弹出的“确认停止”对话框中单击“确定”按钮，如图 4-65 所示。停止如意投计划 15 天后才能激活，如图 4-66 所示。

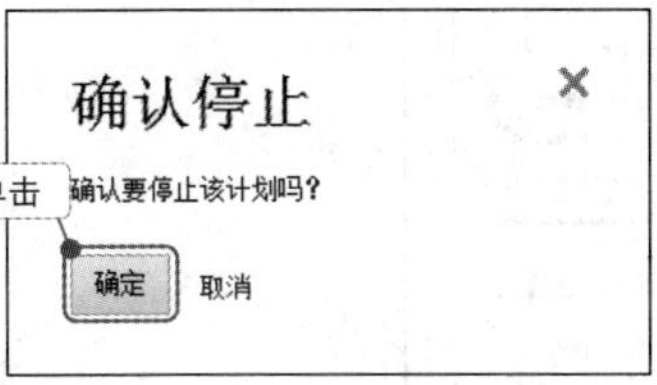

图 4-65

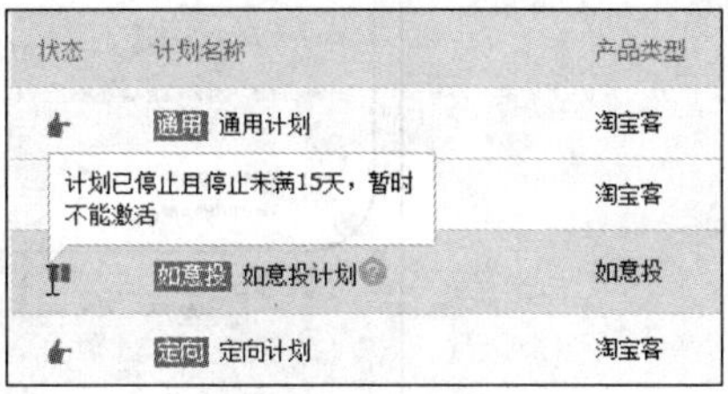

图 4-66

2. 通用计划

通用计划为默认计划，所有淘宝客都能参加并推广。这个计划不设定任何门槛，建议新店设类目的基础佣金，佣金一般是 1%~5%。佣金比例最高可以设置成 50%，佣金修改之后次日生效，此计划无须申请，且佣金不宜过高。通用计划页面如图 4-67 所示，添加推广宝贝操作步骤与如意投计划相似，不再做介绍。

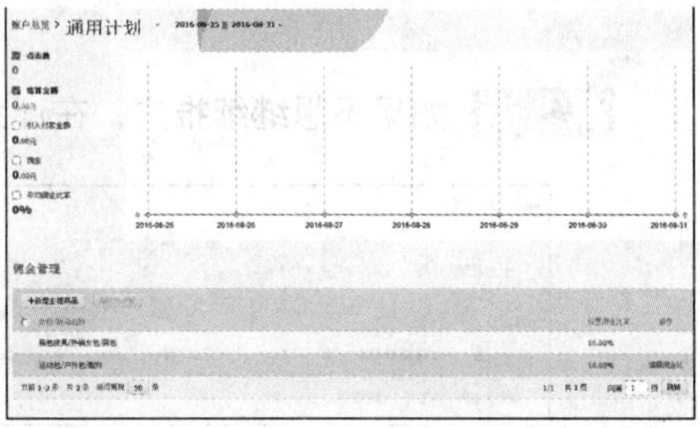

图 4-67

3. 定向计划

定向推广计划是卖家为淘宝客中某一个细分群体设置的推广计划，卖家可以选择淘客加入，也可以让淘客来申请加入。可以让淘宝客在阿里妈妈前台看到，推广并吸引淘宝客参加。也可由卖家不公开跟某些大网站协商好，从而让卖家获取较大的流量、让淘客获取较高的佣金。下面介绍其具体操作方法。

第 1 步 ❶ 单击“推广计划”中的“定向计划”链接，如图 4-68 所示。❷ 单击“新建定向计划”按钮，如图 4-69 所示。

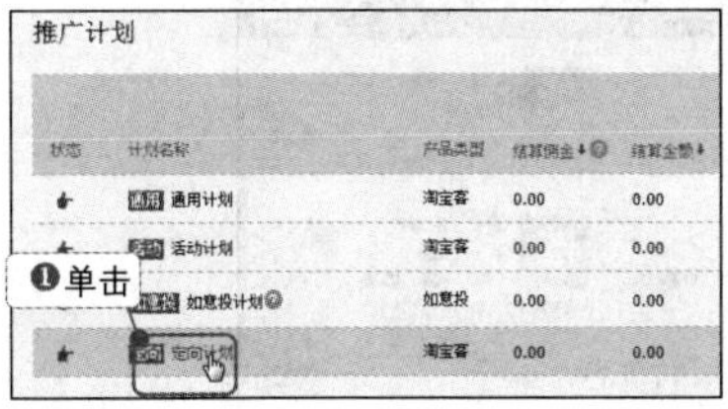

图 4-68

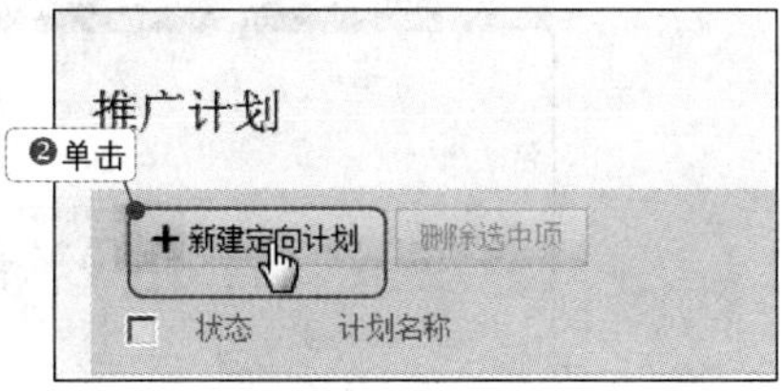

图 4-69

第 2 步 ❶ 在打开的页面中设置计划名称、计划类型、类目佣金等内容，❷ 完成后单击“创建完成”按钮，如图 4-70 所示。

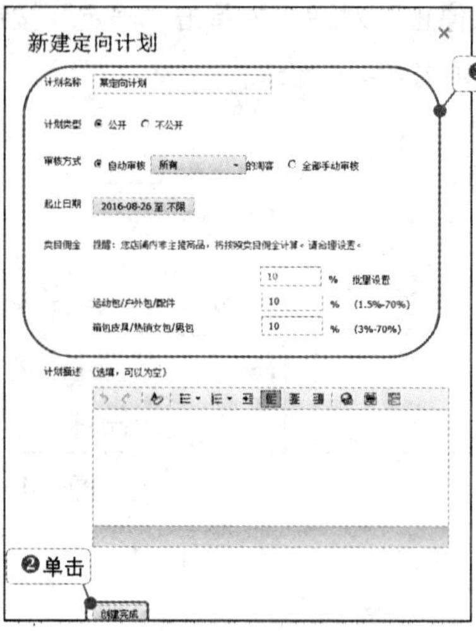

图 4-70

第 3 步 如果不想继续推广，在计划后面单击“删除”按钮即可，如图 4-71 所示。

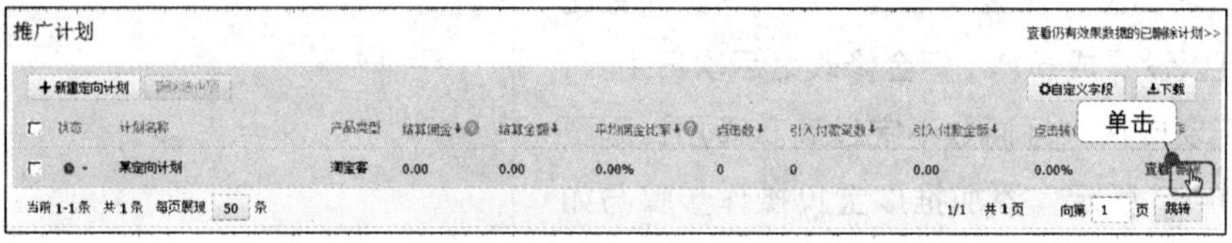

图 4-71

4.3.4 如何主动出击寻找淘宝客

作为淘宝卖家，不能守株待兔，等淘宝客自己找上门，要主动寻找淘宝客，本节将介绍寻找淘宝客的方法。

1. 通过 QQ 群进行查找

对于淘宝卖家来说，如何有效地找到淘宝客是非常重要的，对于个人淘宝客，可以通过 QQ 群进行查找，如图 4-72 所示，一些淘宝客群内有很多淘宝客进行活动交流。

图 4-72

2. 淘宝联盟社区寻找淘宝客

淘宝联盟隶属于阿里巴巴集团旗下，以“淘宝客”按成交计费业务为主体。在淘宝联盟社区寻找淘宝客常见的方式有发布招募帖、参与社区活动、利用签名档做宣传、事件营销、主动寻找淘宝客等。

① 发布招募帖

发布招募帖是最常见的形式，直接在淘宝联盟社区向淘宝客发布招募公告的具体的操作方法如下。

第 1 步 打开阿里妈妈首页（http://www.alimama.com），❶ 在首页菜单栏中指向“媒体合作”标签，在其下拉标签中单击“淘宝联盟”链接，如图 4–73 所示。❷ 在打开的页面中单击“社区”链接，如图 4–74 所示。

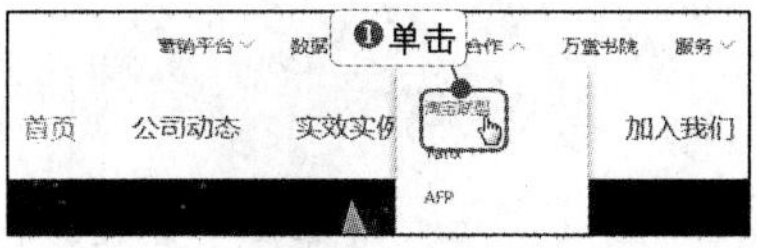

图 4–73

图 4–74

第 2 步 在首页菜单栏中指向“橙领论坛”标签，在其下拉标签中单击“掌柜专区”链接，如图 4–75 所示。

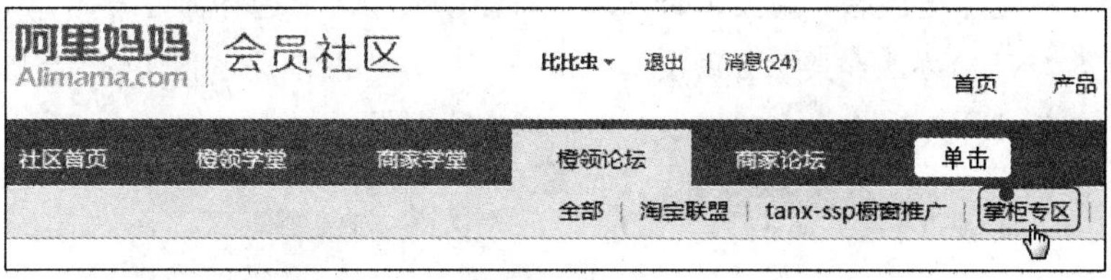

图 4–75

第 3 步 在打开的页面中单击“找淘宝客”链接，如图 4–76 所示。

图 4–76

第 4 步 进入找淘宝客社区页面中，查看卖家发帖要求后，单击“发帖”按钮就可以开始撰写淘宝客招募帖子了，如图 4–77 所示。

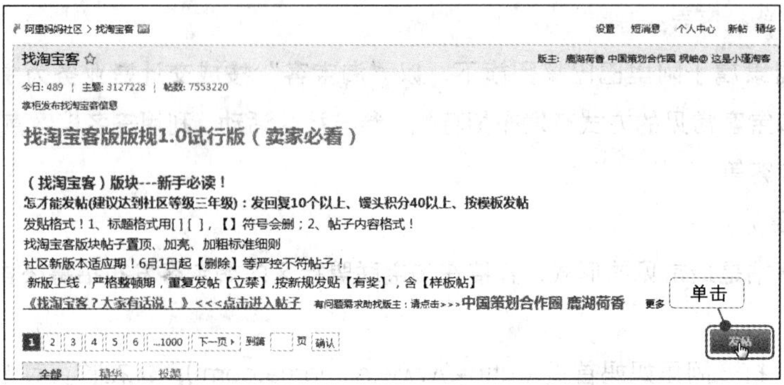

图 4-77

问：完整的招募帖包含有哪些内容呢?

答：招募帖一定要写得吸引人，把自己店铺商品的优势、服务质量和店铺规模等内容以及给淘宝客的利润佣金都要清楚地写在帖子中，以便吸引更多的淘宝客来推广店铺的宝贝，完整的招募帖包括以下几点。

（1）店铺介绍：包括店铺的好评、转化、品牌简介，可以图文并茂。

（2）佣金介绍：爆款产品的佣金，可以上传爆款的图片，以及各个计划的佣金，佣金不菲且稳定，这样适合淘宝客的推广，淘宝客很忌讳中途将佣金调低。

（3）奖励活动办法和奖励方式：好的活动、给力的内容，才能吸引淘宝客们过来。

（4）联系方式：联系电话、QQ，或者旺旺等。

② 参与社区活动

社区版主会不定期地组织一些社区活动，如征文、访谈等，卖家要积极地参与。

③ 利用签名档做宣传

将签名档设置为店铺招募的宣传语，引导至自己的招募帖，并且积极参与社区中的讨论，热心回答会员的问题，在互动的同时也起到了宣传的作用。

④ 事件营销

事件营销是指通过策划、组织和利用具有新闻价值、社会影响以及名人效应的人物或事件，吸引媒体、社会团体和消费者的兴趣与关注，以求提高企业或产品的知名度、美誉度，树立良好品牌形象，并最终促成产品或服务的销售的手段和方式。社区宣传不一定是广告，有意地策划一些事件，短期内可以迅速积累大量的人气。

美食纪录片《舌尖上的中国》的火爆收视为淘宝特产网店提供了巨大的商机。从淘宝网上搜索可以发现，一些淘宝特产小店如雨后春笋般纷纷冒出，而这些小店正是专门经营纪录片中所出现的地方特产。也有许多淘宝零食特产商家在商品名称中附加上“舌尖上的中国”

几个字，以借搜索量来增加点击量。更有甚者将与纪录片有关的书籍、音乐、美食照片都放在了网店里。

3. 利用 SNS 媒体

SNS 指社交网络，如人人网、淘江湖、开心网等均为社交网络，图 4-78 所示为人人网首页。这里活跃着众多的营销者，往往聚集了大量具有相同兴趣爱好的会员，如购物促销群、时尚群、亲子群等，具有非常精准的客户群，在淘宝客的推广中具有很高的转换率。

图 4-78

4.3.5 吸引众淘宝客帮助推广经验分享

淘宝商品琳琅满目、数目众多，什么样的商品才能吸引到淘宝客帮助推广呢？本节将分享一些吸引淘宝客推广店铺商品的经验。

1. 主推最好的商品

淘宝客都会选择销量高的产品进行推广，销量越高的产品，推广成功的概率越高。不要推广滞销的产品，如果推广的产品一点销量都没有，即使设置再高的佣金也都是很难让人有兴趣推广的。推广那些热销品不但可以吸引更多的淘宝客推广你的店铺，而且可以积累销量。

质量好又热卖的商品有利于招到淘宝客，也有利于培养忠实的淘宝客。有不少淘宝客把商品推荐给身边的亲朋好友，如果产品质量过硬，也可以增强他们推广的信心。

在商品的销售中，集中力量重点打造几款高人气的主推宝贝，也就是爆款，利用其高人气的特性，带动店内其他商品的销售，以爆引爆，从而吸引淘宝客的关注。要在店里同时打造几个小爆款，而不是一个大爆款。可以用搭配套餐、掌柜推荐的方法，强强联合，同时打造几个爆款，图 4-79 所示为主推的爆款商品中的掌柜推荐。同样，通过几款拥有大量淘宝客关注的主推商品，同样可以带动店内其他商品推广量的上升。

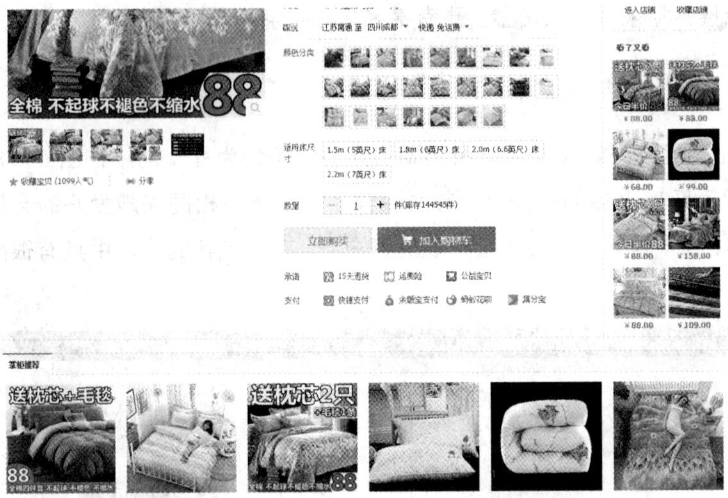

图 4-79

2. 推广单价较低的商品

淘宝客推广的商品，要薄利多销。顾客买东西，一般都会货比三家。在选择主推宝贝的时候，应当选择单价较低同时又有较高利润的商品，可以为佣金比例的设定留有更大的灵活性。宝贝价格最好设置在大众能普遍接受的范围内，这样可以获得更多的淘宝客关注度。

3. 推广具有很好的销量和评价的商品

淘宝客是推广者，同时是消费者，在选择推广商品时，往往会站在买家的角度去审视。如果卖家所选做推广的商品具有良好的历史成交记录以及正面的评价，可以让淘宝客更有推广信心。图 4-80 所示为销售量很高的商品，淘宝客一定会乐意推广。

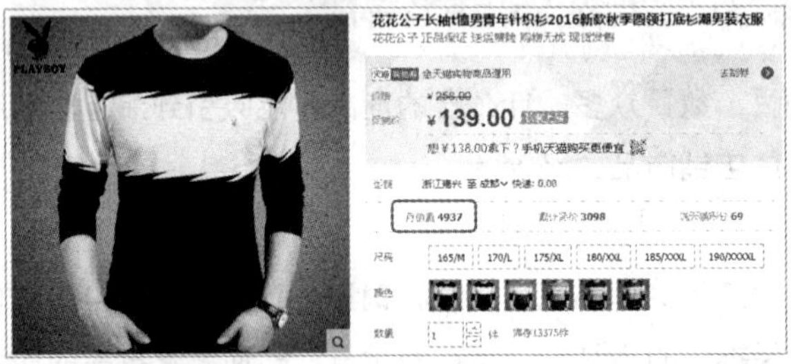

图 4-80

4. 经常更新主推商品

对于一些季节性很强的商品来说，淘宝客主推商品的更新速度要跟得上店铺更新的速度，才能更加吸引新淘客和留住老淘客。在一定的时间段内，可根据淘宝客成交的记录来对一些推广比较好的宝贝进行佣金调整。对于一些无人问津的宝贝，则可以删除，另推其他商品。

5. 推广商品图片要美观

提交的推广宝贝的图片要美观清晰、简洁，商品的名称要有吸引力。淘客选择推广宝贝时，宝贝图片会对他们的选择产生很大的影响，如果图片模糊不清，推广的效果肯定差。图

4-81 所示商品图片美观大方、诉求明确。

6. 佣金比例有竞争力

对于淘宝客来说，高佣金才是硬道理，相同的推广成本，佣金越高，收益自然越好，因此淘宝客在挑选商品时往往会较多关注佣金比例，建议主推商品应当在低价的同时还要保持较高的佣金比例。在能承受范围内，要尽量让利给淘宝客，才能发动淘宝客无限的推广潜力。当然佣金比例并不是越高越好，而是适当地根据不同的推广阶段、不同的竞争情况，随时调整佣金策略。比如一款新上架的商品正处于推广期，同时作为吸引淘宝客的主推商品，在定制佣金比例时，需要考虑最大程度地让利淘宝客，以获得更多的推广，此时应适当提高佣金回报淘宝客；而处于成熟期的商品，可适当调低佣金比例，以保证足够的利润。

图 4-81

运营大师谈经验：淘宝、天猫站内免费推广技巧

除了付费的推广外，还可以利用淘宝帮派、网商联盟等进行免费的推广，下面将具体介绍。

1. 利用淘宝帮派推广

淘宝帮派是个完全自由自主的江湖，一群有着同样兴趣爱好的人一起分享生活中的喜怒哀乐、购物中的经验等，只要是淘宝的会员，你就可以拥有属于自己的帮派。在帮派内可以展现自己的店铺文化，可以让买家做购物分享，可以通过帮派招聘人才，更可以通过帮派发起活动，在帮派内与自己的买家进行有效的互动，以此圈住用户！

在淘宝帮派中发帖可以有机会免费获得广告位，利用这些广告位可以很轻松地促销自己的主打产品。这些广告位可以出现在置顶的帖子中，也可以出现在帮派的首页顶部。可以积极参加淘帮派活动，尤其是大帮派做的一些活动通常效果很好。当然也可以自己创建帮派来做活动。

2. 网商联盟共享店铺流量

淘宝商盟是由淘宝卖家申请、组盟、最终形成一批中小卖家自发组成的民间卖家联盟组织。在这个联盟里，商人们最看重的是诚信，加入商盟能提高顾客对店铺的信任，还能宣传店铺。如果商盟发展良好，这个商盟的知名度肯定会不错，这样作为商盟内部成员，你的店铺知名度也不会太差。商盟可起到免费宣传店铺的作用，商盟有专门的首页推荐位。加入商盟成为正式会员后，即可在首页上推荐你的宝贝，而商盟成员中也会加上你的店铺，这两者都可以直接或者间接地给店铺增加浏览量。另外，通过商盟不定期在淘宝网上举行的各类买卖活动，可以增加商品的成交率。淘宝商盟的许多活动都是以各个地区商盟的名义发起的，有的活动只有商盟的会员才可参加。

3. 去别人网店留言宣传

站在巨人肩膀上更容易成功，因此在一些流量大的店铺中进行宣传都会有不错的效果。可以选择一些浏览量大的店铺留言，但切记不能直接推荐自己的宝贝，可以先夸赞一下别人的宝贝，然后再切入正题，宣传自己的网店或商品。留言内容则要注意含蓄客气，比“俺小店也有新东西上架，欢迎来看看。”“我的小店最近也有很不错的活动哦。”

第5章

站外推广不可少，免费流量多又好

本章导读

除了淘宝站内的推广，站外推广也能为店铺带来极大的流量。那么，站外推广淘宝店铺有哪些方法呢？带着以上问题，我们进行本章内容的学习。

知识要点

通过本章内容的学习，大家能够学习到如何通过站外推广为店铺带来大量的流量。学完后需要掌握的相关技能知识如下。

- 社交工具推广
- 网站平台推广
- 其他推广方式

5.1 社交工具推广

社交工具具有交互性强、受众面广的特点，本节主要介绍使用QQ和微信两种社交工具进行网店推广的方法。

5.1.1 QQ推广

QQ是最常用的社交工具，QQ推广的方式多种多样，可以使用QQ签名推广、QQ邮箱推广、QQ群推广、QQ空间推广等，下面分别介绍。

1.QQ签名推广

对于卖家来说，QQ是一个很好的宣传途径，QQ上加了好多的同学朋友，在聊天的同时宣传一下网店，既增进了感情又宣传了网店，一举两得。可以将QQ签名设置为店铺地址，在和别人聊天时，QQ签名会一直显示，受到关注的机会非常大，图5-1所示为利用QQ签名推广店铺。

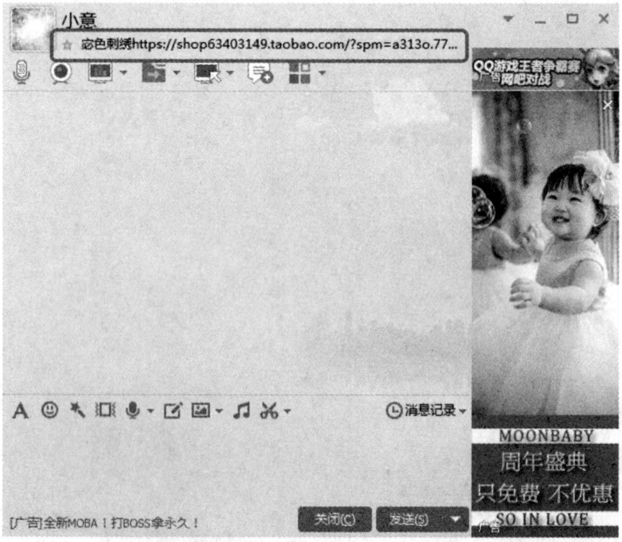

图 5-1

2.QQ 邮箱推广

在网络时代，大家都拥有自己的 QQ 邮箱，利用 QQ 邮箱推广也是准确而迅速的广告宣传手段。相比其他网络营销手法，如搜索引擎优化需要几个月，甚至几年的努力，才能充分发挥效果；博客营销更是需要时间，还要发布大量的文章，然而 QQ 邮箱营销的速度就非常快。只要有邮件数据库在手，发送邮件后很快就会看到效果。图 5-2 所示为利用 QQ 邮箱进行推广。

图 5-2

问：使用 QQ 邮箱进行推广有什么技巧呢？

答：QQ 邮箱推广也是有技巧可循的，如果盲目地发送电子邮件，用户会因收到大量带有营销目的的电子邮件而反感。因此，提高电子邮件营销的效果是至关重要的。下面介绍 QQ 邮箱推广的技巧。

① 不要频繁地发送邮件。天天发邮件，别人就会慢慢地习以为常，不会去查看邮件的内容。

② 要准确地选择客户群，如果对方对你的商品不感兴趣，那么你辛苦制作的电子报就会被当作垃圾邮件。

③ 电子邮件标题要能吸人眼球，引起共鸣。

④ 简洁明了、突出重点。许多客户在浏览营销邮件时都是一目十行，因此，你的邮件只有几秒钟时间来决定能否吸引他们的注意力。保持简洁明了、重点明确是一个有效的方法。一带而过，可立即拉近与客户的距离，而对客户来说过多的废话实在是多余。

⑤ 店铺标志。在每次发送营销邮件时，也要借机树立店铺的品牌形象。因而将店铺标志置入每封邮件中是一种有效的方法。最好是将标志固定在同一位置，可以是版面的顶部。

⑥ 运用不同颜色来强调重点。在决定使用哪种颜色时，应优先考虑使用基准色。持续使用一种基准色是突出店铺品牌形象的关键。运用不同颜色来高亮显示邮件正文中重要的内容，能帮助浏览者更轻松地抓住重点。

QQ 邮箱具有很强的定向性，可以针对特定的人群发送特定的邮件。首先根据需要将客户按行业或地域等类别进行分类。然后针对目标客户进行电子邮件群发，使宣传一步到位。

3. QQ 群推广

QQ 群是目前电脑端最主要的交流工具，很多网友都创建或者加入了不同类别的 QQ 群进行在线交流，卖家可以很轻松地找到自己产品所属的 QQ 群分类。需要注意的是，如果加群就直接发广告，十有八九会被群主踢掉，反而没有任何效果。最好的方法就是加群后先和群友交流，最好能和群主拉好关系，等到水到渠成的时候再进行推广。

4.QQ 空间推广

利用 QQ 空间提高流量，就是去别人的空间不断地留言，使访客都来到你的空间，在 QQ 空间里添加上店铺的广告信息。还有更简便的方法就是不断加 QQ 好友，然后时而在自己的空间里发布说说，对方就能看见你的广告，图 5-3 所示为 QQ 空间推广。

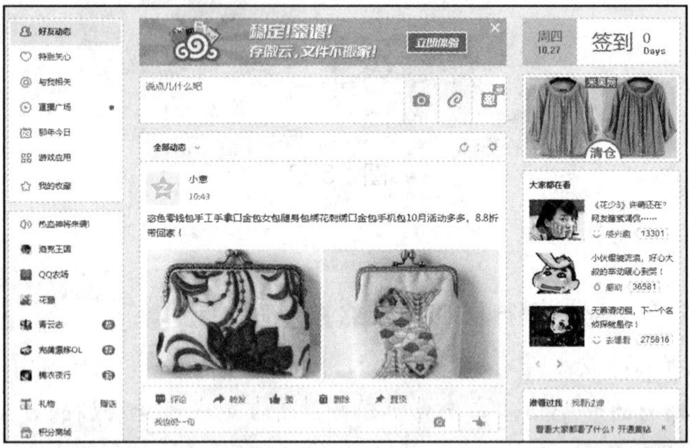

图 5-3

5.1.2 微信推广

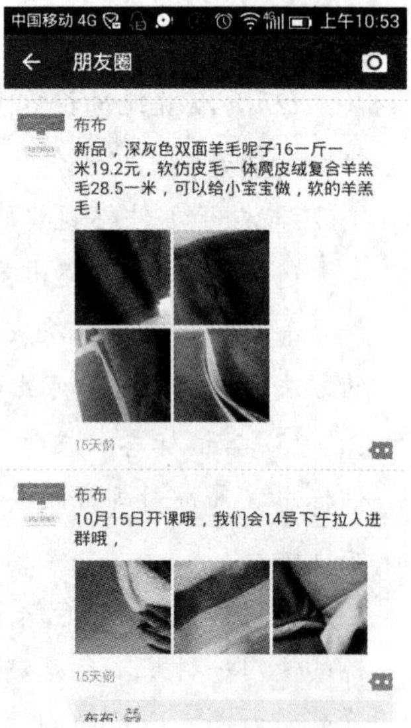

图 5-4

微信朋友圈相当于一个自己和好友的互动圈子，卖家可以利用朋友圈为宝贝做一些宣传推广，将宝贝信息发到朋友圈里，圈内的朋友既可查看到所发的图片及文字，还可对照片进行评论或点赞，如图 5-4 所示。

微信推广现在受到很多人的关注，进行微信推广有以下一些技巧可供参考。

① 微信互推。微信互推是最好最快的微信推广方法，如果帮助别人做推广，别人也会乐意帮你推广。

② 网站回帖。在热门网站回帖，可以将二维码做成签名图片，这样每一次评论都是在做宣传推广，而且不容易被删。

③ 进行线上、线下的活动推广。线上可以在微信里发起

活动，如介绍身边的朋友即可获得折扣、礼品等。线下也可以推出多种活动，如客人关注微信即可享受折扣。

④ 做好内容宣传。通常朋友会主动把好的内容分享到朋友圈，这样也能吸引更多的朋友关注。

5.2 网站平台推广

网站平台推广是一种非常有效的站外推广方式，本节将介绍百度推广、论坛推广、购物分享类网站推广等推广方式。

5.2.1 百度推广

百度是全球最大的中文搜索引擎，如果店铺能在百度中被搜索到，店铺的浏览量将会有很大的提升，因此，卖家可以在百度中使用多种方式推广自己的店铺。

1. 百度知道推广

利用“百度知道”进行店铺产品推广，是一种主动的营销方式，卖家可以在“百度知道”中搜寻与自己店铺产品相关的问题进行回答，搜索的内容一定要与我们所出售的商品相关。每次回答的内容不要一样，要换不同的说法，如果回答得好，很有可能被选择为最佳答案，被更多的人看到，因此要用心去回答。

比如我们卖刺绣女装，就在“百度知道”中搜索关键词“刺绣女装”，如图 5-5 所示。然后在搜索列表中单击链接查看相关内容，回答别人的问题，输入我们的产品信息。这样当对方登录百度以后，就能够得到他所需要的信息，从而有可能购买我们的商品。同时，有相同需求的人进入此页面，也能看到我们的回答，这样就能免费为我们的产品或店铺做广告。

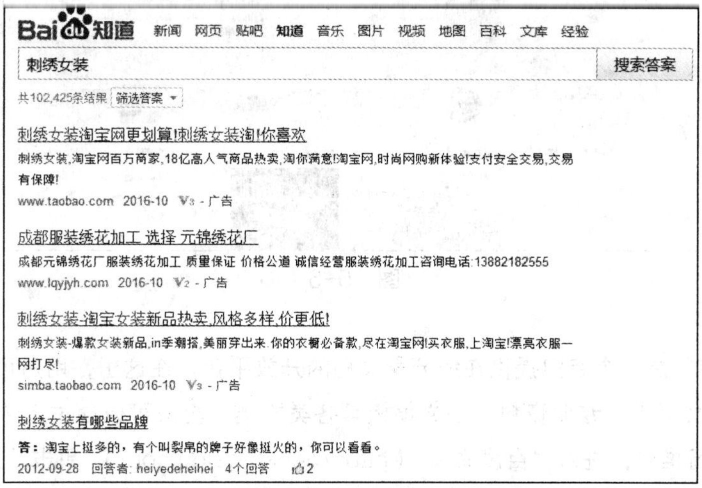

图 5-5

问：在“百度知道”回答问题时有什么需要注意的呢？

答：在“百度知道”回答问题时需要注意以下几个方面。

① 回答或提问最好加上关键词。

② 找评论多的问题进行回答，评论越多，排名会越靠前。

③ 不要每天集中在同一时间段回答问题。

④ 长期养高级别的账号，高级别的账号，比如“百度知道”一级账号可以带链接问答问题。如果是刚注册的新账号发链接，一般是不能通过审核的。

⑤ 同一个账号，一天内回答问题最好不要超过 5 个，保持好一定的比例。

⑥ 回答的内容越长越容易通过。

⑦ 多发内页外链，尽量不要发首页外链。这样不但可以有效规避风险，也对提高内页排名有很大的帮助。

2. 百度贴吧推广

“百度贴吧”是目前百度品牌里活跃度最高的地方，相对流量也是很多的。在百度中输入关键词，单击“进入贴吧”链接即可进入百度贴吧，如图 5-6 所示。在贴吧里积极发言才能提高等级，先不要做广告，等时间长了再做广告。

图 5-6

3. 百度文库推广

“百度文库”是一个专门提供在线分享文档的开放平台，在这里，用户可以在线阅读和下载课件、论文报告、专业资料、公文模板等各类文档。卖家可以通过上传与店铺或商品相关的文档进行推广，进入“百度文库”（http://wenku.baidu.com），单击“上传我的文档”按钮即可上传文档，如图 5-7 所示。

图 5-7

利用“百度文库”做推广，可以通过添加链接的方式，也可以在文档中插入图片广告，当然图片要与文章内容相关。此外还要考虑文档的格式，这与审核通过的概率相关，文档格式通过的概率从大到小依次为：PDF 格式 > WORD 格式 > PPT 格式 > TXT 格式。

5.2.2 论坛推广

利用论坛，通过文字、图片、视频等方式发布商品信息，从而让目标客户更加深刻地了解商品，最终达到宣传品牌、加深市场认知度的网络营销目的，这就是论坛推广。可以以论坛为载体进行各类推广活动，如好友私信、空间留言、发帖邀请好友参与、帖子加分、帖子点评、论坛活动等。

1. 热门论坛

论坛推广要在人气高的大论坛中进行，才会有好的收效，图 5-8 所示为人气非常高的新浪论坛，下面提供了一些热门论坛供大家参考。

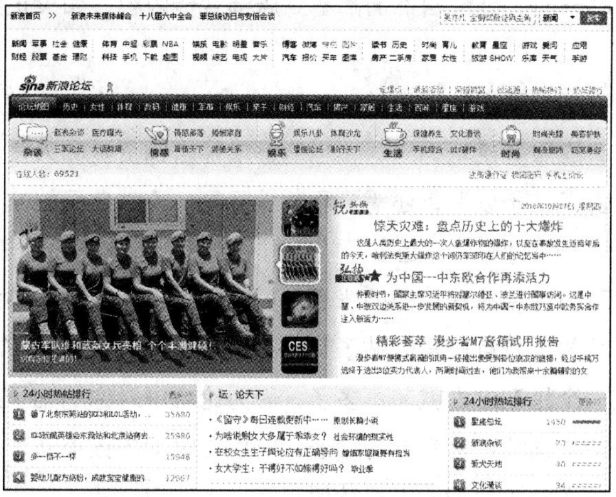

图 5-8

表 5-1

编号	名字	网址	简介
01	百度贴吧	http://tieba.baidu.com/	全球最大的中文社区，有非常高的活跃度。
02	新浪论坛	http://bbs.sina.com.cn/	新浪是中国四大综合门户网站之首，新浪博客里面有众多的名人博客，人气值很高。
03	搜狐社区	http://club.sohu.com/	四大门户网站之一。
04	网易论坛	http://bbs.163.com	最贴近网友的综合性中文论坛。
05	天涯论坛	http://bbs.tianya.cn/	内容涵盖各大板块，聚集众多高水平的写手。
06	腾讯论坛	http://bbs.qq.com/	综合性中文论坛。
07	TOM 论坛	http://bbs.tom.com/	TOM 网为用户 24 小时提供全面及时的中文资讯，内容覆盖国内外突发新闻事件、体坛赛事、娱乐时尚、实用信息等，设有新闻、体育、娱乐、汽车等多个内容频道。
08	猫扑	http://www.mop.com/	猫扑网是中国互联网流行文化发源地，以猫扑大杂烩、猫扑贴贴等互动产品为核心。猫扑网独特的文化气质吸引了大量锐意创新、乐观向上、具有时代代表性和生活主张的用户群体。

2. 论坛推广的技巧

论坛是目前网络中非常热门的交流平台，拥有大量的客户资源。作为卖家，可以在不同的论坛中发布一些宣传店铺的帖子。每个论坛中，一般都提供了多个版块，每个版块中又提供了各种各样的帖子，广大卖家在逛论坛时，可以先注册论坛会员，然后发布能对店铺起到宣传作用，同时又能吸引网友浏览的帖子。

在论坛中发布店铺宣传帖时，最好不要直接宣传，因为这类帖子在论坛中会被认为是广告帖，会很快被删除。而且多数网友在逛论坛时，也对广告比较反感，一般不会主动点击和浏览。那么，我们应当如何在论坛中发布宣传自己店铺的帖子呢？对于帖子的标题和内容，我们可以先找一些网友们感兴趣的话题，然后在内容中间或末尾加上宣传店铺的文字或图片，这样网友在浏览帖子时，就会自然而然看到店铺宣传内容，如果正好对商品感兴趣，那么就会去访问店铺。

最好能长期固定在某一两个论坛发帖，与帖友讨论，融入论坛，加入论坛大家庭。争取成为论坛管理志愿者，在服务论坛的同时，也能够增加店铺资金和人气。

需要注意的是，发了帖子以后，还需要不断地回复，不然自己的帖子就会沉下去了。可以用自己发帖的那个账号去回帖，但是多了就不行了，那么就还需要注册一两个备用的账号，专门用来回帖顶帖。可以先用这些备用的账号去顶帖子，再用发表主帖的账号去回复，时间需要有一定的间隔。那些上万点击量的帖子都是不断地被顶帖，不断地在首页显示才获得的。一般这样的顶帖持续一个星期左右就差不多了，因为论坛中对你的帖子感兴趣的人大部分都已经看过了，他们不会再继续重复看你的帖子。所以这时就应该重新发表另外一个类型的帖子，又吸引一批人，再次刺激他们的消费欲望。

还可以通过回复别人的帖子来获得流量。这种方法需要抢时间，尽量抢到第一、二的回帖位置，看到你回复的人才会越多。

3. 在论坛写出精华帖吸引人气

论坛是目前网络中非常热门的交流平台之一，绝大多数上网用户都会经常逛一些自己感兴趣的论坛，作为卖家，我们可以在不同的论坛中发布一些宣传店铺的帖子，但关键是要写出好帖子。

写出万人瞩目的精华帖需要注意几个方面：标题要新颖、发帖质量要有保证、发帖的内容要精、帖子内容排版要合理并整洁、图文并茂、选择合适的版块发帖、要有原创性、广告以植入式软广告最佳、要熟悉论坛规则等。

大家在浏览论坛的时候都是根据标题来选择是否打开阅读，所以帖子的标题是非常关键的因素，一个相当有诱惑力的标题，会使你的推广工作事半功倍。图 5-9 所示为天涯论坛创业家园版块论坛精华帖的标题。

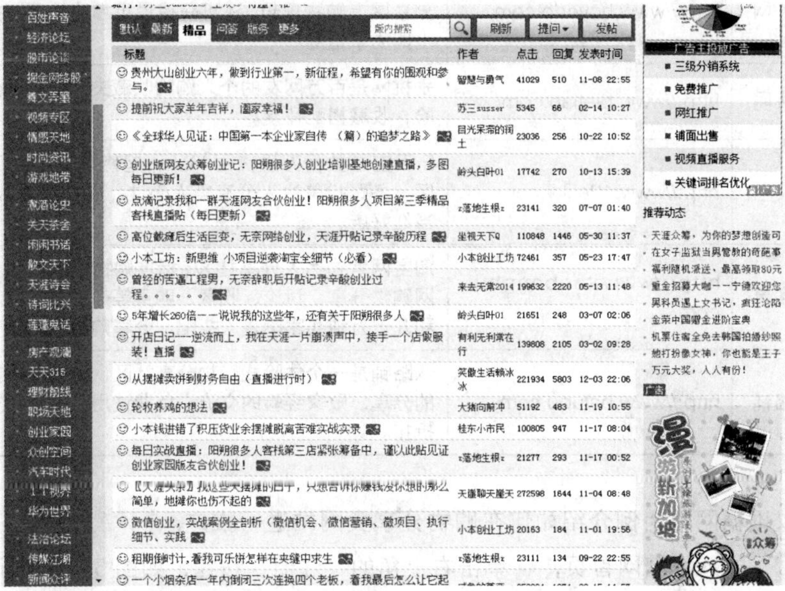

图 5-9

5.2.3 购物分享类网站推广

现在流量成本越来越高，导致推广的费用也越来越高，很多店主会选择一些做得好的分享网站进行推广，通过社会化分享网站中推广自己的品牌和店铺，能很大限度地消除顾客的顾虑。在购物分享社区类网站，有上百万网购达人都有分享自己的淘宝购物经验、修炼美丽心经。在购物社区里分享的东西一般都是链接到淘宝、拍拍等购物网站，同时还包括很多达人的推荐和评论。

表 5-2 购物分享网站大全

编号	名字	网址	简介
01	蘑菇街	http://www.mogujie.com	蘑菇街，最大的 Shopping Girls 购物分享社区，百万网友一起发现时尚，分享购物乐趣。在这里可以找到网友分享的最佳网购单品和最靠谱的网店。
02	美丽说	http://www.meilishuo.com/	美丽说是国内最大的女性快时尚电子商务平台，致力于为年轻时尚爱美的女性用户提供最流行的时尚购物体验。
03	堆糖	http://www.duitang.com/	在堆糖可以分享美好的物品，展示所爱，分享生活。
04	8090 铺	http：//www.8090pu.com	8090 铺是国内领先的网购优惠分享社区网站，不仅可以与百万 8090 时尚网购达人分享网上购物乐趣，还可获得最可靠的优惠打折信息，网上购物拿返利。
05	豆蔻街	http：//www.dokojie.com	在豆蔻街，可以分享购物乐趣。不仅可以拥有大量时尚、网购高手的朋友，还能欣赏到千姿百态的时尚和美。
06	寻购网	http://www.hoyodo.com	寻购网是中国领先的网上购物优惠社区，可以与百万网友分享网上购物乐趣，还可获得最可靠的优惠打折信息，网上购物拿返利。
07	别挑网	http://www.bietiao.com/	别挑网是百万网友的个人购物收藏夹，在这里分享购物经验、收藏搭配秘笈。
08	E 天空	http://www.12esky.com	E 天空是数百万爱美丽 MM 一起修炼变美的购物分享社区。各路扮美达人分享美人心计、购物经验、搭配秘笈、当红好店。
09	淘帮惠	http://www.taobanghui.com	淘宝网购物达人分享社区，标准购物分享网站。提供淘宝网购物分享、讨论、收藏、购买等一系列服务。并且可以和几十万纯买家晒真人搭配、分享购物经验。
10	八路铺	http://www.balupu.com	八路铺是一个体验式购物分享社区，为淘友提供购物信息的分享、败家经验的交流、免费试用、有奖征文、淘宝淘折扣。

下面以堆糖网站为例介绍如何在购物分享类网站进行推广。

第 1 步 进入堆糖网首页，❶ 单击右上角的“注册”按钮，如图 5-10 所示。选择要注册的方式，以 QQ 为例，❷ 单击“使用 QQ 账号注册”按钮，如图 5-11 所示。

图 5-10

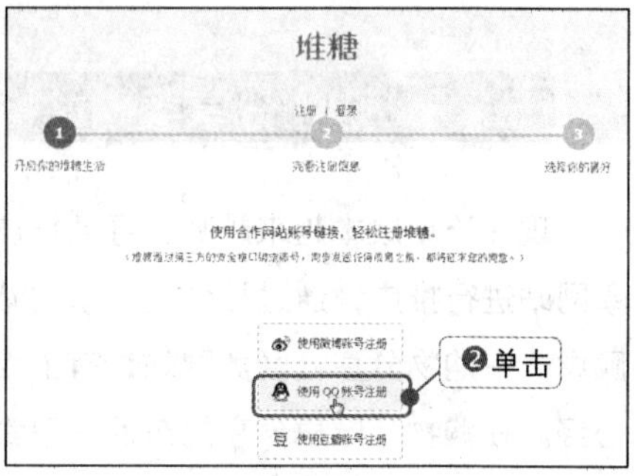

图 5-11

第 2 步 ❶ 输入注册信息，❷ 完成后单击“完成”按钮，如图 5-12 所示，注册成功后会出现图 5-13 所示的页面。

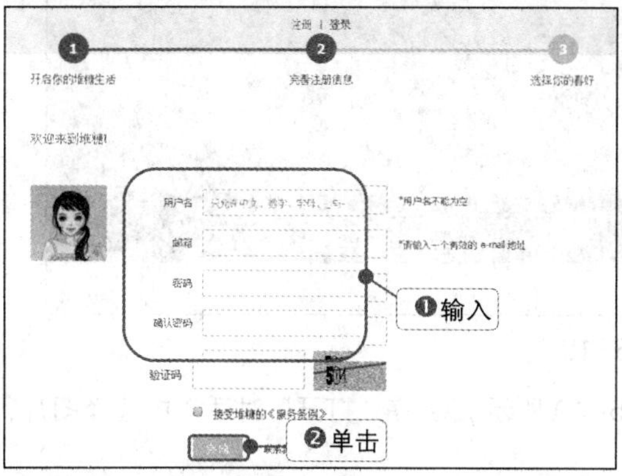

图 5-12

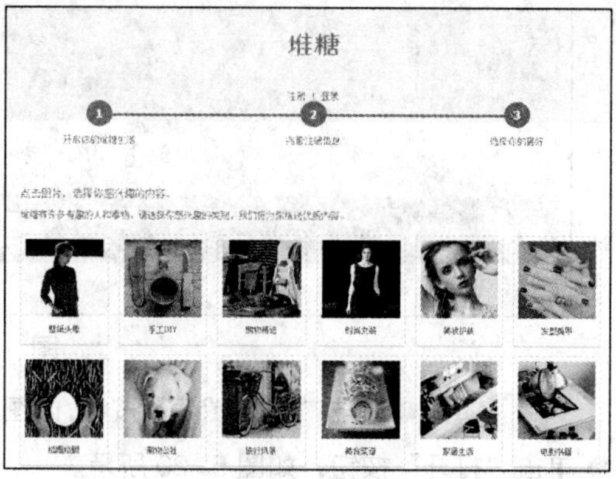

图 5-13

第 3 步 ❶ 将光标移至首页右上角的“我的堆糖”链接，在弹出的快捷菜单中单击“个人主页”链接，如图 5-14 所示。❷ 在“创建专辑”区域中单击，如图 5-15 所示。

图 5-14

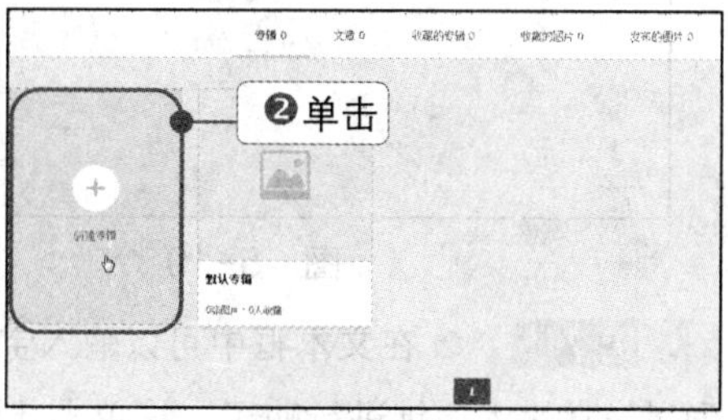

图 5-15

第 4 步 ❶ 输入专辑名与描述，❷ 单击标签“手工”，单击的标签会出现在“标签”文本框中，❸ 完成后单击“创建”按钮，如图 5-16 所示。❹ 在刚创建的专辑区域单击，如图 5-17 所示。

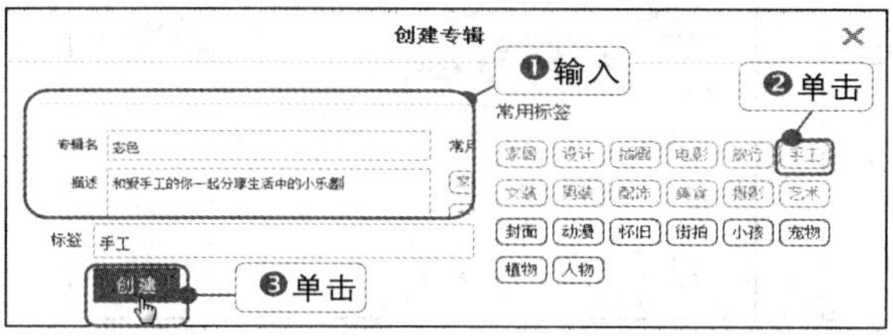

图 5-16

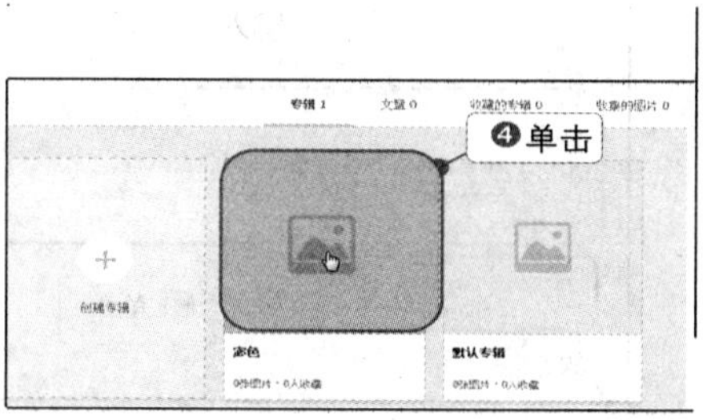

图 5-17

第 5 步 在打开的专辑编辑区域单击“发布”按钮，如图 5-18 所示。

图 5-18

第 6 步 ❶ 单击“上传图片”按钮，如图 5-19 所示。❷ 在“打开”对话框中选择图片，❸ 单击“打开”按钮，如图 5-20 所示。

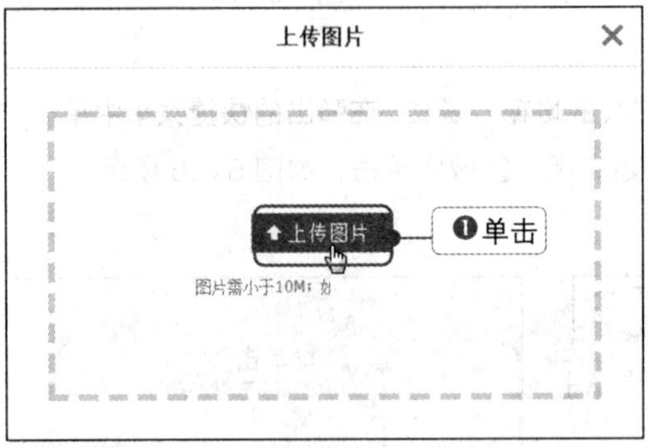

图 5-19

图 5-20

第 7 步 ❶ 在文本框中可以输入宝贝图片的名称及淘宝店铺中的链接，以便别人可以通过链接进入店铺进行购买，❷ 单击“添加适合的标签、方便大家找到”按钮，如图 5-21 所示。❸ 单击所要选择的标签，❹ 完成后单击“发布”按钮，如图 5-22 所示。

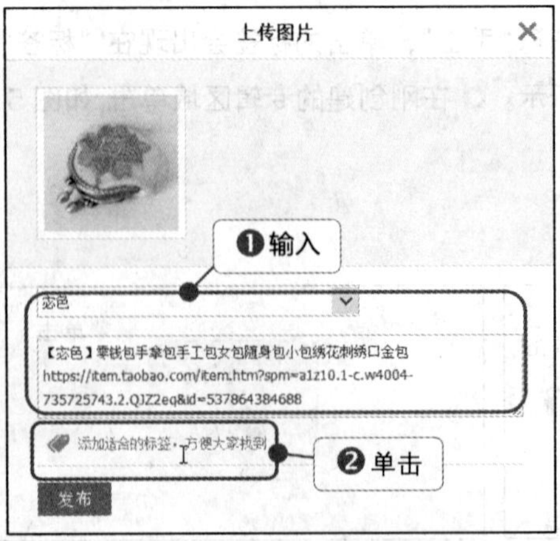

图 5-21

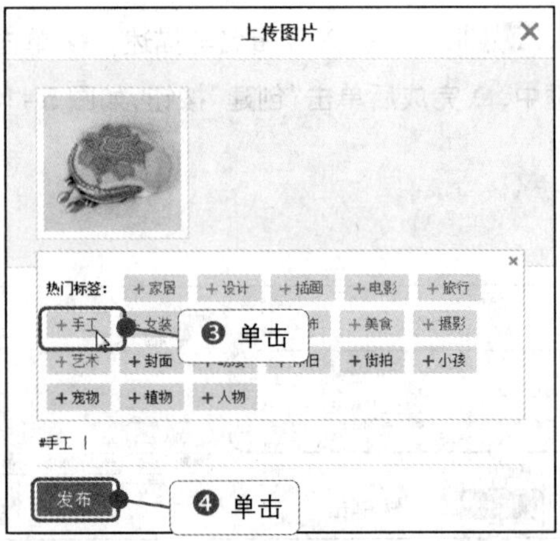

图 5-22

第 8 步 上传图片成功后会出现图 5-23 所示的页面，若要继续上传图片，可单击“继续上传”按钮。

图　5-23

5.3　其他推广方式

除了社交工具、网络平台推广以外，还可以进行博客、微博、视频、网红、网络广告等推广，本节将具体介绍这些推广方式。

5.3.1　博客推广

博客推广是最常用，且行之有效的一种推广方法。要进行推广，一定要找人气旺的平台，如新浪、搜狐、网易等，图 5-24 所示为新浪博客。用博客来推广店铺首要条件是具有良好的写作能力。

图　5-24

1. 博客营销的优势

博客营销有影响力大、互动营销、培育忠实用户、口碑营销、拉近客户等优势，下面具体介绍。

（1）影响力大

随着“戴尔笔记本”等博客门事件的陆续发生，证实了博客为高端人群所形成的评论意见影响面和影响力度越来越大，博客渐渐成为了网民们的“意见领袖”，引导着网民们的舆论潮流，他们所发表的评价和意见会在极短时间内在互联网上迅速传播开来，利用博客的这一优势对店铺进行推广，会对店铺品牌树立创造极好的条件。

（2）互动营销

博客内容发布在博客托管网站上，如新浪、百度空间、腾讯QQ空间、搜狐、网易等。这些博客平台往往拥有庞大且忠实的用户群体，用户可以自由互访，还可以通过其他好友的链接来到陌生人的博客里分享博客作者的思想，并且可以将文章进行转载、留言、评论，实现博客作者之间的互动交流。特别是有价值的博文会吸引大量潜在用户浏览，从而达到向潜在用户传递营销信息的目的。

（3）培育忠实用户

博客营销会大量增加产品说明的链接数量，新增搜索引擎信息收录量，并直接带来潜在用户的可能性迅速增大，方便以更低的成本对用户进行行为研究，让营销人员从被动的媒体依赖转向自主发布信息，使传播在相当长的时间里得以继续不间断延展，而不仅仅局限于当期的宣传活动。

（4）口碑营销

潜在顾客受到文章观点的影响后，会跟家人、朋友、合作伙伴等谈论沟通，会潜移默化地介绍影响他的店铺，这就是广告，而且广告成本比其他媒体成本要低得多。不但为店铺降低了成本，还增加了销售量与利润率。

（5）拉近客户

博客营销可以用文字、图片、视频来为店铺做广告。不但内容精彩绝伦，而且形象生动，其近距离的沟通，让潜在顾客更加喜爱与欢迎，增加了亲密感与亲近感。

2. 博客文章写作技巧

通常好的博客文章能够吸引大量的读者，所以写好博客文章非常重要，那么写好博客文章有哪些技巧呢？

（1）多用口语化的写作手法来写

博客写得太生硬，大家看起来会很累，所以写的时候，最好能用口语化的方式，这样会让读者感觉很贴近，就像在与作者直面交流一样，读起来也会很轻松。

（2）博客内容的排版

一篇文章，内容再好，如果版面无比糟糕，相信也不会有多少人耐心阅读。所以写博客一定要善于利用段落和空格。每一段的行数不宜过长，让读者的眼睛有一个休息停顿的时间，整洁的版面也会让用户感觉到舒服，带着愉悦的心情去阅读，有了愉悦的心情，成交率自然就增大了。

（3）标题的写作技巧

网络阅读很大的一个特征，就是标题式阅读。很大一部分读者，尤其是新网民，他们很可能只是先看下你的标题，然后再决定是否看内容。可想而知，一个好的标题，能够给你带来多少的流量。

（4）用心写博客

所写的内容、所写的主题都应该是你所擅长的，而且写出来的内容都应该言之有物。更新博客时间，更新文章的数量，都应该有规律可依，让读者从不习惯到习惯，从习惯到依赖。

（5）注明可转载

博客文章结尾处要写版权所有，欢迎大家转载，转载请注明作者和出处。很多网友看了你的文章觉得很好，想转载，可又担心版权的问题。如果文章结尾处有这样一句话，就会提醒你的读者帮你转载文章，让更多的人看到，这一点是非常重要的。

3. 博客推广的秘诀

博客营销以博客文章为主要传播手段，下面介绍博客推广的一些技巧。

① 用博客推广内容是关键，如果博客内容不讨人喜欢，就吸引不了购物者的目光，建议经常更新、多写原创，或转载一些有较高人气的文章，让博客更具吸引力，更具黏度。

② 与一些博客网站交换友情链接，相互提高访问量。

③ 多访问别人的博客，发表对博客日志的意见想法，同时留下自己的地址以便对方的拜访，你支持别人，别人也会对你投来关注的目光，而且当别人博客被访问时，访客看到你的留言，同时可能也会点击你的博客。

④ 发表优秀软文，把你优秀的文章转载到其他一些综合博客与行业网站，留下你的版权网址，让更多的人看到，好的文章大家都喜欢，如果你的博文更好，别人会把你的文章转载到更多网站，同样帮你宣传，提高你博客的访问量。

⑤ 到人气旺的博客社区进行推广，吸引更多网友去点击。

5.3.2 微博推广

使用微博作为推广平台，每一个粉丝都是潜在营销对象，卖家可以通过更新自己微博向网友传播店铺与产品信息，或者与好友交流一些大家都感兴趣的问题，以此达到营销目的。比较知名的微博有很多，如新浪、搜狐、腾讯等，选择一个好的微博平台也是很重要的，用户多的微博平台给你带来的流量就会更高，图 5-25 所示为新浪微博。

图 5-25

使用微博推广不能盲目，有以下技巧可以参考。

1. 巧妙地使用微博的基本设置

对于头像、昵称等基本信息，最好用真实的资料，能增强信任感，提高被关注的概率，吸引更多的粉丝。标签可以设置为与推广内容相关的内容，这样微博会推荐有共同标签或共同兴趣的人加关注。标签尽可能多设置一些，这样被搜索到的概率就更大。

2. 发布微博内容的技巧

微博内容要符合大众喜好，引起较高的关注度，将推广与热门话题巧妙地结合，引起人们的注意，从而达到推广的目的。在新发微博的时候不要急着推广，要等到关注的人多了之后再进行推广，这样转载和评论的粉丝才会更多。

3. 微博的数量在精不在多

一个人精力是有限的，杂乱无章的内容只会浪费时间和精力，也不能引起别人的关注，所以要做精，出精品才会取得好的效果。

4. 要控制推广数量

微博不是单纯的广告平台，微博的意义在于信息分享。要注意话题的营养、趣味等。凡事都要有个度，广告内容的发布不能太频繁，也不能连续发布，若经常发布大量的广告，只会让关注度下降，甚至取消关注，得不偿失。

5. 开展活动

可以开展有奖转发、有奖关注等活动，让更多的人转发和关注，从而达到推广的目的。

6. 提升微博的活跃度

主动寻找一些微博用户收听，你收听别人的，别人一般也会回听你的。转发和评论别人的微博，别人也会来回复你，互动多了微博的活跃度也就高了。多加入一些微博群，它也是一个能让你展示自己的渠道，微博群有各种各样的人，总会有人对你的发布感兴趣。

5.3.3 视频推广

视频推广能够更精确地找到潜在消费者，本节将介绍视频推广的形式、视频推广的优缺点以及如何进行视频推广。

1. 视频推广的形式

视频推广的形式有广告视频和充当载体的视频两种形式。

（1）广告视频

使用单纯的广告视频来进行产品的推广，需要广告的制作非常有创意，但是推广后很难被转载流传。

（2）充当载体的视频

将一段视频作为载体，在视频中适当地添加推广信息，通过视频本身的创新立意来吸引观众的眼球，达到转载的目的，称之为病毒营销视频。这是一种一劳永逸的方法，其推广的效果也是非常明显的。

2. 视频推广的优缺点

广告视频和病毒营销视频的优缺点各不相同。

① 广告视频能够精确地找到企业想找的潜在消费群体，虽然广告视频没有病毒营销视频点击量大，但是其创造的价值更大，因为其面向的是精准客户，能够带给企业可见的利润。如逻辑思维视频会在视频中直接插入广告，推广自己的微信账号。这种推广方法转化的粉丝非常精准，比较容易产生价值。

② 病毒营销视频的优点在于广泛的点击量及转载量，其给企业带来的利润可能并不那么直接，但是其创造的品牌效应是巨大的。这种推广方式形式较为隐蔽，可以避开视频网站的审核，但转化率较低。

3. 如何进行视频推广

进行视频推广的方法有以下几点。

① 视频的推广可以通过标题和描述的设置获得好排名，让标题足够吸引人，这样才能够让更多的人观看和转载。

② 选择高人气的视频平台，如腾讯、搜狐、百度影音、PPS、PPTV、56、酷6、网易、优酷、土豆、爱奇艺等，这些网站都可以上传自制的视频，图5-26所示为优酷视频。上传视频，也就是加载的过程中，填写视频介绍时要加入重要的关键词，因为用户搜索的结果来源于输入的关键词。

③ 想要推广视频，除了把视频放到相应的视频网站，还可以把视频放到论坛、博客和微博等处。

图 5-26

5.3.4　网红推广

随着电商的迅猛发展，“网红”一词突然爆发出来，出现了“雪梨”“papi 酱”等熟悉的名字，他们凭借其强大的吸金能力受到众多网友的追捧，通过网红的影响力带动了品牌的传播及产品的销售。网红店铺的销量不亚于知名品牌，目前淘宝平台上销量前十的女装店铺中，一半以上都是网红店铺，图 5-27 所示为一家两金冠的网红淘宝店铺。

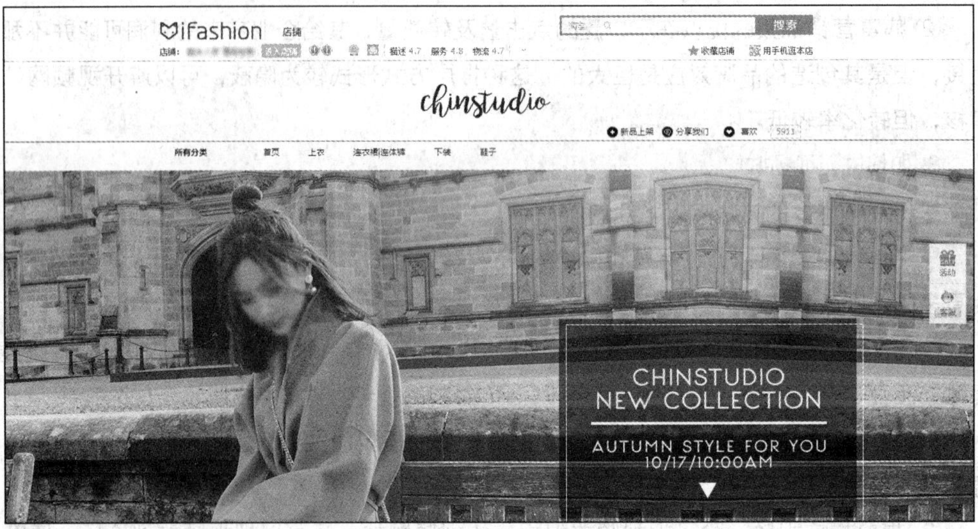

图　5-27

1. 如何寻找网红合作

① 在微博寻找网红，给他们留言，介绍合作的产品，表达合作的意图，获得回应后，再与他们详谈合作的事宜。

② 寻找能够提供网红资源的媒体公司，让其推荐适合的、形象正面、负责任的网红。

③ 在微淘寻找网红，微淘网红有着庞大的粉丝群体，他们所发布的微淘会直接进入微淘的精选或者红人区，微淘网红都有自己专攻的类目，可以寻找一些与自己行业相符的红人，通过私信联系他们。

2. 网红推广需要注意的几个事项

寻找网红推广，一定要注意以下几个非常重要的事项。

① 不要找负面形象的网红推广，负面网红虽然关注度很高，但却不能带来与其关注度成正比的经济价值，反而会损害店铺的形象，所以一定要找形象正面的网红帮助推广。

② 网红的类型千姿百态，除了貌美肤白的妙龄少女，还有像罗胖一样极具亲和力的大叔型。寻找的网红类型，要与行业特性相符，才能最大限度地发挥网红的价值。

③ 在与网红的合作过程中，对于经济利益的分配需要提前做好规划，从而保证在合作过程中没有分歧，达成一个长期有效的合作模式。

5.3.5 网络广告推广

网络广告就是在网络上做的广告。通过网络广告投放平台来发布广告横幅、文本链接、多媒体的方法，是在互联网刊登或发布广告并传递给互联网用户的一种高科技广告运作方式。网络广告并不仅仅限于放置在网页上的各种规格的 banner 广告，如电子邮件广告、搜索引擎关键词广告、搜索固定排名等都可以理解为网络广告的表现形式。图 5-28 所示为网络广告。

图 5-28

1. 网络广告的优势

为什么网络广告这么受人青睐呢？网络广告的优势有哪些呢？下面来介绍一下。

① 不受时间限制，广告效果持久。通过国际互联网络，网络广告可以将广告信息 24 小时不间断地传播到世界的每一个角落，这是传统媒体无法达到的。

② 网络广告的方式灵活，互动性强。网络广告是图、文、声、动画相结合的广告形式，将大大增强广告的实效。

③ 广告针对性强。可以根据用户特点做定点投放和跟踪分析，并对广告效果做出客观准确的评价。

④ 具有交互性。交互性是互联网络媒体的最大的优势，它不同于传统媒体的信息单向传播，而是信息互动传播。通过链接，用户只需简单地点击鼠标，就可以从店铺的相关站点中得到更多、更详尽的信息。

⑤ 成本低，速度快，更改灵活。网络广告制作周期短，不过就算是在较短的周期进行投放，

也可以根据客户的需求很快完成制作。另外在传统媒体上做广告发布后通常很难更改，即使可以改动，往往也需付出很大的代价。而在互联网上做广告能够按照客户需要及时变更广告内容，这样，经营决策的变化就能及时实施和推广。

⑥ 可以准确地统计受众数量。网络广告通过及时和精确的统计机制，能够直接对广告的发布进行在线监控，而传统的广告形式很难统计投放的受众数量。

2. 如何提高网络广告效果

如何达到广而告之，如何使自己的网络广告让更多的人了解到，需要注意以下事项。

① 精准投放广告目标群体

广告的投放要有的放矢，只有把广告投放到形式相近的网站，投放到对广告内容感兴趣的群体，才能真正地使广告达到效果。

② 选择高价值的网络广告投放平台

是否能获得有效的点击，取决于网络广告投放的平台。在不考虑广告投放的金额的情况下，不仅要在产品相关的平台上投放，更要在访问量大、人气高的网站投放。只有这样才能实现网络广告投放的真正价值，为网店带来点击率和潜在的目标客户，最终为店铺带来盈利。

③ 正确把握网络广告的吸引点

网络广告的第一个目的是吸引网民的关注和点击，而要做到好的广告不仅要有创新，更要抓住广告的吸引点，如一个能引起共鸣的关键词或者能给读者带来利益的广告语都可以达到一定的效果，所以在制作网络广告时，一定要仔细斟酌。

5.3.6 传统网下推广

现如今，网络推广店铺的成本越来越高，那么，是否可以反其道而行之，在网下推广网上店铺呢？下面介绍几种常见的利用传统的媒介推广淘宝店铺的方法。

1. 传统的传单派发

传单的印刷成本非常低，加胶印制得比较精美的彩色传单也才0.2元左右一张。对于那些没有多少钱做广告的小卖家来讲，传单广告是最佳的选择。许多成功人士在创业之初就靠传单掘得第一桶金，传单不仅成本低且覆盖面广。比如，在大型商场门口派发，基本可以达到覆盖商场的全部区域；如果传单随报纸夹送，覆盖面则更广。

传单广告最大的一个优点是派发简单易行，发单人员只要拎一袋传单就可以随时随地派发了，只是简单的体力劳动也无须派发人员具备什么高深的知识和技能。

2. 向主流的杂志媒体投稿

向传统媒体杂志投稿，文采不一定要很好，只要能通顺地说清楚一件事情。比如，可以写自己刚开始不太懂网络知识，经过学习和实践，把商店开在网上的整个过程。在末尾顺便提下自己网店的地址，或者干脆把自己店铺作为案例写在文章里，这样你不但可以得到稿费，还可以让更多的人知道你的网店。

运营大师谈经验：网络直播推广的应用与技巧

有人是这样形容直播的：前一秒你还不知网络直播什么，而后一秒你的手机里已经下载了各种直播 APP；前一秒你还不知网红为啥这么火爆，后一秒全民都在直播。这段话生动地描述了网络直播的火爆。相比传统的电商，直播的形式超越了图片和文字，有更加生动的传播效果，在电商直播的平台中，互动性是吸引粉丝的关键。直播除了打赏功能以外，屏幕上有随手可以点击的优惠券、红包等功能，甚至商品的导购链接都能够实现用户边看边买、边玩边买的体验。

来看一个电商直播的成功案例。小米董事长雷军通过十几家视频网站和直播 APP 发布了小米的新款无人机产品，根据小米直播的数据显示，19:30 开始的直播发布会，一小时后，平台中在线人数突破了 40 万，在发布会结束的时候，同时在线的人数已经接近了 60 万，而这仅仅是小米直播一款 APP 的数据。

在淘宝直播上给商品做直播推广，不仅迎合了目前年轻人的社交潮流，还将淘宝店铺的商品推广了出去。那么，如何进入淘宝直播呢？

打开手机淘宝客户端，在下方找到淘宝直播，点击“淘宝直播”链接，如图 5-29 所示。即可进入淘宝直播，如图 5-30 所示。

图　5-29

图　5-30

第6章

打造爆款，网店引流的“必杀器”

本章导读

爆款是一个店铺的生存之本，店铺的大多数流量都是爆款带来的。那么，打造爆款有哪些方法呢？带着以上问题，我们进行本章内容的学习。

知识要点

通过本章内容的学习，大家能够学习到如何打造爆款，以及通过爆款为店铺带来更多的流量。学完后需要掌握的相关技能知识如下。

- 爆款产品内功
- 爆款基本功
- 爆款流量武器
- 爆款转化全店盈利
- 应对差评，不要让差评毁了爆款

6.1 打造爆款产品必备内功

打造爆款的前提是你必须先要有产品。淘宝的产品不仅仅指传统意义上的实物产品，因为淘宝上架的仅仅是产品的图片。要打造一个爆款产品，你必须要从选款、拍摄、详情包装等产品内功做起。

6.1.1 爆款产品之选款

选款是针对实物产品的，如果实物产品不靠谱，就算你的包装能力鬼斧神工也无济于事。因为产品一到顾客手上，你就会得到“实物与描述不符”的评价，直接拉低 DSR 评分，你的产品权重直线下跌，还何谈爆款?

1. 产品质量过关经得起大众的考验

毋庸置疑，好的产品才会引起大家的共同购买欲望，因此选择爆款商品的第一步就是严把质量关，只有好的产品才能有好的口碑，只有好的口碑评价，才能进而促进商品的火爆销售。反之，就不是在打造爆款而是在毁坏店铺声誉。

2. 保证足够利润

因为爆款商品在前期存在相应的资金投入，所以爆款商品也需要有足够的利润。同时，有了足够的利润，就可以使产品价格有一定的弹性，这能保障卖家把控市场。再说没有足够利润的商品也没有必要打造成爆品。

3. 产品库存充足供货无忧

产品要有足够的库存量，库存的丰富包含数量、品种、颜色等，保证能够及时地接单发货，并到达客户手中才能产生良好的用户体验。

4. 产品季节性需求的考量

要根据季节，提前预热，“冬天卖春装，夏天卖秋装”做好爆款的准备。

5. 产品“热卖点”考量

商品凭什么热卖? 顾客为什么选你家产品? 这个就是我们要考虑的产品热销点了，就是所谓的产品卖点。要从以下几点来考量：①款式是否新颖独特? ②产品的性价比如何? ③产品有附加的增值服务吗？④商品描述和店铺装修怎么样？⑤客服质量及售后服务水平如何？

6. 切忌爆款跟风

不要看着别人哪款卖得好，或者已经是爆款了，自己就跟着去卖哪款！其实这样是非常错误的！别人已经把市场都打开了，你再去卖就没有多少机会了！

7. 数据做支撑

爆款产品的选款除了产品本身的特性，还需要根据市场数据来判断。大卖家可以通过生意参谋的市场行情专业版工具来做深度分析，小卖家可以通过阿里指数来分析行业大数据趋势，通过生意参谋的市场行情标准版来分析。

比如男装类目下的“T恤”类目，你可以选择符合你产品的属性进行市场数据的分析，这样基本可以选出合适的潜力爆款款式，如图6–1所示。当然，如果你是大卖家，还需要对品牌等维度进行深度分析，在此不赘述。

图 6–1

6.1.2 爆款产品之拍照

产品拍照的过程犹如工厂生产中从模具到产品下线的过程，整个过程直接决定你的产品质量。爆款拍照要从以下几个方面注意。

1. 图片清晰

图片清晰是最基本的要求，如果拍摄图片不清晰，则后期无法处理。不清晰的图片，没有人愿意看的，直接影响页面停留时间和转化，甚至推广点击。

2. 构图美观

产品拍摄过程，一定要根据产品本身来合理构图，请把握构图的黄金三角原则。

3. 实物拍摄

必须是实物拍摄，从网上Down图的方式不可取。

4. 真人模特拍摄

如果你是服饰等类目，为了更好地展示产品，请尽量进行真人模特的拍摄，并且根据产品搭配，选择合适的场景来拍摄。

5. 场景拍摄

在互联网思维影响下，“场景销售”概念日益普及，所谓场景销售就是你的产品适合什么样的消费者在什么样的环境下使用。在拍摄过程中请尽量展示出你产品适合的使用场景。

6. 细节不可忽略

对产品的各种细节进行拍摄，能全方位地体现产品的质地、质量，最大程度地获取消费者的信任。

6.1.3 爆款产品之详情

产品详情页在淘宝中的作用等同于产品的包装及说明书，负责吸引消费者并让消费对产品产生兴趣。出于对产品搜索权重的维持，产品一旦上架详情页最好别改动，只能进行小范围的优化。因此，你必须在产品上架前就完成爆款详情页的打造。爆款详情页打造可从以下几个方面入手。

1. 把握产品详情描述的两个基本点

① 把客户当成非专业人士、提炼产品价值点。详情描述文案要通俗易懂，专业的术语用形象的例证或图片视频来表述，以使非专业人员能一眼看懂。

② 同时，要明确地告知消费者你产品的核心价值是什么，以说服消费者为你的产品价值买单。

2. 把握产品详情描述的 4 个注意点

① 把握消费者的 3 秒钟注意力。通过研究，消费者对一款产品的兴趣会在 3 秒钟内做出反应。可见消费者接触到产品时的前 3 秒的重要性。要把握住这 3 秒钟，你需要注意超强诱惑力文案及精准设计基调，如图 6-2 所示。

图 6-2

② 重要的前 3 屏。消费者的耐心是有限的，通过研究发现，如果详情页的前 3 屏（鼠标滚轮滚动 3 次）内容没有打动消费者，那么消费者将放弃继续浏览。所以，在详情页的前 3 屏你需要着重体现如下信息。

- 产品核心卖点；
- 促销活动信息；
- 产品特点展示；
- 产品功效展示；
- 产品评价例证（这个可以后期优化加入）。

具体举例分析如下。

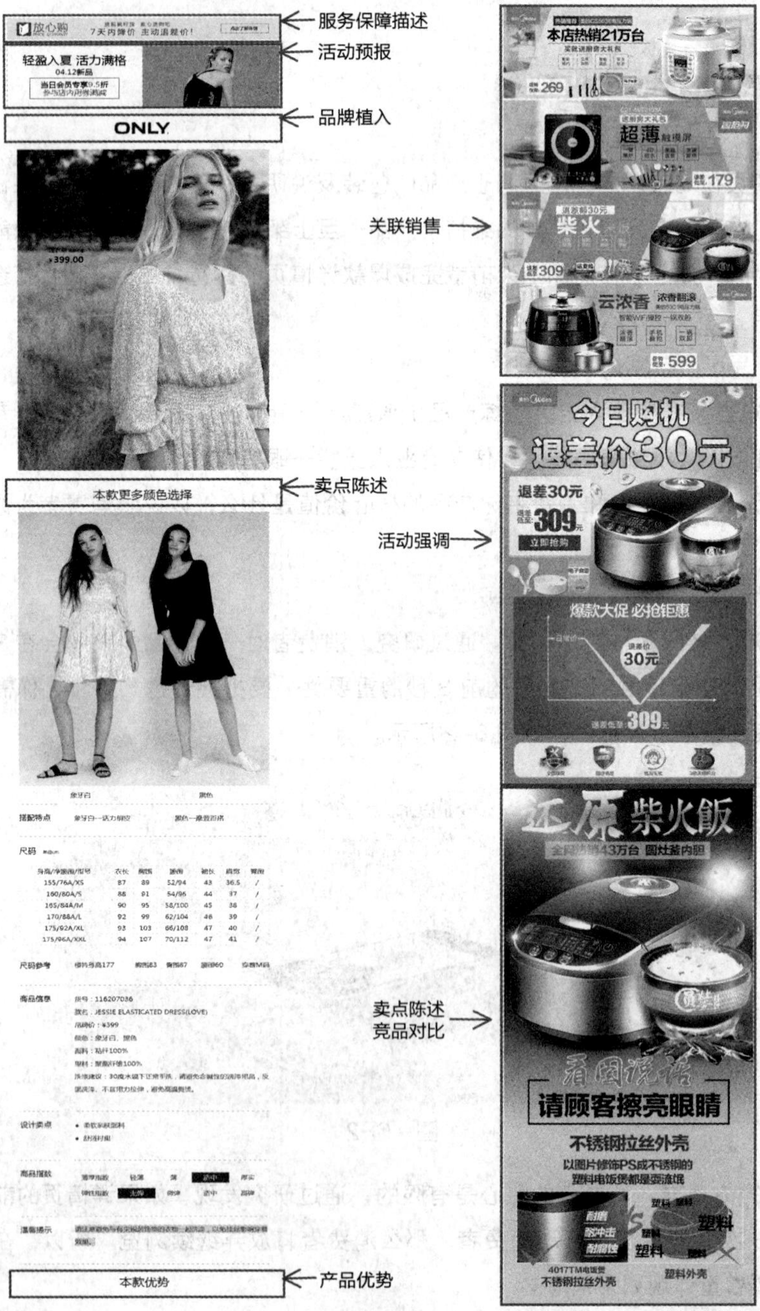

③ 情感营销植入。所谓情感营销是指从消费者情感出发，营造出能引起消费者情感共鸣的营销方式。情感营销可以增强消费者的信任，促进商品转化，如图 6-3 所示。

图 6-3

④ FAB 利益排序。注意产品的属性、功效，优点、优势，客户利益与价值的描述，关注消费者购买的利益诉求点，整理你推销产品的逻辑性思维，如图 6-4 所示。

图 6-4

6.2 打造爆款产品的基本功

产品准备好后，你要做的就是尽快将产品上架，毕竟时间就是商机，就是金钱。这里开始打造爆款的基本工作，也是最重要的工作。

6.2.1 爆款基本功之标题设置

淘宝产品标题优化与百度优化是有区别的，百度关键词优化主要是为了获取流量，而淘宝产品关键词优化最终是为了获得客户，即找到需要你产品的人。淘宝关键词的基本设定不在这里讨论，下面仅讨论标题设置的关键点。

爆款产品标题设置技巧要注意“搜索关键词”和“成交关键词”的把握。搜索关键词是搜索关键词点击产品的词，成交关键词是搜索关键词点击产品并最终成交的词。显而易见，你的标题中要兼顾搜索关键词和成交关键词。上架初期建议偏重成交关键词，后期可适当优化搜索关键词的比重，以使两者达到完美结合，形成精准而有效的标题。

关键词最好的选词工具是“生意参谋”，你可以参照“生意参谋”中的“行业排行”，在热门词和飙升词中去选择适合你产品的词，如图 6-5 所示。注意要选那些搜索人气高、竞品少、转化率高的词来组合。

图 6-5

6.2.2 爆款基本功之产品上架

合理安排产品上下架时间是打造爆款产品不可轻视的一个细节。淘宝产品都有 7 天自动下架的规则，淘宝会对临近下架的产品给予更多优先的展示机会，这将是你产品获取更多流量的一个难得的机会。因此，你需要把要培育的爆款产品放到消费黄金时间去下架。

一周中黄金购物时间是周日到周四，周五、周六购物的人相对少一些。一天中的黄金购物时间是早上 9 点到 11 点，下午 14 点到 17 点是购物小高峰，晚上 19 点到 0 点 30 分是购物高峰期，这 3 个时间段购物的人相对较多，但也需要视店铺性质而定，你需要在前期运营过程中找到自己店铺的黄金购物时间，以更准确地控制产品下架时间。

因为淘宝产品上下架周期是 7 天，所以你要做到在消费黄金时间去上架产品。

6.2.3 爆款基本功之橱窗推荐

当买家选择搜索或者点击“我要买”根据类目来搜索时，橱窗推荐宝贝就会出现在页面中，橱窗推荐位是通过搜索的方法让您的宝贝能有更多的浏览量及点击率。因此橱窗推荐需要配合上下架时间来使用。一个简单原则就是：爆款产品、主推产品一定是要做橱窗展示的。

设置橱窗展示的方法很简单，在【出售中的宝贝】中勾选你的爆款产品，点击【橱窗推荐】即可完成设置。

6.2.4 爆款基本功之基础销量

新上架的商品，没有销量，权重也较低，同时因为消费者的信任心理，导致零销量产品较难提高转化率。这时，你要做的首先是突破 0 销量，然后再累积基础销量。

销量破 0 很简单，只需找你有需要的朋友以较低价格购买即可，这个很容易做到。而基础销量的累积仅仅靠朋友是没办法完成的，此时你需要这样做。

1. 老客户营销

因你的店铺不是新店，因此你会拥有一定的老顾客资源，你可以针对老客户设置营销策略。例如，每天两位老顾客可享受 5 折尝鲜价，这样能保证每天至少有 2 个交易订单。

2. 淘外推广

淘外推广主要是在各个 QQ 群、网络论坛、微信等去宣传你的产品。

3. 重视每一个咨询顾客

在前期，每一个来咨询你的顾客都是潜在顾客，你必须尽力促成来咨询顾客的成交，提高产品的询单转化率，从而提高产品的整体权重。

4. 做好评价管理

对每一笔订单进行深度跟踪，务必做到全好评。

6.3 爆款获取流量的武器

完成爆款产品的生产包装、基础工作并且具有一定销量累积后，爆款打造将进入攻坚爆发期，这时你需要的就是大量的流量，并且在大量流量进入的同时稳住转化率。淘宝店铺可以通过站内站外、免费付费等各种渠道来获取流量。淘宝店铺获取流量的途径或工具很多，有的适合大卖家、有的适合有一定经济实力的卖家、有的适合刚入门的卖家。下面重点介绍天天特价、淘宝客、直通车三种门槛较低、容易操作且效果显著的引流方式。其他如聚划算、淘金币等方式，待你有一定基础后即可操作。

6.3.1 活动获取流量

当产品累积一定的基础销量后，就可以报名活动，通过活动来引流及加速产品销量累积。

1. 天天特价活动

天天特价活动是目前比较畅行的活动，其拥有流量大，转化高的特点。报名入口在【淘宝网首页】→【网站导航】→【特色市场】→【天天特价】→【商家中心】→【商家报名】，选择天天特价的日期报名即可，如图6-6所示。

2. 其他活动

在淘宝营销中心有很多官方或非官方的活动，你都可以去挑选适合你店铺产品的活动报名参加。其他相关促销与营销活动的参加与操作设置，可参见本书第3章相关内容，这里就不再赘述。

图6-6

6.3.2 淘宝客获取流量

通过淘宝客推广，你获取的不仅是流量而且是更精准的转化客户，如何利用淘宝客推广自己的产品是关键，下面我们来讨论高质量淘宝客的招募技巧。

1. 招募渠道

淘宝客招募渠道广泛，总体包含淘内和淘外两种，淘内主要是通过阿里妈妈渠道招募，淘外可以通过QQ群、网络论坛、社交软件等渠道进行招募。

2. 吸引淘宝客

吸引淘宝客的唯一利器便是“佣金”，只要你给出足够吸引淘宝客的佣金分成，就会有大量的淘宝客来为你推广。

3. 招募原则

前期淘宝客招募可以不限制条件，只要有流量的淘宝客都可以留下来，因为淘宝客是按交易分佣，产品不卖出去，你不会付出多少成本。后期为了保证转化率，坚决砍掉那些只有流量没有转化或者转化率差的淘宝客，保留有一定流量且转化率高的优质淘宝客来合作。

6.3.3 直通车获取流量

通过前面的工作，你能保证产品的月销量达到500单，到此你仅仅是打造出了一个小爆款，一个真正意义上的爆款月销量应该是大于1000单的。此时，你需要通过直通车的操作来彻底引爆你的产品。这里我们不讨论直通车怎么操作，仅对直通车打造爆款过程中需要注意的问题进行讨论。

① 关键词不是越多越好，请合理设置关键词。过多的关键词不仅耗费你大量精力去选词和维护，更重要的是没有点击的展现量会拉低你账户的权重，浪费你宝贵的资金。正确的做法是前期选择适量热门词，结合精准的长尾词组合关键词，保证30个左右的词量就足够了。

② 一个计划里多个宝贝能提高展现，并不靠谱。实际上分散的流量就是一盘散沙。而

应该集中推广资源到你的爆款产品上。

③ 全时段全地域投放是典型土豪行为。直通车推广不能排除竞争对手恶意点击，因为你的目标客户可能集中在某些区域，而你的竞争对手却分布在各个区域；一般客户购物都是有时间段规律的，半夜还在购物的客户少之又少，因此半夜直通车推广是没有太大意义的。你应该根据目标人群和消费者购物规律进行精准投放计划。

④ 站外投放不好玩。有人认为站外投放单价便宜、流量多、竞争小，而实际情况却是站外都是大品牌在投放，你没办法与其竞争。同时，站外投放的点击率、转化率都很低。因此，站外投放对于你的爆款引流意义不大。

⑥ 不要依赖开车软件及人为地去刷质量分。直通车重要的是人工分析数据，去优化关键词，调整出价，这些工作是软件没办法完成的；刷质量分无疑是作弊行为，这种行为既可耻也危险，是不被提倡的。

6.4 爆款转化全店盈利

通过前期基础工作和直通车的加速引爆，月销 1000 单的爆款已经形成，此时要做的就是维护爆款，开始全店盈利。

6.4.1 关联销售产品

店铺爆款已经形成，但是你的爆款盈利能力可能很低，而爆款会给你带来优质而精准的流量，你需要抓住爆款带来的红利机会，把流量分散到店内其他产品上，形成连带销售，这就是所谓的爆款关联销售。

① 关联销售即是把你店铺的利润款放到爆款详情页中，注意关联款式必须是利润率高的、与爆款有一定关联度的产品。

② 关联销售还需要活动配合，因为关联的目的是把利润款销售出去。此时你需要将爆款与关联款绑定一起做活动，一般是满 X 件省 X 元（或者送什么东西）来引导消费者，提高客单价。

6.4.2 爆款复购提升及后备爆款培养

爆款形成后，你店铺的盈利能力显著提升，你除了要维护好这个爆款，更加要注意后备爆款的培养，因为每一个爆款都是有生命周期的，没有一个爆款是长盛不衰的。

① 对于本身复购率很低的产品，提升复购率是要通过售后服务及配合新品进行的，不断推出新款产品来吸引消费者复购。

② 当你成功操作出一个产品后，你需要及时准备打造出后备爆款。后备爆款的选择要

以店铺产品的浏览量、咨询量、加购物车等数据综合分析确定。另外一个重点是，后备爆款可以延续前一个爆款的特质，或者与前一个爆款属性不同的产品。

问：店铺只打造一个爆款，能支撑其发展吗？

答：所谓“无爆款，不店铺”，一个店铺一定要有多个爆款，才能支撑其发展。并且店铺不是靠一个大爆款支撑，而是靠多个小爆款，要打造爆款群，图 6-7 所示为一家淘宝店铺的销量排列情况，从销量可以看出，该店铺拥有多个爆款。如果一个店铺只有一个爆款，当这一个爆款出现断货、违规等情况，店铺将无法运转。

图 6-7

6.5 应对差评，不要让差评毁了爆款

如果在爆款中出现中差评，对爆款的打击是致命的。因为店铺信誉在淘宝店铺运营中是很关键的，它对店铺是否能参加活动，提升转化率等都有一定的影响。消费者都有从众心理，如果一个产品有一个或多个中差评，那么后来的买家肯定会对该产品持怀疑态度，影响买家的购物决策。应对中差评，首先要知道中差评产生的原因，然后再对症下药，处理中差评。

6.5.1 中差评产生的原因及对店铺的影响

淘宝店铺经营过程中，顾客会对店铺的产品及服务进行综合评价，具体是通过好评、中评、差评三个维度来进行的。其中，中差评是淘宝卖家都比较头疼的一个问题。特别是一些不好的评价，无论对店铺整体信誉还是单个宝贝销量都有非常大的影响。

1. 中差评产生的原因

要想有效应对中差评，必须先清楚中差评产生的原因：

① 新手买家，觉得产品和服务都不错，但还是给中评或差评。因为新手买家对淘宝操作不太熟悉，或者不清楚评价对淘宝店铺的重要性而随性给一个评价，在这种情况下出现中差评的概率很大。

② 物流太慢或快递服务差、包裹破损等。买家下订单后，肯定是想尽快收到产品的，如果物流太慢，可能会影响买家的心情。而快递服务及包裹破损等直接导致买家对本次购物的第一体验很差。这样的情况下，买家做出的一定是中评或差评。

③ 客服态度不好、缺货、发货慢等原因。客服态度、缺货、发货慢等问题，一直是中差评产生的重灾区。

④ 产品质量、实物与图片相符度。如果买家拿到的产品质量太差或者实物与网络的图片相差太大，这是买家所不想要的。此时，买家要么退货，要么给一个大大的差评。

⑤ 竞争对手恶意评价。淘宝是个江湖，江湖大了，不排除有些没有底线的卖家出现，他们出于竞争的目的，可能会对竞争对手的店铺进行恶意的攻击，而中差评就是一个常用的手段。

⑥ 职业差评师。职业差评师是指那些对淘宝规则熟悉，善于发现店铺运营漏洞，以获取利益为目的而做出差评的一类买家。

2. 中差评对店铺的影响

下面介绍下中差评对店铺的相关影响。

① 影响淘宝店铺信誉。淘宝规则明确规定，1 个好评店铺信誉加 1，一个中评店铺信誉不变，1 个差评店铺信誉减 1。店铺信誉在淘宝店铺运营中很是关键，它能影响店铺是否能参加活动，能影响店铺的转化等。

② 影响产品转化率。因为顾客消费都有从众心理，如果一个产品有一个或多个中差评，那么后来的买家肯定会对该产品持怀疑态度，影响买家的购物决策。

6.5.2 应对差评的 10 种方案

知道中差评产生的原因及对店铺的影响后，我们有必要对中差评引起足够的重视。下面我们来探讨下如何有效地应对中差评。

1. 顾客没有问题——谦卑心态、积极应对

当店铺出现中差评的时候，大多数卖家或客服的第一反应就是：一定是顾客的问题，甚至觉得是顾客在无理取闹。如果以这种心态去处理中差评，结果只会加深卖家与顾客之间的矛盾。此时，换一种心态去面对，其结果将大不一样。

当顾客给出一个中差评的时候，顾客的心情是很不好的，此时卖家如果以顾客没有问题，可能是自己店铺出了问题的角度去考虑，这样就能积极地去找出中差评产生的根本原因，设计出中差评处理的方案也将是顾客比较容易接受的。因此，卖家面对中差评一定要保持谦卑的心态，积极去应对。

2. 对症下药——根据问题根源来针对处理

中差评出现的时候，切忌不分析原因就去联系顾客，要求顾客修改评价。试想，这样能解决顾客不满情绪的概率有多大?

所以，出现中差评的时候，要先从售前、售后客服与顾客的沟通内容、顾客的评价内容等方面去发现中差评产生的根本原因。比如，客服态度不好，那么卖家很容易制定出情绪安抚、给顾客优惠等处理策略。又比如卖家实在找不出自己的任何问题，那么基本可以确定顾客是恶意评价，此时卖家可以有效利用此机会，将恶意的差评进行营销转化，同时向淘宝提起维权诉求。

3. 拖沓不得——处理中差评要有时效性

卖家要保证能在第一时间获取买家的中差评，在充分考虑后与买家取得联系。有过中差评处理经验的人都知道，在买家给出中差评后，如果能在最短的时间内获知并进行联系沟通，无疑解决效率是最高的（职业差评师除外），时间拖得越久，解决的可能性就越小，付出的补偿就越大，挽救成回头客的可能性就越小。

淘宝对评价维权受理的期限最多是自评价生效起30天内（恶意评价是0~15天），卖家对中差评不及时处理，可能会错过维权期。同时，中差评长时间的存在，对店铺和产品的成交影响也是很大的。因此越快处理、对卖家越好。

4. 适当安抚——对情绪激动的顾客给予适当安抚

有些给出中差评的顾客，其情绪是很激动的，卖家在面对这样的顾客时，一定要先安抚顾客的情绪，待顾客情绪冷静后再进行沟通，就会容易很多。卖家可以从情感上、物质上来对顾客进行安抚。比如，先给顾客表示真诚的歉意，给出优惠或者一定返现，待顾客不再排斥沟通的情况下，再与顾客沟通处理中差评的事情。

5. 客服处理——客服处理中差评的方法流程

中差评一旦出现，处理中差评首先应当负责的就是客服，客服具体负责把中差评转化成好评，最坏的结果也是要让顾客把中差评删掉。处理顾客中差评的方法和一般流程如下。

① 出现中差评后，第一时间分析原因，找售前客服了解与该顾客沟通的情况，制定沟通对策。

② 尝试通过旺旺联系顾客，能通过旺旺沟通解决的，尽量用旺旺沟通。

③ 旺旺无法联系的，就通过电话沟通。电话沟通要注意时间的选择，一般11点至13点，16点至21点为顾客比较闲的时间。切忌在顾客很忙的状态下去跟顾客沟通。

④ 注意不要频繁地与顾客电话联系，一天不要超过2次。中间可以通过短信的方式与顾客进行沟通。

⑤ 对于顾客提出的要求或方案，在客服权限范围内能做到的，一定及时与顾客达成一致，切忌拖延。

⑥ 一般客服解决不了的问题，要及时向上级汇报沟通情况，然后集合团队的智慧制定出再次沟通的方案。

6. 主动防御——运营严丝密缝，不留漏洞

之所以有恶意买家的存在，根本原因是卖家在运营过程中对淘宝规则不熟悉，给了那些恶意买家可乘之机。所以，在卖家运营过程中要注意不留漏洞。

① 严格遵守淘宝各种规则，如遵守承诺、急速发货等。

② 保证产品有足够库存，不要出现顾客付款后卖家无货可发的状况。

③ 到期的促销信息，一定要及时下架。

④ 不要有违《广告法》的宣传信息出现，如最……，……第一，等信息。

7. 留存证据，自我保护——应对恶意中差评

淘宝规则中对恶意中差评有明确定义，并且给了卖家投诉恶意中差评的权利。遇到恶意中差评的时候，卖家首先要做的就是留存证据以备投诉时使用。投诉恶意中差评的证据包括：

① 阿里旺旺举证号；

② 完整清晰的阿里旺旺聊天历史记录截图；

③ 和顾客电话联系的通话记录录音或者是短信内容截图；

④ 其他一切可以证明买家存在恶意评价行为的证据。

一般恶意评价的买家对淘宝规则都是很熟悉的，并且会很排斥与卖家沟通。此时，卖家只能与恶评买家斗智斗勇，想尽一切办法拿到其恶评的证据。

8. 中差评转化推广——通过回评把差评转化为推广机会

如果最终留下了无法解决的中差评，卖家也不必担心。此时，需要充分利用“评价解释”的权利。在中差评下做出详尽的解释，说明这个中差评产生的原因是什么，切忌恶语相向、针锋相对，这样不利于解决问题，还会让顾客觉得卖家素质不高。

对于非恶意中差评，卖家要在评价解释中阐明问题出现的原因与卖家积极的处理态度和办法。让顾客认为问题的出现，不是卖家主观故意的行为，同时在问题出现后卖家也积极地面对和处理了问题。

对于无法处理的恶意中差评，卖家在评价解释中阐明整个事情经过，以及如何判定是恶意中差评的。配以让其他顾客信服的证据，并标明卖家对恶意中差评的处理态度。最后加上能引起其他顾客共鸣的话语（如一个恶意差评，对我们店铺没有任何影响，但是给其他顾客选择这么好的产品的时候带来了困扰。对此，我们深表无奈！）。

处理中差评只是在问题出现的时候才去解决，是治标不治本的方式。如果不从根本上解决导致中差评产生的原因，那么卖家将陷入无限中差评处理的死循环中，最后会影响卖家经营店铺的信心。

9. 产品是商业之本——重视产品品质、描述一致

淘宝店本质是在做生意，而做生意实则是在经营产品、经营服务。所以，为顾客提供优质的产品和极致的服务是很重要的，只要做到这一点，想要顾客给你差评都很难。

很多卖家为了让店铺中产品图片更好看、更有吸引力，在照片后期处理上下足了功夫，结果却是图片和产品实物相差太远。这种情况下，即使产品质量和服务都做得很好，仍然会

给顾客造成心理落差，这样还是很容易得到差评。

因此，卖家一定要重视产品的品质，同时实事求是地对产品进行描述，保证产品描述和实物产品的一致性。

10. 有诺必践——承诺一定要兑现

在店铺经营过程中，无论是掌柜还是客服，都不要随便给顾客许下承诺。你要相信顾客是很“单纯”的，顾客对你的任何承诺都会相信，一旦你不兑现承诺，顾客会感觉“被欺骗”，自然会找卖家说理，此时产生中差评就是顾客一念之间的决定。比如，客服对顾客说纯棉的T恤一定不会缩水。顾客不懂，所以顾客相信了客服。实质上，纯棉的衣服基本不可能不缩水，那么最后顾客一定会来找卖家讨说法的，或者直接给一个差评。所以，作为店铺经营者一定要有诺必践，对掌柜自己或者客服给顾客承诺的事情，一定要做到，要么就别承诺。不要为了卖出产品，而伤害到顾客对你的信任。

6.5.3 常见中差评问题处理及客服沟通技巧

销售要讲技巧，处理中差评更要讲技巧。本节将介绍常见的中差评问题的处理技巧及客服沟通技巧。

1. 常见中差评问题处理技巧

① 新手顾客无意给出中差评的问题，是最简单的，只要让顾客知道中差评对店铺的影响，并给出适当的优惠（如下次包邮、折扣券等），沟通时态度好一点肯定没问题的。

② 对于快递问题，不能马上解释说快递不是自己发、不能怪自己等。可以试着问顾客需不需要帮他们投诉，让顾客知道你是和他站在同一条战线的，痛恨快递不给力；再阐述自己不能控制快递的苦衷，收到这种顾客投诉也是有苦难言。聊得好的话告诉顾客下次可以包邮或者送点小礼品，希望得到他的原谅。

③ 服务问题是非常难解决的。这个无论怎么说都是卖家自己的问题，怎么都解释不通的。通过道歉，虚心接受批评，认清自己的不足，以及表露出一定会做出改正的决心是对顾客最好的回答。比如，说客服态度不好的，你可以说马上汇报（或者说自己就是经理主管）并且查清聊天记录，真有这个问题一定严肃处理，安排此客服自己打电话给顾客道歉。如果态度恶劣的，就说公司可能会对该客服做开除处理。

④ 缺货和发货慢，要解释的话就说系统出问题或者订单量大，人手跟不上。希望能够得到顾客的体谅。

⑤ 质量问题，因为每个类目不一样，处理方式也不能说全。首先要了解顾客哪里不满意，可以去教顾客使用方法，或者产品因人而异。

- 顾客反映产品没以前买的好，就可以说产品可能升级了，去问问生产商，感谢顾客提的意见并且告诉顾客会把他的建议提交。
- 顾客认为你的产品是假货，如果你是卖正品的，可以给顾客出示一些凭证，告知顾客现在淘宝查得很严，假货早就被封店了，也可以让顾客去其他地方对比下。 如果你是真卖假货的那没什么可说的了，只能奉劝你“回头是岸”。

● 卖家一定要有的意识是：顾客给出中差评或者来售后，他的目的不是要退货，而只是寻求一种心理安慰。因此不能顾客一来售后或中差评，你就给顾客退货。

⑥ 对于恶意中差评，就只能自己斗智斗勇，看场合说话了。但很多人会把一般的买家当成骗子处理，顾客一要赔偿就觉得顾客是骗子，这就是个误区，毕竟恶意的顾客还是比较少的。

2. 中差评处理中，客服常用沟通技巧

客服在处理中差评问题的时候一定要学会设身处地、换位思考。客服在打电话前先想想：如果换成是自己遇到这个事情，卖家用你即将使用的沟通方式和语言打电话给你，你自己会被说动吗?

① 打电话的开场白不能是：“你给了我们一个评价，怎样怎样……”，一般应该是：“您给我们留言，或者您给我们的建议，并且感谢您提出的建议”。

② 在与顾客沟通较好的情况下可以这样说：“您看方便把您给我们的小黄花（小黑花）改成小红花吗？”

③ 对于服务问题，可以这样说：“我们是非常想把服务做得很好的，因为服务才是未来的立足之本，当然每个公司都有一定的阶段，在这个阶段我们还没有做得很好，但一定会改进到更好的”。

④ 可以适当地夸奖下顾客。比如说：“您的声音非常好听，您非常有想法有智慧，您通情达理……”之类的。

⑤ 遇到顾客不愿意听你说，着急挂电话的时候，可以说“您就听我说 3 句话好吗”，这个时候就需要快速地反应能让顾客继续听下去或者让顾客来回答的话术。

⑥ 在遇到顾客完全不愿意沟通的时候，可以这样说：“如果您一开始就不信任我，我想我说什么您都会觉得我说的是假的，希望您能暂时先放下对我的成见，听我把话讲完好吗”，这样姿态较低又不乏强势的表达很可能让顾客接受你的沟通。

⑦ 很多时候顾客对你的沟通已经比较满意了，但是他就是不愿意改评价，说是他自己说话的权利，你可以告诉顾客“我们非常尊重您的意见，放着也是对我们的一个警醒，但是毕竟中差评会对店铺有比较大的影响，您可以修改评价但是不修改内容，这样大家还是可以看到的”。

⑧ 跟恶意买家斗智斗勇的时候，当你已经掌握证据后，可以这样说：“我们已经掌握你的恶意评价的证据，请你立即收手，不然你最终什么都得不到”。

运营大师谈经验：爆款打造失败的原因及解决方法招

在打造爆款时要注意每个细节，做好每一步，才能成功打造爆款。爆款打造失败的原因多种多样，主要有以下几个方面。

① 没有进行测款，只凭个人喜好选择爆款商品。殊不知选错了款，再多的推广也是枉然。我们的主观判断不一定是准确的。这种赌博式的选款方法缺少必要的数据参考，主观性强，失误率特别大。

② 没有统计分析数据，简单粗暴地打造爆款，一旦出现问题，连原因都找不到。

③ 产品的定价失误，如果一味地追求低价，赚的利润甚微，收益低于推广费用，得不偿失。价格过高，即使大力推广，依然点击率低，无人问津。

④ 产品上架后有动销，可是商家却不知道如何加大成交量，后劲不足。

⑤ 产品上架后，立即利用刷单来提高宝贝的销量，导致店铺降权。

⑥ 频繁修改标题、主图，导致搜索排名降低。

⑦ 利用直通车来进行推广，开了几天发现没有转化就停止推广。

⑧ 对打造爆款的整个流程没有清晰的认知，没有具体的步骤方法，不知道具体到了哪一步应该做什么。

⑨ 转化率低但不知道如何优化，详情页都没有做好，产品本身没有测试。

针对以上爆款打造失败的原因，应该如何解决呢？下面提出了解决问题的方法。

① 使用生意参谋做数据分析，查看地域分布、流量地图、实时榜单、访客跟踪等。

② 做好爆款测试，以数据为指导，不盲目，不主观，选对爆款。合理定价，参考同行价。

③ 制订爆款推进计划，包括：直通车推广计划、钻展推广、淘宝客推广、站内站外免费推广、创意等。

④ 未雨绸缪，列出打爆过程中可能遇到的问题，设立准备好方案。

⑤策划好详情页内容、价格评估、标题优化的进价方案、精心设计主图等，切勿频繁修改标题、主图，这样会降低宝贝的自然搜索排名。

第7章

一年一度网购盛宴，做好双 11、双 12 营销

本章导读

双 11、双 12 是淘宝卖家最为重视的节日，做好双 11、双 12 营销能在短时间内销售大量的商品。那么，双 11、双 12 营销有哪些方法呢？

知识要点

通过本章内容的学习，大家能够学习到如何做好双 11、双 12 营销，成功借双 11、双 12 之势，创造销售高峰。学完后需要掌握的相关技能知识如下。

- 双 11、双 12 的重要意义
- 双 11、双 12 营销策划与创意
- 双 11 的活动流程
- 双 11 活动准备工作
- 报名双 11 活动
- 双 11 活动热身、预售
- 双 11 活动进行时、进行后的工作

7.1　双11、双12的重要意义

双11、双12是卖家和买家共同的狂欢盛宴，双11、双12可以提升店铺的流量、转化率、知名度和销售额，卖家若能把握好双11、双12，将能取得巨大的成功。图7-1所示为淘宝、天猫近几年的销售额情况，做好双11、双12营销具有非常重要的意义。

图　7-1

7.1.1　流量提升

双11、双12活动期间，即使你是个名不见经传的小店，你也没做任何付费（直通车、钻展、淘客……）推广，你都会惊奇地发现你店铺的流量“暴涨”了，因为天猫平台会通过各种渠道提高平台流量，相应你店铺的流量也会提升很多。

7.1.2 转化率提升

双 11、双 12 是全民购物狂欢活动，在此氛围下消费者的消费行为都会偏离理性轨道，因此在“双 11”活动期间，店铺转化率会比平时提升 2~3 倍。

7.1.3 店铺 /（品牌）知名度提升

大流量带来的一个直接效果就是你的店铺或者品牌会曝光在更多消费者的眼前，抓住这个曝光机会能在很大程度上提升你店铺或品牌的知名度。

7.1.4 销售额提升

“销售额 = 流量 × 转化率 × 客单价”这个销售万能公式你一定明白，流量和转化率都已经大幅度提高，只要你再做好关联销售提高客单价，那么你的销售额将会成倍数增长。

7.1.5 “死店”变“活店”

如果你的店铺前期经营效果不好，也就是行内俗称的“死店”，双 11、双 12 将是你店铺翻身的一个绝佳机会。只要你做好店铺内功，抓住双 11、双 12 的流量、转化率及店铺曝光机会，你的店铺经营效果将会大幅提升，也能从没流量、没转化的“死店”变成流量高、转化高的“活店”。

问：如今双 11 已成为一个重要的节日，那么双 11 是怎么来的呢？

答：双 11 即指每年的 11 月 11 日，由于日期特殊，因此又被称为光棍节，同时被淘宝商城（现在的“天猫”）创办定位成了全球范围的大型网络购物促销节。而大型的电子商务网站一般会利用这一天来进行一些大规模的打折促销活动，以提高销售额度。

从 2009 年开始，双 11 已经从天猫扩散到全电商平台，从国内扩展到全球。11 月 11 日，正逐渐从单一的电商营销日，变成全球消费者的购物狂欢节，而这种扩展更是带动了整个中国商业的巨大变局。每年的 11 月 11 日，以淘宝、天猫、京东、苏宁易购为代表的大型电子商务网站都会利用这一天来进行大规模的打折促销活动，以提高销售额。双 11 已成为中国互联网最大规模的商业促销狂欢活动。

7.2 双11、双12营销策划与创意

所有卖家都想在双11、双12分得一杯羹，要想在众多的卖家中脱颖而出，必须打破常规，有与众不同的创意，下面来谈一下如何做出有创意的营销策划。

7.2.1 完成营销策划的时间越早越好

双11活动时间是11月11日，双11活动报名时间是8月份，官方预热时间是11月上旬。从活动报名到活动正式开始有近3个月的时间，之所以会有这么长的时间跨度，是阿里为报名成功的商家预留了活动准备时间。实际上，商家的营销预热工作在报名成功后就已经开始了，因此你针对双11的营销策划方案在报名时应该已经是完成状态。

7.2.2 把握营销策划的关键点

营销的目的就是盈利，根据销售额万能公式，其流量、客单价、转化率是营销策划的核心关键点。

1. 获取流量是营销策划首要考虑的关键点

直通车、钻展等推广工具仅仅是获取流量的工具，是否能真正地获取流量、是否能获取大量的流量是由营销手段来决定的。流量相关的营销策略如下。

（1）产品组合策略

根据自身产品情况进行不同组合来达到营销目的的策略即为产品组合策略。比如，产品是服装类目，可以组合出“告别单身的情侣套装”；产品是美妆类目，可以组合出“女神美妆套装”；产品是家纺类目，可以组合出“给她/他温暖一夜套装”；此种玩法仅仅是通过产品的简单组合来迎合活动的氛围，其玩法最为简单，每个商家都可以用，是属于初级的营销玩法，流量获取能力较弱。

（2）品牌包装策略

品牌包装的目的是提升品牌的知名度，通过品牌知名度来获取消费者。常见的方法有以下两种。

①各种线上线下的硬广告投放。

②请明星代言，利用明星的知名度及公众效应。这种玩法属于传统玩法，需要商家有强大的资金实力且品牌有一定的培育期，实乃土豪之作，一般商家与其无缘。

（3）事件营销策略

事件营销是指通过策划、组织和利用具有新闻价值、社会影响以及名人效应的人物或事件，来吸引媒体、社会团体和消费者的兴趣与关注。事件营销的特点是传播速度快、范围广，

能快速吸引公众的眼球。事件营销策略需要团队有一定的策划及执行能力，且有一定的资源整合能力，此种玩法属于高级且高效的玩法，流量获取能力强。

（4）话题共鸣策略

话题共鸣策略是指通过对已经过时的新闻事件、名人效应的再次包装升级，来引起公众的共鸣。话题共鸣一般都是利用消费者的情感弱点。挑选话题，勾起消费者的回忆，从而吸引消费者的参与。这种玩法的关键是如何把旧的话题用新的形式表达出来，现在常用的是微电影的形式。这种玩法属于高级且文艺的玩法，流量获取能力强且精准。

2. 客单价和转化率是决定营销策划效果的重要因素

大量的流量进店，提高每一个成交客户的客单价，提高流量的转化率将直接关系到活动的最终业绩。提高客单价和转化率的常用方式有以下几种。

（1）搭配销售

搭配销售即是针对店铺的核心产品进行组合搭配，如服装可以搭配上鞋包，电脑数码可以搭配周边配件等。搭配销售可有效提高客单价。

（2）满减满送活动

常用买满多少钱减多少钱或送礼物，买满多少数量减多少钱或送礼物的促销方式同样可以提高客单价。

（3）折上折、优惠券、免单

这些都是提升转化率的方式。

（4）饥饿营销

饥饿营销即是通过时间、库存、价格等设置条件限定，利用消费者“抢到再说”的心理，给消费者制造紧迫感。这种方式能有效提高转化率。

7.2.3 把握营销活动执行的节奏

一个好的营销方案必须要有好的执行方案配合，因此营销活动的策划必须要把握活动的执行节奏，简单说就是在什么时间应该做什么事以及怎么去做。我们可以把营销活动执行节奏分为：蓄势期、聚能期、爆发期、余热期4个阶段。

1. 蓄势期

蓄势期也就是准备期，一般是在10月份。这个阶段距离活动日期还有一段时间，流量成本相对较低。如果在这个时候做一些打折的活动，对消费者来说记忆点比较弱，相应的效果也不会太理想。因此这个时候建议着重去做店铺或品牌的积蓄和沉淀、用户的优化以及拉新客户和老客户的激活，让目标客户和潜在客户更多地进店沉淀和积累。

2. 聚能期

聚能期是临近活动日期的预热阶段，一般是在11月1日至11月10日。这个阶段几乎全网的成交率都会降低，因此这个时候的任何促销作用都很小。建议商家在这个时候尽量去做一些互动。例如，发红包、店铺签到、优惠券发放等，引导顾客进店并对产品进行收藏和加购物车。

3. 爆发期

爆发期当然是正式活动期间。这个阶段针对消费者的消费心理和消费行为又分为疯抢期和理性期。

（1）疯抢期出现在 11 日 0 点至 2 点，20 点至 24 点这两个时间段

这个阶段消费者是不理性的，要么是想享受优先抢到产品的快感，要么是担心抢不到产品的紧迫感。这个时候商家要实时关注店铺数据，及时通过各种渠道传播消费者的购买数据给潜在消费者造成紧迫感，及时发布后续配送服务及客服安排给游移不定的消费者消费信心。

（2）理性期是在疯抢期之外的时间段

这个阶段消费者倾向于理性选购、货比三家、寻求更多的优惠。这时需要做一些打消消费者顾虑，以额外的优惠刺激消费者下单的工作。

4. 余热期

余热期从双 11 结束一刻便开始。这个时候不乏一些消费者因为种种原因而错过了双 11 当天的最佳购买时机，或者遗漏了某些商品需要再购买。这个阶段商家可以通过导购（大促返场、疯抢后的选择这里还有）、限时促销等方式，让这部分消费者继续享受部分折扣，让双 11 活动的余热持续发酵。

7.3 双 11 的活动流程

所谓“知己知彼，百战不殆”，要想做好双 11 活动，首先必须要弄清楚双 11 活动的基本流程。

7.3.1 活动海选报名时间

每年双 11 活动海选报名时间都在 8 月中下旬（8 月 10 日至 8 月 28 日），每个商家只有一次海选报名机会，错过不再有。因此在每年的 8 月份你都要留意天猫官方发出的双 11 活动报名时间，提前做好报名准备，在报名时间段内及时进行活动海选的报名。

海选的入围规则：天猫会根据活动的玩法和策略，优先选择与可以更好为消费者服务的商家（优选条件包括但不限于品牌知名度、活动契合度、消费者需求、店铺类型、开店时长、客单价、商家主营类目、商业综合排名、诚信经营情况、是否提供运费险保障等）合作。

7.3.2 设置购物券，签订运费险

在活动海选报名结束后 1~2 天内可在后台查看报名结果，如果海选成功入围，则可开

始设置“11 · 11 购物券”和“签订运费险”。只有你设置了购物券并成功签订运费险后，活动报名才算成功，否则默认放弃活动报名（即使你已经海选入围，只要没有设置购物券和签订运费险都默认报名不成功）。

7.3.3 素材提交及商品报名

活动报名成功后，需要在 9 月下旬提交活动素材，活动素材要按照官方要求的模板制作并提交；参加活动商品报名分为预售商品和正式商品。

1. 预售商品

报名时间和素材提交时间一致，在 9 月下旬进行预售商品报名活动，预售商品是在“11·11”活动前进行预热销售的商品，在“11·11”活动当天预售商品是不参加正式活动的。

2. 正式商品

报名提交时间从 10 月中旬开始，正式商品是在“11·11”活动当天参加正式活动的商品，该部分商品在活动当天以 5 折价格进行销售。注意，在此期间不能擅自提高产品的专柜价（也就是发布产品时的零售价格），否则将会受到严重的处罚。

7.3.4 活动预热期

11 月 1 日至 11 月 10 日为双 11 活动的预热期。活动预热期的销售表现直接决定你最终在活动开始时能进入到主会场还是分会场。

7.3.5 活动正式开始

活动正式开始时间为 11 月 11 日 0 点。在活动正式开始前需要根据官方提示，在 11 月 10 日 21 点前使用官方营销工具修改商品销售折扣，否则在活动正式开始后你的促销价格是无效的。

7.4 双 11 活动准备工作

“兵马未动，粮草先行”，讲的是行军打仗的战术。对于广大卖家来说，双 11 也是一场战役，对店铺的经营、企业的利润来说更是一场关键的攻坚战，因此必须为此战役做好充分的准备。

7.4.1 经营及服务

经营及服务能力关系着活动海选是否能顺利入围，这项工作职能需在日常的经营过程中去提高。包括店铺流量的获取能力、商品转化率、客服服务、售后服务水平等都需要不断提高。总之，活动海选是需要选出经营及服务都很强的商家来为消费者提供产品和服务的。

7.4.2 产品备货

“双 11”活动的流量和转化率相比平时都会有较大的提高，为了不影响双 11 的活动效果，避免无货可卖的流量浪费或者无货可发的售后争议，你在确定要参与双 11 活动前先要根据自己的实际情况进行备货。备货的方法如下。

① 根据日常经营状况，流量、转化率、客单价进行销售额的预估。比如，平时你店铺日 UV1000，转化率 1%，客单价 200，按照 UV、转化率活动期间 2~3 倍，客单价不变的规则进行销售额的预估（销售额 = 流量 × 转化率 × 客单价）。

② 根据产品成本来进行产品备货额的预估（产品备货额 = 销售额 × 产品成本折扣）。

7.4.3 活动策划

双 11 虽然是全民购物狂欢的促销活动，但仅仅是电商平台的活动。平台把流量等资源引进来了，如何最大限度地落实到你的店铺？这就需要你提前策划好具有吸引力的活动方案来配合执行双 11 活动。活动怎么策划，不是这里讨论的重点，只需要把握住三点。

① 评估自己的经营实力。

② 定位自己对活动的期望值。

③ 活动要具有传播性及吸引力。

7.4.4 素材准备

无论你是否通过双 11 活动海选，你都需要做活动策划并提前准备活动素材，活动素材可以在“11・11 活动中心”下载模板，根据官方要求进行制作。特别注意：未成功入围海选的商家，活动素材尽量少用官方素材，只要整体风格接近官方活动素材风格即可，否则可能会遭到官方活动的侵权处罚。

7.4.5 客服团队准备

双 11 活动当天流量大，咨询量也大，为了避免因客服回复不及时造成的订单流失，你在活动前要做好活动客服团队人员补充及活动培训工作。建议整合资源，可以准备兼职人员来补充客服团队。

7.4.6 物流团队准备

双 11 活动当天的订单量相比平时会成倍增多，物流团队的工作量会突增，为了能及时发货，你需要对物流团队人员进行补充及培训。比如，可以临时把你企业的行政人员补充到双 11 活动后的物流团队中去。

7.4.7 CRM 软件准备

CRM 软件即客户关系管理软件，也就是用来维护管理你的老客户的软件工具。为了双 11 活动效果更好，你需要给你的老客户（历史购买过的顾客）发送双 11 活动短信；同时，在活动当天如果你的销售目标没能顺利完成，这个时候也需要及时给你的老客户发送活动信息，通过召回老客户来冲刺你的销售目标。

7.4.8 活动物料准备

活动物料包含的内容比较多，如活动承诺的赠品、发货的包装、售后服务卡等，都需要在活动前准备充足。

7.5 报名双 11 活动

了解双 11 活动的流程后，接下来你只需要做一个纯粹的行动派——报名双 11 活动。在【商家后台】→【商家中心】→点击左侧菜单【11 · 11 全球狂欢节】即可进行海选报名，如图 7-2 所示。

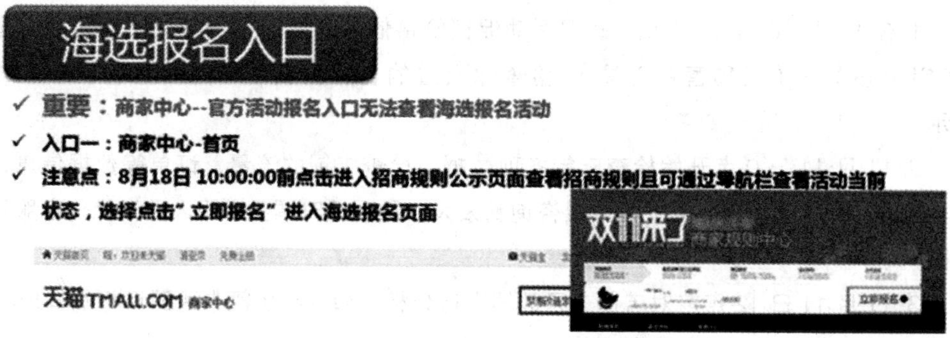

图 7-2

7.6 重视双11活动热身、预售

双11活动报名成功后的活动预热与产品预售是非常关键的，预热和预售的效果直接关系到活动当天的业绩。

7.6.1 提升店铺的曝光率

预热阶段实际上已经拉开了双11活动的帷幕，大量的流量已经进入，抓住这个机会让你的店铺充分曝光，以提升品牌知名度及活动销售额。

7.6.2 带动活动当月的业绩

在实际的运营考核中，不会以双11当天的业绩来作为当月的业绩考核的，那么整月业绩的提高必须要注意预热和预售阶段的业绩。天猫官方的预热和预售是从11月1日开始到11月10日结束，但实际上从你预售产品报名成功后，预热和预售就已经开始了，越早做活动预热和预售，对你活动的效果越好。预热和预售阶段，有目的地引导顾客进行店铺及产品的收藏、加购物车，能直接拉动活动当天的销售业绩。

7.7 双11活动进行时、进行后的工作

做好了前期的准备工作后，接下来就是要做好双11活动当天的工作以及售后服务工作了，下面谈一下具体的工作内容。

7.7.1 双11活动进行时

长时间的准备，大量的备货，激烈的热身赛，终于迎来了“11·11”的正式活动。要保证活动的顺利进行，保证活动的预期效果，需要注意以下几点。

①在11月10日21点前，确保活动促销价格信息正确。检查方法:【商家后台】→【营销中心】→【天猫营销工具】，检查你设置的各种营销活动是否正确，如图7-3所示。

②11月11日0点开始检查店铺各项数据。检查店铺的流量、订单等数据信息，确定客服接待能力是否满足需要，如果咨询量太大，需要及时调整客服人员及优化客服接待流程。

③11月11日12点前对店铺交易数据进行分析，如果销售额未达到目标的50%，则要做出以下几项工作来进行补充。

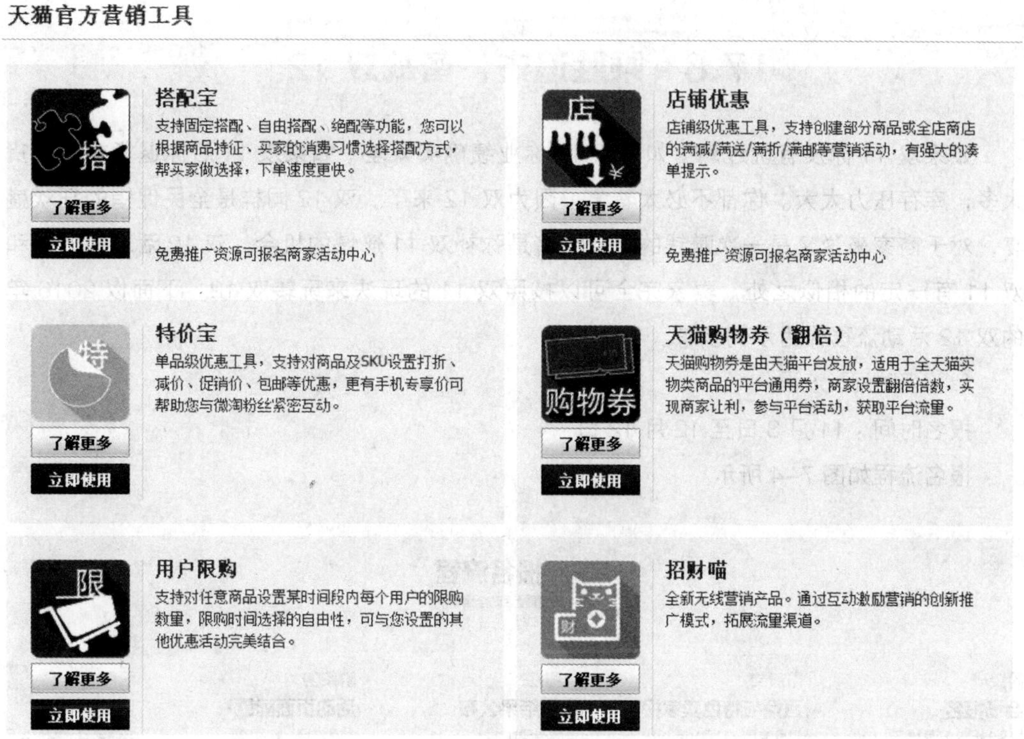

图 7-3

- 推出更具吸引力的活动。
- 加大流量的引入（直通车、钻展的投放力度）。
- 向未回店消费的老顾客发送促销短信。

④ 11 月 11 日 20 点开始梳理未支付订单，指导客服与顾客取得联系，及时催付款，尽力让未付款率达到零。

7.7.2 双 11 活动售后服务

11 月 12 日 0 点开始，轰轰烈烈的双 11 活动销售战役告一段落。接下来你将面临的是及时发货与售后问题的处理。

1. 及时发货

尽管天猫规定双 11 的订单必须在 10 日内完成发货，但是为了有更好的用户体验，商家应该以最快的速度配货并将货品发往快递公司。

2. 积极面对售后

双 11 活动中不乏很多冲动消费者，因此售后退款率肯定会增加的，商家应该以积极的态度面对可能的售后问题，能退款的及时退款，能用其他方式解决的售后问题就用其他方式解决。以便提升店铺的 DSR 评分。

7.8 乘胜追击，备战双 12

如果双 11 你没有玩过瘾；如果双 11 你业绩确实太差；如果双 11 后你退货或者备货太多，库存压力太大。你都不必太着急，因为双 12 来了。双 12 同样是全民促销的狂欢盛宴，对于商家来说又是一次赚钱的机会或者是弥补双 11 遗憾的机会。双 12 活动的玩法和双 11 有一定的相似之处，卖家完全可以按照双 11 的玩法来玩转双 12。下面以 2016 年的双 12 活动流程作为示例参考。

1. 报名时间及流程

报名时间：11 月 3 日至 12 月 12 日

报名流程如图 7-4 所示。

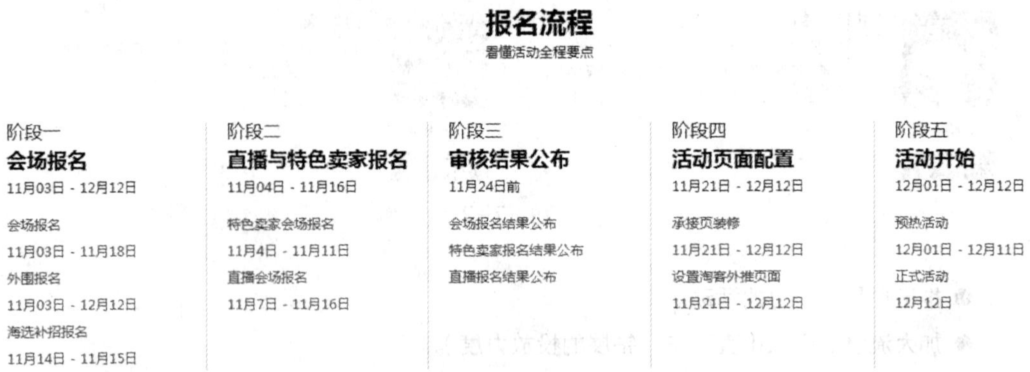

图 7-4

2. 报名方法

在报名期间卖家中心会有“双 12 淘宝亲亲节”标签，报名双 12 的具体操作步骤如下。

第 1 步 ❶ 进入卖家中心，单击“双 12 淘宝亲亲节”下的“我要报名”链接，如图 7-5 所示。单击“行业分会场”下面的类目链接，如“箱包”，如图 7-6 所示。

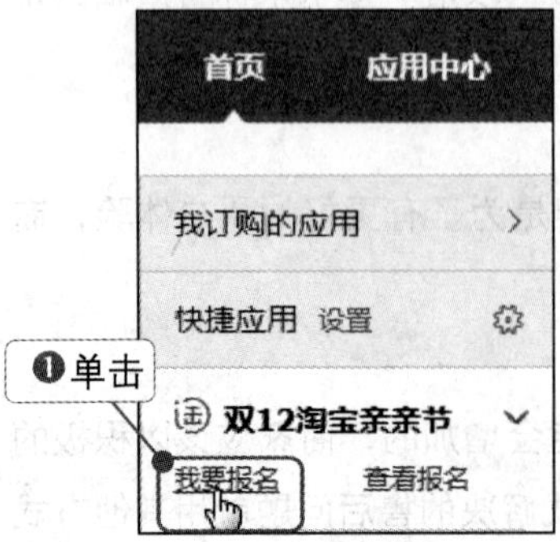

图 7-5

图 7-6

第 2 步 选择报名的方式，有店铺报名、单品报名、横向会场单品报名可供选择，如图 7-7 所示，单击所选方式下的“立即报名”链接即可报名。

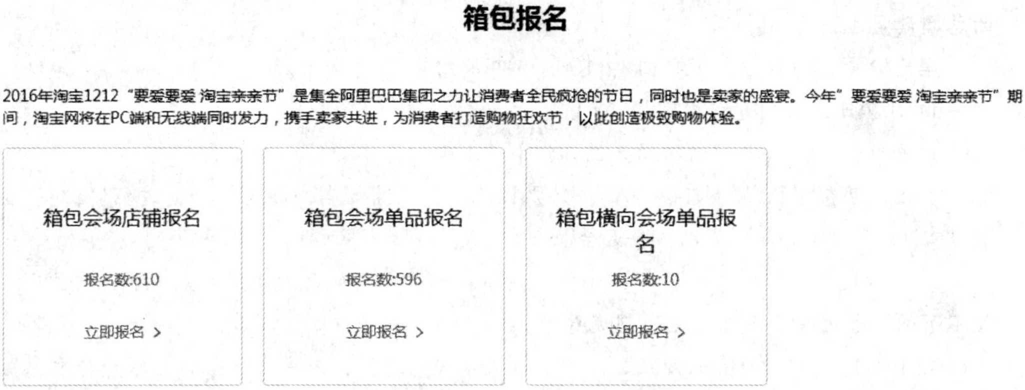

图 7-7

运营大师谈经验：双 11 营销策划案例分享

营销策划能力不是一朝一夕能够提升起来的，他山之石可以攻玉，你可以站在前人的肩膀上，借鉴他们成功的案例来提升自己。下面分享 3 个具有代表性的案例。

一、事件营销——GXG 的“双 11 下雨免单”

“免单”是 GXG 在以往的双 11 营销活动中惯用的营销手段，但从去年开始很多男装品牌同样提出了“免单”口号。为了避免营销口号的同质化，2014 年双 11GXG 玩起了悬念营销，抛出 # 双 11 下雨就免单 # 的重磅话题，和老天对赌。“下雨就免单”的事件营销活动主要分为三个阶段，第一阶段是事件启动并预热阶段；第二阶段是视频、游戏引爆话题阶段；第三阶段是店铺活动冲刺话题阶段。这三个阶段的营销活动都诠释了一个道理：风格就是传播。

第一阶段：10 月 10 日到 19 日，启动和预热

GXG 准备了 100 把设计独特的伞，在伞套和打开的伞面上都印有“GXG，双 11 下雨就免单”的字样，如图 7-8 所示，给行业媒体人，自媒体人、广告界媒体和天猫相关运营人士，让他们在事件当天集体发布微博，引起行业热议。

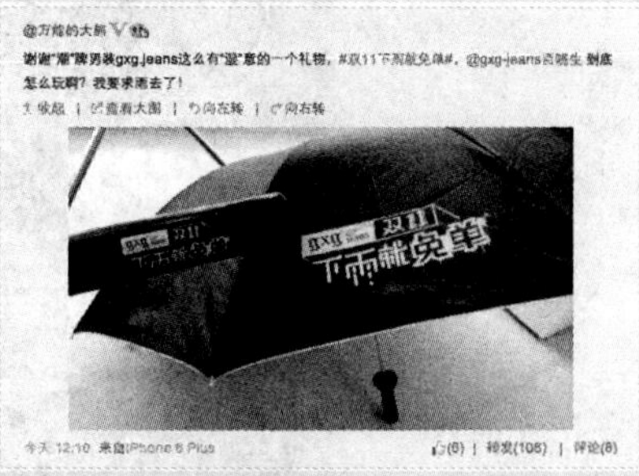

图 7-8

第二阶段：10 月 20 日到 30 日，话题引爆

10 月 20 日，GXG 在官方微博发布双 11 求雨视频：《千方百计求下雨》。视频《千方百计求下雨》的现代化叙事手段，黑白色调、表现形式都强化了 GXG 潮流化的品牌风格，使话题传播的深度增加。悬念化、新潮化的视频使“下雨就免单”深入人心，增加了消费者对该话题的印象，提高了话题的渗透力。当初，很多人在微博里问：以哪里下雨为准？只要下雨就可以免单吗？有没有别的条件？下雪算不算？一时间，微博上#双11下雨就免单#话题的总阅读量达到了3000多万。

第三阶段：10月31日到11月10日，冲刺话题

11月2日，店铺免单规则揭晓：

1. 免单数量：本次互动活动开放300个“下雨就免单”的名额。

2. 名额获得：11月1日-10日，只要将商品加入购物车，即有机会通过抽奖，获取“双11下雨就免单”名额，每天会抽出30名。

3. 免单政策：获得名额的那300个人，如果所在地区下雨，最高可免1111元，即使不下雨，也可获得300元无限制优惠券。

4. 下雨判定：下雨情况按照全国各个地级市进行统计，以中央气象台公布为标准，特别说明的是：雨/雪/雨夹雪都算。

虽然是全民下雨免单，至少还算公道。不管怎样，通过这么几波悬念式事件营销，GXG的关注度得到了极大的提高，截至2014年11月17日22:00，“双11下雨就免单”活动的KPI统计数据如下：微博关注度及讨论量为3440.4万和1.3万；视频的浏览量，优酷16.8万，腾讯4.4万；微信电商报单篇浏览量2.4万。活跃粉丝数的比例上升官微的粉丝黏性增加，互动热烈。11月11日当天，天猫店总销售额4348万元，总浏览量892万，转化率高达8.3%。不管最后下不下雨，GXG都已经赢了。

二、品牌包装——范冰冰、佟大为、韩寒三大明星联合代言骆驼

过去4次双11，CAMEL骆驼连续占据天猫双11服饰类目销量第一：2013、2014年双11蝉联服饰类冠军；而男鞋、户外、女鞋更是连续四年获得类目第一，都是走的明星代言的品牌包装路线。

2015年骆驼更是采用范冰冰、佟大为、韩寒三大明星联合代言的策略进行品牌的升级包装，如图7-9所示。骆驼提前进入预热期搭建流量“蓄水池”，创造了16.5小时卖出范冰冰同款冲锋衣4万多件的神话。骆驼是传统企业线下转型线上销售成功的典型代表，其营销策划保留了浓重的线下传统企业的色彩。

图 7-9

三、话题营销——马克华菲的“男装女穿”

马克华菲作为代表性男装品牌，以摩登自由、追求浪漫著称，有着强大的品牌魅力与影响力。为了体现该品牌时尚、浪漫的特点，马克华菲突破传统禁锢、打破广告惯性，在双11以女生穿男装的反向思维，请了7位有知名度的宅男女神，分别代表“萌系厨娘、机车魅影、性感车模、足球宝贝”等7个角色，为广大年轻消费者奉献了一场宅男女神的视觉盛宴，引发了媒体的热议。在马克华菲的官方旗舰店上，活动大片醒目地刊登在首页头版，十分抢眼，如图7-10所示。7位女神将男装穿出了妩媚，配以性感、撩拨的文案，十分夺人眼球。

在双11活动中，女神给全场抢购带来了热度。马克华菲品牌全天累计销售1.362亿元，产生338651个包裹，跃居天猫男装品牌排名第三。良好的品牌形象，双11前密集的品牌曝光，双11期间强大的客流导入，让马克华菲业绩激增，取得了巨大的成功。

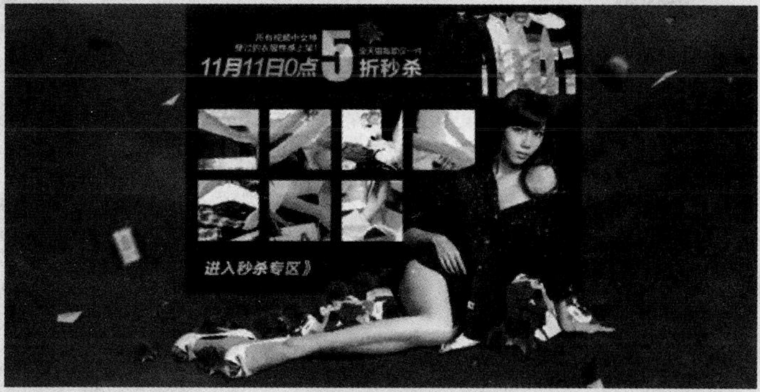

图 7-10

第8章

大数据时代，店铺的数据化运营

本章导读

大数据时代，三分技术，七分数据，得数据者得天下。那么，如何进行店铺的数据化运营呢？带着这个问题，我们进行本章内容的学习。

知识要点

通过本章内容的学习，大家能够学习到如何通过数据分析引导店铺运营。学完后需要掌握的相关技能知识如下。

- 使用生意参谋进行数据化运营分析
- 其他数据分析工具应用解析

8.1 使用“生意参谋”进行数据化运营分析

生意参谋是店铺进行大数据分析的重要工具，本节将介绍生意参谋的作用、利用生意参谋进行数据分析和生意参谋的核心功能应用。

8.1.1 “生意参谋”的作用

生意参谋是对淘宝天猫店铺数据分析促使精准化营销的一个工具，是由阿里巴巴官方数据团队出品的店铺数据化、精细化经营分析工具，网址为 http://sycm.taobao.com。

生意参谋可以看清店铺经营状况，如人（流量）、货（商品）、钱（交易），还可以提升精细化运营能力，如实时直播（及时性）、无线专题（多终端）、竞争情报（结合行业）。它可以帮助卖家做到知己知彼，及时掌握客户点击情况并了解市场动态。它按照数据分析、问题诊断、优化提高等环环紧扣的逻辑设计，帮助用户分析曝光、点击、反馈等功能，针对性地给出诊断结果，并提供解决方案。

2016 年，生意参谋累计服务商家超 2000 万家，月服务商家超 500 万；月成交金额达 30 万元以上的商家中，逾 90% 在使用生意参谋；月成交金额达 100 万元以上的商家中，逾 90% 每月登录并使用生意参谋达 20 天次以上。

8.1.2 利用“生意参谋”进行数据分析

生意参谋有实时直播、经营分析、市场行情、自助取数、专题工具、数据学院 6 大板块，本节将详细介绍。

1. 首页

生意参谋首页全面展示店铺经营全链路的各项核心数据，包括店铺实时数据、商品实时排行、店铺行业排名、店铺经营概况、流量分析、商品分析、交易分析、服务分析、营销分析和市场行情，如图 8-1 所示。让卖家及时掌握店铺的核心数据，打造专属卖家的数据工作平台。

图 8-1

2. 实时直播

提供店铺实时流量交易数据、实时地域分布、流量来源分布、实时热门商品排行榜、实时催付榜单、实时客户访问、实时直播大屏模式等功能。使卖家能洞悉实时数据，抢占生意先机。

（1）实时概况

提供店铺实时的概况数据，主要包括实时支付金额、实时访客数、实时买家数，以及对应的排名和行业平均值，在页面右上角可以分别查看“所有终端、PC 端、无线端”三种模式，如图 8-2 所示。

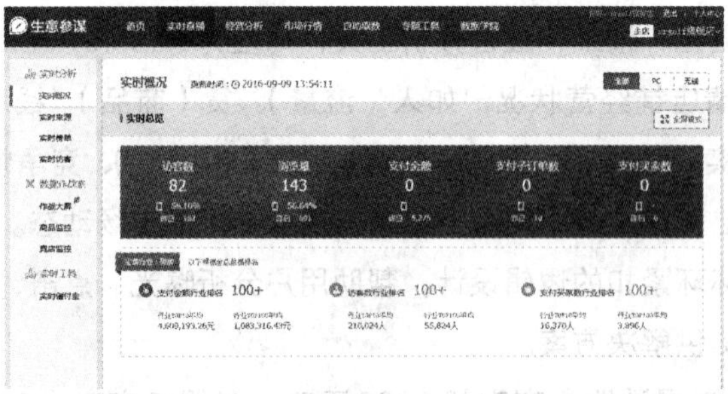

图 8-2

（2）实时来源

分别提供了 PC 端与无线端的实时来源，可以帮助卖家精确了解到无线端来源分布，如图 8-3 所示。在地域分布地图中可以精确地查到每个省的访客数，如图 8-4 所示。

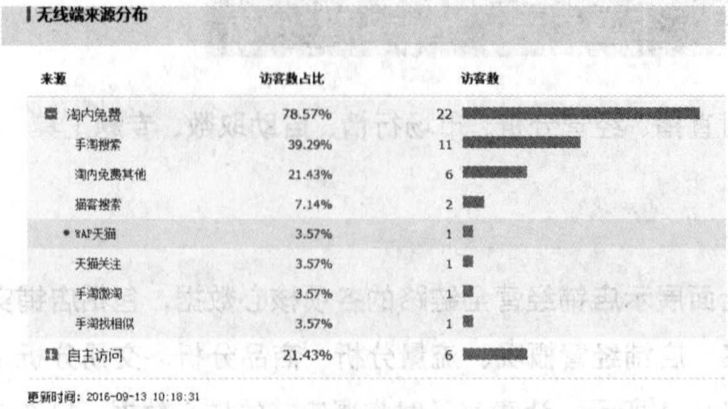

无线端来源分布

来源	访客数占比	访客数
淘内免费	78.57%	22
手淘搜索	39.29%	11
淘内免费其他	21.43%	6
猫客搜索	7.14%	2
WAP天猫	3.57%	1
天猫关注	3.57%	1
手淘微淘	3.57%	1
手淘找相似	3.57%	1
自主访问	21.43%	6

更新时间：2016-09-13 10:18:31

图 8-3

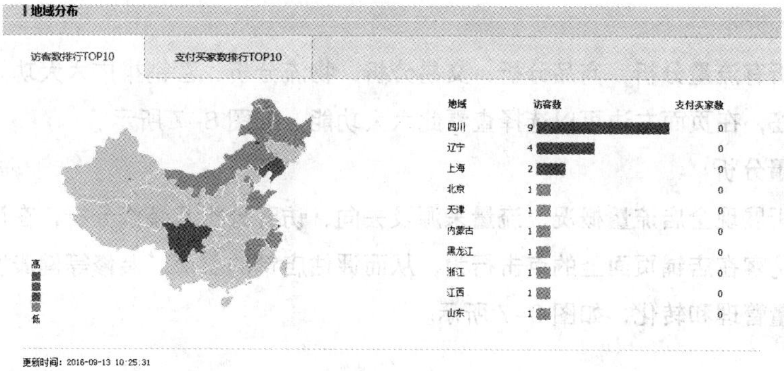

图 8-4

（3）实时榜单

在实时榜单中可以看到访客数和支付金额前 50 的排行榜，并且提供搜索功能，支持查询商品的实时效果数据，如图 8-5 所示。

图 8-5

（4）实时访客

实时访客可以实时洞察店铺情况，查看实时入店来源：店铺收藏、宝贝收藏、购物车、直通车、钻石展位、淘宝客、淘宝搜索、天猫搜索，实时访问宝贝等，如图 8-6 所示。

图 8-6

3. 经营分析

经营分析有流量分析、商品分析、交易分析、物流分析、营销推广六大功能。单击“经营分析”标签，在页面左边可以选择查看此六大功能，如图 8-7 所示。

（1）流量分析

流量分析展现全店流量概况、流量来源及去向、访客分析及装修分析，在识别访客特征的同时了解访客在店铺页面上的点击行为，从而评估店铺的引流、装修等健康度，帮助卖家更好进行流量管理和转化，如图 8-7 所示。

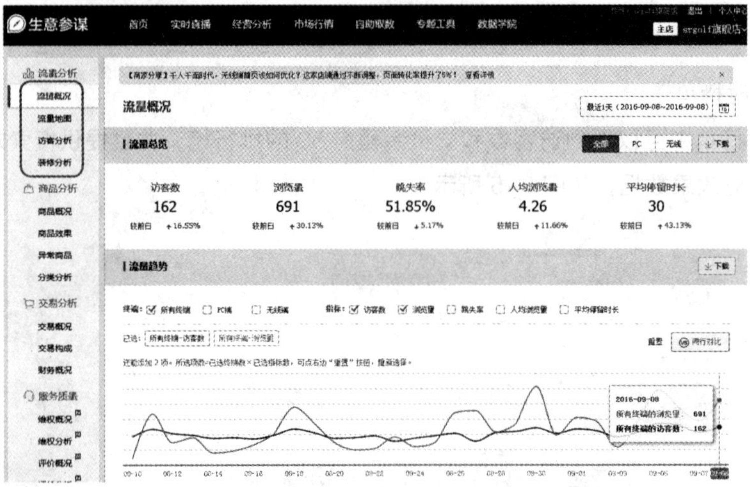

图 8-7

（2）商品分析

商品分析提供店铺所有商品的详细效果数据，目前包括四大功能模块，即商品概况、商品效果、异常商品、分类分析。可以让卖家了解到哪些宝贝有潜力成为爆款，哪些商品存在问题，如图 8-8 所示。

图 8-8

（3）交易分析

交易分析包括交易概况、交易构成和财务概况三大功能，可细分店铺交易情况，方便商家及时掌控店铺交易信息，同时提供资金回流行动点，如图8-9所示。

图 8-9

（4）服务质量

在“服务质量”中可以查看到维权概况、维权分析、评价概况、评价分析、单品服务分析等数据，如图8-10所示。

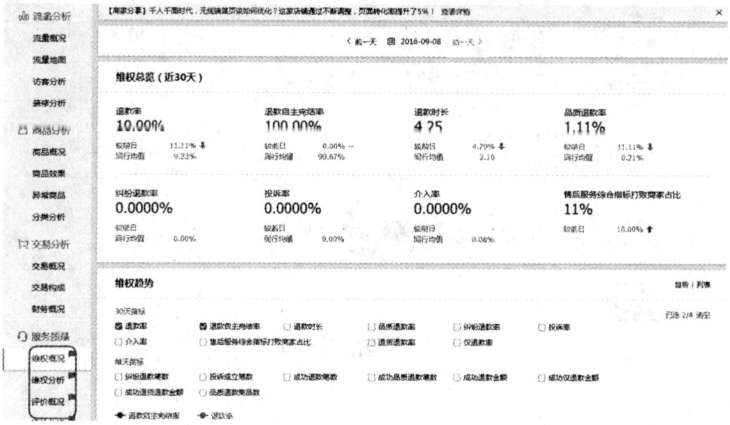

图 8-10

（5）物流分析

在“物流分析”中可以查看到物流的相关数据，如发货包裹数、揽收包裹数、平均支付－发货时长等，如图8-11所示。

图 8-11

（6）营销推广

营销推广包括营销工具、营销效果两大功能，可帮助商家精准营销，提升销量，如图 8-12 所示。

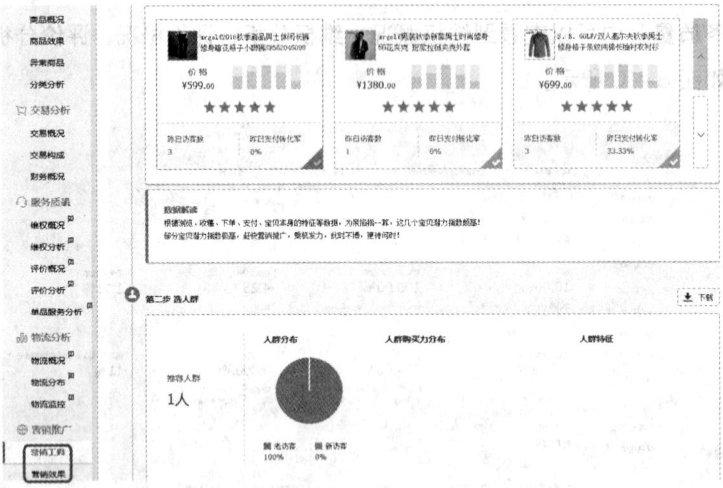

图 8-12

4. 市场行情

市场行情包括行业洞察、搜索词分析、人群画像三大功能。

（1）行业洞察

行业洞察具备行业直播、行业大盘、品牌分析、产品分析、属性分析、商品店铺榜等多个功能，如图 8-13 所示。

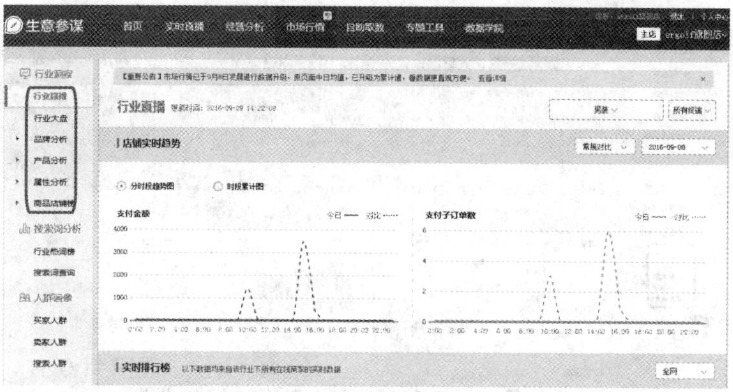

图 8-13

（2）搜索词分析

搜索词分析有行业热词榜和搜索词查询两大功能，如图 8-14 所示。搜索词分析可以查看行业热词榜，还能直接搜索某个关键词，获取其近期表现。通过搜索词分析可以分析行业热搜词、关注词的变化。

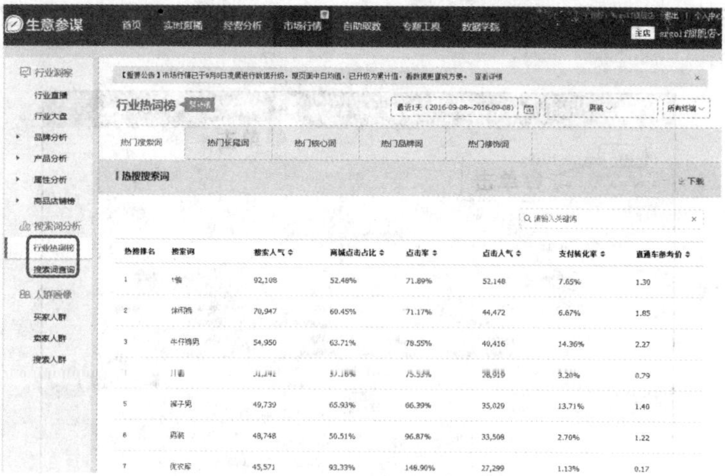

图 8-14

（3）人群画像

人群画像直接监控买家人群、卖家人群、搜索人群三大人群，如图 8-15 所示。可以从属性分析、行为分析、对比分析、购买偏好等方面了解卖家与买家的人群特征。

5. 自助取数

自助取数是可供商家自由提取数据的工具，可提供不同时段（如自然天、自然周、自然月）、不同维度（如店铺或商品）的数据查询服务，有“我要取数、我的报表、推荐报表”3 项功能。

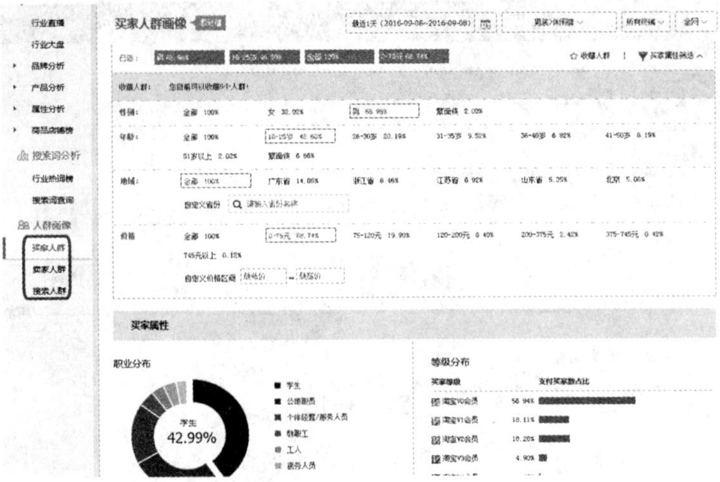

图 8-15

（1）我要取数

为用户提供从店铺 / 宝贝维度的各种指标的自由日期的查询与保存报表的功能服务。

第 1 步 在【生意参谋】页面中，❶ 单击【自助取数】标签，❷ 单击左边的“我要取数”链接，如图 8-16 所示。❸ 在要取数的对象上单击选择，❹ 单击“预览数据”按钮，如图 8-17 所示。

图 8-16

图 8-17

第 2 步 打开报表数据预览对话框,即可查看制定日期下的所选择的指标数据,单击“下载全部数据”按钮，也可下载自助取数数据表，如图 8-18 所示。

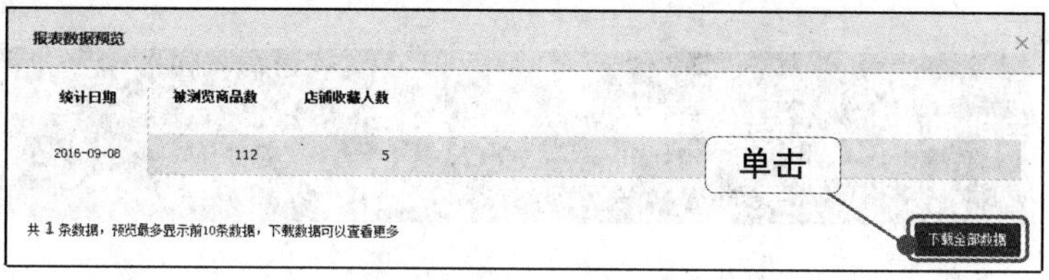

图 8-18

（2）我的报表

为用户展示已经加入报表的取数模板，提供已有查询模板的快速查询服务，如图 8-19 所示。

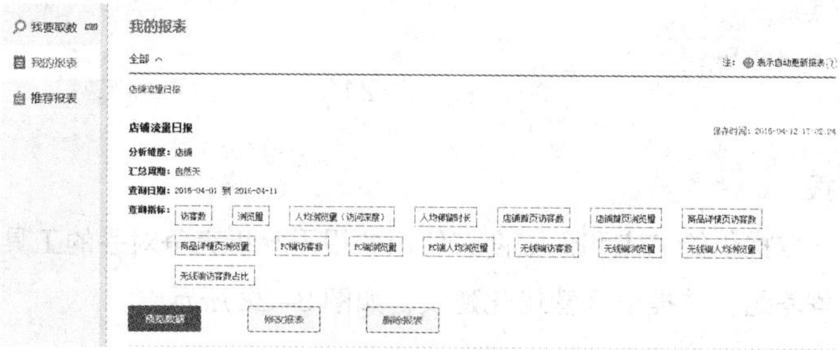

图 8-19

（3）推荐报表

由官方推荐的一些常用的取数查询模板，提供对预设指标的快捷查询入口，如图 8-20 所示。

图 8-20

6. 专题工具

专题工具目前提供竞争情报、选词助手、行业排行、单品分析、商品温度计、销量预测等专项功能，如图 8-21 所示。

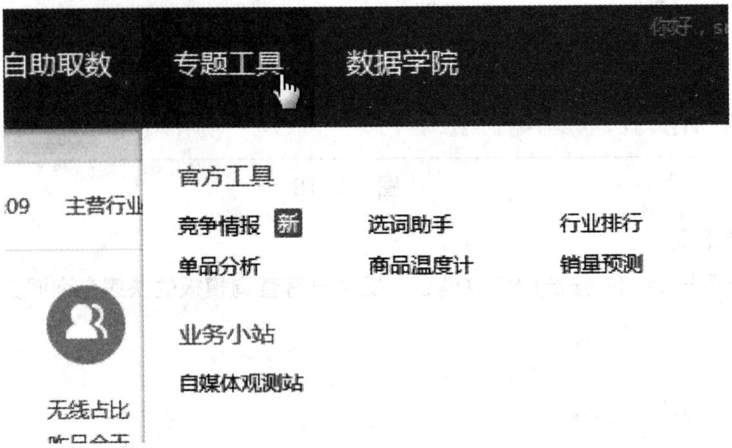

图 8-21

（1）竞争情报

竞争情报是一款提供给淘宝和天猫商家使用的用于分析竞争对手的工具，可精准定位竞争群体、分析竞争差距，并提供经营优化建议，如图 8-22 所示。

图 8-22

（2）选词助手

选词助手从 PC 端和无线端出发，主要呈现店铺引流搜索词和行业相关搜索词的搜索情况及转化情况，如图 8-23 所示。

图 8-23

（3）行业排行

行业排行主要展示六大排行榜，分别是热销商品榜、流量商品榜、热销店铺榜单、流量店铺榜、热门搜索词、飙升搜索词，所有终端、PC 端、无线端可以分开查看。

（4）单品分析

单品分析主要从来源去向、销售分析、访客分析、促销分析四个角度出发，对单品进行分析，商家可从中多角度了解商品的表现情况，掌握商品实际效果。

（5）商品温度计

商品温度计是提供商品转化效果的数据分析，同时可对影响商品转化的因素进行检测，如图 8-24 所示。

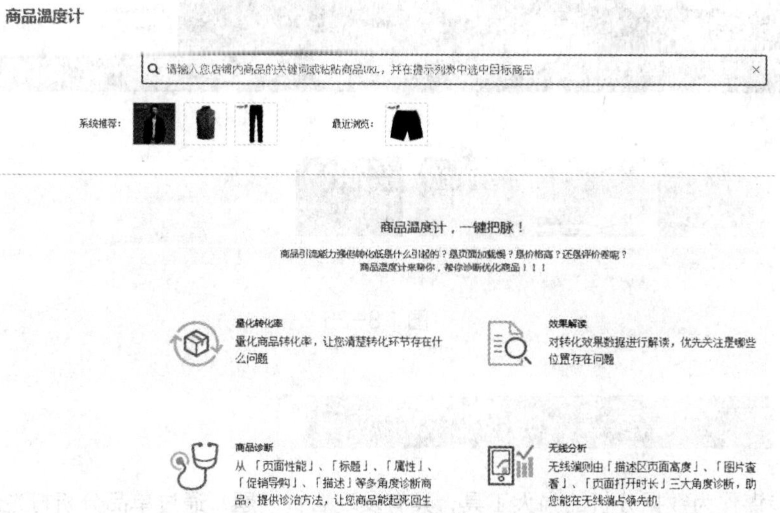

图 8-24

（6）销量预测

销量预测可通过大数据分析，为商家推荐店内最具销售潜力的商品，并监控库存；同时，支持商家自定义监控规则，预估商品未来 7 天销量等。此外，可为商家提供商品定价参考，如图 8-25 所示。

图 8-25

7. 数据学院

单击“数据学院”标签，进入数据学院页面，可以学习生意参谋的各种知识，更好地使用生意参谋进行数据分析，如图 8-26 所示。

图 8-26

8.1.3 “生意参谋”的核心功能应用

生意参谋作为数据分析的强大工具，具有发现店铺问题、通过单品分析打造爆款、了解行业排行等核心功能。

1. 发现店铺问题

数据分析已经被卖家广泛运用在淘宝店铺经营上，数据分析能直接反映店铺经营状况，迅速发现店铺问题，让卖家能及时调整运营策略。但是真正能让数据分析发挥其作用的却为数不多，下面我们来了解下如何通过数据分析发现店铺问题。

① 通过生意参谋的流量总览，可以掌握店铺的整体流量数据情况，以及自身店铺核心流量在哪部分，可以选择性查看 PC 端与无线端流量情况，如图 8-27 所示。

图 8-27

② 通过生意参谋的流量来源做透彻的分析，了解各个端口以及流量渠道的流量变化情况，是否出现异常下降或提升，并且可以结合流量的分布情况，进行核算各个流量入口的实际流量占比，及时对出现流量异常的部分进行透彻分析和优化。单击“经营分析”标签，拖动页面即可查看到详细的流量来源，如图 8-28 所示。

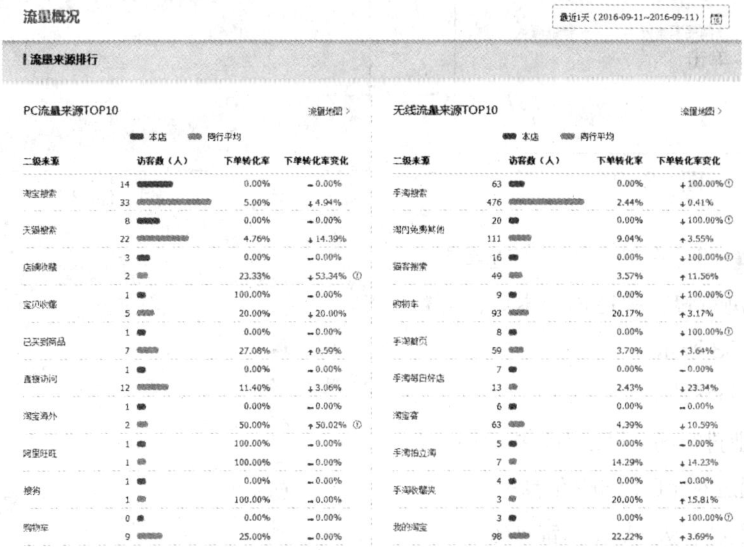
流量概况

最近1天（2016-09-11~2016-09-11）

流量来源排行

PC流量来源TOP10

二级来源	访客数（人）	下单转化率	下单转化率变化
淘宝搜索	14	0.00%	–0.00%
	33	5.00%	↓4.94%
天猫搜索	8	0.00%	–0.00%
	22	4.76%	↓14.39%
店铺收藏	3	0.00%	–0.00%
	2	23.33%	↓53.34%
宝贝收藏	1	100.00%	–0.00%
	5	20.00%	↓20.00%
已买到商品	1	0.00%	–0.00%
	7	27.08%	↑0.59%
直接访问	1	0.00%	–0.00%
	12	11.40%	↓3.06%
淘宝海外	1	0.00%	–0.00%
	2	50.00%	↑50.02%
阿里旺旺	1	100.00%	–0.00%
	1	100.00%	–0.00%
搜狗	1	0.00%	–0.00%
	1	100.00%	–0.00%
购物车	0	0.00%	–0.00%
	9	25.00%	–0.00%

无线流量来源TOP10

二级来源	访客数（人）	下单转化率	下单转化率变化
手淘搜索	63	0.00%	↓100.00%
	476	2.44%	↓0.41%
淘内免费其他	20	0.00%	↓100.00%
	111	9.04%	↑3.55%
猫客搜索	16	0.00%	↓100.00%
	49	3.57%	↑11.56%
购物车	9	0.00%	↓100.00%
	93	20.17%	↑3.17%
手淘首页	8	0.00%	↓100.00%
	59	3.70%	↑3.64%
手淘每日好店	7	0.00%	–0.00%
	13	2.43%	↓23.34%
淘宝客	6	0.00%	–0.00%
	63	4.39%	↓10.59%
手淘拍立淘	5	0.00%	–0.00%
	7	14.29%	↓14.23%
手淘收藏夹	4	0.00%	–0.00%
	3	20.00%	↑15.81%
我的淘宝	3	0.00%	↓100.00%
	98	22.22%	↑3.69%

图 8-28

③ 使用生意参谋可以及时发现异常商品并进行处理。❶ 单击“经营分析”标签，❷ 单击“商品分析”下的“异常商品”链接，即可查看出现流量下跌、支付转化率低、高跳出率、支付下跌等异常情况的商品。❸ 单击商品后面的“商品温度计”链接，如图 8-29 所示，可以查看商品的异常情况及解决的方法，如图 8-30 所示。

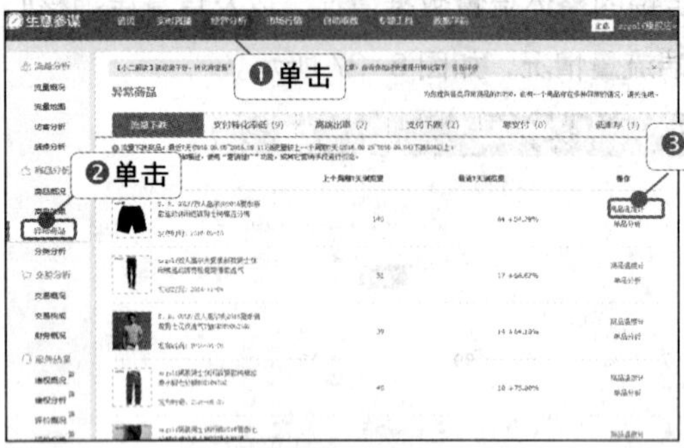

图 8-29

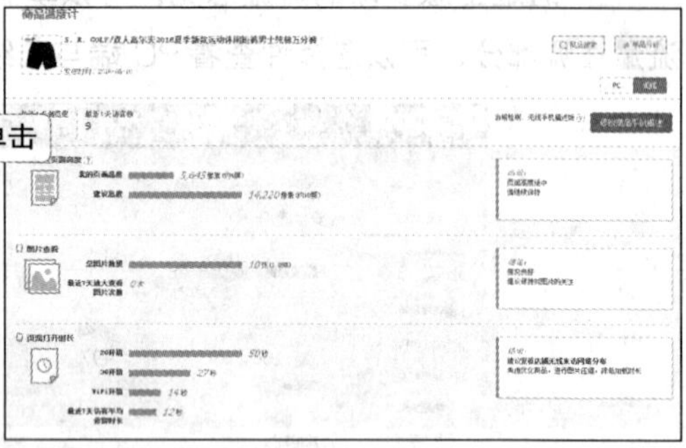

图 8-30

2. 通过单品分析打造爆款

通过生意参谋中的单品分析可以查看要打造爆款宝贝的数据，查看宝贝的流量来源、销售趋势、访客的特征等。

第 1 步 ❶ 单击“专题工具”标签下面的“单品分析”链接，如图 8-31 所示，在图 8-32 所示的位置输入商品关键词后单击“搜索”按钮🔍。

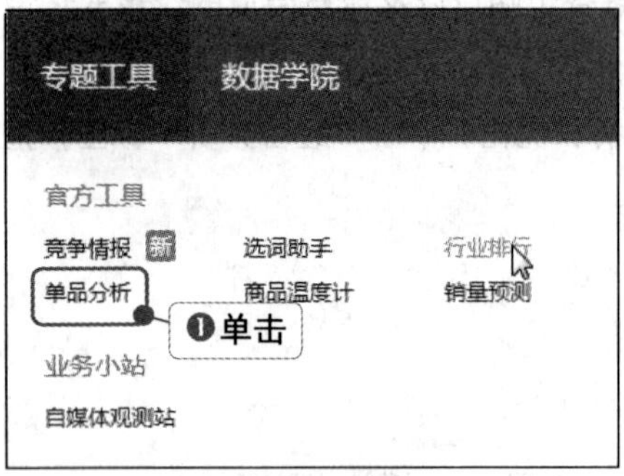

图 8-31

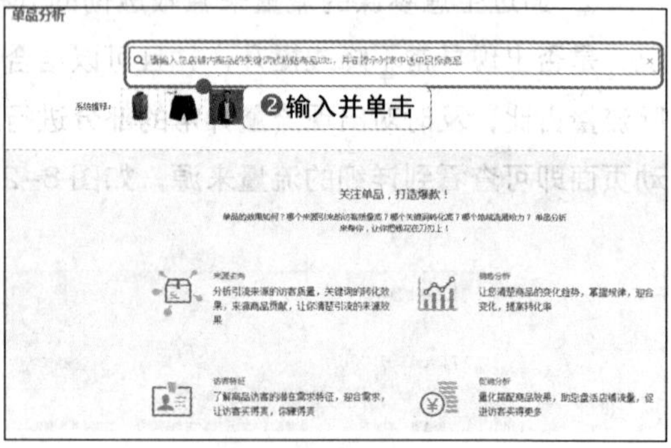

图 8-32

第 2 步 即可在打开的页面查看宝贝的访客数、浏览量、关键词搜索详情等数据，如图 8-33 所示。

图 8-33

3. 行业排行知己知彼

通过行业排行榜，可以看到排行前 100 名的店铺，通过对比自己和其他商家的店铺，发现店铺的不足，从而提升店铺排名。

第 1 步 ❶ 单击“专题工具”标签下

面的“行业排行”链接，如图 8-34 所示，生意参谋行业排行功能有热销商品榜、流量商品榜、热销店铺榜、流量店铺榜、热门搜索词、飙升搜索词六大排行榜，如图 8-35 所示。

第 2 步 ❶ 单击页面右上角的“所有终端”下拉箭头，可以选择不同的终端，分别查看 PC 端和无线端，如图 8-36 所示。❷ 单击页面右上角的“全网”下拉箭头，可以选择不同的店铺等级，让榜单更加精准细分，如图 8-37 所示。

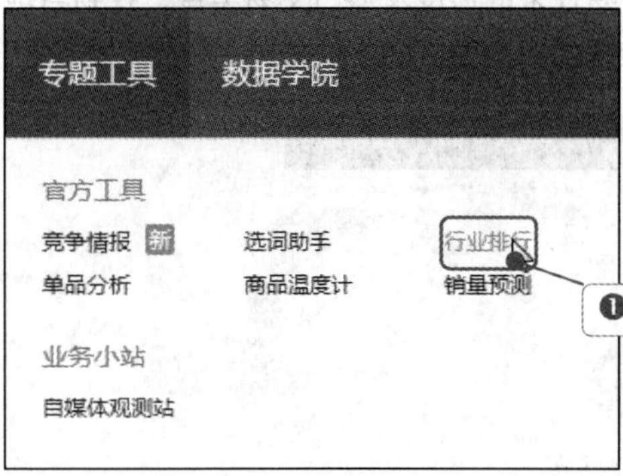

图 8-34

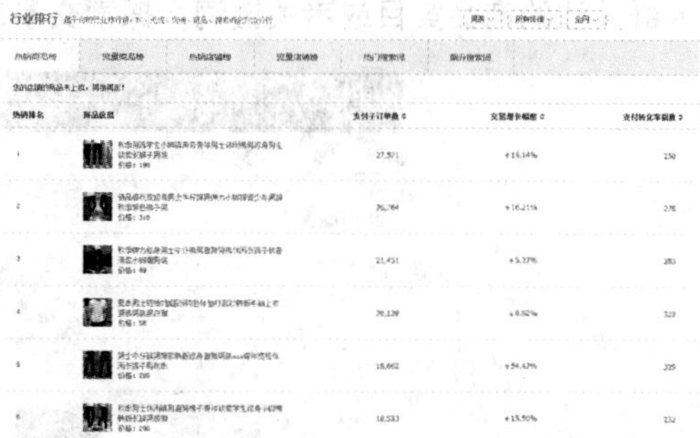

图 8-35

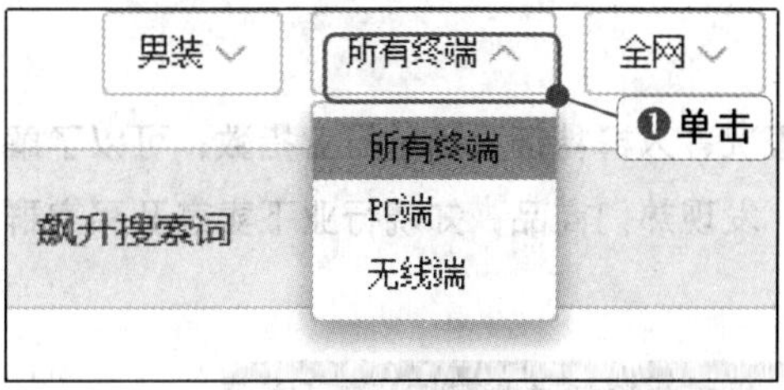

图 8-36

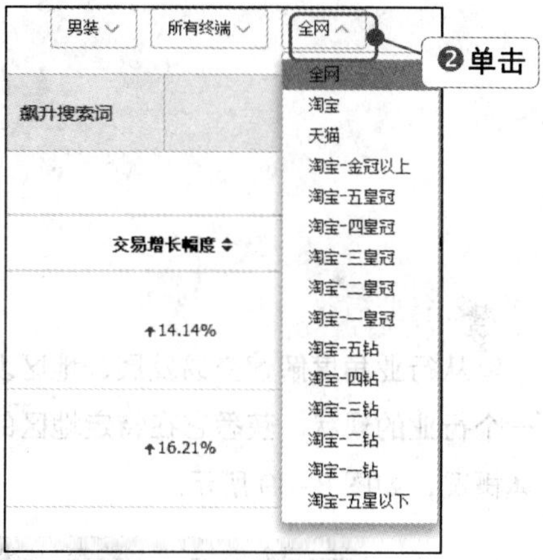

图 8-37

8.2 其他数据分析工具应用解析

除了生意参谋以外，还可以使用阿里指数、体检中心、淘宝排行、看店宝等分析数据，本节将介绍这些工具的使用。

8.2.1 阿里指数

阿里指数是阿里巴巴出品的基于大数据研究的社会化数据展示平台，媒体、市场研究员以及其他希望了解阿里巴巴大数据的人可以从这里获取以阿里电商数据为核心的分析报告及相关地区与市场的信息。对媒体、机构和社会大众提供地域和行业角度指数化的数据分析、数字新闻说明、社会热点专题发现，并作为市场及行业研究的参考、社会热点的了解凭据。阿里指数入口：https://alizs.taobao.com/，阿里指数目前已上线模块包括区域指数和行业指数。

1. 区域指数

从地区角度解读交易发展、贸易往来、商品概况、人群特征。通过区域指数，您可以了解一个地方的交易概况，发现它与其他地区之间贸易往来的热度及热门交易类目，找到当地人群关注的商品类目或者关键词，探索交易的人群特征，如图 8-38 所示。

图 8-38

2. 行业指数

从行业角度解读交易发展、地区发展、商品概况、人群特征。通过行业指数，可以了解一个行业的现状，获悉它在特定地区的发展态势，发现热门商品，知晓行业下卖家及买家群体概况，如图 8-39 所示。

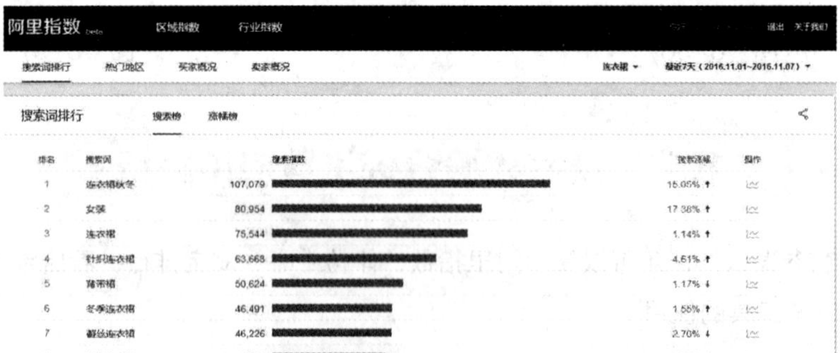

图 8-39

8.2.2 体检中心

体检中心是淘宝提供给卖家实时自检的数据工具。通过体检中心，卖家可以实时关注自己店铺的各项数据是否异常。入口地址：https://notice.taobao.com，也可以通过“卖家中心→宝贝管理→体检中心”进入，“体检中心”页面如图 8-40 所示。

图 8-40

8.2.3 淘宝排行

打开浏览器输入网址 top.taobao.com，即可进入淘宝排行榜，首页默认的是当日的关键词关注上升榜，如图 8-41 所示。首页下方是关键词一周关注热门榜，如图 8-42 所示。

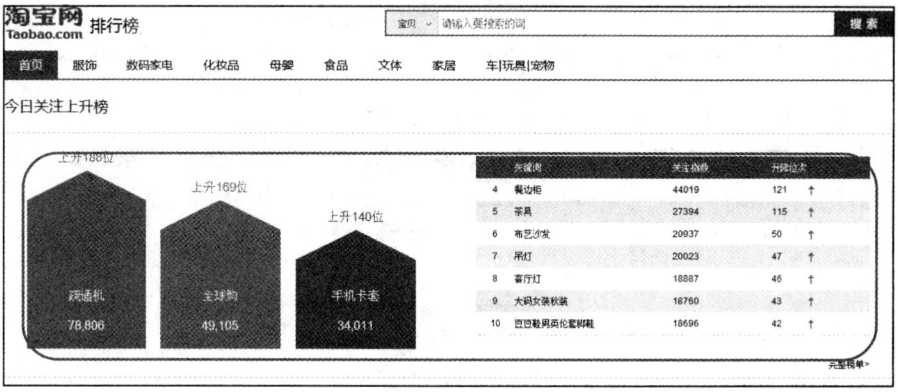

图 8-41

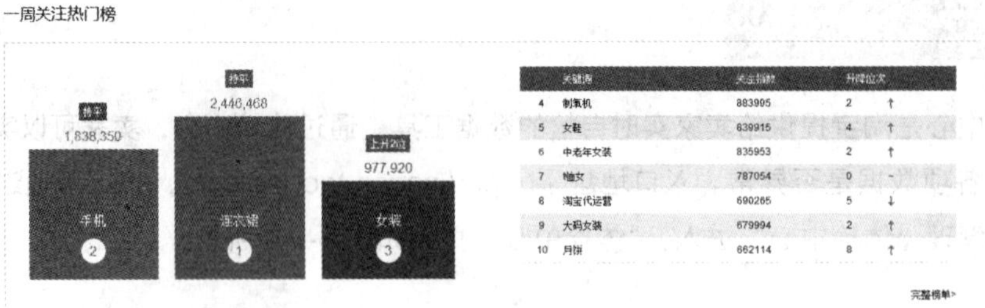

图 8-42

单击不同类目，可看到当前类目的销售排行、关键词排行，如单击“化妆品”，会显示化妆品的排行，如图 8-43 所示。如果想查看其关键词排行，单击“搜索热门排行”链接。

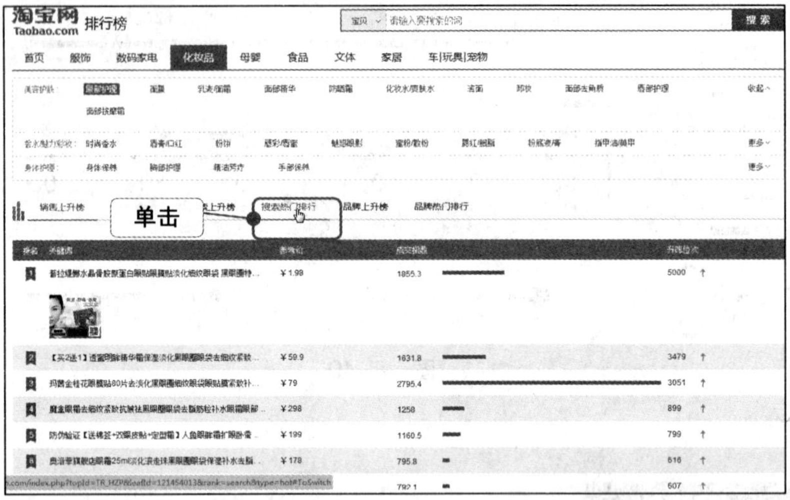

图 8-43

此时，便可以看到“化妆品”的热搜关键词排行，如图 8-44 所示。卖家将相关的热搜关键词加入店铺宝贝中便可提升店铺流量。

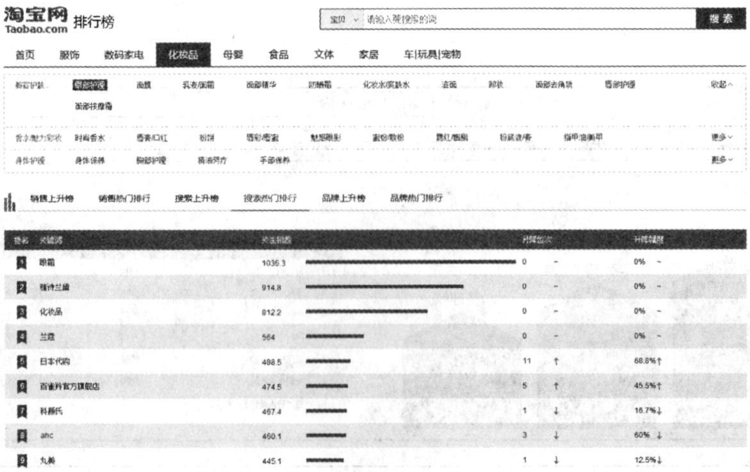

图 8-44

8.2.4 看店宝

看店宝是一个非主流工具，它是以插件形式安装在用户浏览器上的。用户安装好看店宝插件后，在打开淘宝相关网站时就能显示宝贝的下架时间、类目、价格变化、淘宝搜索展现词、天猫搜索展现词、直通车搜索展现词等，还可查看手机排名、搜索排名，并进行热销产品分析、竞争产品分析，还可以用来分析竞争对手的情况。看店宝地址：http://chajian.kandianbao.com，下面介绍其具体的使用方法。

第 1 步 进入看店宝后其主页如图 8-45 所示。单击所用浏览器后面的“在线安装”链接，即可安装看店宝，如单击“猎豹安全浏览器”后面的“在线安装”链接。

图 8-45

第 2 步 在弹出的提示框中单击“安装”按钮，如图 8-46 所示，安装成功后会打开图 8-47 所示的页面。

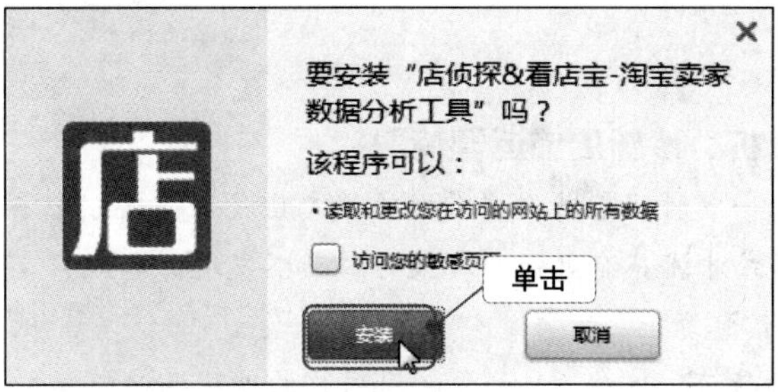

图 8-46

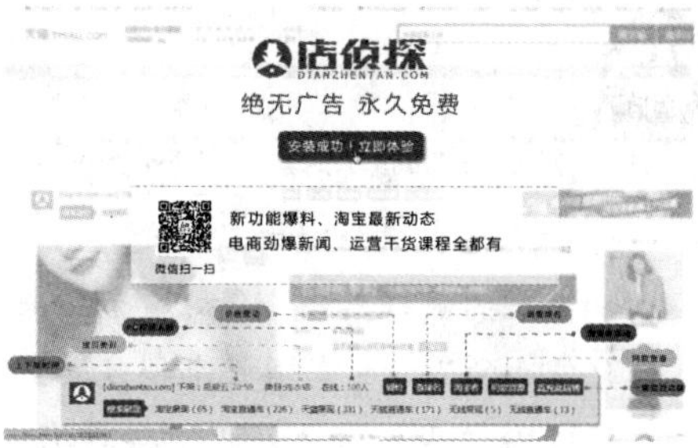

图 8-47

第 3 步 打开淘宝，进入要分析的宝贝页面。❶ 单击要查看数据的链接，如“无线展现词”，如图 8-48 所示。第一次使用需要注册，可使用第三方登录注册，如使用 QQ，❷ 单击 QQ 图标，如图 8-49 所示。

图 8-48

图 8-49

第 4 步 ❶ 输入注册信息，❷ 单击“确定”按钮，即可登录，如图 8-50 所示。此时再单击要查看数据的链接，如刚才页面中的“无线展现词”，即可查看到对应的数据，如图 8-51 所示。单击页面中的其他链接，可查看其他数据。

图 8-50

图 8-51

运营大师谈经验：利用大数据分析、诊断店铺运营情况

什么是大数据？大数据是指无法在一定时间范围内用常规软件工具进行捕捉、管理和处理的数据集合，是需要新处理模式才能具有更强的决策力、洞察发现力和流程优化能力的海量、高增长率和多样化的信息资产。

三分技术，七分数据，得数据者得天下。Amazon 就是利用用户的购买和浏览历史数据进行有针对性的书籍购买推荐，以此有效地提升了销售量；Farecast 利用过去十年所有的航线机票价格打折数据，来预测用户购买机票的时机是否合适。

如果把大数据比作一种产业，那么这种产业是实现盈利的关键，而关键在于提高对数据的加工能力，通过加工实现数据的增值。如果把数据比喻为蕴藏能量的煤矿，煤炭按照性质有焦煤、无烟煤、肥煤、贫煤等分类，用途大小不尽相同。与此类似，大数据并不在“大”，而在于“有用”。其价值含量、挖掘成本比数量更为重要。

如今淘宝店铺的数据分析越来越细，虽然说数据越细分越好，但看到这些纷繁复杂的数据，不免让人眼花缭乱，不知如何归纳总结。其实在看数据的时候，只要抓住几个核心数据，再向下延伸，如抽丝剥茧一样，就会清晰很多。那么，经营淘宝店铺的核心数据有哪些呢？

1. 流量

店铺的流量是数据分析必看的数据，店铺没了流量，其他任何数据也就无从说起。

2. 转化率

转化率是检验店铺各项运营能力的重要依据，详情页的设计、商品的价格、流量的质量、店铺活动的策划、客服的销售能力等都会对转化率产生影响，转化率是否合理卖家可参考自己所在类目的平均转化率。

3. 店铺内各品类销售数据及总销售额

通过此数据可以知道哪些商品卖得好，哪些卖得不多，进而及时调货，补货及清仓。

4. 畅销款

分周、月、季统计，分析原因，得出经验，加以推广，是设立安全库存线的重要依据。

5. 滞销款

分周、月、季统计，分析原因，得出经验，调整优化，可用畅销款带动滞销款。

6. 连带率（销售件数 / 销售单数）

检验客服推荐销售能力，关联搭配设计的效果。

7. 客单价

通过客单价可以估算店铺消费群体的消费承受力，低于客单价的商品可用来吸引对价格比较实际的客人，高于客单价的商品可以用来作为形象商品展示，提升店铺主体价格的价值。

第9章

人气网店必知，销售服务的重要性

本章导读

商品是硬件，服务是软件，做好网店的销售服务是至关重要的。那么，做好网店的销售服务有哪些方法呢？带着这个问题，我们进行本章内容的学习。

知识要点

通过本章内容的学习，大家能够学习到如何做好人气网店的销售服务。学完后需要掌握的相关技能知识如下。

- 培养优秀客服进行销售与售后服务
- 做好老顾客关系维护
- 商品包装的技巧
- 快递发货，物流不可忽视

9.1 培养优秀客服进行销售与售后服务

客服对商品的成交起着关键的作用，培养优秀客服不仅要让客服具备良好的心态、而且要能够专业准确地与买家交流、懂得如何应对不同类型的买家等，主要有以下一些方法。

9.1.1 优秀客服应具备的基本心态及态度

客服每天都会遇到各种各样、形形色色的买家，难免会有极个别蛮横、无理取闹的。因此，作为一个优秀的客服，一定要具备以下的一些基本心态及态度。

1. 对顾客主动、热情

顾客在购物过程中遇到任何问题，客服都要主动帮顾客解决，不能形成顾客问一句客服答一句的被动形式，而是要对顾客的整个购物过程进行跟进，有任何问题及时主动与顾客联系交流，增强与顾客之间的信息互动。

2. 关心顾客

客服面对顾客的疑问和不解时，首先要去除自大的心态，不能因为自己比顾客更了解产品而显得不可一世，也不能因为顾客的问题简单而不耐烦。作为一名合格的售前客服，应该主动关心顾客，像朋友一样去关心、呵护顾客，让顾客跨越距离感受到温暖与关怀。售前客服一定要以最热忱的话语欢迎每一位顾客，并诚心为顾客解决问题。

3. 清楚自己的角色

客服在与顾客进行交谈时，一定要清楚自己是在工作，与顾客的谈话、聊天的目的都是要引导顾客购买商品，所以客服在与顾客沟通时首先要分清轻重缓急，优先解决顾客的疑问。其次是客服要注意聊天的时间，与顾客的每一次谈话都是有目的性的工作行为，有一些顾客故意找客服闲聊，而对这种顾客，客服在闲暇时可以将其当成朋友一样聊天沟通，挖掘他们的潜在购买力，但在忙时则不可花太多时间在他们身上，要照顾到更具有询单转化率的顾客。

9.1.2 专业准确地与买家交流，促成生意

作为一名专业的客服人员，要懂得如何专业准确地与买家交流，以促成成交，可以从以下几个方面着手。

1. 设置自动回复，不让客户久等

卖家离开计算机，千牛会变为闲置状态。所以卖家可以启动千牛的自动回复功能，让其在客服离开时自动回复咨询买家关于店铺及商品的宣传信息，具体操作步骤如下。

第 1 步 打开千牛主界面，❶ 单击右上角“机器人”选项卡，如图 9-1 所示。❷ 单击“配置回复”按钮，如图 9-2 所示。

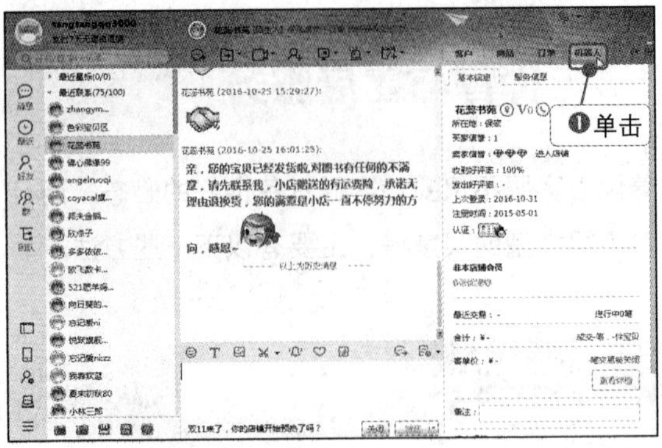

图 9-1

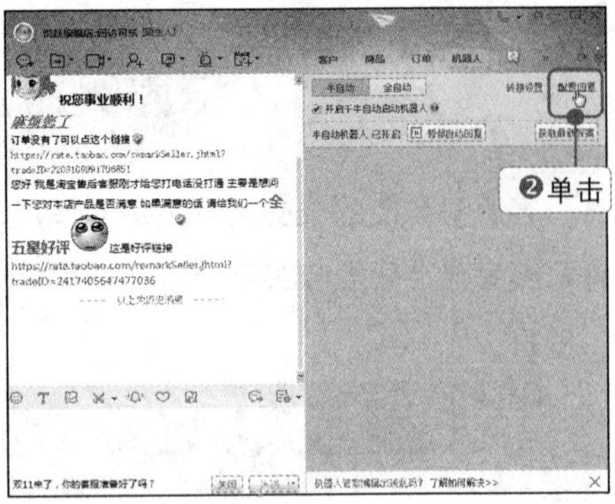

图 9-2

第 2 步 淘宝智能机器人配置中设置了常用的问候语、结束语、导购、活动优惠、发货查件等常用提问的回答，❶ 选中对应问题“自动回答”后面的“是”复选框即可启用当前问题的自动回答，如果对默认的回答不满意，还可以单击“修改”按钮进行修改。❷ 单击“添加自定义问题”按钮，可以自定义设置问题及其对应的自动回答，如图 9-3 所示。

第 3 步 ❸ 在弹出的“添加问题”对话框中输入提问，❹ 单击“检测问题并设置答案”按钮，如图 9-4 所示。

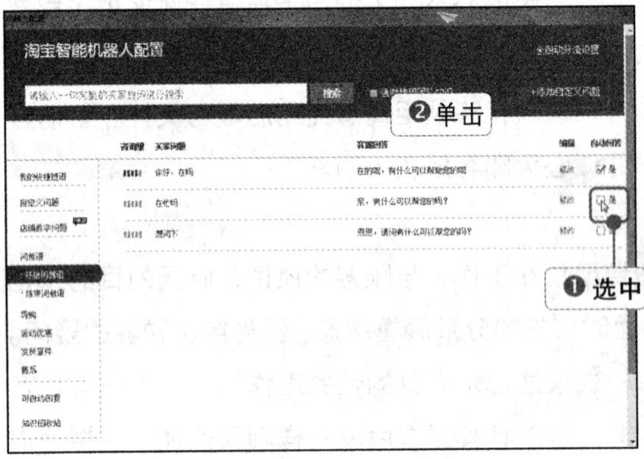

图 9-3

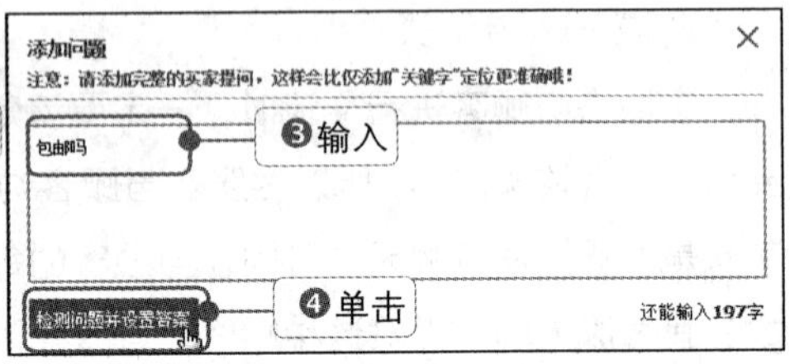

图 9-4

第 4 步 如果对检测到的默认的回答不满意，❶ 可以单击回复的内容，如图 9-5 所示。❷ 在弹出的“编辑您的回复”对话框中输入新的回答，❸ 单击“确定”按钮，如图 9-6 所示。

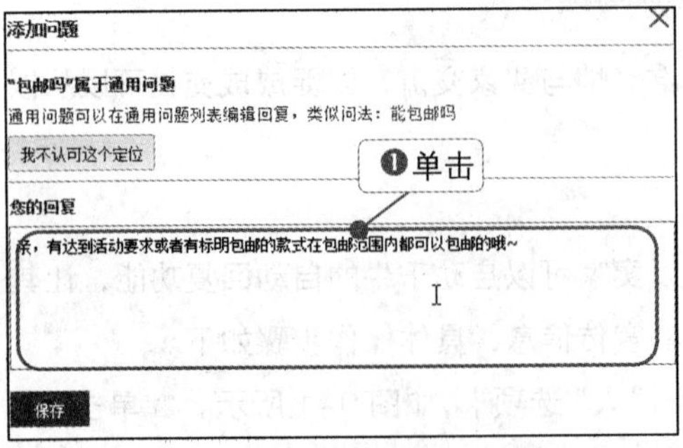

图 9-5

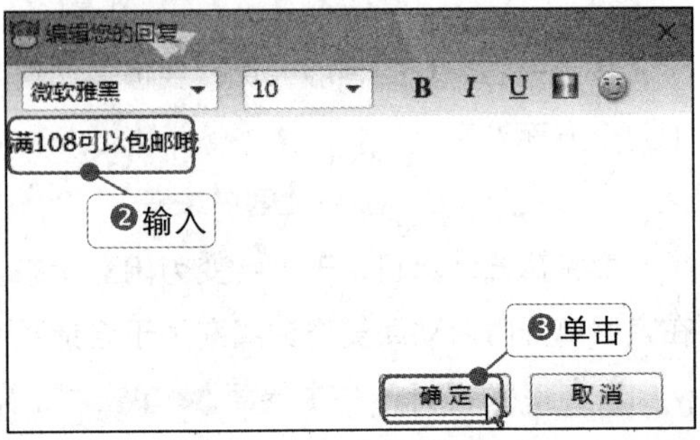

图 9-6

第 5 步 在“添加问题”对话框中单击“保存”按钮，如图 9-7 所示。就可得到如图 9-8 所示的为买家询问“包邮吗”时的自动回答。

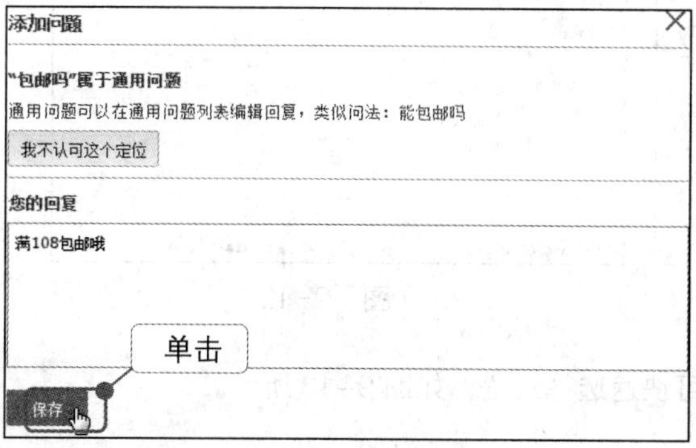

图 9-7

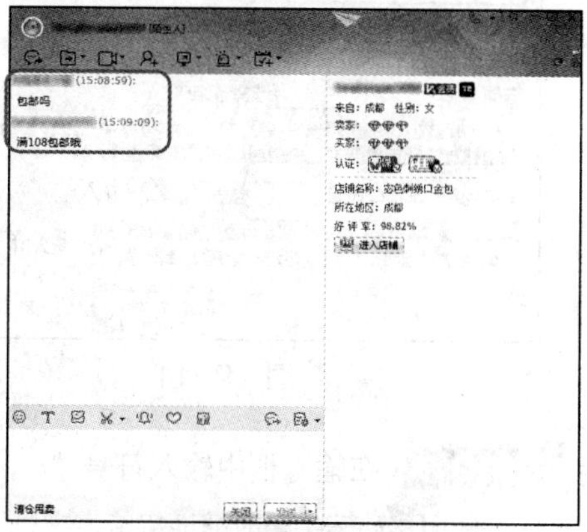

图 9-8

2. 用快捷短语迅速回复客户

卖家咨询的有些回答内容是重复的，如包邮、发货等问题。对于重复的问题，可以设置快捷短语，节省客服的时间。创建快捷短语具体操作步骤如下。

第 1 步 ❶ 在消息框中单击“快捷短语”按钮，如图 9-9 所示，❷ 在右侧打开的面板中单击“新建”按钮，如图 9-10 所示。

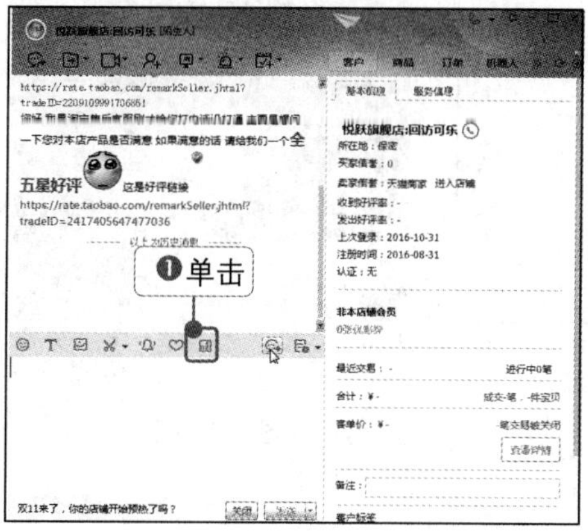

图 9-9

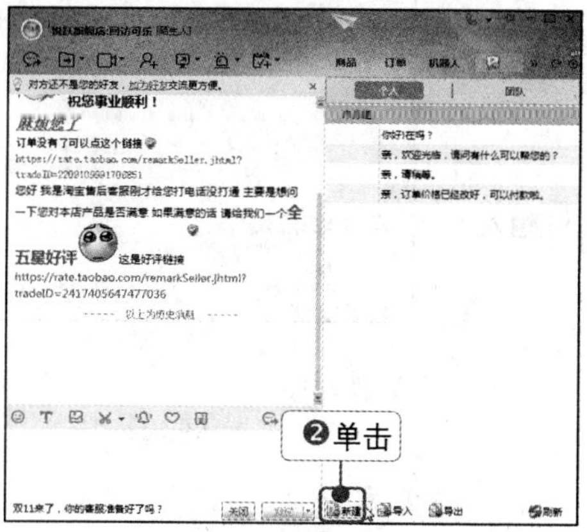

图 9-10

第 2 步 打开“新增快捷短语”对话框，❶ 输入短语内容，❷ 输入买家问题，❸ 单击“保存”按钮，如图 9-11 所示。此时，“快捷短语”面板中有新建的短语内容，如图 9-12 所示。

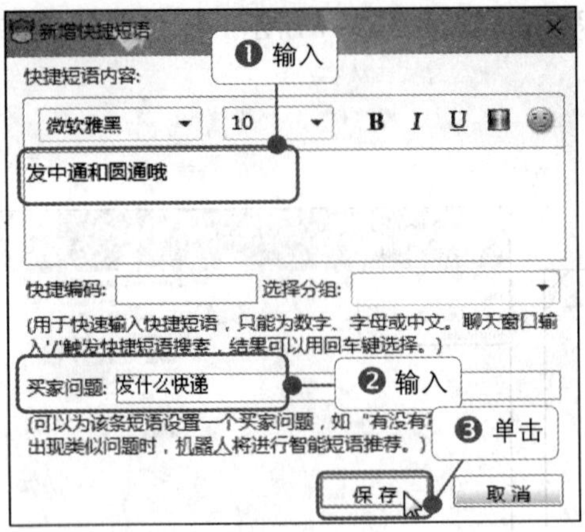

图 9-11

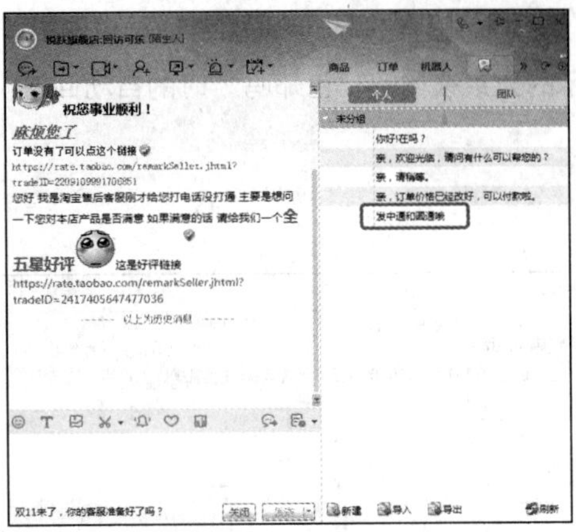

图 9-12

第 3 步 在输入框中输入符号“/”，可快速选择短语，如图 9-13 所示。

3. 使用移动千牛随时随地接待客户

卖家在使用千牛时，也要在手机上下载并安装千牛卖家版，这样即便是关闭了电脑，在线客服的旺旺也是处于在线状态，不会错过任何买卖，使用移动千牛，与买家随时随地洽谈生意，移动千牛如图 9-14 所示。

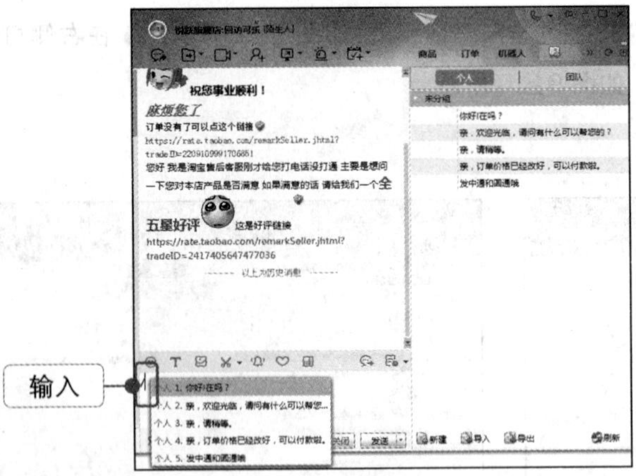

图 9-13

图 9-14

4. 妥善保存聊天记录

聊天记录非常重要，建立客户档案、总结交流经验、发生纠纷时的取证，都离不开聊天记录。保存聊天记录的具体操作步骤如下。

第 1 步 ❶ 在千牛客服工作台单击“查看消息记录”按钮，如图 9-15 所示。❷ 在消息记录面板下方单击“消息记录”按钮，如图 9-16 所示。

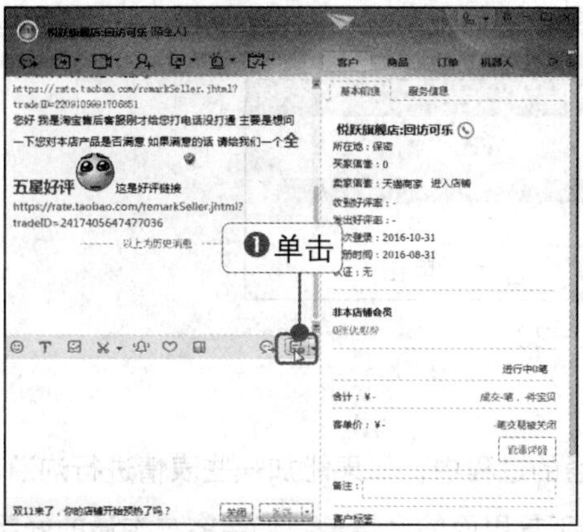

图 9-15

图 9-16

第2步 打开“消息管理器”窗口，单击右上角的“导出消息记录”按钮，如图 9-17 所示。

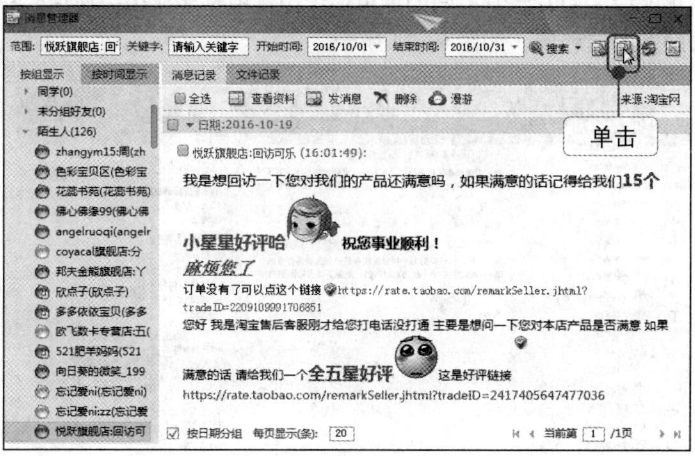

图 9-17

第3步 弹出“导出选择”对话框，❶ 设置导出消息的起始时间以及消息类型，❷ 单击“确定” 按钮，如图 9-18 所示。

第4步 弹出“导出”对话框，❶ 选择聊天记录存储位置，❷ 单击“保存”按钮，如图 9-19 所示。

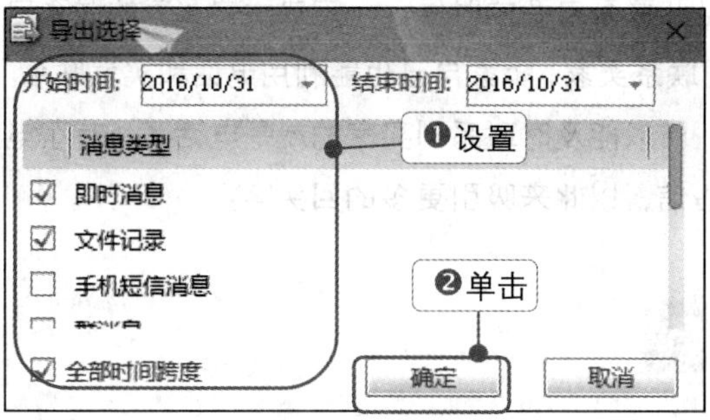

图 9-18

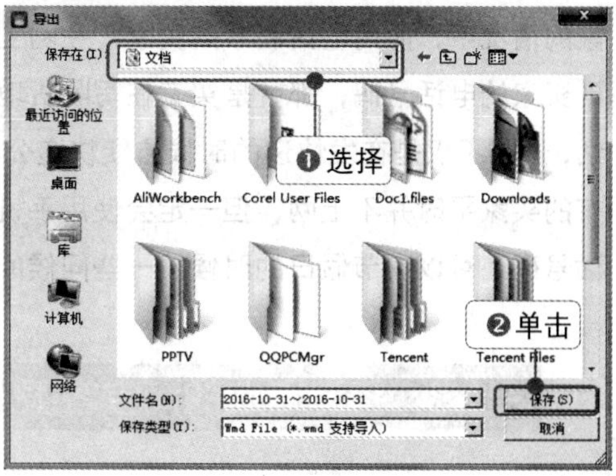

图 9-19

第 5 步 导出完成后，在弹出的对话框中单击“确定”按钮即可，如图 9–20 所示。

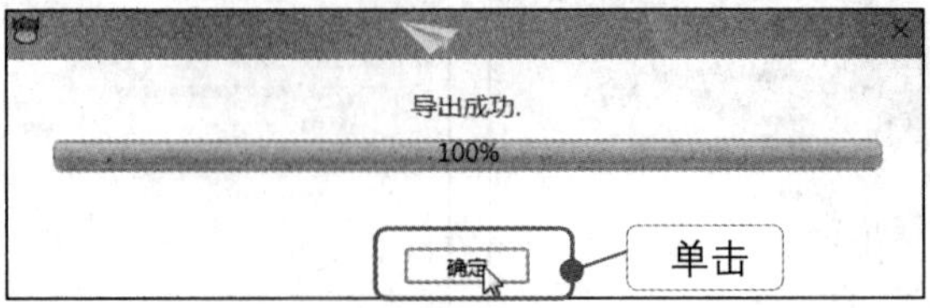

图 9–20

5. 巧用千牛表情拉近和买家的距离

千牛提供了丰富的表情，卖家在与买家沟通的过程中，如果能加一些表情进行沟通，可以让买家产生亲切感，增加其购买的欲望。聊天工具里面的表情是我们与客户沟通的好帮手，它能很快地制造出轻松的气氛，拉近大家的距离。灵动的表情，立刻让聊天气氛轻松，即使是初次交谈的人也能感受到心与心之间的撞击，不用说话就能显示出热情。如果表情运用得当，还可以增加顾客的信赖感，如图 9–21 所示。

图 9–21

6. 使用电话与买家交流

卖家可以在店铺中加入电话号码，以便买家在使用 QQ、阿里旺旺等网络软件找不到卖家的情况下，能用电话联系到卖家。在网上交易的过程中，有一个环节卖家很容易就能了解到买家的电话号码，那就是买家在写收货地址和联系电话的时候，一定要索要买家的联系电话，这样不仅是在发快递的时候方便快递公司联系买家，卖家自己也能利用电话和买家联系。有的买家平时并不上网，但一定会使用手机，所以能及时联系到买家的就是电话了，有了电话号码还可以在节假日的时候发一些问候的短信，以此来吸引更多的回头客。

9.1.3 打造专业的淘宝客服人员

客服在与顾客谈话时，说话要有技巧，沟通要有艺术。想要打造专业的淘宝客服人员，需要客服做到以下几点。

1. 使用礼貌的沟通语言

要想得到别人的尊重，首先要尊重别人。与顾客沟通时要给顾客留下良好的印象，让顾客愿意与你沟通。所以，作为淘宝客服必须谦虚有礼、热情主动，以此来建立和谐友好的购物气氛。在顾客咨询的过程中,称呼对方一定要用“您”而不用“你”,有时也可以称呼“亲”，可以使用“您好，欢迎光临小店！”“亲，您好”“您请稍等，我看下库存有没有货”“不好意思”“抱歉，请您谅解”等礼貌语。

2. 换位思考

在与顾客沟通的过程中，客服不要把自己摆在“我是卖家—销售者”的位置上，要把自己当作是一个顾客，或者把自己当作是顾客的朋友，这时候你的思路才能真正贴近顾客，才知道怎样去介绍商品。只有站在顾客的角度考虑问题，才知道怎样引导顾客购买宝贝，你的观点、你的讲解才能得到顾客的认同。当遇到不理解顾客的想法的时候，不妨多问问顾客，然后把自己放在顾客的角度去体会他的心境。

3. 多检讨自己，少责怪对方

客服在遇到问题时要先想想自己有什么做得不好的地方，诚恳地向顾客检讨自己的不足。比如，有些宝贝细节明明有介绍，可是顾客没有看到，这时不要指责顾客不好好看商品说明，而是应该反省自己没有及时提醒顾客。

4. 认真倾听，再做判断和推荐

要成为沟通高手，首先要成为善于聆听的卖家。当顾客未问完时，不要去打断他；对顾客的发问，要及时准确地回答。只有这样，对方才会认为你是在认真听他说话，觉得被尊重，也才会对你的产品产生兴趣。并且倾听可以使对方更加愿意接纳你的意见，倾听后你再说话的时候，更容易说服对方。有时顾客会用一个没头没尾的问题来开头，比如“我送朋友哪个好”，或者“这个好不好”。这时不要着急去回复他的问题，而是先问问顾客是什么情况，需要什么样的东西，如果他自己也不是很清楚，就要客服来帮他分析情况，然后站在顾客的角度为其推荐。

5. 坦诚相待，诚信第一

买卖交易中，首要的是诚信，对于销售中的商品不要隐瞒任何问题，否则这些失信的行为将会使你失去眼前和更多潜在的顾客。商品难免会出现一些问题,有的商品存在小瑕疵，拿货时没发现，到拍摄或者检查时才发现，有的甚至是在顾客要订货时才检查出问题，那么这些都要在宝贝描述中表述清楚，如果是在顾客询问后才发现的，要在顾客决定付款购买之前说清楚。

9.1.4 如何应对不同类型的买家

在网络销售中，顾客看不到产品实物，客服显得尤为重要。那么，如何来推进客户服务呢？客户分类是其关键环节，只有对客户实施有效合理的分类，才能进行个性化和差异化的营销服务，进而提高客户的满意度和忠诚度，增加网店的核心竞争力。按照性格可把顾客分为八大类型，对待不同性格的顾客，应采取不同的接待和应对方法，只有这样，才能得到顾客的信赖。根据每种类型的顾客选择相应的方式如下。

1. 感情型顾客

特点：最忠诚的客户。

这类顾客对个人感情看得极重。从购买心理的角度分析，这类顾客同卖家之间的交往以热情和共同喜爱为特征。

应对技巧：让顾客认为他是我最好的朋友。

研究发现，感情型顾客通常比深思熟虑的顾客购买得更多，其流失率也更低。因此，打造符合店铺自身特色的品牌文化和情感氛围也显得日益重要。互联网使交往变得更加容易，但却常常造成人与人之间直接接触机会的丧失。让顾客认为你们彼此的关系已经超越了交易本身，是吸引感情型顾客的关键点。卖家可以和这类顾客逐渐熟识，全身心投入谈话，经常联络，或者在特殊日子送上小礼物。

2. 理智型顾客

特点：原则性强、购买速度快。

这类顾客一般受教育程度比较高，买东西有原则、有规律。他们通常是生活中很负责任的人，所以自己买东西前也比较理智，大多数会认真研究要买的东西，逐一对比哪一种最适合自己，然后再选择购买。他们一般最关心产品本身的优缺点自己是否需要，通常会本着对卖家负责的态度及时确认付款，会给好评，而且会在好评里进行描述。

应对技巧：要打动顾客的心，一定要给予顾客想要的东西。

面对理智型的顾客，客服一定要做理性诉求。因为这类顾客在购买前多数心中已有了定论，需要的是卖家以自己的专业知识，分析产品的优势劣势帮他们确定购买。如果强行向他们推销宣传，容易引起这类顾客的反感，而且如果无法以理性的态度处理，客户将会认为该卖家的专业知识不够，从而失去客户的信任。

3. 冲动型顾客

特点：不会做太多对比，购买速度快。

这种顾客购物时完全是冲动战胜理智，经常买一些用不着的东西，广告及旁人的意见会影响他们的购买决定。这种顾客买东西时完全凭借着一种无计划的、瞬间产生的强烈的购买欲望，以直观感觉为主，新产品、新服务项目对他们的吸引力较大。这样的顾客一般对接触到的第一件合适的商品就想买下，不愿做反复比较选择，很快就能做出购买决定。

应对技巧：商品要让他们有一看就想要的冲动。

由于此类顾客在选购商品时，易受商品外观质量和广告宣传的影响，所以毫无疑问，做好商品的描述和店铺装修就成了重头戏。人的信息量80%来源于视觉，就算不是冲动型的顾客也喜欢逛漂亮的店铺。

4. 盲从型顾客

特点：喜欢跟风，无主见。

这类顾客不仅关心商品本身，还关心有多少别的顾客买了这个商品，关心别人对这个商品是怎么看的。这类顾客非常在意周围人对商品的评价，所以他们的购买行为常受他人意见的左右。

应对技巧：正面暗示，展示别人的好评。

既然这类顾客的购买决定易受外部刺激的影响，那么客服就要用积极的态度，给予顾客强有力的正面暗示。遇到这种顾客，不仅可以把商品的功能、外界的广告宣传尽量显示，还可以把商品销售以来别人的好评展示出来。另外，淘宝还有“超级顾客秀”这个功能，很多有旺铺的店铺专门把“超级顾客秀”作为一个页面展示出来，都是在增强顾客的信心，同时也能起到很好的口碑相传的效果。

5. 随意型顾客

特点：老实人，好商量。

这类顾客平时购物没什么主见，往往是随意购买或奉命购买，喜欢得到别人的指点，尤其是得到客服的帮助，也乐于听取客服的介绍和建议。因为他们对商品一般不过多挑剔，所以很少亲自去检验和查证商品的质量。

应对技巧：提出意见，甚至可以帮顾客做选择。

淘宝网也发现了这类人群的购买特点，并提供了“掌柜推荐”这项功能，旺铺模式的掌柜推荐页面，会出现在每个宝贝描述的下方或者在店铺最中间的推荐位上，顾客浏览商品及店铺时第一眼就能看到这些被推荐的商品。同时，淘宝还提供了橱窗推荐功能，当顾客选择搜索或者点击“我要买”并根据类目来搜索时，橱窗推荐商品就会出现在页面中。橱窗推荐就和商店外面摆的样品一样，更容易被大家看到。如果顾客已选择了你的店铺，但是却不知道自己到底要买什么产品而咨询客服，那么能不能留住客户的关键就在于能否提供中肯而有效的建议。这类顾客通常自己拿不定主意，所以客服可以视情况帮他下决心，这样一来既可节省时间，又可增强对方的信心。

6. 习惯型顾客

特点：不问就买。

有些商品确实有独特性，会让顾客形成思维定势不断地重复购买，如购买点卡、充值卡等。有些网络游戏的玩家在淘宝买点卡的时候是习惯性的，他们在第一次选择后，往往出于方便，凭以往的习惯和经验购买，这种购买不容易受他人影响，而且一般很少和卖家沟通，交易的过程也十分迅速。

应对技巧：习惯型顾客是我们每个卖家梦寐以求的对象。对于这类顾客，卖家们必须保持住自己店铺产品的特性、品质及良好的服务，还得经常了解客户购买和使用产品的情况。

7. 谨小慎微型顾客

特点：考虑得太多，选择困难症。

有些顾客生来谨慎，挑选商品时动作缓慢，左右比较拿不定主意，还可能因犹豫而中断购买，甚至购买后还疑心上当受骗。

应对技巧：诚实而热情。

如果在网下购物，销售人员首先需要观察客户的表情，有针对性地鼓励客户，给客户亲切的感觉。在淘宝网上，顾客看不到卖家的笑脸，但是店铺的界面一定要做得友好，客服一定要让顾客"感觉"到自己的笑脸，可以寻求相互之间的共同点，让顾客把自己当成朋友，从而排除客户紧张的情绪，尽量让顾客心理放松下来。中肯地介绍自己的产品，注意不要夸大其辞，否则会适得其反。

8. 贪婪型顾客

特点：砍价、挑剔、爱占小便宜。

这样的顾客在淘宝买家中也占有一定的比例，从顾客在购买时的语言和行为能看出他们的性格。想赚贪婪型顾客的钱不容易，因为首先他们永远抱着不相信你的态度，购买时最关注的是价格，其次才是质量；而在评价时往往以各种理由挑剔，或者以差评、中评相威胁来获取赔偿。

应对技巧：对于这样的顾客，如果店铺本身没有绝对自信的质量和服务优势，建议不要接生意。因为时间和人力都是成本，这样的顾客，贪婪没有止境，一味地满足他们的要求，店铺所耗费的精力要远远大于收益。如果一定要接受交易，也要保留旺旺记录、图片、发货记录等凭证。

9.1.5 促成快速成交的3种方法

对于有购买意向，又不及时下单的顾客，应该如何快速促成成交呢？本节针对不同的情况，介绍了不同的促成快速成交的方法。

1. 积极引导观望型买家

买家进入店铺，有一部分尤其是老顾客，会直接下单进行购买，但大部分人会选择和客服沟通。而有部分顾客没有购买就直接走了，这说明什么？说明我们的产品和服务被买家拒绝了。而真正优秀的客服，可以说服这些本身拒绝我们商品的买家。通常最常见有五个拒绝理由："价格太贵""想要货比三家""我可以在别的地方买到同样的产品""发货不及时""我担心……"等。

当遇到这样的问题，客服要具体问题具体分析，消除买家的疑虑，促成成交。如买家说"价格太贵"，卖家可以说"一分钱一分货，同等质量最低价"。

2. 促成拍下却又不付款的买家快速付款

在淘宝会遇到很多买家在你的店铺里拍下某一个商品且已将收件人信息填写完整却没有完成付款的情况，这种情况也是我们通常所说的未付款订单。若顾客在72小时内未完成付款，店主也没有及时处理订单，系统就会自动关闭订单。此时我们客服最应该做的，就是及时与顾客取得联系，可以通过打电话、发短信、微信、旺旺留言等方式，了解其未付款的原因。只有知道了顾客未付款的原因，才能对症下药，争取成交。

如果买家拍下未及时付款并且买家在线的情况下，通常可以这样引导买家付款。如“您好，亲，您拍了某某的宝贝，还没有付款哦，想再确认清楚收货地址，没什么问题的话，您付款后，我们会尽快帮您发货，请有空时与我联系，谢谢亲的支持！”

如果是付款催单，最好不要用“亲们”“您们”“各位”这种广泛的称呼，这是对顾客的不尊重，因为一看就知道是群发的。要给每一个客户独享的服务，那就得用“亲”“您”这些专指个体的词。

3. 应对“讨价还价”的顾客，促成快速成交

对于习惯砍价的人，你卖 130，他不要；你卖 180，他砍到 150，还会很高兴地买走。对这些人来说，砍价是一种心理享受。但是网店不同于实体店，网店商品一般都是薄利多销，基本上是没有什么议价空间的。那么，如何能既不降价又能促成商品成交呢?

面对砍价的顾客，要说明你的商品物有所值，一个价钱一个档次的质量。要把你的产品描述成客户心里的印象，说到客户的心里，要让客户觉得不论从哪方面讲，你的竞争对手的产品，都比不上你的。比如，对顾客说“当你遇到一件你心仪已久的商品，现在就在你的面前，如果你不买的话，也许就永远错过了，你还会在乎它的价格吗？”如果你能说得顾客觉得“除却巫山不是云”，顾客岂会不买呢?

还可以用赠品替代降价，如果顾客很喜欢某商品，这时又用赠品给了砍价的顾客一个台阶，一般顾客都会接受。只要从顾客的角度出发，真心诚意地打动他们，顾客一般也不会为难客服。如果遇到实在难缠、极端的买家，也没有必要强求，浪费太多的时间在这类顾客身上。

9.1.6 与顾客沟通的九大禁忌

客服在与买家交流时，说话要有技巧、沟通要有艺术，良好的沟通也可以使买家重复购买。同时在与买家交流时，要注意管好自己的嘴，要知道什么话应该说、什么话不应该说，要知道在什么情况下说什么样的话。在本节中，我们将介绍客服与买家沟通时的九大禁忌。

1. 忌质问

客服与买家沟通时，要理解并尊重买家的所需与观点，要知道人各有所需，顾客买商品，说明顾客需要和认可此商品；顾客不买，也是有原因的，切不可采取质问的方式与顾客谈话。不能说“您为什么不买这件衣服啊？”“您凭什么讲我的信誉是炒作的？”“您有什么理由说我的衣服质量不好？”诸如此类愚蠢的话。用质问或者审讯的口气与买家谈话，是客服不懂礼貌的表现，是不尊重人的反映，也是最伤害买家的感情和自尊心的。

2. 忌命令

客服在与买家交谈时，态度要和蔼，要用征询、协商或者请教的口气与买家交流，切不

可采取命令和指示的口吻与买家交谈。换位思考，如果你是买家，别的客服用命令的语气与你交流，你一定也是不愿购买他的商品的。

3. 忌炫耀

当与买家沟通谈到自己的商品及店铺时，要实事求是地介绍自己的商品和店铺，稍加赞美即可，万万不可忘乎所以、得意忘形地自吹自擂、自我炫耀自己的商品美观、实用、价廉以及质好等。要知道人外有人，山外有山，你说你的商品美观实用、价廉、质好，还有比你更好的。况且每个人的品位及审美观都不一样，你觉得好的买家未必觉得好。

4. 忌直白

客服要掌握与买家沟通的艺术，买家成千上万、千差万别，他们在知识和见解上都不尽相同。我们在与其沟通时，如果发现买家在认识上有不妥的地方，也不要直截了当地指出。人们都忌讳在他人面前丢脸、难堪，俗语说："打人不打脸，揭人不揭短。"客服与买家交谈，要做到言之有物，因人施语，要把握谈话的技巧、沟通的艺术，要委婉忠告。

5. 忌批评

在与买家沟通时，如果发现他身上有缺点，切勿批评、教育，更不要指责。要知道批评与指责解决不了任何问题，只会招致对方的怨恨与反感。与买家交谈要多用感谢词、赞美语；要多说赞美的话，要掌握赞美的尺度和批评的分寸，要巧妙批评，旁敲侧击。

6. 忌专业

在推销自己的商品时，一定不要用专业术语，如买家问你这件衣服是不是棉的，不用告诉他所有的成分，直接告诉他含棉量是多少即可。用专业术语不但让买家弄不明白你的意思，而且还会让买家以为你在他面前炫耀。

7. 忌独白

与买家谈话，就是与买家沟通的过程，这种沟通是双向的。不但客服自己要说，同时也要鼓励对方讲话，通过顾客的表述，可以了解顾客个人的基本需求。双向沟通是了解对方有效的工具，切忌客服一个人唱独角戏。

8. 忌争辩

在与买家沟通遇到问题时，客服要明确自己的角色，客服主要是推销产品的，不是来参加辩论会的，要知道与买家争辩解决不了任何问题，只会招致顾客的反感。客服首先要理解买家对商品有不同的认识和见解，容许买家讲话，发表不同的意见。如果客服刻意地去和买家发生激烈的争论，即使客服占了上风，把顾客驳得哑口无言，但得到的是什么呢？是失去了买家、丢掉了生意。客服时刻不要忘记自己的角色、身份，在沟通中一定要忌争辩。

9. 忌冷淡

与买家谈话，态度一定要热情，语言一定要真诚，言谈举止都要流露出真情实意，要热情奔放、情真意切。感人心者，莫先乎情，这是客服的真情实意，只有您用自己的真情，才能换来对方的感情共鸣。在谈话中，冷淡必然带来冷场，冷场必定带来生意泡汤，所以要忌讳冷淡。

9.1.7 做好网店售后服务工作

良好的售后服务可以提升消费者的满意度和忠诚度。因此，做好网店的售后服务，进一步提高顾客的满意度已经成为网店竞争的一个新目标。本节将介绍如何做好售后服务的完善与管理工作。

1. 处理未收货前的退货

如果买家未收货前提出退货申请，要视具体情况而定。如果没有发货，要主动联系买家，询问退货原因，积极与买家协商处理。如果已经发货，也要主动联系买家，告诉买家货已发出，如果退货，需买家承担来回运费。如果遇到无理取闹的买家，就需要向淘宝网投诉并等待网站工作人员协商解决。

2. 处理因商品质量引发的退货

对于这类情况，客服也需要具体分析并以良好的态度与买家协商解决。如果是商品自身的原因，那么应当积极为买家退换；如果是买家原因，那么可以向买家详细说明与协商，切不可因为已经收到货款而强硬拒绝买家的任何退换货请求。

另外，物流公司在运输过程中导致商品的损坏或者污损也是买家退换货的常见原因之一。如果责任属于物流公司，那么当买家提出退换货要求后，客服应当积极联系物流公司并协商处理以及索赔，期间最好能够给买家一个较好的答复与解决方法，不能因为物流公司的原因，而将责任转嫁到买家身上。

退换货的过程是客服与买家协商交流的过程，是否能够得到好的解决在很大程度上也取决于双方交流的态度。对于退换货的买家，客服应该以诚恳的态度面对，对于能够换货解决的交易，应说服买家更换商品，尽量避免退款。

3. 以平和的心态处理买家的投诉

如果交易过程中的退换货请求经买卖双方协商之后仍无法解决，那么任意一方都可以向淘宝网发起投诉，由淘宝网介入解决。

一般来说，交易过程中，买家投诉客服的案例较多。购买商品的买家因为客服的原因提出退换货，没有得到客服妥善的解决，那么他们可能会向淘宝网客服投诉，淘宝网接到投诉请求之后，就会通过邮件的方式来联系客服。客服在收到投诉通知后，要仔细分析一下，如果确实属于自己的退换货范围，那么应当积极退换货并联系买家撤诉。如果客服仍拒不退换的话，淘宝网工作人员会根据情况来强制退款并给予客服不同程度的处分。对于网店客服来说，因为一次交易而得到处分是非常不值得的。

当然，如果问题确实出在买家，那么我们也可以向淘宝网提供有力的证据，来证明自己不予退换的理由。只要证据够充分，淘宝也不会偏袒买家。

无论是哪种情况，我们都应该尽量避免遭到买家投诉，有问题最好在交流过程中就解决，不要通过第三方来解决。因为无论最终处理结果如何，仅仅处理这些申诉的过程就会耗费客服大量的时间和精力。

9.2 做好老顾客关系维护

据统计，开发一个新顾客的成本要比留住一个老顾客的成本高4倍。可见，老顾客的数量对店铺的发展至关重要。所以卖家要抓住每一位顾客，留住更多的老顾客。下面介绍做好老顾客关系维护的方法。

9.2.1 定期举办优惠活动

不管是实体店还是网店，定期举办优惠活动是必不可少的。网店的优惠活动也会受到实体店的影响，有浓重的节日情结。一年的头尾是春节和元旦，年中有五一、十一、中秋，另外再加上一些国外的节日，几乎每月卖家都会有特价优惠活动的理由，没有节日就以店庆为由。定期举办优惠活动要注意以下几个方面。

① 时间上要富余，提前举办优惠活动。因为节日前的快递总是很紧张，卖家要极力将活动提前，并将快递紧张的情况告知买家，让买家提前下单。

② 有时间段，不能长时间都在优惠，这样会让买家有倦怠感，对于打折没有感觉，长期下去买家会认为打折是理所当然的，一旦没有优惠就会认为卖家涨价了。

③ 优惠活动要应景，根据网店具体商品有原则地挑选特价商品，畅销和滞销的商品要混搭，不要一味推出滞销商品特价优惠。

9.2.2 建立会员制度

要想留住老客户，开通店铺的VIP会员制度是一个很好的方式 。利用会员制度，卖家能够提高交易转化率带来更多生意，老顾客还能享受折扣优惠，对卖家和买家而言，是一种互惠互利的方式。

会员制度的建立对于网店来说是非常必要的，不同网店有不同的情况，会员制的消费额度及折扣要根据店铺的实际情况而定。图9-22所示为某店的会员制，将会员分为普通会员、高级会员、VIP会员和至尊VIP会员4个档次，针对不同的消费能力的买家给予相应的优惠。

店铺会员等级	需满足条件	会员折扣
普通会员	累计交易额满100元	9.75折
高级会员	累计交易额满500元	9.50折
VIP会员	累计交易额满2000元	9.25折
至尊VIP会员	累计交易额满5000元	9.0折

图 9-22

会员档次分得越多越细，买家得到优惠的幅度就会越大。会员细则的说明以简单为好，毕竟买家的时间有限，过于复杂买家会因为搞不明白而横生误会。一般情况下，会员制越早建立越好，即便是刚刚开店，让买家感受到卖家的用心、恒心和长远规划，有助于树立卖家的诚信形象。有些卖家对于会员制比较“粗线条”，来者皆是客，只要买过的都是会员，一律打折，这样也是一种方法。不管会员制是划分层次还是“一刀切”，都是由网店的商品特点所决定的。

9.2.3 设置不同的折扣

网店要生存和发展，必须创造利润，而网店的利润来自于消费者。主要有两个部分：一类是新客户；另一类是网店原有的消费者，即那些已经购买过网店的产品，使用后感到满意，愿意连续购买产品的消费者。

越是做得好的店铺回头客越多，越来越多的卖家在留住回头客上下足了功夫，并取得了不俗的成绩。而他们使用得最多也最有成效的方式就是给予一定的折扣。老客户在逛店铺时会在店铺的首页上看到相应的折扣，并享有买家参与折扣的优惠资格，那么他们一般会利用这个资格购买更多的商品。下面介绍设置会员折扣的具体操作方法。

第 1 步 ❶ 登录淘宝，进入到“卖家中心”，单击“营销中心”下面的“会员关系管理”链接，如图 9-23 所示。❷ 在打开的页面单击“会员运营”链接，如图 9-24 所示。

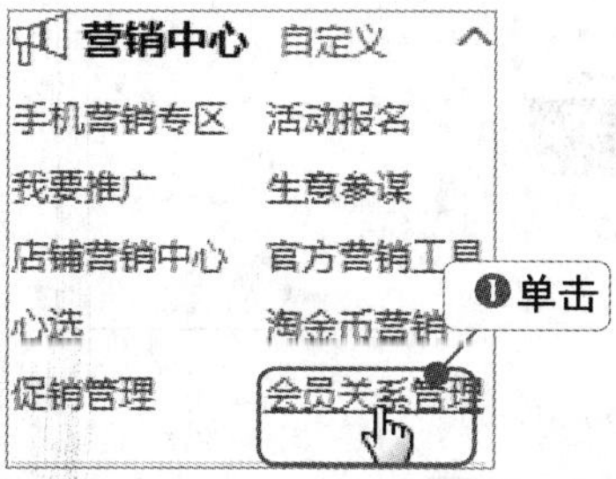

图 9-23

图 9-24

第 2 步 打开“客户管理”页面，单击“立即设置”按钮，如图 9-25 所示。

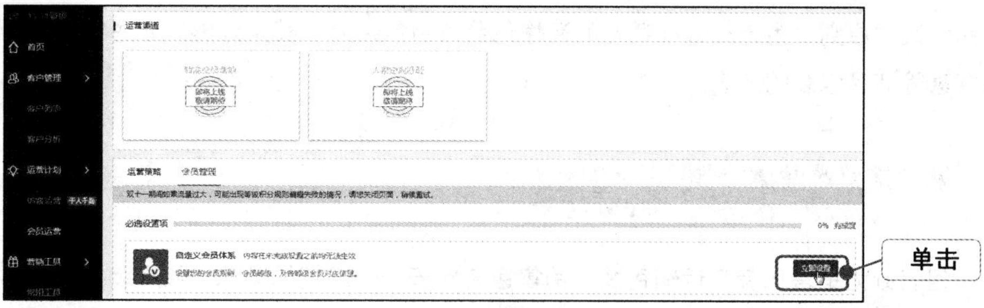

图 9-25

第 3 步 ❶ 单击普通会员中的“设置”按钮，如图 9-26 所示。❷ 设置交易额、交易次数和折扣，❸ 完成设置后单击“保存”按钮，如图 9-27 所示。

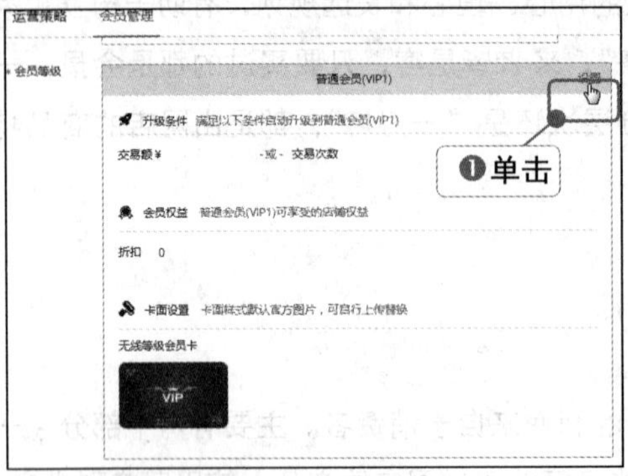

图 9-26

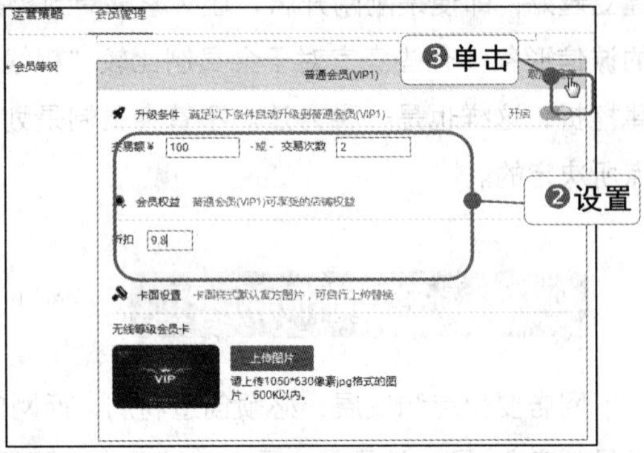

图 9-27

第 4 步 用相同的方法分别设置高级会员、VIP 会员、至尊 VIP 会员所需达到的条件，如交易额或者交易次数，单独设置不同会员等级的折扣，完成设置后单击“保存”按钮，如图 9-28 所示。

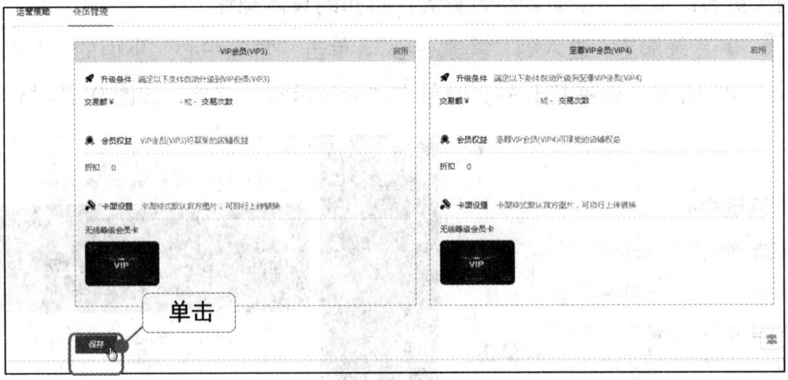

图 9-28

9.3 商品包装的技巧

无论是在实体店铺还是网店，商品的包装都非常重要。本节将介绍宝贝包装的重要性、商品包装的原则、为产品选择适合的运输包装、用包装赢得买家好感的方法、用创意包装吸引买家等商品包装的知识。

9.3.1 宝贝包装的重要性

包装分为销售包装与运输包装。销售包装代表一个店铺的品味，如服装，用塑料袋包装和用纸盒包装，给顾客的体验度是完全不一样的，如图 9-29 所示。对卖家来说，运输包装环节同样不能小视，它关乎到商品是否能够完好无损地送到买家手中。如果包装马虎而导致商品在运输途中损坏，可就得不偿失了。还需要注意的是运输重量的不同会使邮寄费用产生变化，而邮费也是销售成本的一个组成部分。如果包装得合理，也能节省不少开支。

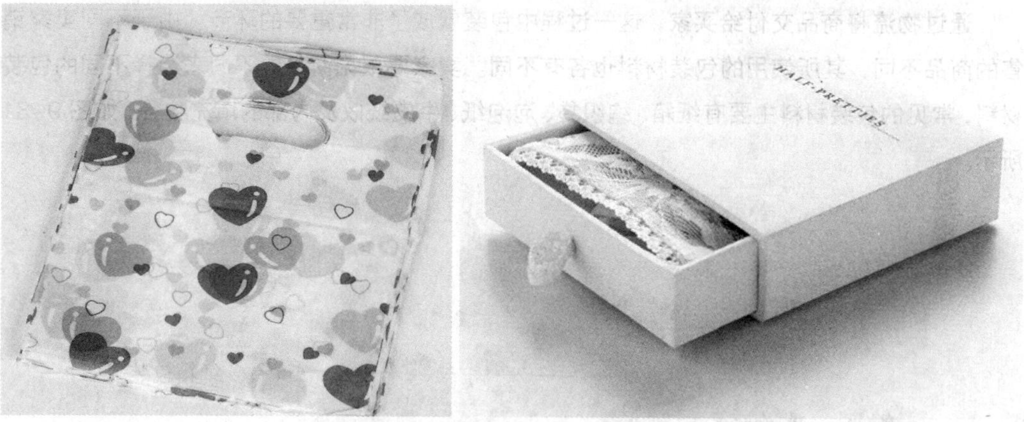

图 9-29

9.3.2 商品包装的原则

有的时候，包装细节决定商品的好坏。当你和别的卖家产品同质化时，包装是否具有鲜明的特色就是能否取得成功的关键了。在包装产品时有以下两个原则要遵循。

1. 包装的完整性

所谓包装的完整性，就是产品经过包装，能够在送至顾客手中时，和你在产品描述中的一样，不能有损伤。这就要求我们在包装时注意包装盒是否结实，因为产品通常需要经过长途运输后才能到达顾客的手中。

2. 包装的美观性

如果我们随便包装产品，当买家拿到货品时，也可能因心理感受造成负面的评价。除了宝贝本身的完整性之外，包装精巧的宝贝必然能博得顾客的喜爱，特别是酒、茶叶之类的商品，美观的包装尤为重要。图 9-30 所示为一家茶叶店铺精美的包装。

图 9-30

9.3.3 为产品选择适合的运输包装

通过物流将商品交付给买家，这一过程中包装就成了非常重要的环节。由于不同卖家销售的商品不同，其所使用的包装材料也各有不同。卖家要根据商品的不同来选择不同的包装材料，常见的包装材料主要有纸箱、编织袋、泡泡纸、牛皮纸以及内部的填充物等，如图 9-31 所示。

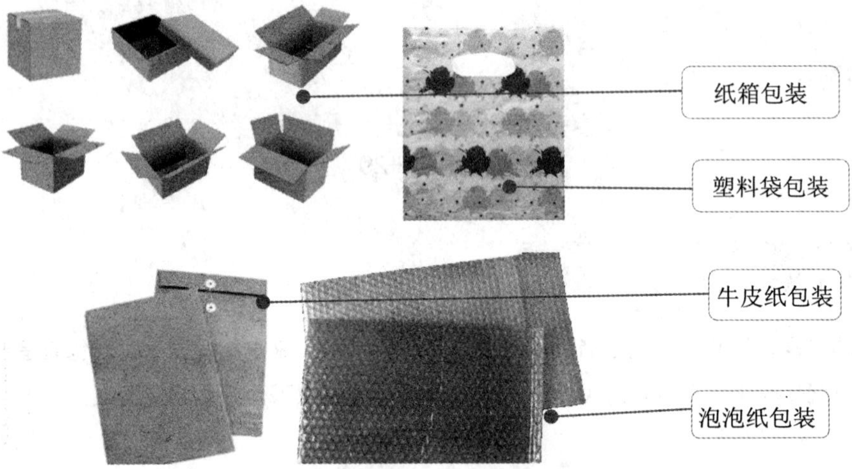

图 9-31

纸箱是使用比较普通的包装材料，其优点是安全性强，可以有效地保护物品，而且可以适当添加填充物以对运输过程中的外部冲击进行缓冲；其缺点是增加了货物的重量，运费也会相应增加。对于用纸箱包装的商品，一般内部会添加填充物以缓解运输过程中的外部冲击，填充物可以因地制宜来选择，常用的填充物主要有泡沫、旧报纸等。

塑料袋适用于各种不怕挤压与冲击的商品，其优点是成本低、重量轻，可以节省运费，其缺点是对于物品的保护性较差，只能用于包装质地较软、耐压、耐摔的商品。

泡泡纸不但价格比较低、重量较轻，而且还可以较好地防止挤压，对物品的保护性相对较强。适用于包装一些本身具备有硬盒包装的商品，如数码产品。另外泡泡纸也可以配合纸箱进行双重包装，加大商品的运输安全系数。

牛皮纸多用于包装书籍等本身不容易被挤压或是摔坏的商品，可以有效地防止商品在运输过程中磨损。

另外，对于有些商品，在包装时还需要考虑防水防潮的因素，如服饰、数码产品、未密封的食品等，这类商品在包装后，可以采用胶带对包装口进行密封。

9.3.4 用包装赢得买家好感的方法

商品最终到达买家手中后，包装会在很大程度上影响买家对商品的好感，因而卖家在对商品进行包装时，除了美观以外，还需要为买家考虑，用包装细节赢得买家好感。

1. 包装干净整洁

无论你用什么包装寄东西，都应把盒子弄得干干净净，破破烂烂的包装会让人怀疑里面的东西是不是已经压坏了，甚至怀疑产品的质量问题。所以包装一定要干净整洁，在不超重的前提下尽量用硬壳包装。

2. 包装内温馨提示

对于使用比较复杂的宝贝，如果在给买家的包装中有针对性地写一些提醒资料，如不同质地的衣服洗涤、收纳，个别数码类宝贝的使用注意等，这会让买家觉得卖家服务很周到，进而发展成为老顾客，甚至会给买家带来新的顾客。

9.3.5 用创意包装吸引买家

好的包装能让人心旷神怡之余购买欲望大增，包装绝对能左右买家的购买，“买椟还珠”的故事就是一个很好的例证。商品包装作为商品设计的延续，已成为商品营销的一个基础元素。富有创意的包装,已成为店铺提升商品价值最简单、最有效的方法。图 9-32 所示的包装，简单而富有创意，将手提袋的绳子一物两用，提起来是绳子，放下时是卡通人物的脸的轮廓。这样有趣的包装，一定会受到消费者的欢迎。

图 9-32

9.4 快递发货，物流不可忽视

网店发货可选择的运输方式有很多种，可选择快递公司、物流公司和邮政。本节将介绍它们之间的区别，以便卖家更好地选择适合店铺的运输方式。

9.4.1 为网店选择合适的运输方式

卖家在选择运输方式时，应根据商品的重量、价格、运输时间进行选择，下面具体介绍。

1. 选择方便的快递公司

选择快递公司来配送货品是现在网店卖家最主要的运输方式。相比其他运输方式来说，快递公司的配送比较灵活，而且在价格上也有一定的优势。下面来分别介绍一下一般快递公司与顺丰快递公司相关的知识。

（1）一般快递公司

快递公司是大多数卖家的选择，特点就是快速、高效，价格也不贵，目前国内主要的几家快递公司为顺丰快递、申通快递、圆通快递、中通快递、韵达快递等。

（2）顺丰快递公司

顺丰快递是目前所有快递里面速度最快的一个，但也是价格最高的一个快递公司。目前顺丰快递在全国范围内一般2天左右就能收到货，其他快递速度略慢，在全国范围内一般2～4天收货。如果是追求快速，且商品利润较高，推荐选择顺丰。如果产品利润不是很高，买家也没有特别要求必须用顺丰快递发货，那可以选择其他快递公司。

（3）快捷的同城快递配送

同城交易在网店交易中占据了一定的比例，因为很多卖家在淘宝网上购买商品时，基本会优先选择本地的卖家。同城不但收货速度快，次日即可到达，而且运费便宜。由于在同一地区，相互交流起来也会比较方便，对于特殊商品的售后服务，如果买家在使用过程中遇到了问题，也便于维修与处理。

在同城买家中，往往也会遇到很多要求上门交易，或者见面交易的买家。对于这种情况，如果卖家具备条件的话就可以接受。因为见面交易，买家能够看到商品实物后再决定购买与否，这样不但增强了买家的信任感，而且只要交易顺利且买家满意，往往会成为回头客，有时候甚至还可以帮忙招揽更多的顾客。由于同城交易有着网上交易无可比拟的优越性，对于卖家来说，非常有必要抓住并巩固这一顾客群体。

问：快递公司发货时需要注意的事项有哪些呢？

答：选择快递公司发货时，有两个方面需要注意。一是包裹遗失问题，对于贵重物品，可以考虑保价。如果是长期合作的快递公司，则可以考虑签订遗失照价赔偿的协议；二是对于液体商品，液体商品是不能走空运的，我们在发货时，必须要和快递员说明或者在快递单中注明。

2. 选择邮政发货

邮政发货主要有平邮与邮政 EMS 快递，下面介绍一下它们的区别。

（1）价格低廉的邮政包裹

平邮是邮政提供的普通包裹运输服务，运输时间较长，一般发货后 7 ~ 15 日才能收到货物。平邮优点就是运费较为低廉，但目前由于快递公司收费也较为低廉，平邮已经很少被买家采用，而且对于卖家来说，发送普通包裹需要自己到邮局办理，相对来说较费时间，因此很少被卖家选用。

（2）无处不在的邮政 EMS 快递

EMS 是中国邮政的特快专递业务，其速度与快递公司相差不远，但是服务和效率有些地方不如快递公司，一般 1~8 天到达。由于邮政属于国营企业，因此该业务在海关、航空等部门均享有优先处理权，相比其他快递更加快速，能够为用户特快传递国际、国内紧急信函、文件资料、金融票据、商品货样等各类物品。

邮政 EMS 快递除了安全性高以外，最大的特色就是能够覆盖全国所有地点，包括比较偏远的山区，这是其他所有快递公司所不具备的。

3. 选择物流公司

物流一般运送大体积的货物，快递业务主要为个人服务，物流一般为企业服务，但个人运送大体积的物品时也会用到物流。比如，网上购物，我们一般都是用快递运送，而如果是一个企业，一次要运送大批的货物，这时就需要用物流了。与快递不同的是，物流是按体积收费。相比较而言，快递费用较贵些，物流费用便宜些，但物流运送的速度稍慢。一般来说，物流不会送到家，需要到物流公司自提。但是，随着行业竞争的加剧，服务水平的提高，在市区等交通方便的地方，物流也会送货上门。

9.4.2 发货省钱 10 招

对于每天都发货量大的卖家来说，如果每单能节省一定的运费，其总数也是非常可观的。下面介绍常用的发货省钱的方法，卖家可根据实际情况选择。

1. 多联系几家快递

不同快递公司的资费标准各不相同，一般来说，收费越高的快递公司，货物运输速度也就越快。很多卖家在选择快递公司发货时，往往习惯选择一个快递公司，这样就不能与其他快递公司的价格进行对比。还可以有意让快递业务员知道存在的竞争，快递业务员之间的价格竞争最终受益的就是发货人。

卖家应该选择至少两家以上的快递物流公司来进行比较，看其在全国的网点规模覆盖率如何，因为这直接影响到我们的营业范围。而如果是同城则建议找一些本地的快递公司，优点就是同城速度极快，而且有很大杀价空间。

2. 与快递公司讲价

目前基本上所有快递公司都可以灵活讲价的，不过要想成功降低快递费用，我们还需要了解与快递公司讲价的一些技巧，下面介绍常用的一些讲价方法，卖家可根据实际情况作为参考。

① 直接找快递业务员讲价，而不要找快递公司客服或前台人员讲价。

② 在讲价过程中，适当夸大自己的发货量，因为如果发货量较大的话，业务员为了稳定业务，一般会在价格上有一定的让步。

③ 与其他快递公司价格对比，在讲价时可以和业务员谈及其他快递公司要低多少，即使是虚构，也要表现出很真实的样子，一般还是可以讲下一定价格的。

④ 掌握讲价幅度。如同日常购物砍价，假如10元的快递费用，我们想讲到9元，那么要和业务员先砍到8元，这样即使不同意，但最终可能就以9元的折中价成交。

3. 关注快递优惠活动

一些快递公司，在不同时期的价格可能会有所调整，如年前、年后等，有时候为了推广，快递公司还会与当地的一些论坛或者网站合作来推广各种优惠，如某快递公司曾推出过500元包100件的服务，这样算下来只要5元一件，非常划算。

卖家在上网的同时，可以利用空闲时间多看看快递公司网站，或者当地知名度较高的交易网站或论坛，一旦有优惠活动，就能第一时间掌握。

9.4.3 宝贝破损、少件、丢失的防范与处理

通常情况下，我们每个卖家都或多或少地遇到过宝贝破损、少件、丢失的情况。当遇到这样的情况时，该如何处理并避免此类情况再次发生呢?

1. 避免出现宝贝破损少件、物品丢失

① 发货前，做好包装加固。

② 发货前对包装质量、线头等细节问题多多检查。

③ 选择一个信任的、规范的且服务周到的快递物流公司。

④ 一些特殊的商品应当提前约定送货，以免在过程中出现商品破损、丢件。如一些易碎的瓷器，提前和买家约好出现各种意外的解决办法。

2. 宝贝出现破损少件、物品丢失的处理方法

① 立即联系买家，提供实物照片确认商品的真实情况。在沟通过程中，态度一定要端正、良好。

② 向物流公司核实是谁签收。

③ 若不是买家本人签收，且没有买家的授权，建议先退款并联系物流公司协商索赔，避免与买家之间出现误会。

④ 若是买家自己签收发现的问题，就应当立即和顾客协商退款、退货事宜。客户这边处理好后，再与物流协商赔款事宜。

运营大师谈经验：应对“职业差评师”与防骗技巧

常在河边走，哪有不湿脚。网店开久了，自然会遇到一些坏人。那么，当遇到“职业差评师”和骗子时应该如何处理呢？

1. 应对“职业差评师”

卖家一旦遇到“职业差评师”，千万不要向差评师低头。贪心不足蛇吞象，一旦低头，他们的“团队”就会找上门来。那个时候，你面对的就不是一个“职业差评师”，而是一群了。遇到“职业差评师”最好的办法就是直接向淘宝官方提出维权投诉申请，要注意保留好旺旺聊天记录，截取图片凭证，提供维权资料，进行维权。维权中心的小二可以说个个都是身经百战，什么样的人都遇到过，一定会公正地处理。维权后可以单击“客户服务”标签下的“投诉管理”链接，如图 9-33 所示，在“投诉管理”里查看维权情况，如图 9-34 所示。

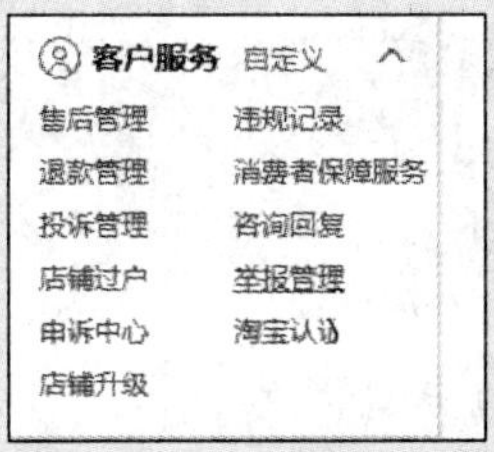

图 9-33

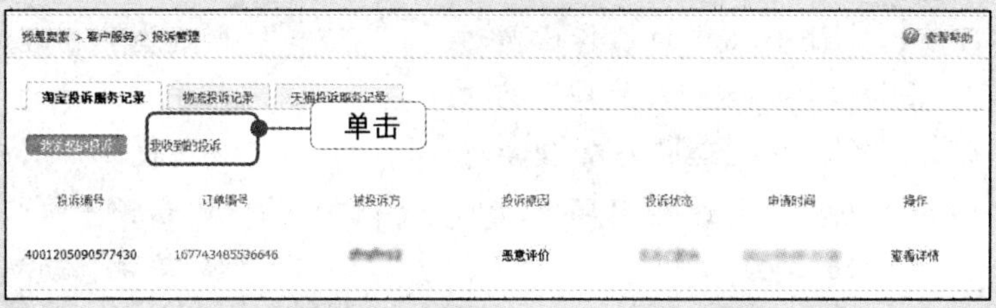

图 9-34

2. 卖家防骗技巧

淘宝店铺如雨后春笋一般涌出，骗子也盯上了淘宝店铺这块蛋糕，用各种手段骗取卖家的钱财。下面介绍一些骗子常用的伎俩及应对技巧。

（1）苦肉计

这一类骗子一般都是挑选化妆品，在买下来的时候很爽快，等拿到手，就直接告诉卖家，说自己使用卖家的产品以后就过敏了，要求卖家赔偿。

（2）偷梁换柱

骗子买一些易碎的、价格高昂的商品，在别处购买到仿品并破坏，收到货后说收到的商品是坏的，并且能拍图证明，狮子大开口，要求卖家赔偿。

（3）鸡蛋里挑骨头

这类骗子对所要买的宝贝非常了解，从颜色到大小都很挑，最后抓住一些细微的细节来跟卖家理论，要求赔偿。

遇到这些骗子一定不要向其低头，要保留聊天记录，收集真实的凭证，直接向淘宝官方提出维权投诉申请。要知道骗子不可能只骗一家店铺，可能也有其他店铺遇到了相同的问题。淘宝小二如果收到多家店铺投诉同一个买家或看到骗子以往的交易情况，答案自然就不言而喻了。

第10章

一定重视移动端，手机店铺运营与管理

本章导读

目前，店铺手机端的销售已超过PC端，手机店铺的运营与管理尤为重要。那么，手机店铺运营与管理要学习哪些知识呢？带着这些问题，我们进行本章内容的学习。

知识要点

通过本章内容的学习，大家能够学习到如何进行手机店铺的运营与管理。学完后需要掌握的相关技能知识如下。

- 认识手机店铺的重要性
- 手机移动端的店铺管理
- 手淘页面装修基础
- 手机端的运营推广

10.1 认识手机店铺的重要性

手机店铺是淘宝针对手机移动市场所开发的新一代网店平台，它依靠强大的移动通信网络，将手机用户联系起来，实现手机购物。本节将介绍为什么要开手机淘宝店铺以及手机淘宝店铺的发展趋势。

10.1.1 为什么要开手机淘宝店铺

如今智能化让生活变得更加“以人为中心”，更加不受束缚，消费模式也因为手机这块小小的屏幕发生了重构。继传统的线下购物、PC 网络购物后，随时随地移动购物已迅速成为人们喜爱的消费方式之一。手机淘宝作为国内最早、规模最大的移动网购平台，拥有淘宝手机网页和客户端版本，用户可以随时随地在手机上完成商品相关的搜索、浏览、支付购买、查看物流等操作。对商家而言，这无疑是巨大的商机。手机淘宝是移动电商商业模式的创新，承载了无线化淘宝的使命。

相比 PC 端，手机淘宝占据着越来越重要的位置。以“双十一”为例，2014 年的“双十一”当天，淘宝天猫市场交易规模为 600 亿元，无线交易额为 113 亿元，是 2013 年交易额的 12 倍，将手机交易推向高潮。2015 年“双十一”当天，淘宝天猫市场交易规模为 912 亿元，其中无线交易额为 626 亿元，占比高达 68%。2016 年的“双十一”总交易额超 1207 亿元，无线交易额占比 81.87%。由此可以看出，现今已是无线端网购的新时代。移动电商时代已经开启，卖家们的主战场已经转移，在电商战场抢得机会，才能占据更大的市场份额。

10.1.2 分析手机淘宝店铺的发展趋势

手机淘宝已为众多的卖家和买家所接受，已融入人们的生活。那么，手机淘宝店铺的发展将有怎样的趋势呢?

1.APP 将与移动电商密不可分

APP 如雨后春笋，层出不穷，已与移动互联网密不可分。消费者不愿放弃线下消费的体验，同时也享受线上移动购物的便利，APP 便能将人们线上线下的生活融合在一起。对于企业来讲，打造专属的、有特色的 APP 是非常关键的。消费者可以通过 APP 了解产品，同时也可预约或使用手机直接下单购买，达到企业和消费者共赢的目的。用好移动互联网，做好产品的推广和销售，将消费者的眼球吸引到产品 APP 上，并加大 APP 与使用者的互动，可以赢得更多忠诚度高的客户，给企业带来效益。

2. 到实体进行移动购物将增加

2016 年尼尔森在线购物者趋势研究报告显示，美团网、大众点评、携程等与实体相关的应用成为推动流量的新增长点。与 PC 端网购最大的不同是：移动购物与购物实体的相关性更强。从图 10-1 可以看出 PC 端网购与移动端网购的区别。

PC 端网购 ➡ 产生购物目的 ➡ 搜索商品 ➡ 选择 ➡ 下单购买

移动端网购 ➡ 消费者处于某一实体中 ➡ 产生购物需求 ➡ 下单购买

图 10-1

10.2 手机移动端的店铺管理

手机移动端的店铺管理关系到店铺的销售，本节将介绍使用手机端的淘宝千牛客户软件对店铺进行管理的相关操作技能，以及手机支付宝的使用方法。

10.2.1 手机端淘宝千牛客户端的使用

卖家通过手机淘宝销售商品，必须掌握手机端淘宝千牛客户端的使用，本节将介绍千牛客户端的使用方法。

1. 登录千牛客户端

使用千牛客户端管理手机淘宝店铺的第一步是登录千牛客户端，登录千牛客户端的具体操作方法如下。

第 1 步 首先下载手机千牛客户端，❶ 点击千牛客户端图标，打开千牛，如图 10-2 所示。

第 2 步 ❷ 输入淘宝账号及密码，❸ 单击“登录”按钮登录千牛客户端，如图 10-3 所示。

图 10-2

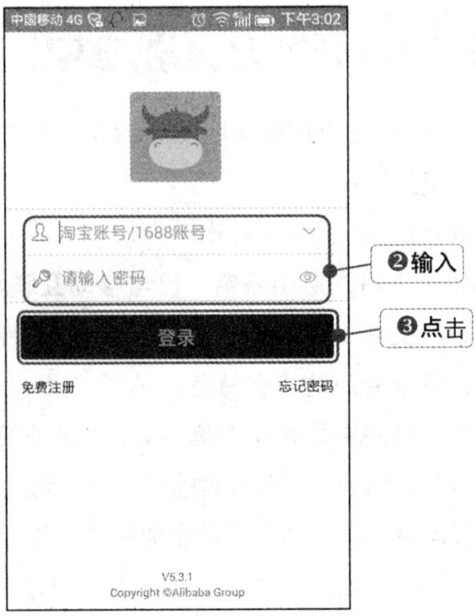

图 10-3

2. 与客户交流

卖家在使用千牛时，一定注意也要在手机上下载千牛卖家版，这样就算是在外出期间，也能时时与买家沟通交流，具体操作方法如下。

第 1 步 ❶ 在手机千牛主面板中点击“消息”图标，如图 10-4 所示。

第 2 步 ❷ 点击正在联系的买家，进入与该买家的聊天面板，进行沟通即可，如图 10-5 所示。

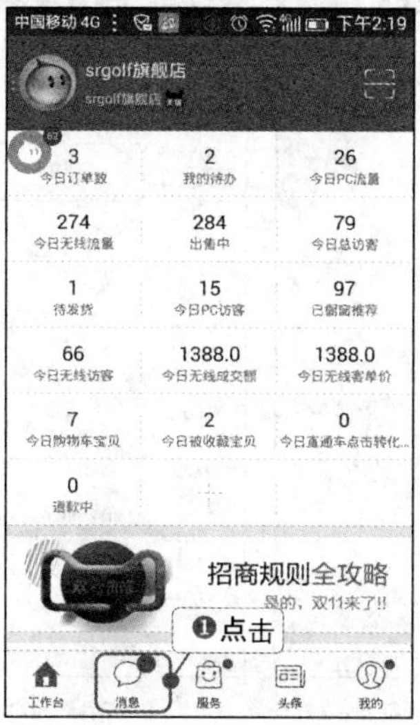

图 10-4

图 10-5

3. 修改物流费用及买家付款价格

有的买家在询问商品时会要求卖家包邮、减邮费、降低价格，如果卖家同意了，就要及时修改物流费用以及买家付款价格，其具体操作方法如下。

第 1 步 ❶ 在千牛客户端首页点击“商品管理”图标，如图 10-6 所示。❷ 再点击“待付款”图标，如图 10-7 所示。

图 10-6

图 10-7

第 2 步 ❶ 在弹出的“爱用交易”页面点击“立即授权”按钮，如图 10–8 所示。❷ 在“待付款”的商品页面点击“改价”按钮，如图 10–9 所示。

第 3 步 ❸ 在打开的页面中修改价格，❹ 修改运费，❺ 完成修改后点击“确定”按钮，如图 10–10 所示。

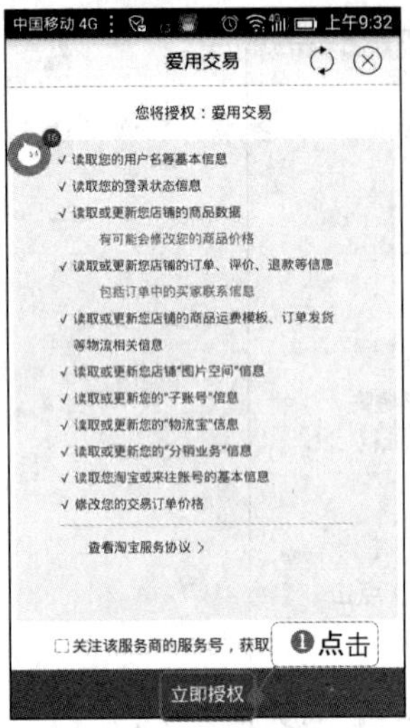

图 10–8

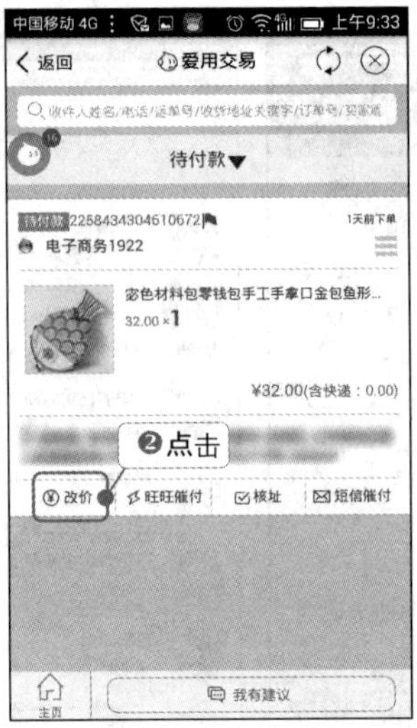

图 10–9

图 10–10

4. 付款后发货

买家付款后，卖家要及时让快递公司收货，并在网上填写发货单号，买家便知道卖家已发货。在使用电脑发货不方便时，可以使用手机支付宝发货，其具体操作步骤如下。

第 1 步 ❶ 在千牛客户端首页点击“交易管理”图标，如图 10–11 所示。❷ 再点击“待发货”图标，如图 10–12 所示。

图 10–11

图 10–12

第 2 步 ❶ 点击要发货的订单下面的“发货”按钮，如图 10-13 所示。选择发货方式与物流公司，❷ 输入订单号，❸ 点击“发货”按钮即可，如图 10-14 所示。

图 10-13

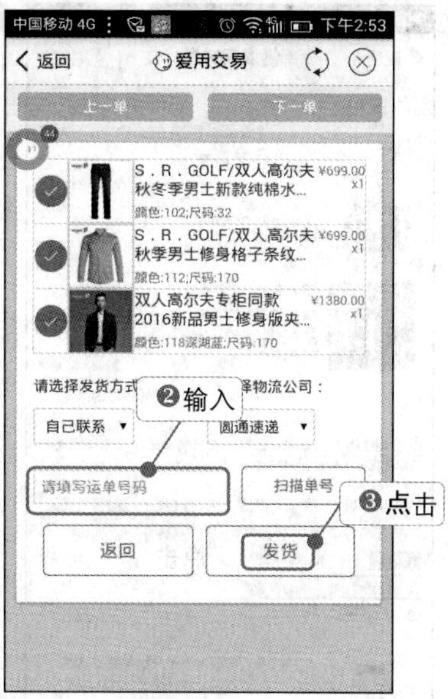

图 10-14

5. 查询物流

发货后卖家如果使用电脑不方便，可以在手机上使用千牛客户端查询物流情况，其具体操作步骤如下。

第 1 步 ❶ 在千牛客户端首页点击“交易管理”图标，如图 10-15 所示。❷ 再点击“已发货”图标，如图 10-16 所示。

图 10-15

图 10-16

第 2 步 在如图 10-17 所示的快递单号处点击，即可查看当前订单的物流信息，如图 10-18 所示。

图 10-17

图 10-18

6. 交易成功后进行评价

在交易成功后，卖家可以在手机上使用千牛客户端对买家进行评价，其具体操作步骤如下。

第 1 步 ❶ 在千牛客户端首页点击“交易管理”图标，如图 10-19 所示。❷ 再点击“待评价”图标，如图 10-20 所示。

图 10-19

图 10-20

第 2 步 ❶ 点击要评价的订单中的“评价”按钮，如图 10-21 所示。可以在文本框中输入评价内容，也可以插入常用短语，❷ 完成后点击“确定”按钮即可，如图 10-22 所示。

图 10-21

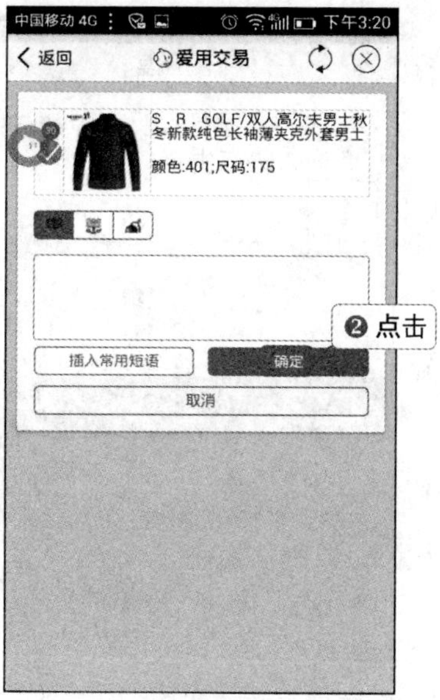

图 10-22

7. 修改商品名称及商品出售价格

商品发布后，如果需要修改商品名称及商品出售价格，也可以在千牛客户端操作，其具体操作步骤如下。

第 1 步 ❶ 在千牛客户端首页点击“商品管理”图标，如图 10-23 所示。❷ 点击“普云商品”中的“立即授权”按钮，如图 10-24 所示。

图 10-23

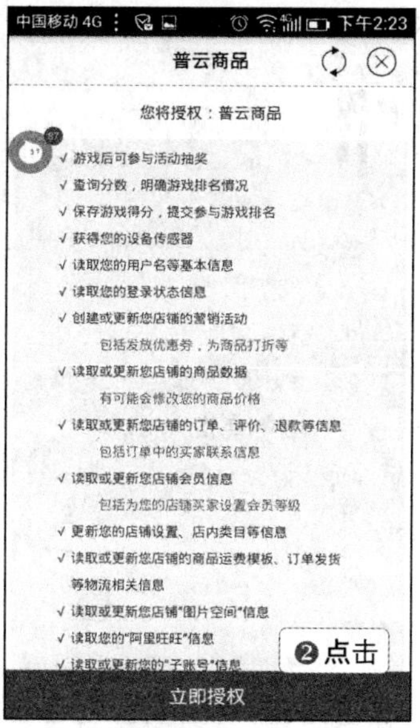

图 10-24

第 2 步 ❶ 点击“出售中”图标，如图 10-25 所示。❷ 点击要修改的宝贝，如图 10-26 所示。

图 10-25

图 10-26

第 3 步 ❶ 点击“宝贝详情”中的“编辑基本信息”按钮，如图 10-27 所示。此时，宝贝标题和一口价均是可编辑的状态，❷ 修改宝贝标题，❸ 修改一口价，❹ 完成后点击“保存”按钮即可，如图 10-28 所示。

图 10-27

图 10-28

8. 下架和上架商品

使用千牛工作台，还可以简单地管理店铺中的宝贝，如将新货从仓库中上架，将销量不好的商品下架，具体操作方法如下。

第1步 ❶在千牛客户端首页点击“商品管理”图标，如图10-29所示。进入“普云商品”界面，❷点击“仓库中”图标，如图10-30所示。

图 10-29

图 10-30

第2步 ❶在“仓库中”点击打开需要上架的商品，如图10-31所示。❷在“宝贝详情”页下方点击“上架”按钮，即可将该商品从仓库中上架，如图10-32所示。

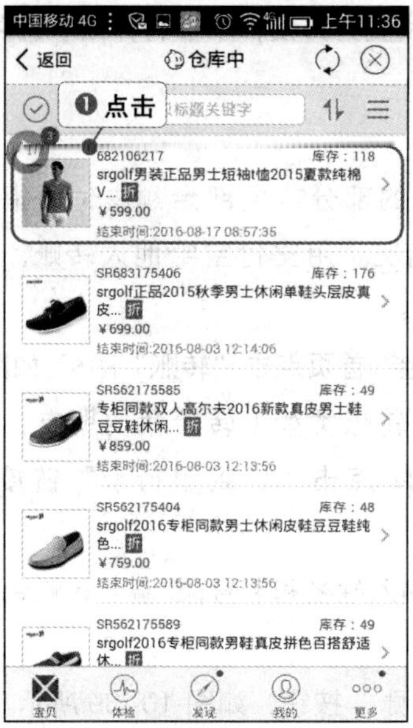

图 10-31

图 10-32

第3步 ❶ 在“普云商品”页点击“出售中”图标，如图 10-33 所示。❷ 在打开的“出售中”页面点击需要下架的宝贝，如图 10-34 所示。

第4步 进入“宝贝详情”界面，❸ 在下方点击“下架”按钮即可，如图 10-35 所示。

图 10-33

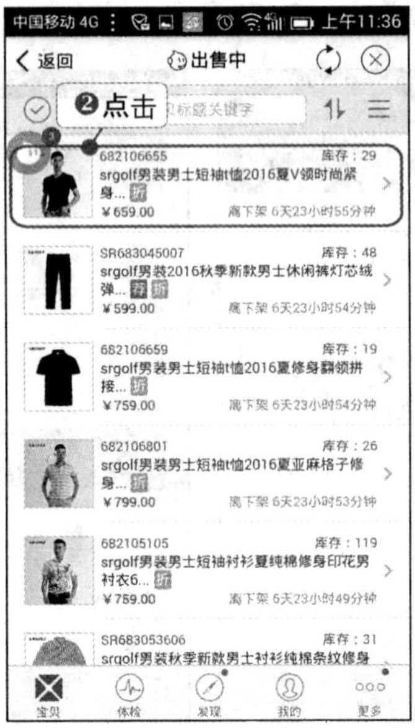

图 10-34

图 10-35

10.2.2 手机支付宝的使用

手机端支付宝的使用比 PC 端支付宝的使用更为方便，本节将介绍手机端支付宝的使用方法。

1. 用支付宝给他人转账

通过手机支付宝，可以直接将支付宝中的部分或全部余额支付给指定的支付宝账户或银行卡。转账对于卖家来说是常有的情况。用支付宝给他人转账，具体操作方法如下。

第1步 登录到支付宝首页，❶ 在“支付宝”首页点击“转账”图标，如图 10-36 所示。

第2步 进入支付宝转账页面后，选择转账类型（转给我的朋友、转到支付宝账户、转到银行卡），这里以转到银行卡为例，点击“转到银行卡”链接，如图 10-37 所示。

第3步 跳转到“转到银行卡”页面，❶ 输入姓名和卡号；❷ 输入转账金额，❸ 点击“下一步”按钮，如图 10-38 所示。

第4步 确认转账信息，❹ 点击“确认转账”按钮，如图 10-39 所示。输入手机支付宝密码即刻转账成功。

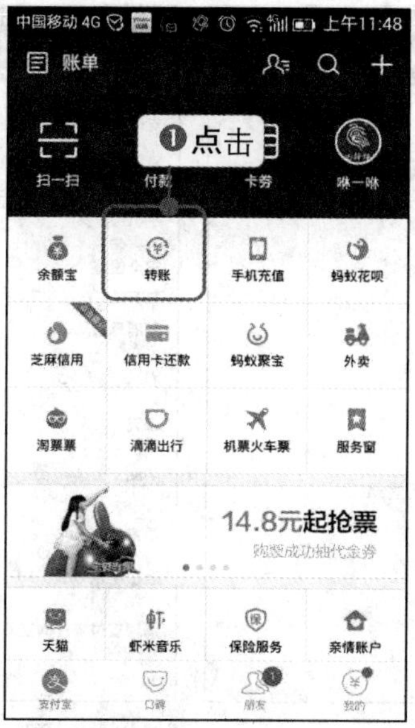

图 10-36

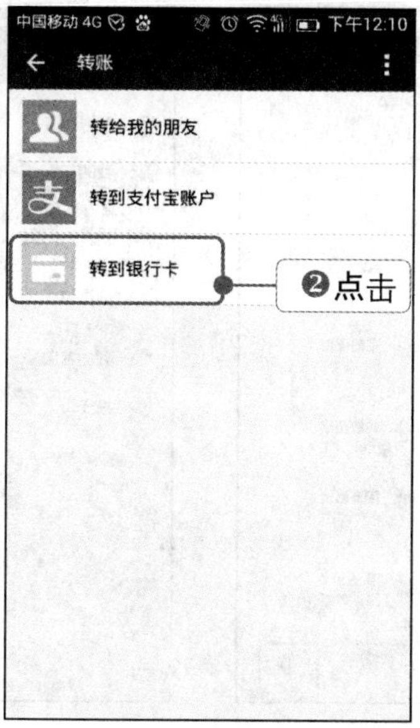

图 10-37

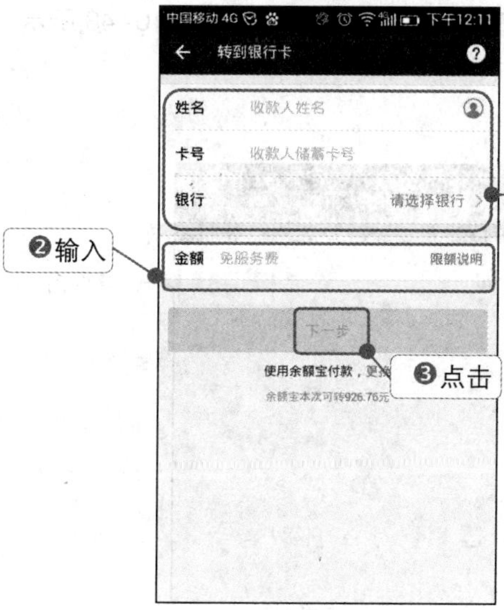

图 10-38

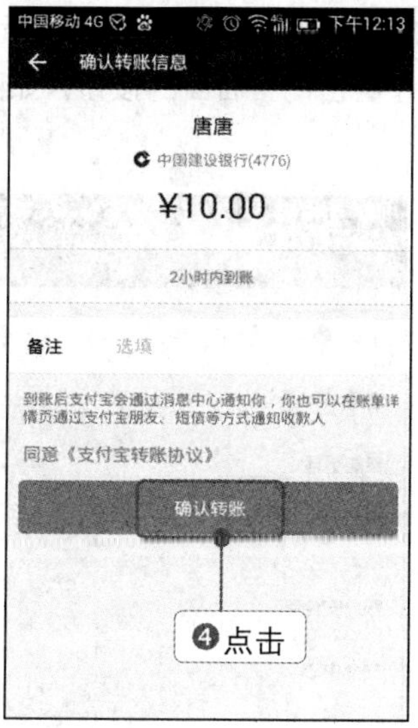

图 10-39

2. 支付宝钱包安全设置

手机是易丢失的物品，手机一旦丢失，支付宝账户的安全也就难以保证。因此，在使用支付宝钱包服务的时候需要对支付宝钱包进行必要的安全设置。

第 1 步 在手机上登录支付宝钱包，❶ 在底部菜单栏中点击“我的”菜单按钮，❷ 点击头像进入“我的信息”界面，如图 10-40 所示。

第 2 步 ❸ 点击“设置”按钮，如图 10-41 所示，❹ 点击“安全设置”按钮，如图 10-42 所示，进入安全设置。

图 10-40

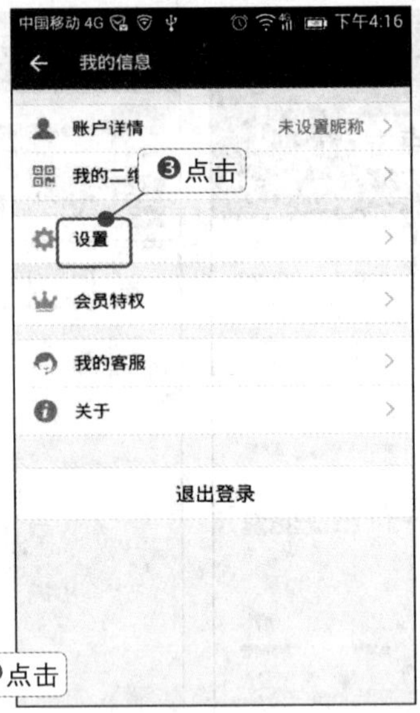

图 10-41

图 10-42

第 3 步 ❶ 在安全设置界面点击“手势”按钮进入手势解锁设置，如图 10–43 所示。❷ 点击“手势密码”后面的按钮，如图 10–44 所示。

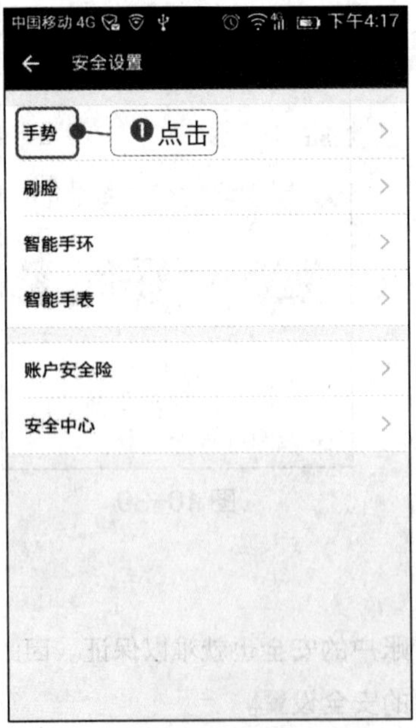

图 10-43

图 10-44

第 4 步 在图 10–45 的九宫格内，用手指任意划出一条连续的线作为手势密码。显示的界面中再次绘制一次相同的手势密码即可完成安全设置，如图 10–46 所示。

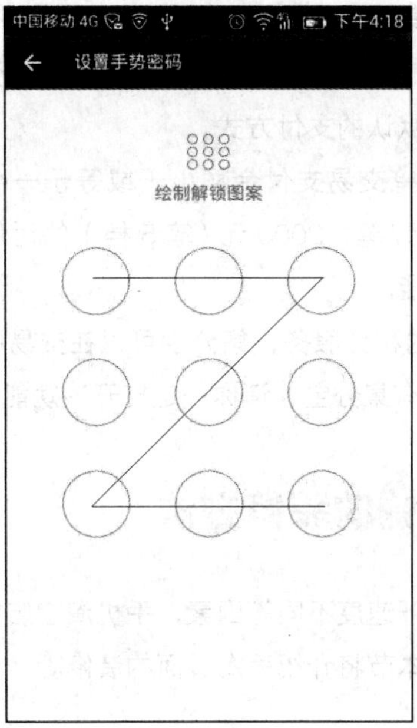

图 10-45

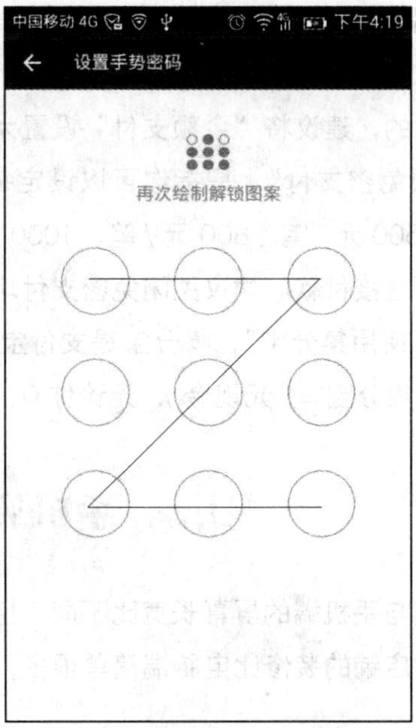

图 10-46

3. 设置支付宝钱包的支付方式

支付宝钱包可以进行人性化的设置，其具体的操作步骤如下。

第 1 步 进入支付宝钱包的设置菜单，点击“支付设置”按钮，如图 10-47 所示。

第 2 步 目前支付宝钱包提供默认支付方式、小额免密支付、集分宝支付优先、红包支付 4 种支付设置方式，如图 10-48 所示。其中“可用红包”即红包支付，是默认支持的，暂时不支持用户修改。

图 10-47

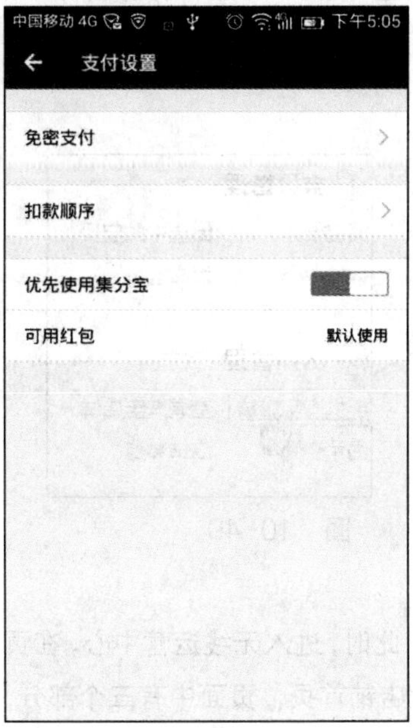

图 10-48

下面介绍默认支付方式、小额免密支付、集分宝支付 3 种方式的支付设置技巧。

① “默认支付方式”，因支付方式太多，在支付环节，可能出现你不知道资金是从什么渠道支付出去的，建议将“余额支付”设置为默认的支付方式。

② “小额免密支付”，是指你可以设定每笔交易支付金额小于或等于一个数值（共有 200 元 / 笔、500 元 / 笔、800 元 / 笔、1000 元 / 笔、2000 元 / 笔 5 档）的时候可以不用输入支付密码而直接付款。建议关闭免密支付功能。

③ “优先使用集分宝”，集分宝是支付宝的积分服务，集分宝可以在交易的时候直接抵扣现金（100 集分宝 =1 元现金），无论你有没有集分宝，请你一定打开该功能。

10.3 手机店铺的装修方法

因电脑端与手机端的屏幕长宽比不同、打开速度不同等因素，手机淘宝店铺需要重新装修。手机淘宝店铺的装修比电脑端简单很多，本节将介绍手淘页面的装修。

10.3.1 手机淘宝装修入口

通过计算机浏览器在淘宝网页登录卖家账号后，进入卖家中心，即可开始我们的无线装修之旅。

第 1 步 在卖家中心的页面左侧找到“店铺管理”选项，单击右侧展开按钮✔显示此选项下所有菜单，❶ 单击“手机淘宝店铺”链接，如图 10-49 所示。

第 2 步 进入手机淘宝店铺页面后，页面中间会显示无线店铺选项，单击选项中的“立即装修”链接，如图 10-50 所示。

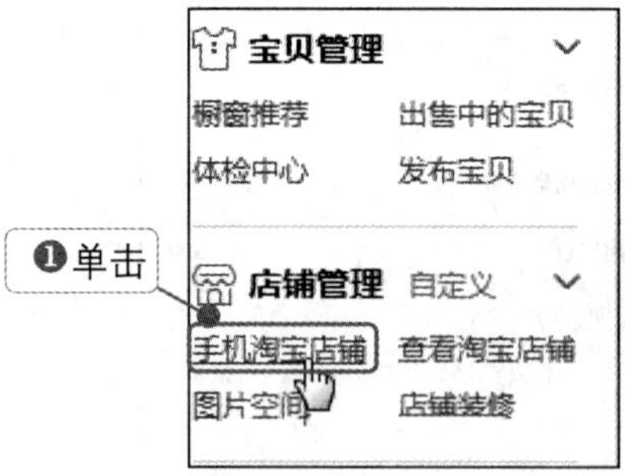

图 10-49

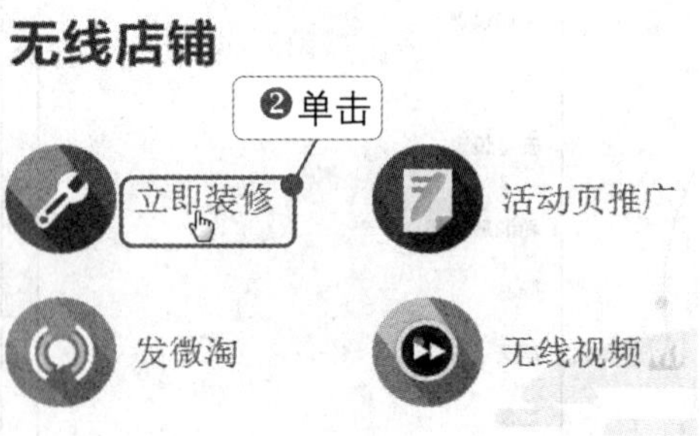

图 10-50

第 3 步 此时，进入无线运营中心，在页面中单击“店铺首页”链接，如图 10-51 所示。进入手机淘宝店铺首页，页面中有三个部分，左侧是各个装修组件，中间是手机模型，右侧是编辑区域，如图 10-52 所示。

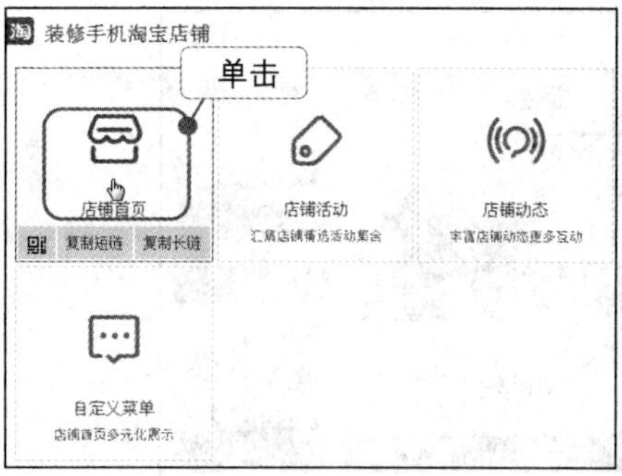

图 10-51

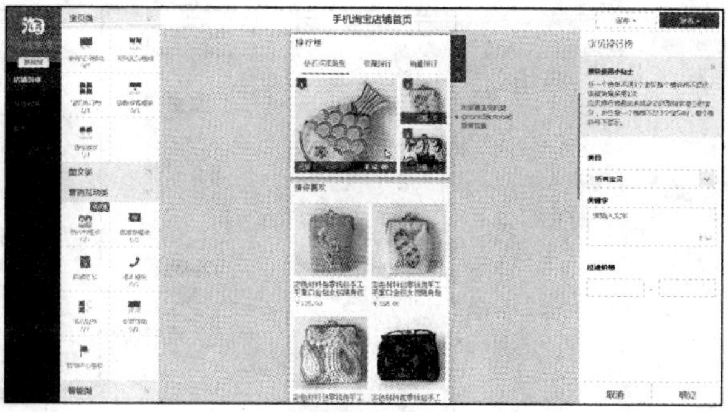

图 10-52

10.3.2 手机淘宝首页装修

当进入手机淘宝装修页面以后，在页面左侧有宝贝类、图文类、营销互动类、智能类等装修组件，如图 10-53 所示。这些组件是可以任意添加、删除和编辑的。

图 10-53

1. 宝贝类组件

宝贝类组件主要用于放置王牌宝贝、爆款宝贝，并有分类引导和宝贝归类的作用。下面分别介绍宝贝类组件中各模块的使用方法。

（1）单列宝贝模块

单列宝贝模块用于在无线端首页并以单独显示一个宝贝的方式存在，最多可连续添加 5 个模块，下面介绍其具体操作。

第 1 步 ❶ 在左侧模块区将鼠标指针指向需要添加的模块，如图 10-54 所示。❷ 拖动指定的模块到右侧的手机页面中需要的位置，此时鼠标指针旁显示所指定的模块缩略图，如图 10-55 所示。

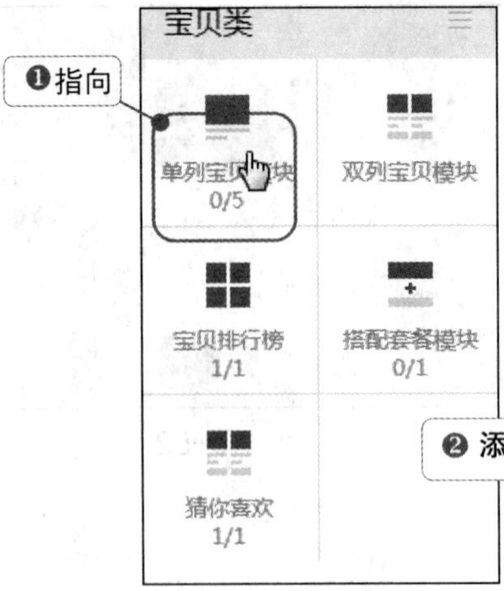

图 10-54

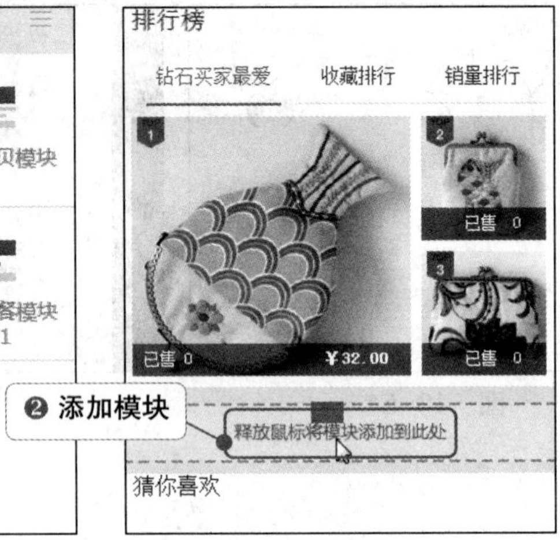

图 10-55

第 2 步 释放鼠标后，即可在手机淘宝首页成功地添加指定的模块，如图 10-56 所示。成功添加模块后，单击可选中模块，此时右侧会出现编辑区域。单击右侧推荐类型后的“手动推荐”单选项，可设置添加显示的宝贝，如图 10-57 所示。

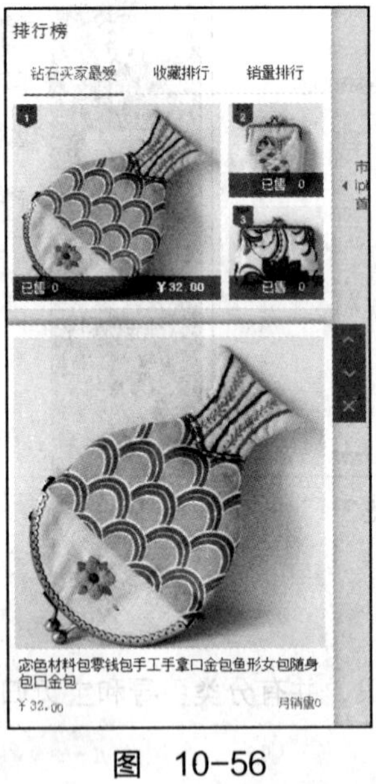

图 10-56

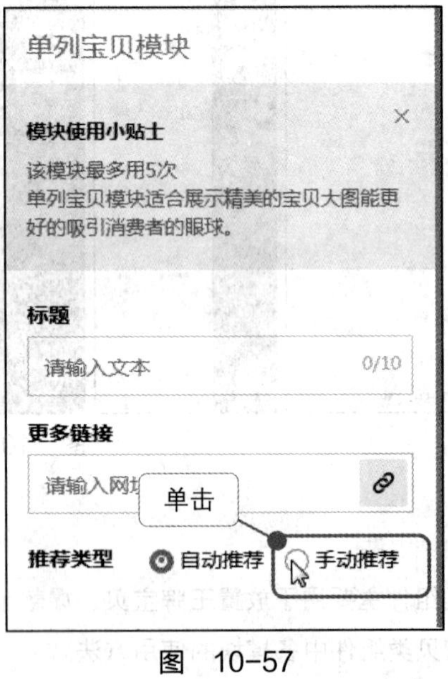

图 10-57

第 3 步 ❶ 单击“添加”按钮，如图 10-58 所示，❷ 在打开的页面中选择添加的宝贝，❸ 完成后单击右下角的“完成”按钮，如图 10-59 所示。

第 4 步 在右侧的编辑栏中显示新的宝贝，单击“确定”按钮，如图 10-60 所示，添加的单列宝贝模块中的宝贝换成了新的宝贝，如图 10-61 所示。

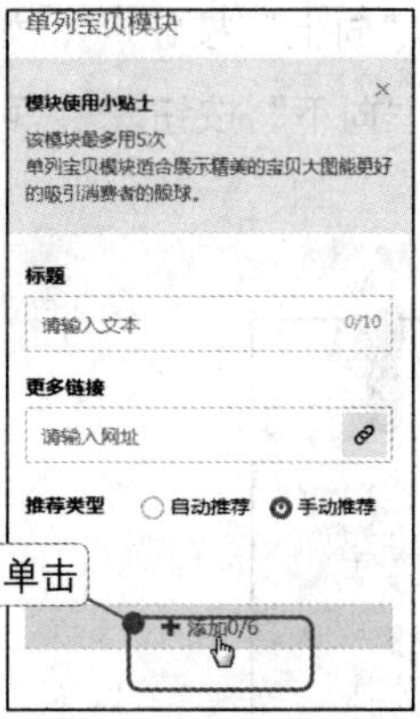

图 10-58

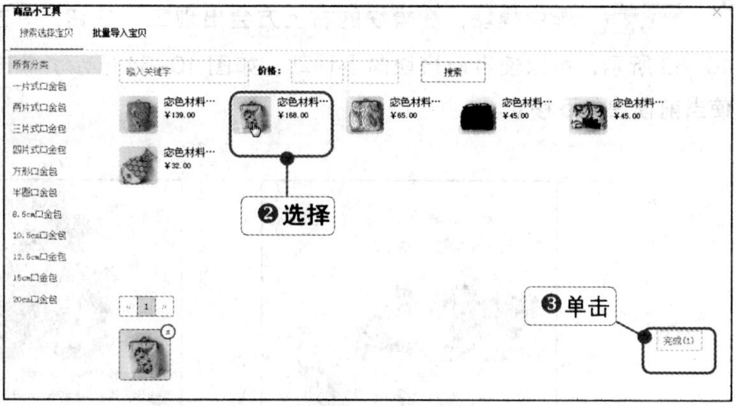

图 10-59

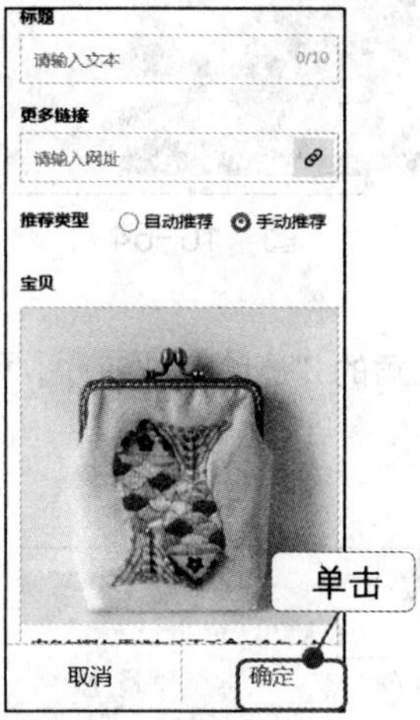

图 10-60

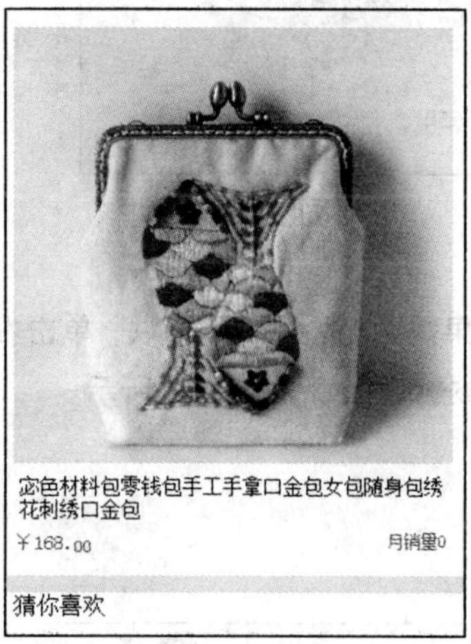

图 10-61

第 5 步 在右侧的编辑栏中显示新的宝贝，单击“发布”按钮，如图 10-62 所示，即可在手机淘宝店铺首页显示。

图 10-62

第 6 步 选中模块，在模块的右上方会出现三个按钮，单击“向上”按钮，如图 10-63 所示，可以使当前模块向上移动，如图 10-64 所示。单击“向下”按钮，可以使当前模块向下移动。

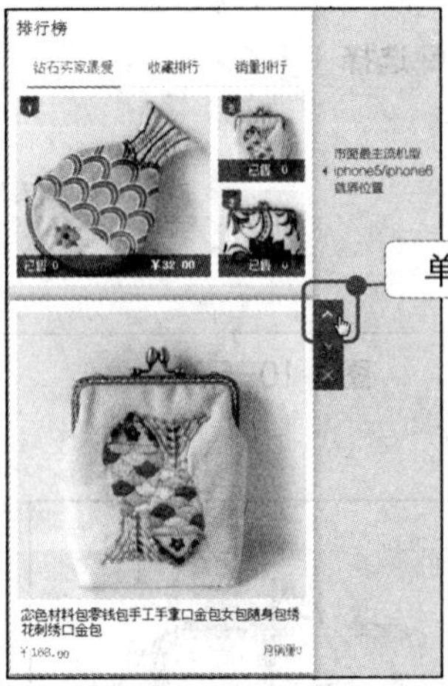

图 10-63

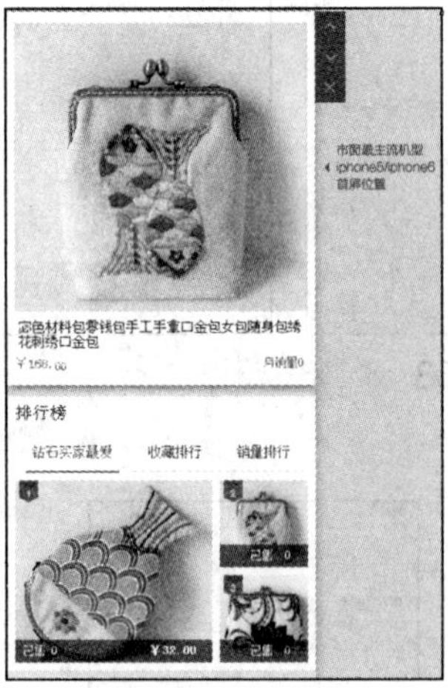

图 10-64

第 7 步 如果需要删除添加的模块，单击右上角的“删除”按钮，如图 10-65 所示。此时，当前模块被删除，如图 10-66 所示。

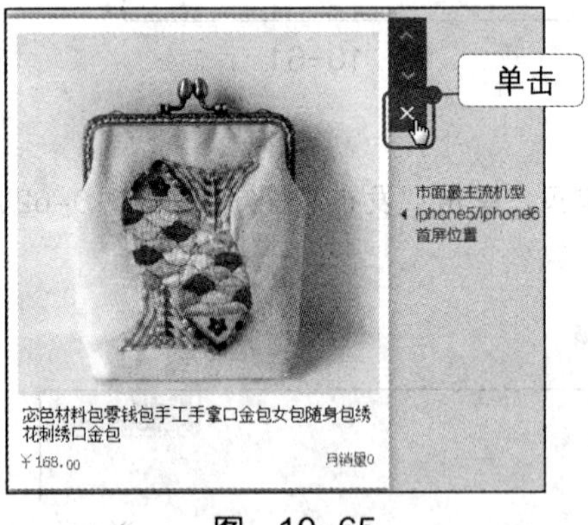

图 10-65

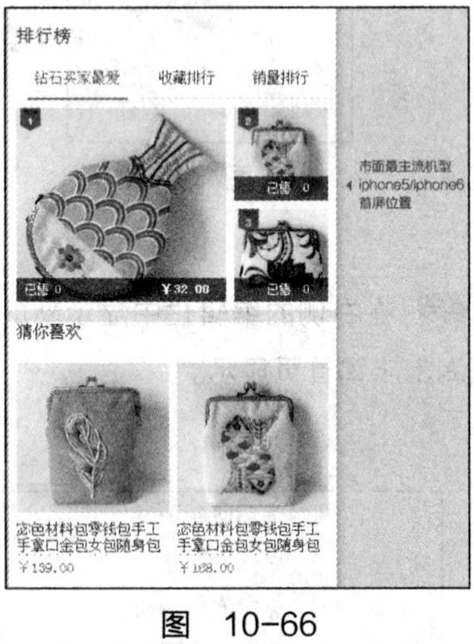

图 10-66

第 8 步 最后将指针指向装修页面右上角的“发布”按钮，在弹出的下拉列表中单击发布的形式，若是立即发布，选择“立即发布”形式，若要在以后的某个时间发布，选择“定时发布”形式，如图 10-67 所示。

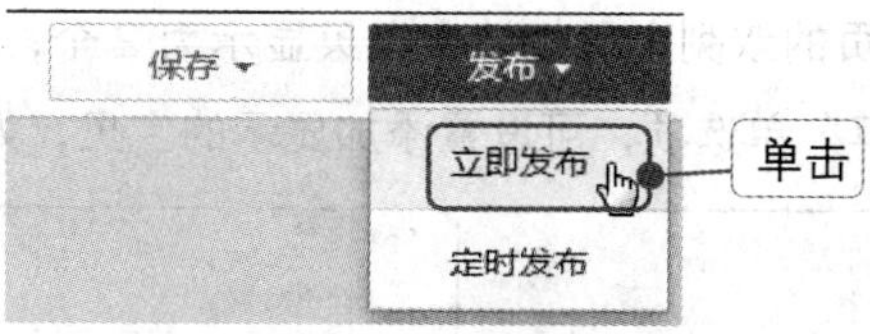

图 10-67

（2）双列宝贝模块

双列宝贝模块是宝贝以双列的方式展示，使用频率较高，一个模块最多可添加 6 个宝贝，模块可添加数量没有上限。添加模块后选中可在右侧对模块的各个选项进行设置，其具体操作方法如下。

第 1 步 ❶ 在左侧模块区将鼠标指针指向需要添加的模块，如图 10-68 所示。❷ 拖动指定的模块到右侧的手机页面中需要的位置，此时鼠标指针旁显示所指定的模块缩略图，如图 10-69 所示。

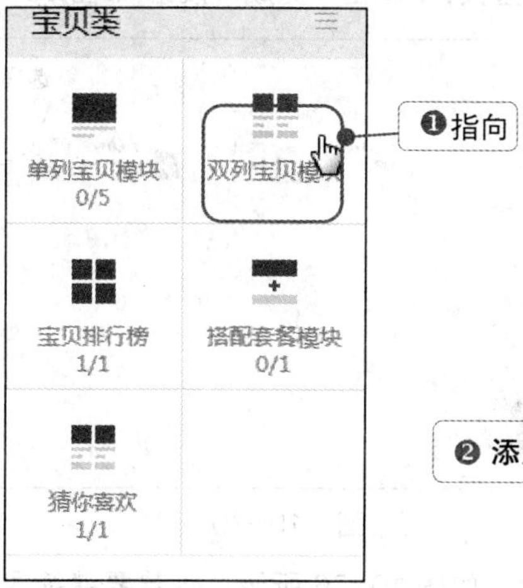

图 10-68

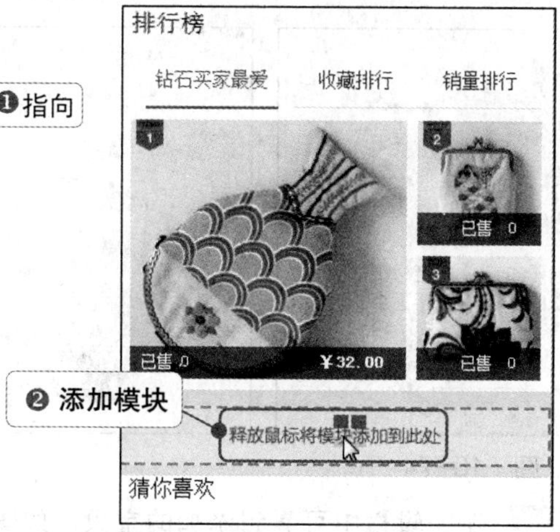

图 10-69

第 2 步 释放鼠标后，即可在手机淘宝首页成功添加指定的模块，如图 10-70 所示。成功添加模块后，单击可选中模块，此时右侧会出现编辑区域。在“宝贝个数”下拉列表中可以设置个数，如图 10-71 所示。

图 10-70

图 10-71

第 3 步 此时，在首页的双列宝贝模块中宝贝显示为 2 个，如图 10-72 所示。单击右侧推荐类型后的“手动推荐”单选项，可设置添加显示的宝贝，如图 10-73 所示。

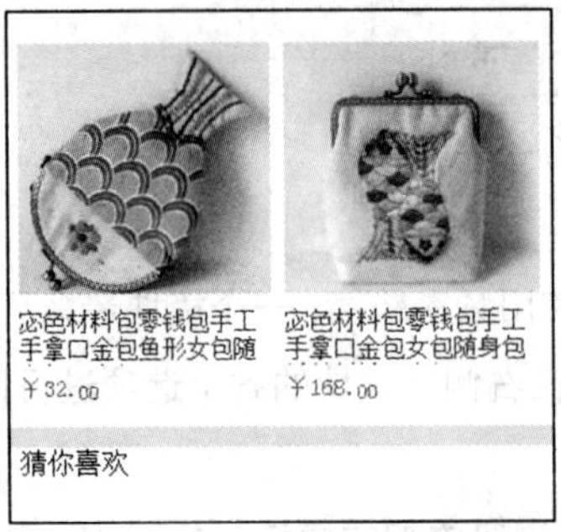

图 10-72

图 10-73

第 4 步 宝贝的选择是默认的，若要改变宝贝可执行以下操作。❶ 单击“添加”按钮，如图 10-74 所示，❷ 在打开的页面中选择新的宝贝，❸ 单击“完成”按钮，如图 10-75 所示。

图 10-74

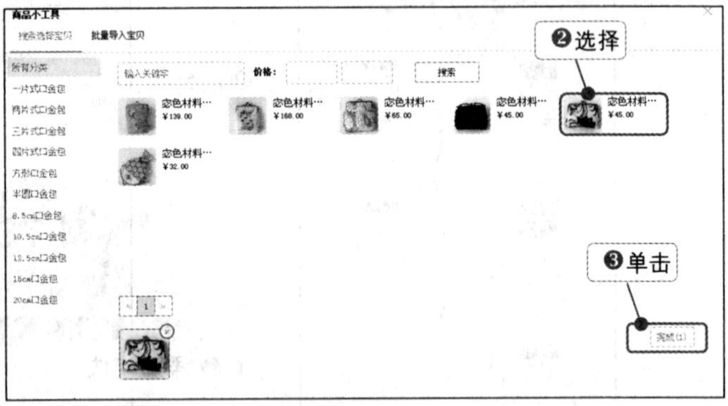

图 10-75

第 5 步 在编辑栏中可看到添加的宝贝，如图 10-76 所示。❶ 若要继续添加宝贝，可再单击“添加”按钮，❷ 在打开的页面中选择新的宝贝，❸ 单击“完成”按钮，如图 10-77 所示，在编辑栏中可看到添加的宝贝。

图 10-76

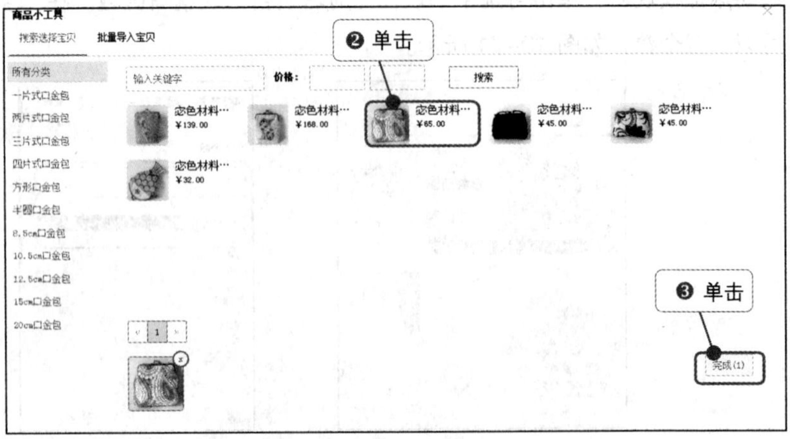

图 10-77

第 6 步 ❶ 如果要删除不需要的宝贝，可将指针放到要删除的宝贝上面，单击“删除”按钮，如图 10-78 所示。❷ 在弹出的提示框中单击“确定”按钮，如图 10-79 所示。

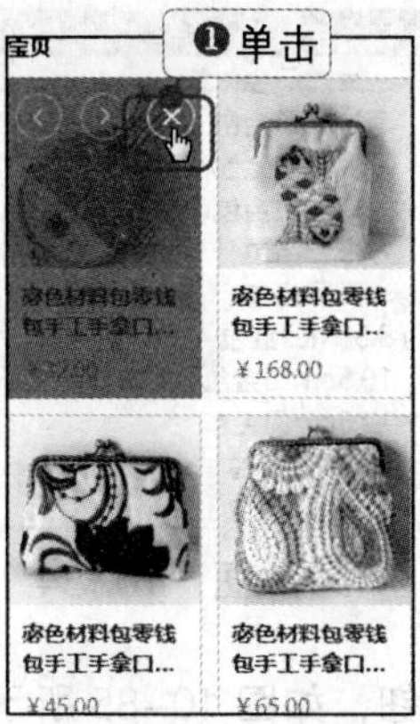

图 10-78

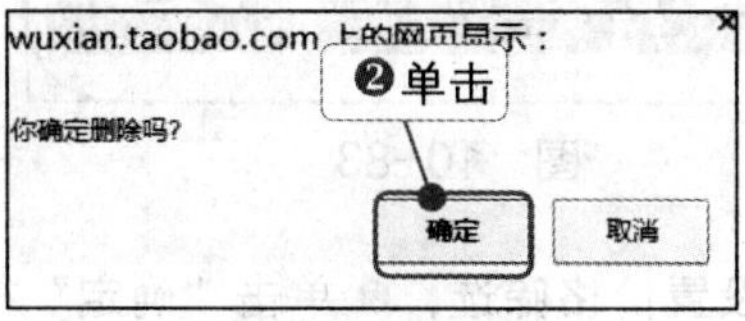

图 10-79

第 7 步 删除宝贝后的效果如图 10-80 所示，若要继续删除宝贝，使用相同的方法即可。编辑完后单击编辑栏下方的“确定”按钮，如图 10-81 所示，在首页中可查看添加的双列宝贝模块的效果，如图 10-82 所示。

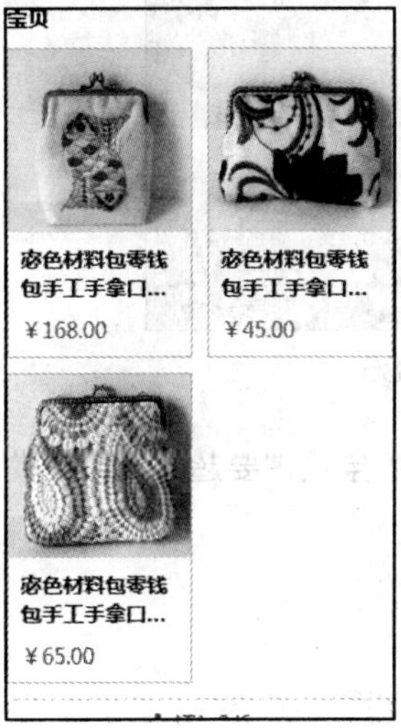

图 10-80

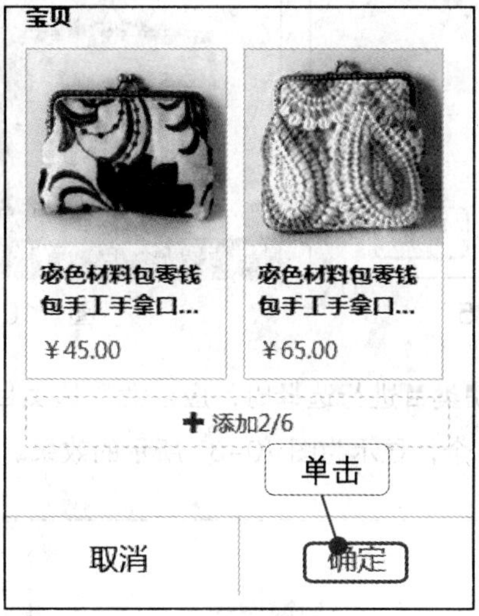

图 10-81

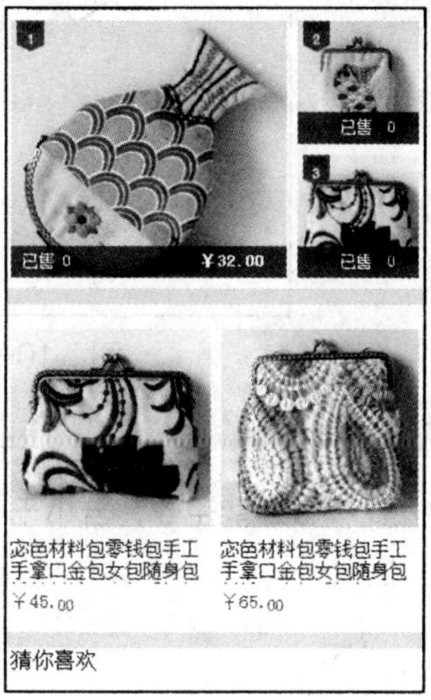

图 10-82

（3）宝贝排行榜模块

宝贝排行榜模块用于显示店铺中宝贝的各种排行，有“钻石买家最爱、收藏排行、销量排行”三种排列方式。右侧可对宝贝类目、关键字等进行设置，下面介绍其具体操作方法。

第 1 步 在左侧模块区将指针指向“宝贝排行榜模块”，按住鼠标左键不放拖动到首页要添加此模块的位置后释放鼠标，即可添加模块，如图 10-83 所示。在编辑栏的类目中选择分类，如图 10-84 所示。

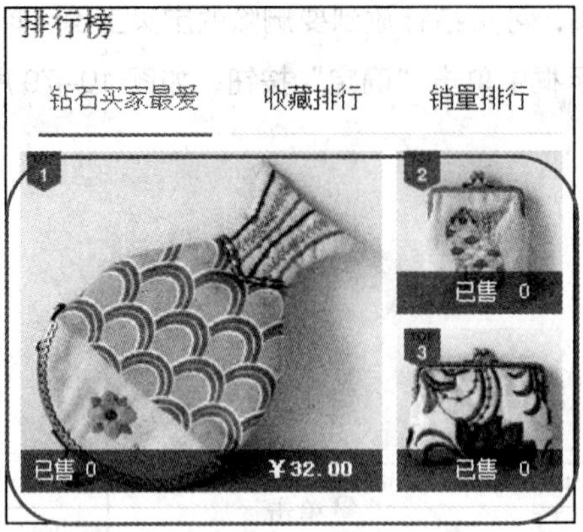

图 10-83

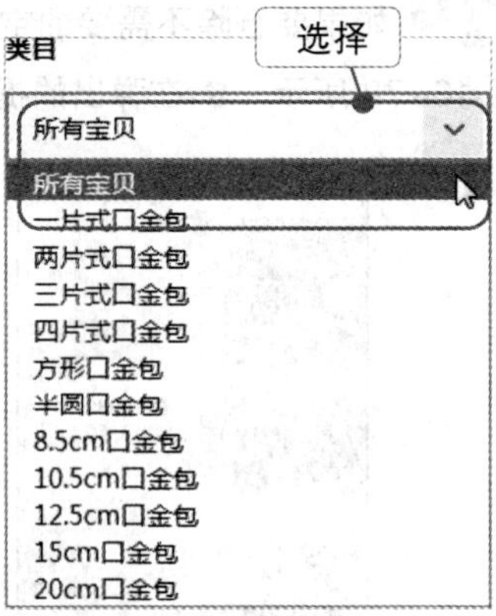

图 10-84

第 2 步 ❶ 设置价格筛选，❷ 单击“确定”按钮，如图 10-85 所示。图 10-86 所示为筛选后的排行榜。

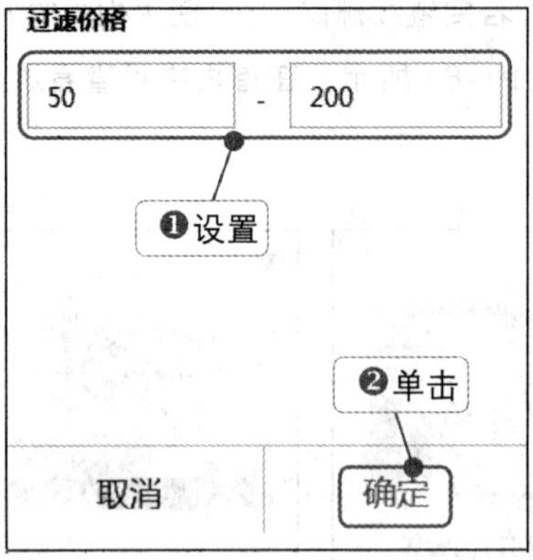

图 10-85

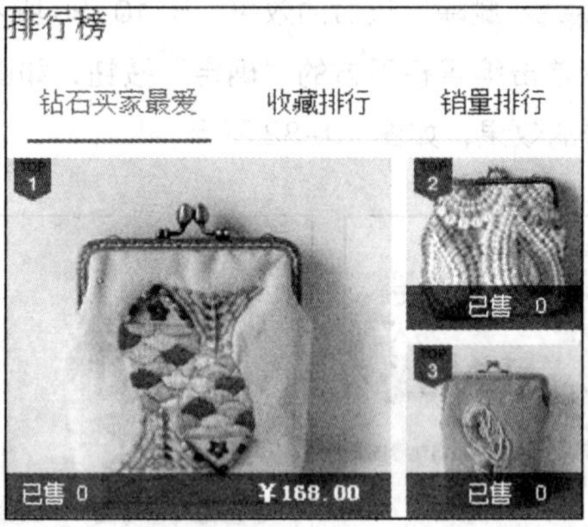

图 10-86

第 3 步 在对宝贝排行榜类目进行选择时，应注意所选类目的宝贝需要超过 3 个，使用此模板才能生效，若小于 3 个，显示为图 10-87 所示的效果。

图 10-87

（4）搭配套餐模块

该模块无数据不会在手机客户端显示，该模块是搭配套餐模块，不可编辑。与 PC 端的搭配套餐是通用的，必须要订购官方的搭配套餐和设置了搭配套餐，才能使用。

（5）猜你喜欢模块

猜你喜欢模块通过推荐算法计算出买家感兴趣的商品，并以一排两个的形式进行排列展示，不可编辑。

2. 图文类组件

图文类模块是使用最多的模块，包括文字和图片模块，用于为手机淘宝页面添加首焦、海报、宝贝分类、宝贝展示等，图文类组件中的模块给设计师更多的设计空间，使设计师可以更加灵活地设计出理想的页面。其中包括标题模块、文本模块、单列图片模块、双列图片模块、多图模块、辅助线模块、焦点图模块、左文右图模块、自定义模块等。

在图文类组件中自定义模块可以自由设置图片的大小，再设计图片，其他模块需要根据系统提示的尺寸进行设计，最后可为设计好的文字或图片添加标题和链接。

下面，介绍一些常用模块的操作与设置方法。

（1）标题模块

标题模块用于在手机淘宝页面中添加有链接的文本信息，拖动指定模块到页面中后，可到右侧设置具体文本，可输入20个文字，单击链接小工具可为该文本添加需要的链接，其具体操作如下。

第1步 在左侧模块区将指针指向"标题模块"，按住鼠标左键不放拖动到首页要添加此模块的位置后释放鼠标，即可添加模块，如图10-88所示。❶在右边的编辑栏中输入标题文字，❷单击"确定"按钮，如图10-89所示。

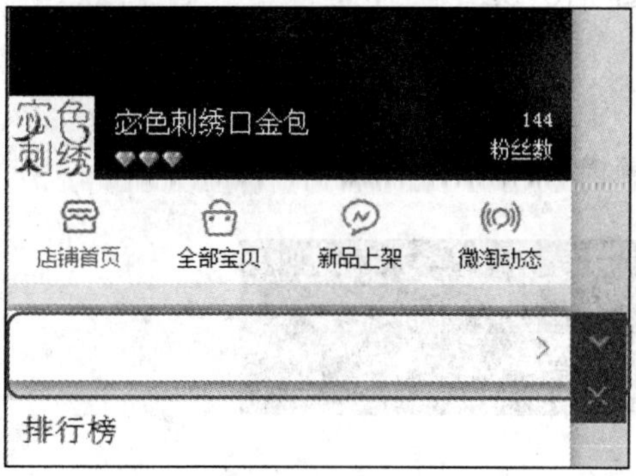

图 10-88

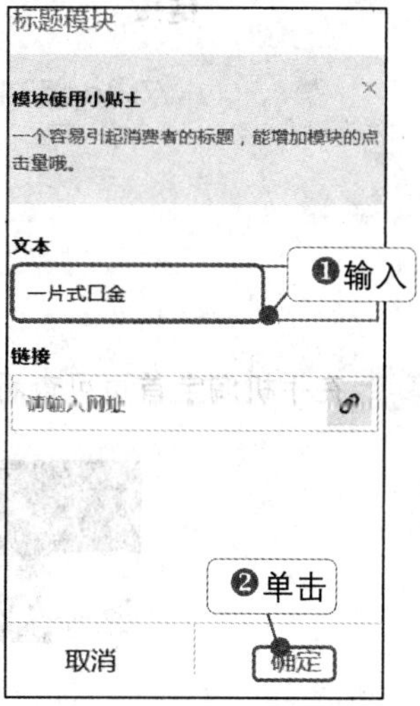

图 10-89

问：如何为手机淘宝装修模块中的文字、图片等添加链接呢？

答：以上图为例，介绍在手机淘宝装修模块中的文字、图片等添加链接的方法。单击链接文本框后面的链接小工具，如图10-90所示。在打开的"链接小工具”面板中单击要添加链接种类的标签，如“宝贝分类链接”，单击所选分类后面的“选择链接”按钮，如图 10-91 所示。

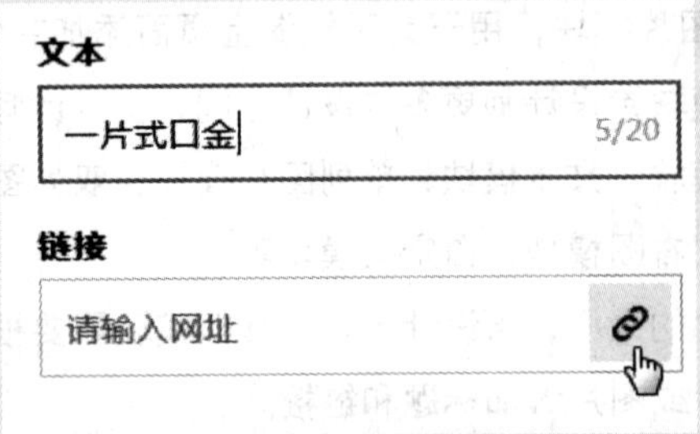

图 10-90

图 10-91

这样便可将链接添加到模块中，如图 10-92 所示。装修模块中所有添加链接的方法与此相同。

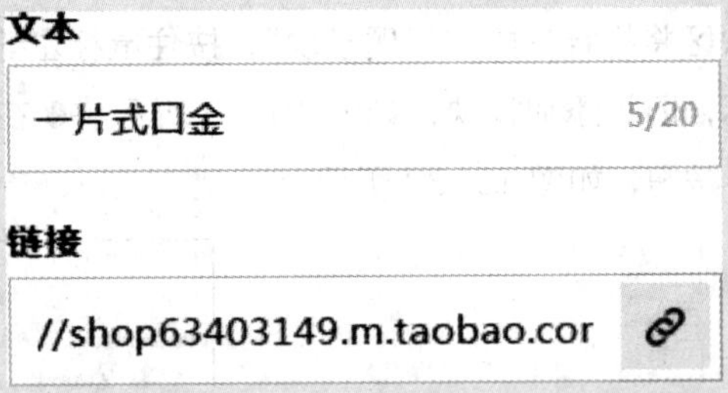

图 10-92

第 2 步 在手机淘宝首页可查看标题模块的效果，如图 10-93 所示。

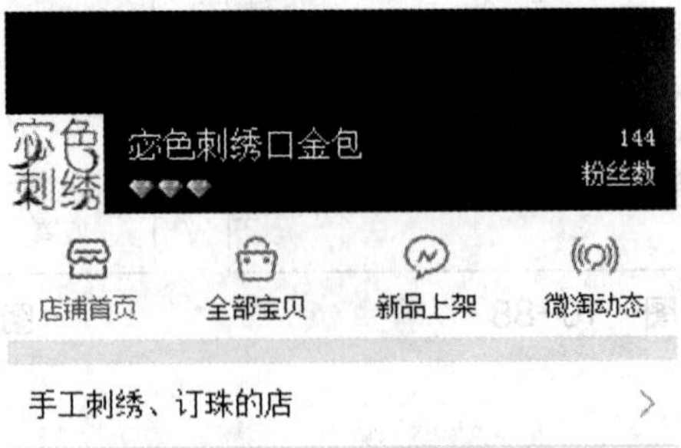

图 10-93

（2）文本模块

文本模块用于在手机淘宝页面中添加无链接的提示性文本信息，可用于引导下面的模块、分割优化首页结构空间等，内容可以是公告展示、联系方式等，其操作步骤如下。

第 1 步 在左侧模块区将指针指向“文本模块”，按住鼠标左键不放拖动到首页要添加此模块的位置后释放鼠标，即可添加模块。

第 2 步 ❶ 在编辑栏中输入文本，❷ 单击“确定”按钮，如图 10-94 所示。在手机淘宝首页即可查看文本模块的效果，如图 10-95 所示。

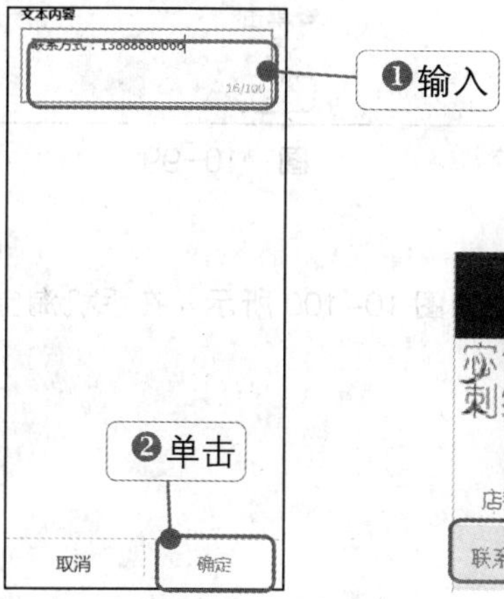

图 10-94

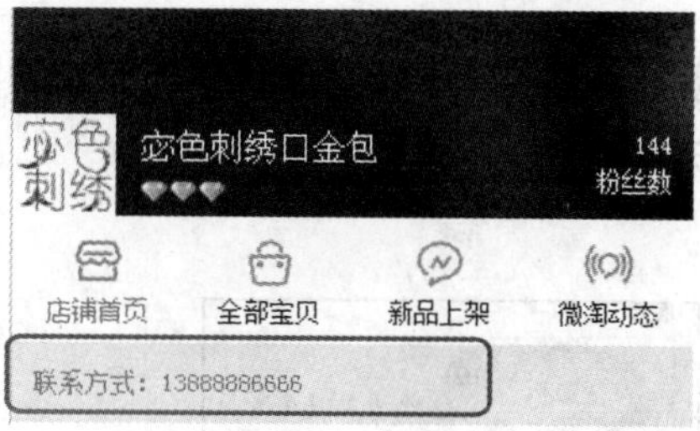

图 10-95

（3）单列图片模块

单列图片模块是在首页添加单张图的形式，类似首屏海报，主要作用是通过图片对产品或者店铺活动进行聚焦，吸引顾客注意力，单列模块图片尺寸设置为 608×336 px，图片格式为 jpg 或 png，其操作步骤如下。

第 1 步 在左侧模块区将指针指向“单列图片模块”，按住鼠标左键不放拖动到首页要添加此模块的位置后释放鼠标，即可添加模块。

第 2 步 ❶ 在编辑栏中添加单列图片区域处单击，如图 10-96 所示。❷ 在打开的页面中单击“点击上传”按钮，如图 10-97 所示。

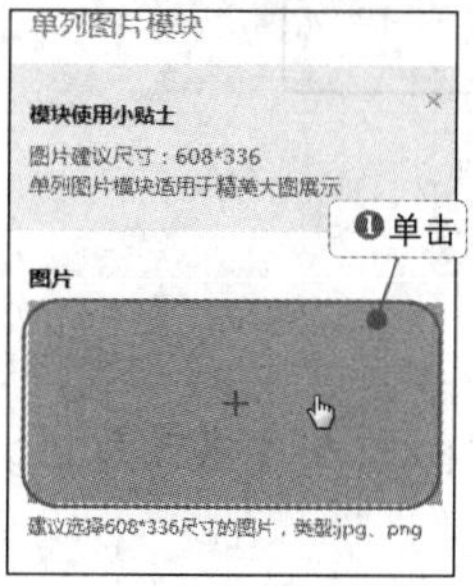

图 10-96

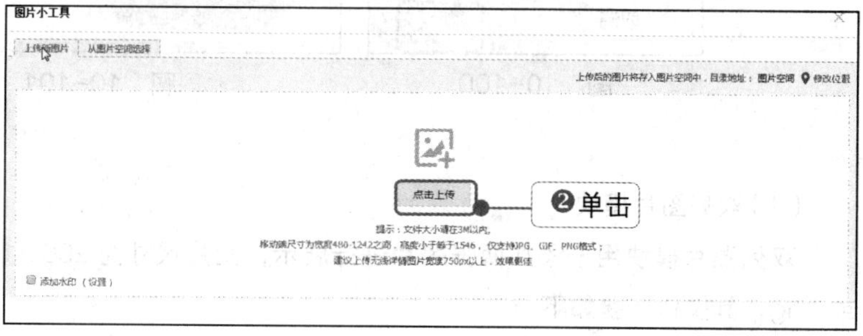

图 10-97

第 3 步 ❶ 在打开的对话框中选择图片，❷ 单击“打开”按钮，如图 10-98 所示。❸ 在打开的页面单击“上传”按钮，如图 10-99 所示。

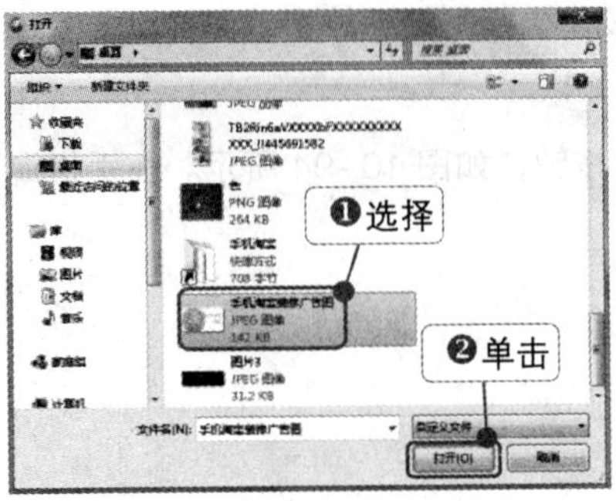

图 10-98

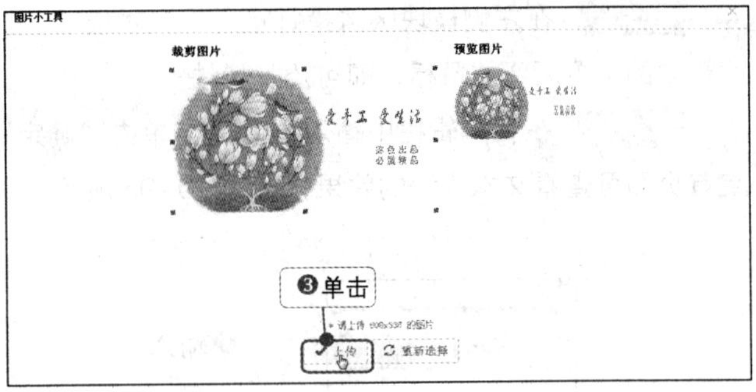

图 10-99

第 4 步 在编辑栏中单击“确定”按钮，如图 10-100 所示。在手机淘宝首页可查看单列图片模块的效果，如图 10-101 所示。

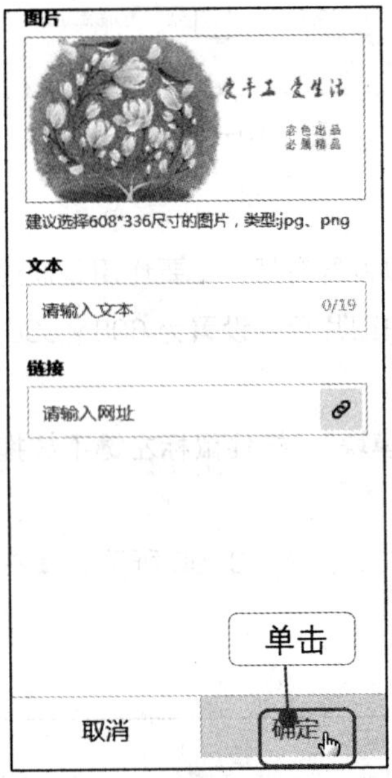

图 10-100

图 10-101

（4）双列图片模块

双列图片模块用于添加两张图片进行展示，图片尺寸为 296×160 px，图片格式为 jpg 或 png，其操作步骤如下。

第 1 步 在左侧模块区将指针指向“双列图片模块”，按住鼠标左键不放拖动到首页要添加此模块的位置后释放鼠标，即可添加模块。

第 2 步 ❶ 在编辑栏中添加双列图片区域处单击，如图 10-102 所示。❷ 在打开的页面中单击“点击上传”按钮，如图 10-103 所示。

图 10-102

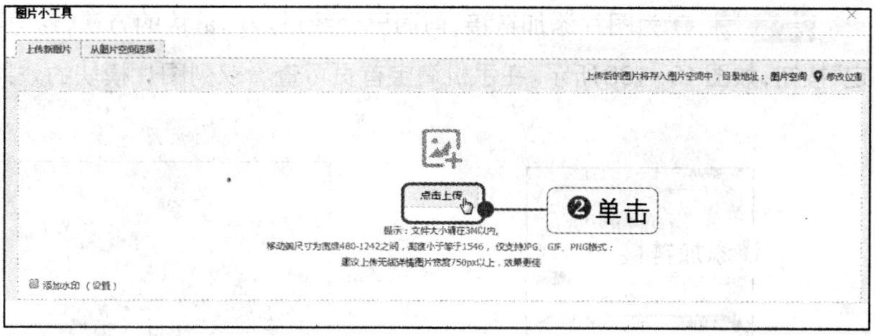

图 10-103

第 3 步 ❶ 在打开的对话框中选择图片，❷ 单击“打开”按钮，如图 10-104 所示。❸ 在打开的页面单击“上传”按钮，如图 10-105 所示。

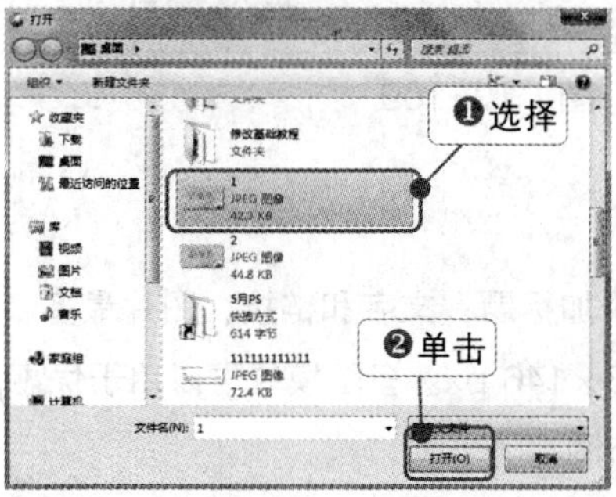

图 10-104

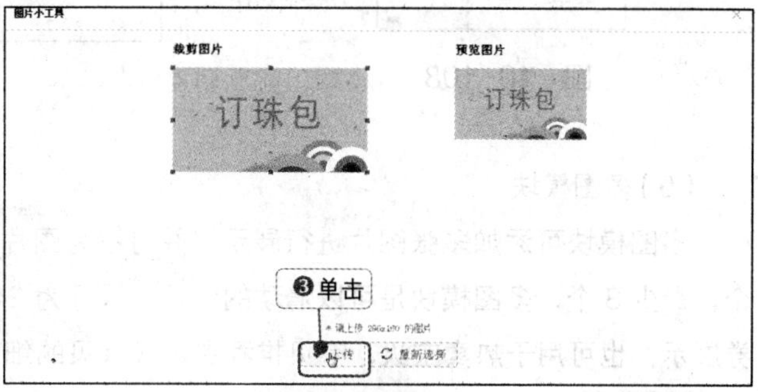

图 10-105

第 4 步 在编辑栏第二张图片添加双列图片区域处单击，如图 10-106 所示。用相同的方法添加图片，如图 10-107 所示。

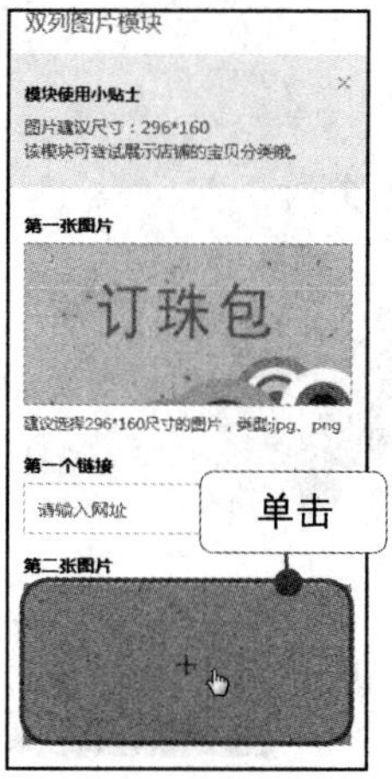

图 10-106

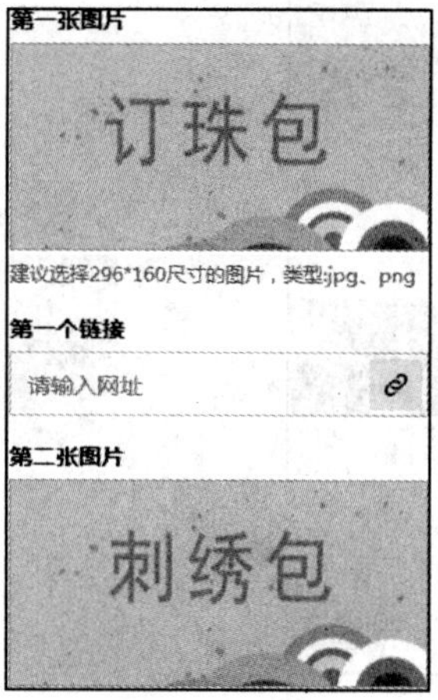

图 10-107

第5步 ❶ 为图片添加链接，前面已介绍过添加链接的方法，这里不再赘述，❷ 单击“确定”按钮，如图10–108所示。在手机淘宝首页可查看双列图片模块的效果，如图10–109所示。

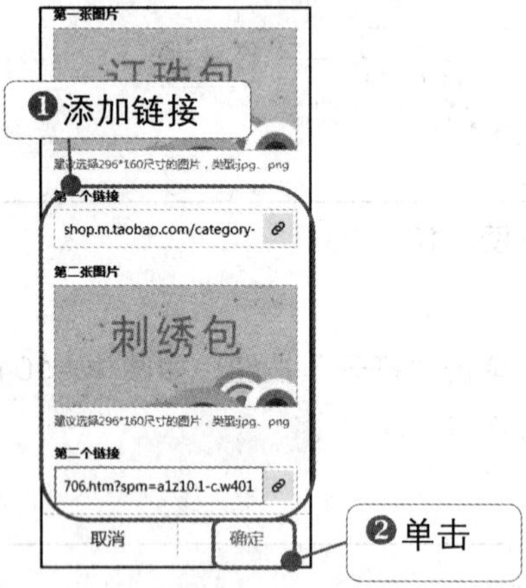

图 10–108

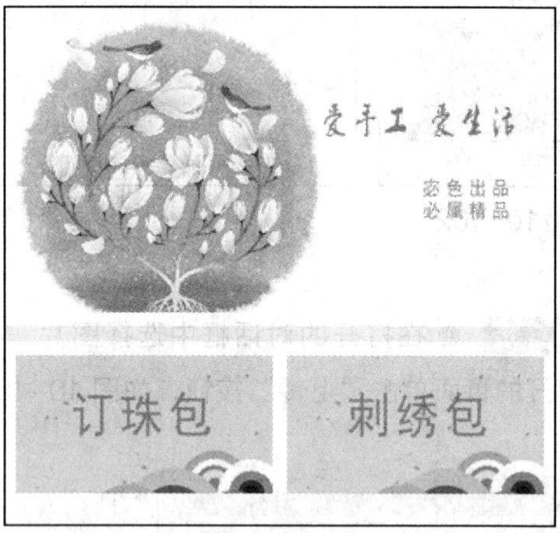

图 10–109

（5）多图模块

多图模块可添加多张图片进行展示，并可以为图片添加标题、文字和链接，图片最多6个，最少3个，多图模块是可以滑动的，建议尺寸为248×146 px。多图模块可以用于优惠券展示，也可用于热卖宝贝、宝贝推荐展示或宝贝的细节图。

第1步 在左侧模块区将指针指向“多图模块”，按住鼠标左键不放拖动到首页要添加此模块的位置后释放鼠标，即可添加模块。

第2步 在编辑栏中添加多张图片，单击“确定”按钮，如图10–110所示。在手机淘宝首页可查看双列图片模块的效果，如图10–111所示。

图 10–110

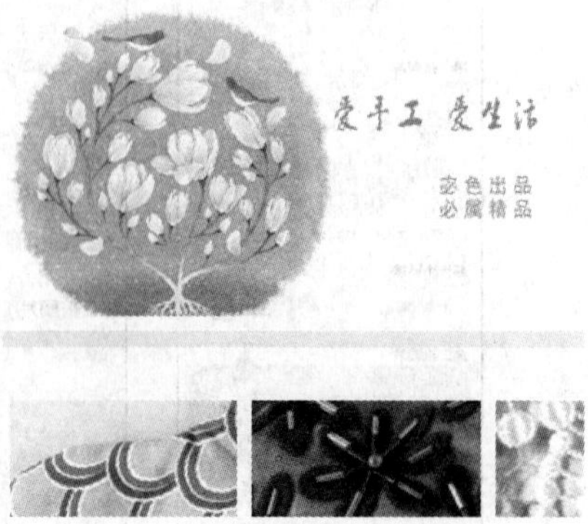

图 10–111

（6）辅助线模块

辅助线可清晰划分区域，创造出舒适空间，促进精准分类，节省页面流量。辅助线不可进行编辑，是一条虚线，一般较少使用。

在左侧模块区将光标指针指向“辅助线模块”，按住鼠标左键不放拖动到首页要添加此模块的位置后释放鼠标，即可添加模块，添加辅助线模块后的效果如图 10-112 所示。

图 10-112

（7）焦点图模块

焦点图模块可以添加几张图片进行轮播展示，类似 PC 端的全屏轮播海报，可以节约展示空间，图片最多 4 个，最少 2 个，建议选择 608×304 px 尺寸的图片，类型为 jpg 或 png，可为图片添加文字和链接。

（8）左文右图模块

左文右图也是在首页添加一张单独的图片进行展示，可作为店铺爆款展示，与单列模块和焦点图模块有类似作用，等同于电脑端的 banner，所以在设计页面时，可以在这 3 种形式中选择一种适合自己的即可，此模块不同的是不需要将文字设计在图片上，只需要将背景图设计好，输入文字即可。

第 1 步 在左侧模块区将指针指向“左文右图模块”，按住鼠标左键不放拖动到首页要添加此模块的位置后释放鼠标，即可添加模块。

第 2 步 ❶ 在编辑栏中添加图片及文字，❷ 单击“确定”按钮，如图 10-113 所示。在手机淘宝首页可查看左文右图模块的效果，如图 10-114 所示。

图 10-113

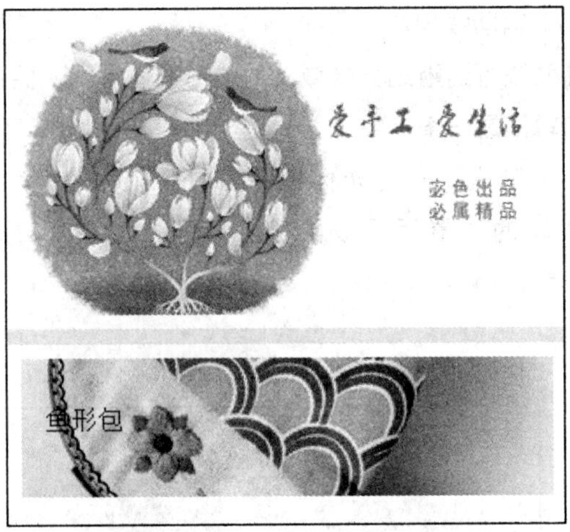

图 10-114

（9）自定义模块

自定义模块是用法最为灵活的一个模块，适用于各种店铺装修效果，特别是具有创意的装修非常好用。此模块最多可以添加 10 个，每一个模块可添加 10 个子模块，在手机模型中添加此模块后，模块中显示很多正方形小格子，模块上方红色文字区域可拖动创建子模块。其具体操作方法如下。

第 1 步 在左侧模块区将指针指向“自定义模块”，按住鼠标左键不放拖动到首页要添加此模块的位置后释放鼠标，即可添加模块，如图 10-115 所示。拖动红色区域，将子模块范围拖动到与格子重叠的线上，如图 10-116 所示。

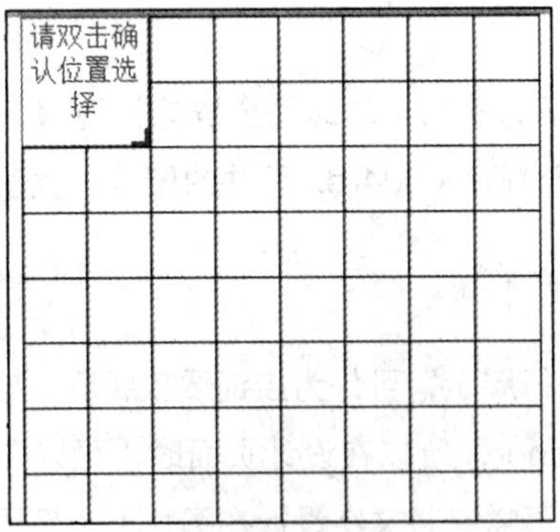

图 10-115

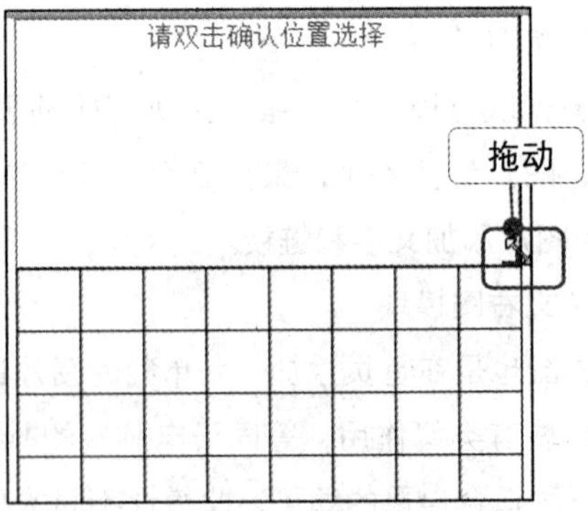

图 10-116

第 2 步 在此格子内空白处双击确定第一个子模块，模块区域呈灰色显示，如图 10-117 所示。❶ 在页面右边的编辑栏中选择好图片并设置好链接，❷ 单击“确定”按钮，如图 10-118 所示。

图 10-117

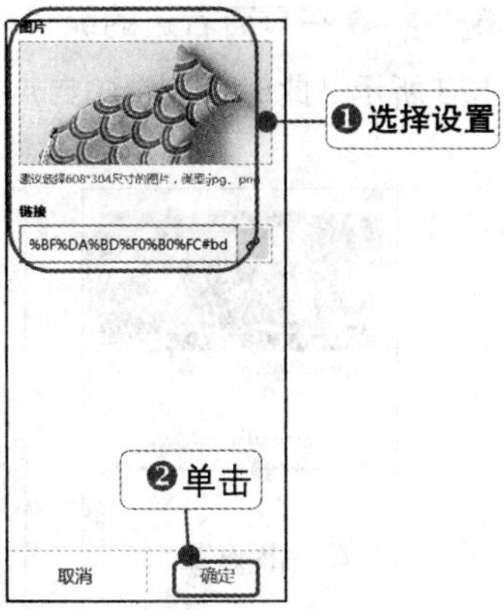

图 10-118

第 3 步 此时，首页中自定义区域的显示效果如图 10-119 所示。在添加的图片的下方的左边空白处单击，再次显示自定义方格，如图 10-120 所示。

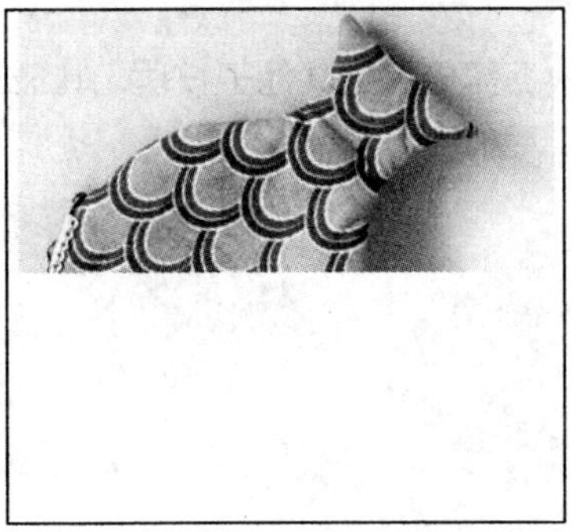

图 10-119

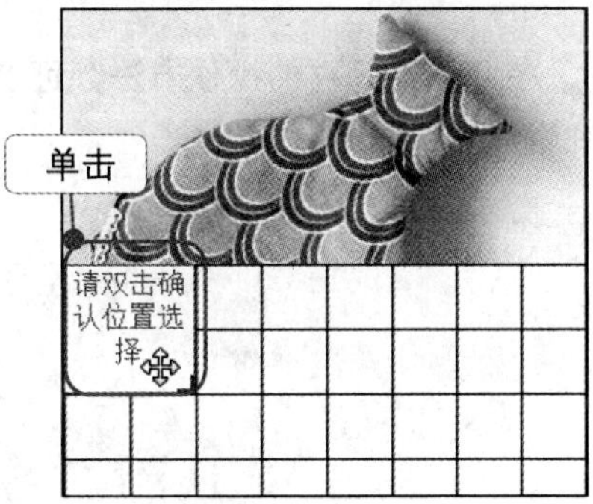

图 10-120

第 4 步 ❶ 拖动红色区域，将子模块范围拖动到与格子重叠的线上，如图 10-121 所示。❷ 在此格子内空白处双击确定第二个子模块，如图 10-122 所示。

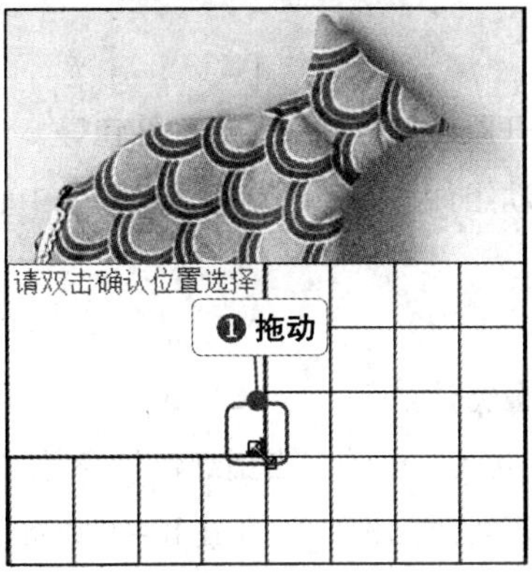

图 10-121

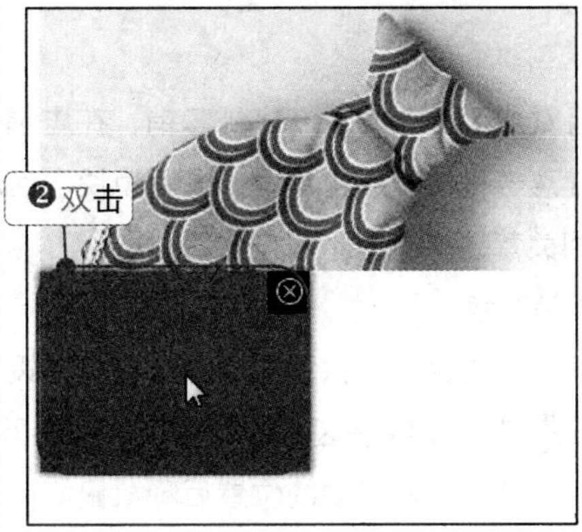

图 10-122

第 5 步 ❶ 在页面右边的编辑栏中选择图片并设置好链接，❷ 单击“确定”按钮，如图 10-123 所示。此时，首页中自定义区域的显示效果如图 10-124 所示。

图　10-123

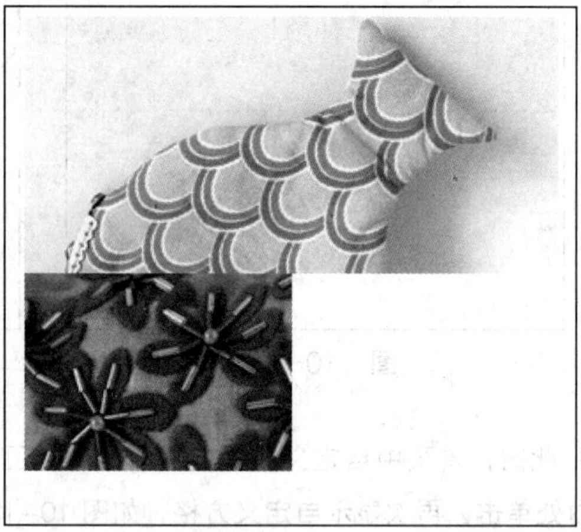

图　10-124

第 6 步 使用前面同样的操作方法，可以根据需要定义其他子模块，其最终效果如图 10-125 所示。

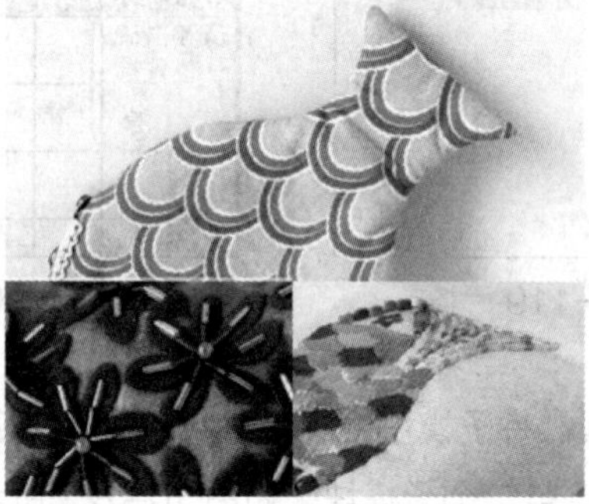

图　10-125

3. 营销互动类组件

营销互动类组件主要用于店铺营销，在店铺开展活动时发优惠券、红包等，渲染店铺气氛。包括优惠券模块、红包模块、电话模块、活动组件、专享活动、活动模块中心等，下面举例介绍相关营销模块的添加方法。

(1) 店铺红包

在手机淘宝首面中可以设置店铺红包，其设置方法如下。

第 1 步 在左侧模块区将指针指向“营销互动类”中的“店铺红包”，按住鼠标左键不放拖动到首页要添加此模块的位置后释放鼠标，即可添加模块，如图 10-126 所示。在编辑栏中单击“店铺红包设置入口”链接，如图 10-127 所示。

图 10-126

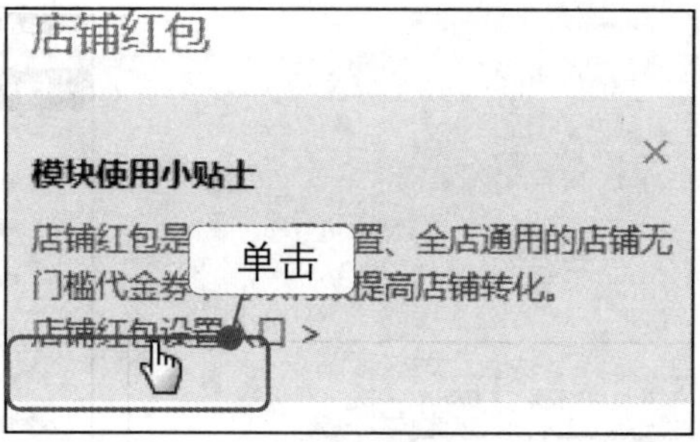

图 10-127

第 2 步 ❶ 在页面中设置“活动名称”“活动时间”等内容，❷ 选择买家领取条件为“收藏店铺”，如图 10-128 所示，❸ 单击“确定并保存”按钮。❹ 在打开的提示框中单击“确定”按钮，如图 10-129 所示。

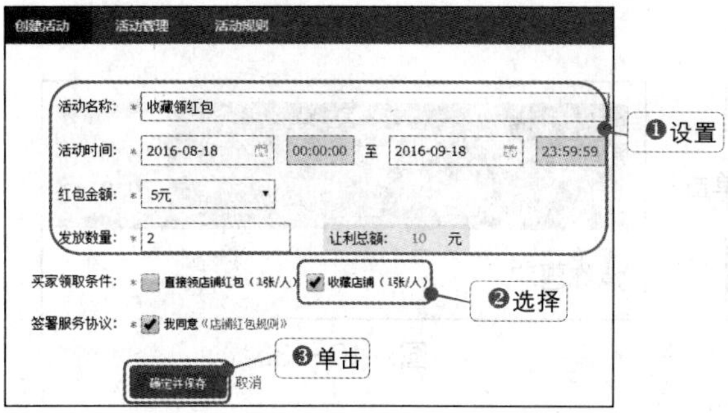

图 10-128

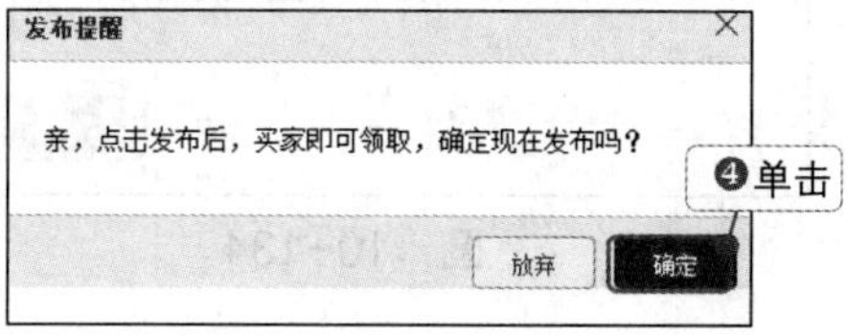

图 10-129

第 3 步 店铺红包创建成功后会出现图 10-130 所示的页面，在手机淘宝首页单击“收藏店铺”链接，如图 10-131 所示。

图 10-130

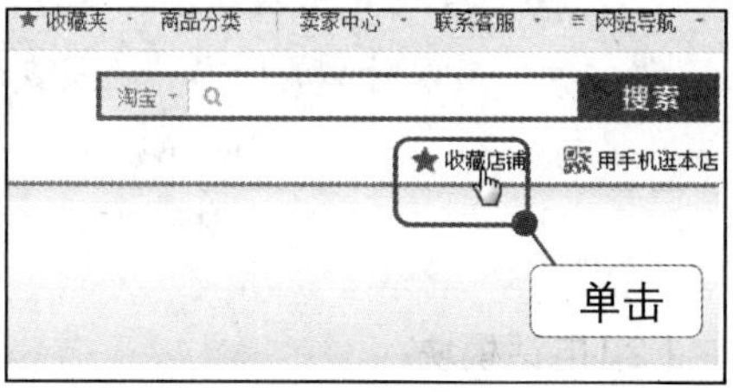

图 10-131

第 4 步 可以看到收藏页面中出现了送红包的内容，如图 10-132 所示。下面选择另一种收藏方式，❶ 选择买家领取条件为“直接领店铺红包”，如图 10-133 所示，❷ 单击“确定并保存”按钮。

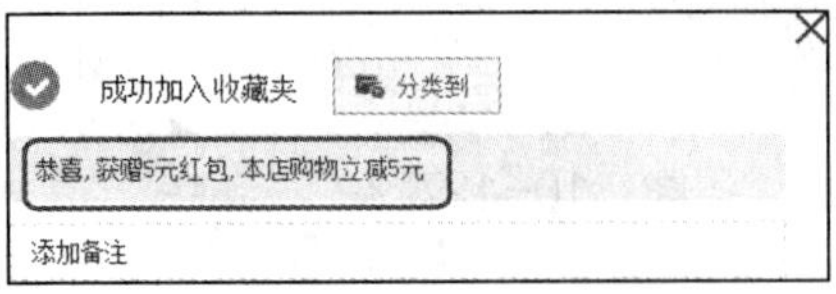

图 10-132

图 10-133

第 5 步：在打开的提示框中单击“确定”按钮，如图 10-134 所示。在手机淘宝首页中可以查看到设置好的店铺红包收藏，如图 10-135 所示。

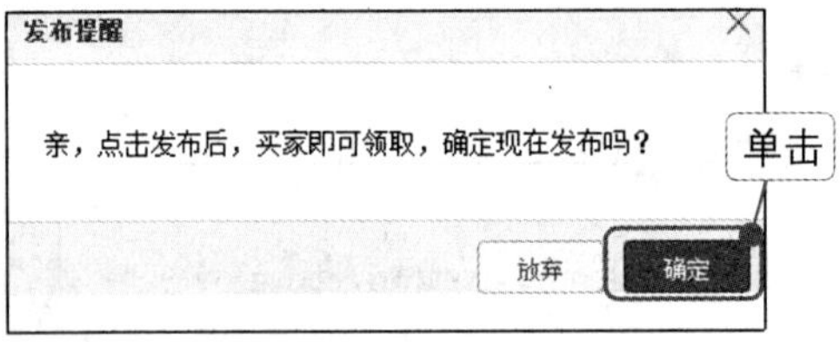

图 10-134

图 10-135

问：设置店铺红包有什么好处呢?

答：在设置店铺红包能有效提升店铺成交转化率；同时还可以更好地回馈老客户，用以对加购物车、收藏夹的用户或已买过你的宝贝的用户做精准推送。

(2)电话模块

手机淘宝首页还可以添加“电话”模块，其具体操作方法如下。

第 1 步 在左侧模块区将指针指向“营销互动类”中的“电话模板”，按住鼠标左键不放拖动到首页要添加此模块的位置后释放鼠标，即可添加模块。❶ 在编辑栏中输入电话，❷ 单击“确定”按钮，如图 10-136 所示。

第 2 步 在手机淘宝首页中可以查看到设置好的电话模板，如图 10-137 所示。

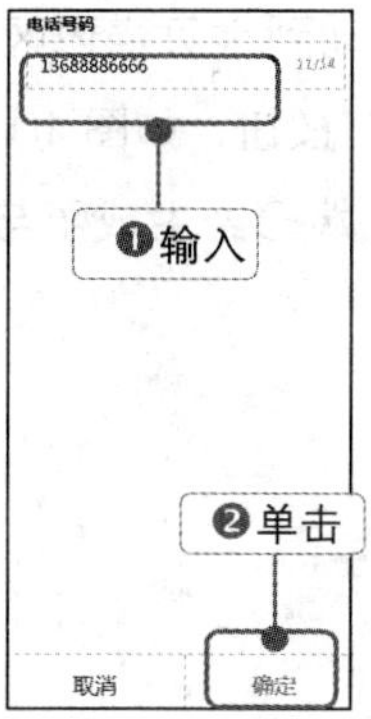

图 10-136

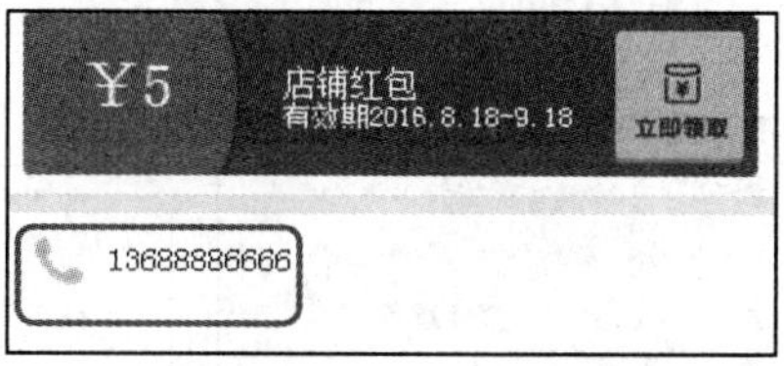

图 10-137

4. 智能类组件

智能类组件中最常用的是新老客模块，设置此模块后，新顾客和老顾客在此模块中看到的图片是不一样的，新顾客顾名思义是第一次进入店铺的顾客，老顾客是180天内在店铺内购买过宝贝的顾客，通过这个模块可以对新老顾客进行营销，更好地提高个性化的运营能力，图片尺寸为608×336 px。

将新老客模块拖动到手机模型中后，在右侧编辑区单击“添加”按钮，即可添加设计好上传到图片空间中的图片，分别将老客图片和新客图片添加好后，单击链接按钮还可为图片添加不同链接。

系统会根据进店的新老顾客，分别给他们展示不同的图片，而我们为图片添加不同的链接，可针对不同顾客的营销，并将新老顾客分流到更精准的无线页面中去。

10.3.3 手机淘宝详情页装修

手机淘宝详情页同样需要重新装修，因为如果使用PC端的详情页面所占空间较大，打开速度较慢。

1.PC端详情页导入

如果PC端宝贝详情页装修不复杂，大部分图片是干净利落的产品展示和小部分文字说明，不会影响在无线端的显示效果时，可以直接使用PC端的宝贝详情页来生成无线端的详情页，具体操作如下。

第1步 在出售的宝贝中选择一款需要添加无线端详情页的宝贝，单击此宝贝最右侧的“编辑宝贝”链接，如图10-138所示。

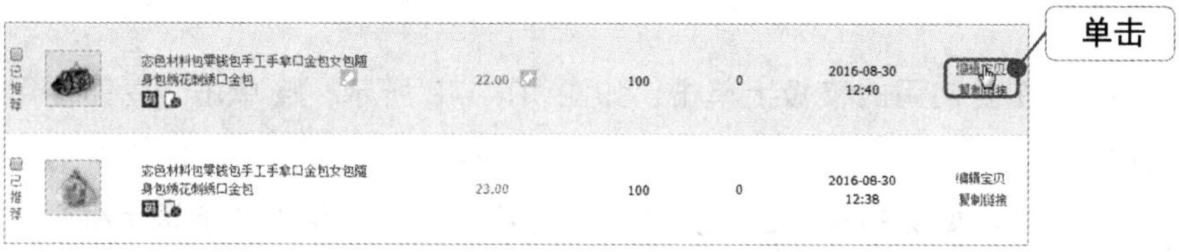

图 10-138

第 2 步 进入宝贝的编辑页面，向下拖动页面，拖动到宝贝描述区域，❶ 在此窗口下方单击“生成手机版宝贝详情”按钮，❷ 再单击“确认”按钮，如图 10–139 所示。

第 3 步 单击“手机端”选项卡，可以看到，手机端已经生成了与 PC 端相同的宝贝详情页，如图 10–140 所示。

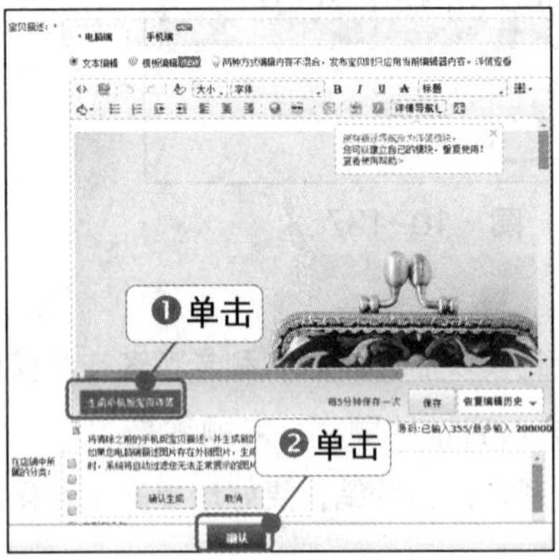

图 10–139

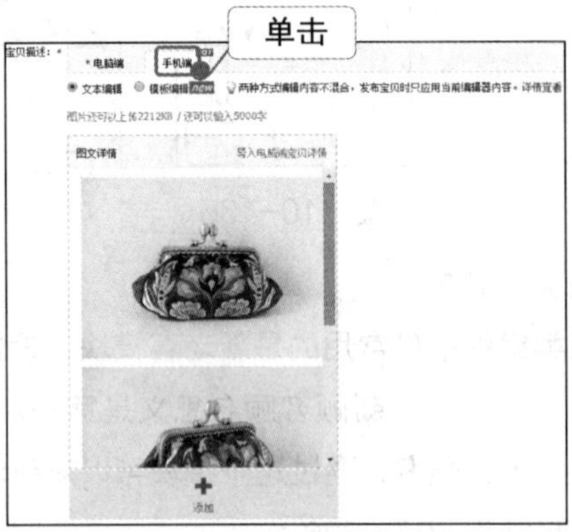

图 10–140

2. 利用“神笔”快速制作无线详情页

淘宝神笔就是详情页的装修模板，是免费使用的，使用模板后，卖家只需要把自己店里的宝贝图片替换掉就可以了，具体使用方法如下。

第 1 步 输入网址进入淘宝神笔（xiangqing.taobao.com），单击上方的“模板市场”链接进入模板市场，如图 10–141 所示，进入模板市场页面，如图 10–142 所示。

图 10–141

图 10–142

第 2 步 ❶ 在要使用的模板上单击，如图 10–143 所示。❷ 单击“立即使用”按钮，如图 10–144 所示。

第 3 步 ❶ 单击要编辑详情的宝贝前面的单选按钮，❷ 单击“编辑手机详情”按钮，如图 10–145 所示。

图 10-143

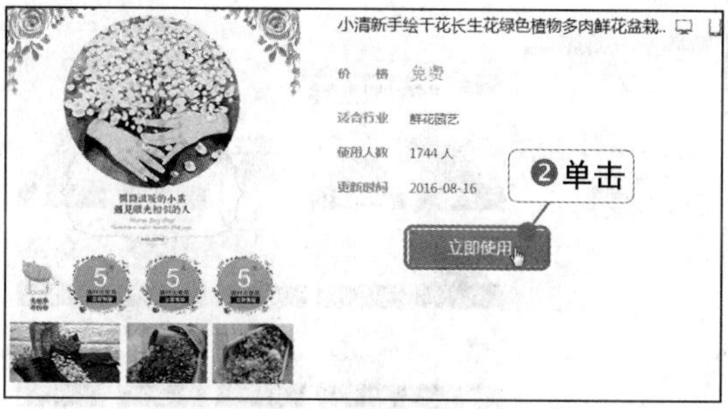

图 10-144

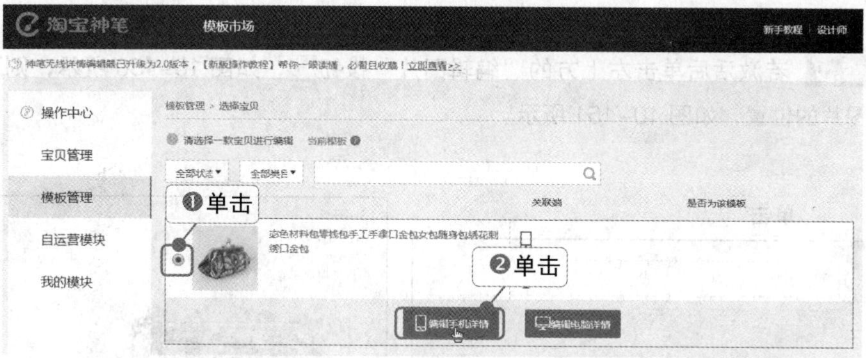

图 10-145

第 4 步 经过上步操作，进入图 10-146 所示的模板页面，❶ 在要替换的图片上单击将其激活，❷ 单击左上角的“替换图片”按钮，如图 10-147 所示。

图 10-146

图 10-147

第 5 步 在打开的页面中选择宝贝图片，如图 10-148 所示。即可将原模板中的图片用宝贝图片替换，如图 10-149 所示。

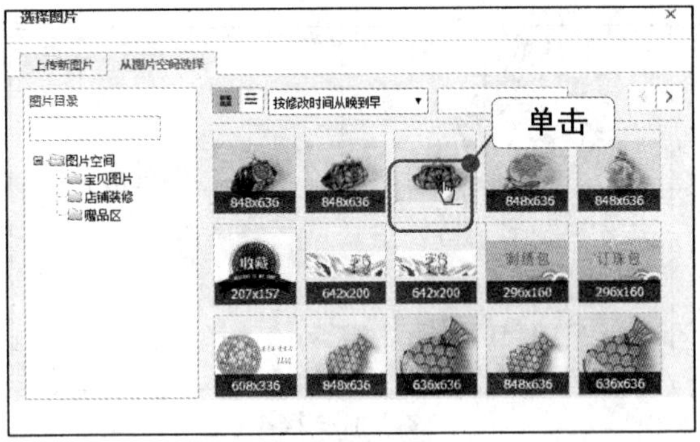

图　10-148

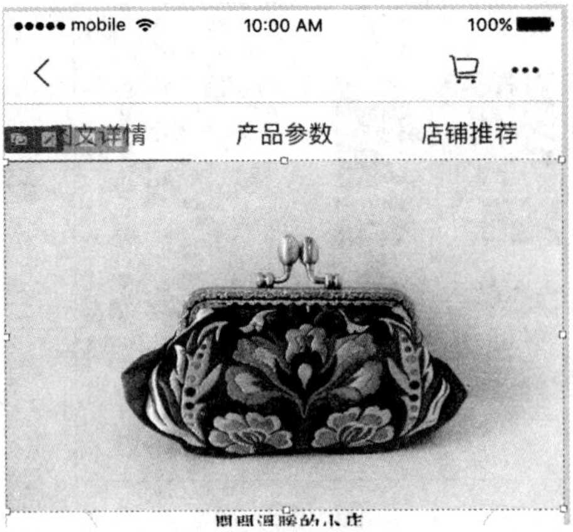

图　10-149

第 6 步 若激活后单击左上方的“编辑图片”按钮，如图 10-150 所示，则可以拖动编辑图片的位置，如图 10-151 所示。

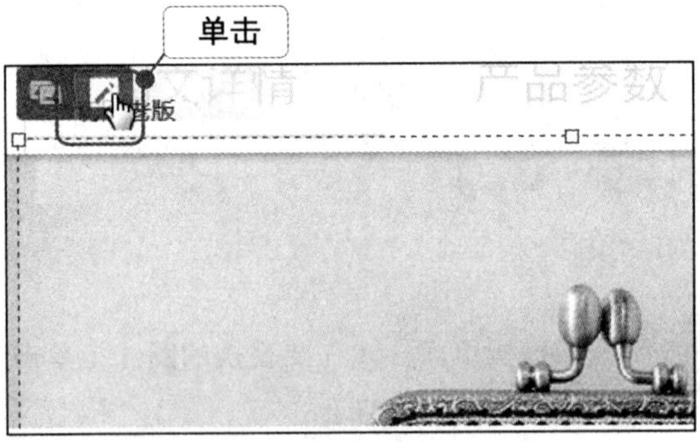

图　10-150

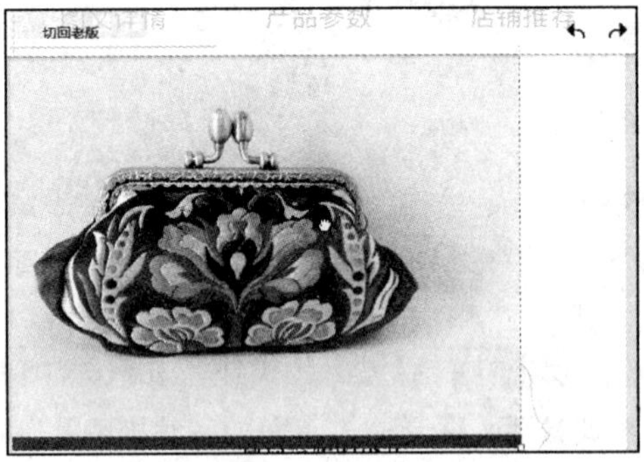

图　10-151

第 7 步 如果想要撤销操作，单击图 10-152 所示的“撤销”按钮即可。

图　10-152

第8步 除了替换图片以外，还可以编辑模块中的文字，在文字上单击即可将其激活，如图 10-153 所示，并可以设置文字的字体、字号、颜色等属性。

图 10-153

第9步 详情页模板制作好后可以进行预览，单击“预览”按钮，如图 10-154 所示，图 10-155 所示为在手机中的预览效果。

图 10-154

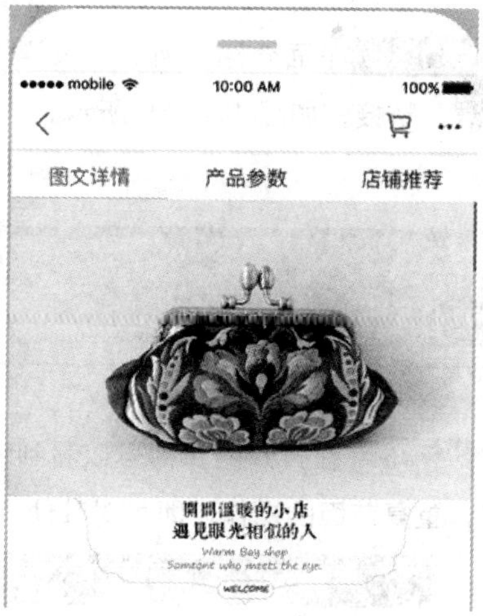

图 10-155

第10步 ❶ 最后单击“同步详情”按钮，如图 10-156 所示，❷ 在打开的页面中单击选中“我明确了解同步详情会覆盖现有的宝贝详情页面”单选按钮，❸ 再单击“确定同步”按钮，如图 10-157 所示，即可将新的模板详情页应用到手机详情页中。

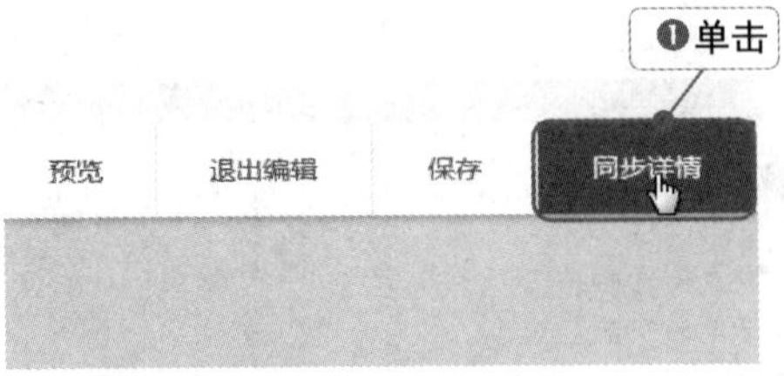

图 10-156

图 10-157

第 11 步 同步成功后会出现图 10-158 所示的“手机端宝贝详情同步成功”页面。

图 10-158

第 12 步 下面介绍将所有宝贝详情应用于同一模板的方法。在淘宝神笔首页单击“模板管理”链接，如图 10-159 所示。

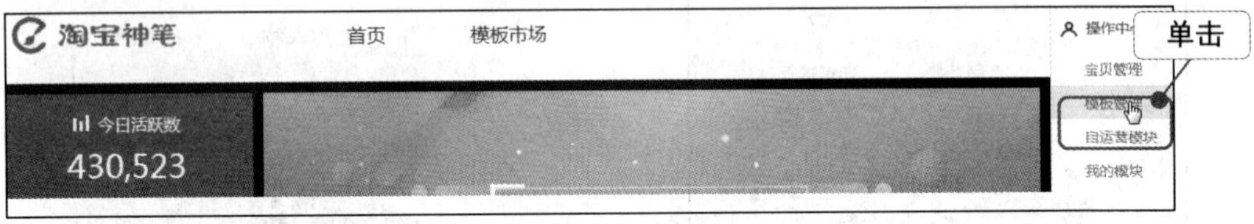

图 10-159

第 13 步 在打开的页面可以看到使用过的模板，如图 10-160 所示。单击“立即使用”按钮，重复前面的操作，即可对其他宝贝使用相同的模板。

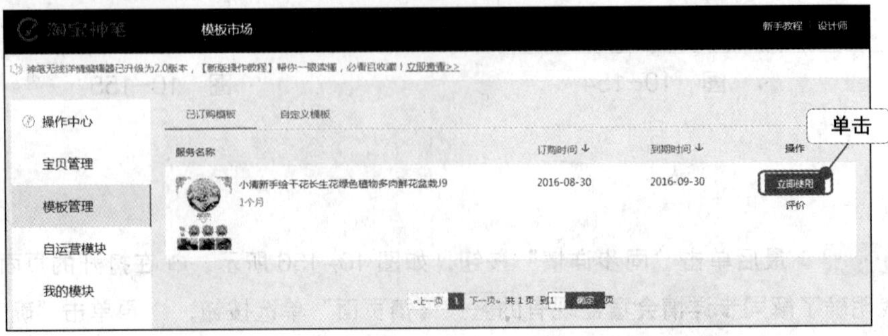

图 10-160

10.4 手机端店铺的运营与推广方法

手机端的运营推广与 PC 端有所区别，本节将介绍微淘推广、微海报推广、码上淘推广、麻吉宝推广、创建手机店铺活动等手机端的运营推广方法。

10.4.1 微淘推广

微淘是用户关注自己感兴趣的领域，通过微淘后台发布各类新上产品的信息，可以让粉丝及时知道店铺的动态，进行客户关系管理。卖家可以使用微淘推广店铺，具体操作方法如下。

第 1 步 进入无线运营中心（wuxian.taobao.com），❶ 单击左下角的“发微淘”链接，如图 10-161 所示。❷ 输入广播描述，在图 10-162 所示的位置单击。

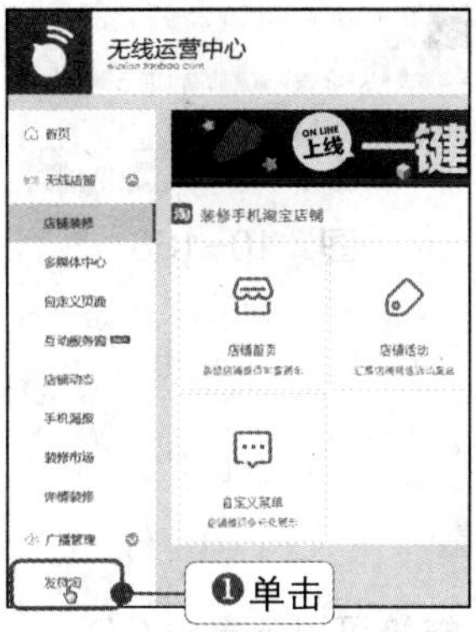

图 10-161

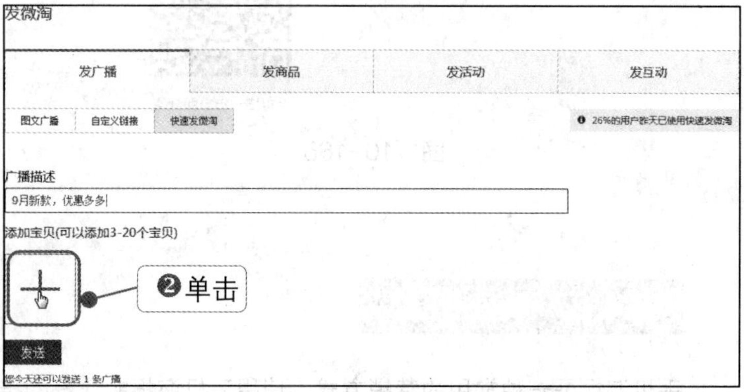

图 10-162

第 2 步 ❶ 在要添加的宝贝上单击，❷ 单击“确定”按钮，如图 10-163 所示。❸ 单击“发送”按钮即可开始发布属于自己店铺的微淘广播，如图 10-164 所示。

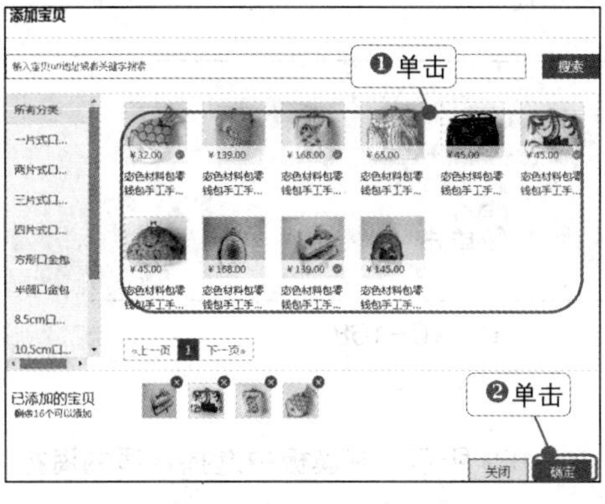

图 10-163

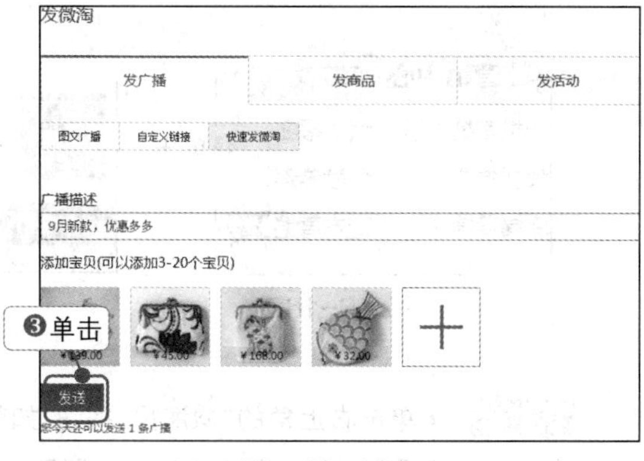

图 10-164

第 3 步 微淘广播发布以后，出现图 10-165 所示的页面。可以复制链接将其分享到多个社交平台，扩大其曝光面，让自己的店铺为更多的人所熟知。在手机淘宝的微淘中可以查看到刚发布的广播，如图 10-166 所示。

图 10-165

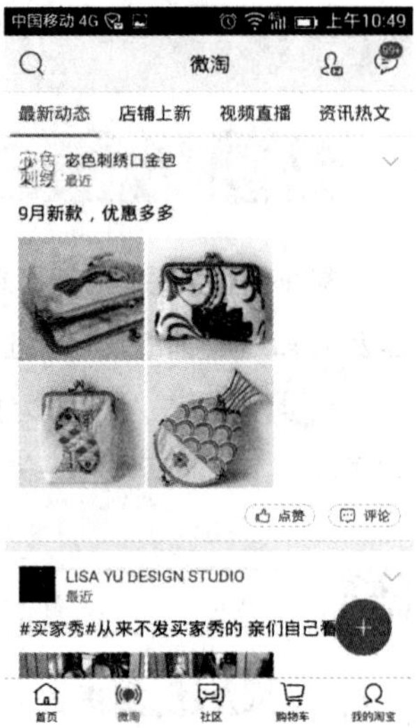

图 10-166

10.4.2 微海报推广

手机海报是一种常用的营销方式，使用手机海报制作好的推广链接可以分享到 QQ、微信朋友圈等，下面介绍其使用方法。

第 1 步 在卖家中心的页面左侧找到“营销中心”选项，单击右侧展开按钮 ∨ 显示此选项下所有菜单，❶ 单击“官方营销工具”链接，如图 10-167 所示。在打开的页面找到微海报，❷ 单击“立即设置”按钮，如图 10-168 所示。

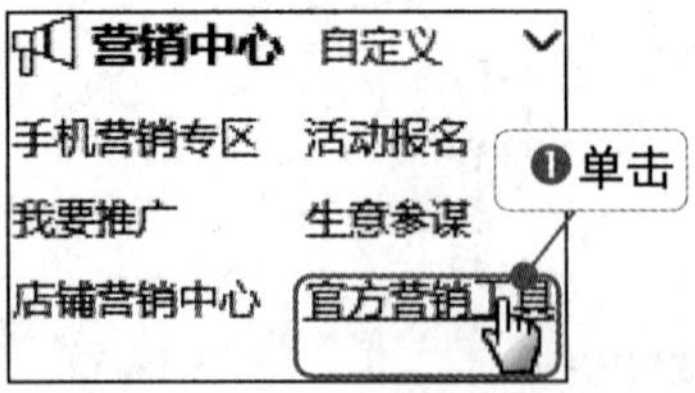

图 10-167

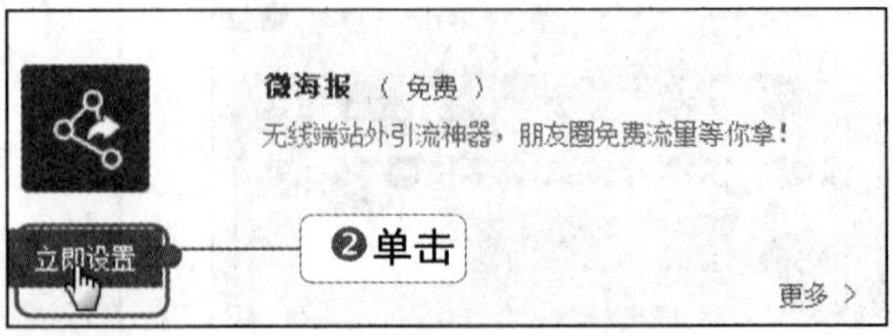

图 10-168

第 2 步 ❶ 单击右上角的“微海报”按钮，如图 10-169 所示。在模板中选择合适的海报，❷ 单击“立即使用”按钮，如图 10-170 所示。

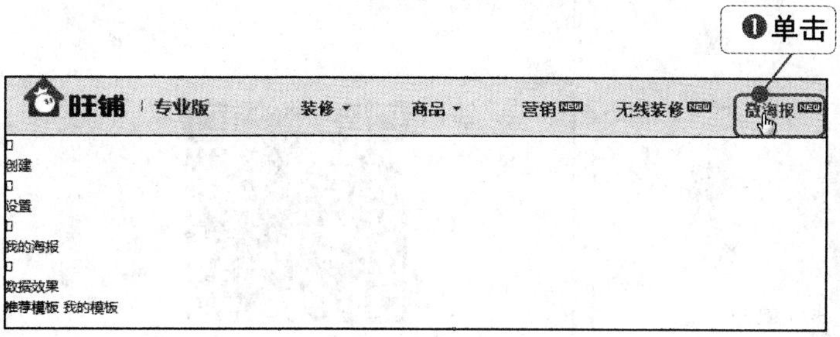

图 10-169

图 10-170

第 3 步 在打开的页面中可以替换模板中的图片，单击要替换的图片，如图 10-171 所示。

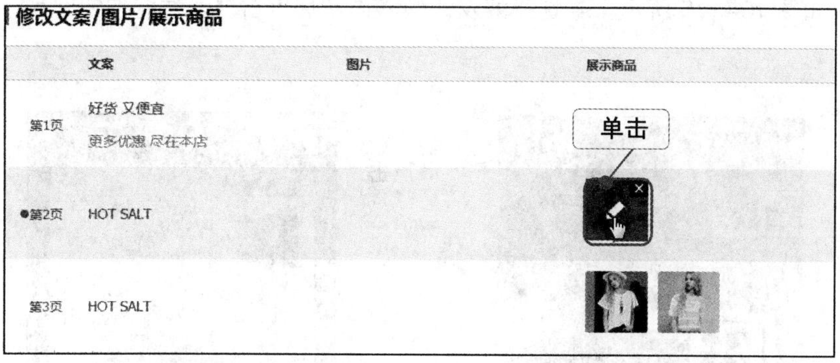

图 10-171

第 4 步 选择店铺里的宝贝进行替换，在页面的右边可以预览到效果，如图 10-172 所示。

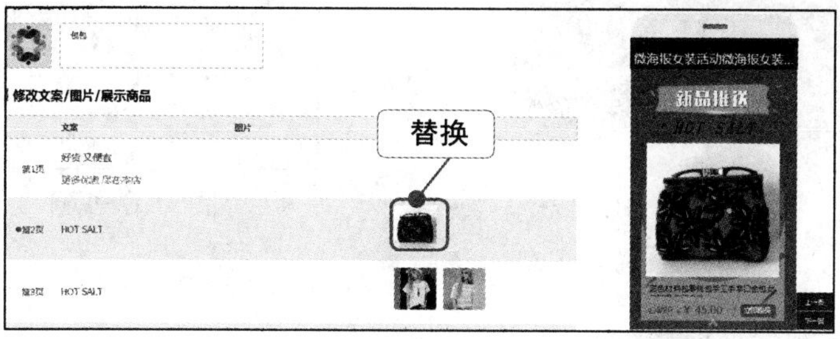

图 10-172

第 5 步 替换模板中的所有图片后，单击“确定创建”按钮，如图 10-173 所示。用手机在图 10-174 所示的页面中扫描二维码。

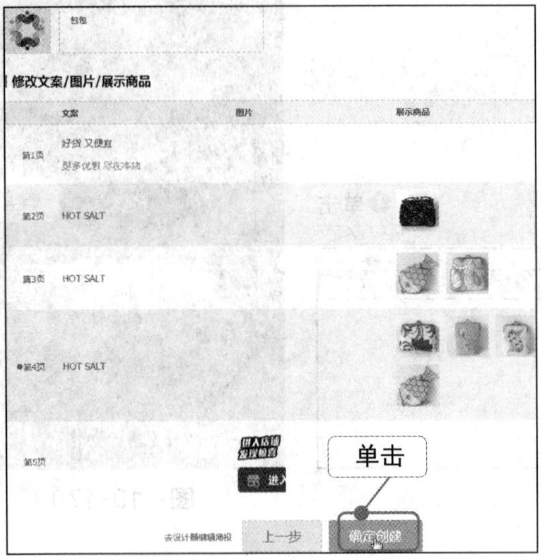

图　10-173

图　10-174

第 6 步　❶ 在打开的海报中点击右上角的按钮 ⋮，❷ 选择分享的方式，如“分享到手机 QQ”，如图 10-175 所示。❸ 选择好友，输入内容后点击“发送”按钮即可，如图 10-176 所示。

图　10-175

图　10-176

10.4.3　码上淘推广

码上淘可用手机淘宝扫一扫特定的二维码就可以实现码上购物。卖家只需在码上淘后台制作好店铺或商品的二维码并将其通过网站、QQ、微信、社区、移动端等不同的方式推广到用户身边，当用户用手机扫二维码后就可立即直达商家店铺页面，并可进行下单购买。创建二维码的方法有图 10-177 所示的几种，下面介绍最常用的通过链接创建和通过宝贝创建的方法。

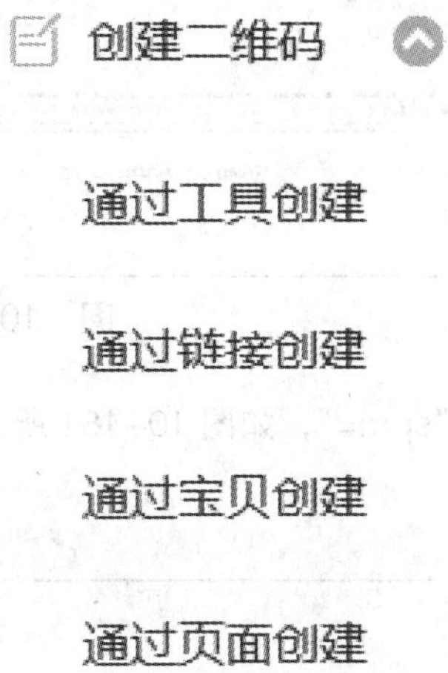

图 10-177

1. 通过链接创建

下面介绍通过链接创建码上淘的具体操作方法。

第 1 步 进入无线运营中心（wuxian.taobao.com），❶ 单击左边的“码上淘推广”链接，如图 10-178 所示，❷ 在打开的页面单击“进入码上淘”按钮，如图 10-179 所示。

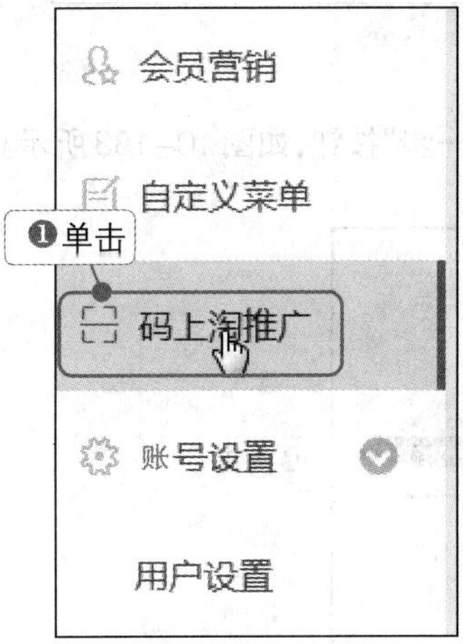

图 10-178

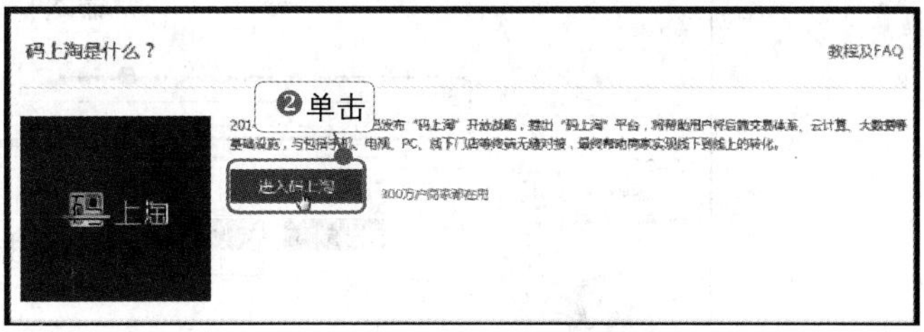

图 10-179

第 2 步 ❶ 单击“创建二维码”下方的“通过链接创建”，如图 10-180 所示。在店铺里打开要创建二维码的宝贝，在地址栏复制其链接，❷ 粘贴到“二维码页面链接”中，如图 10-181 所示。

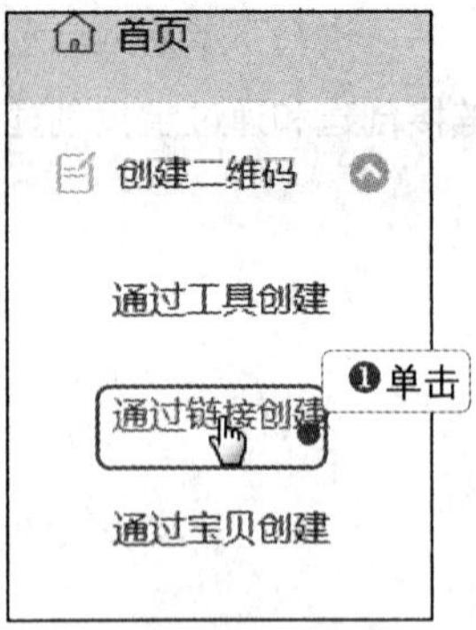

图 10-180

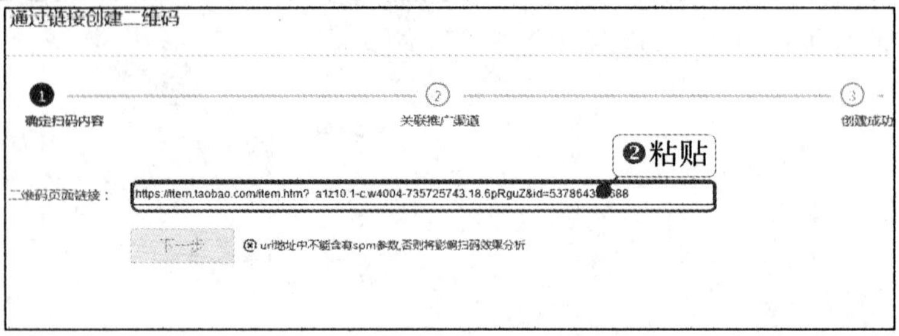

图 10-181

第 3 步 ❶ 删除链接中的“spm=”，如图 10-181 所示；❷ 单击“下一步”按钮，如图 10-182 所示。

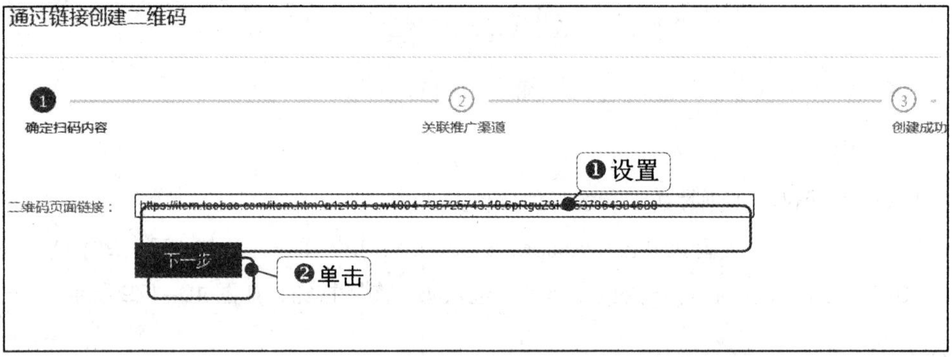

图 10-182

第 4 步 ❶ 输入二维码名称，❷ 选择渠道标签，❸ 单击“下一步”按钮，如图 10-183 所示。

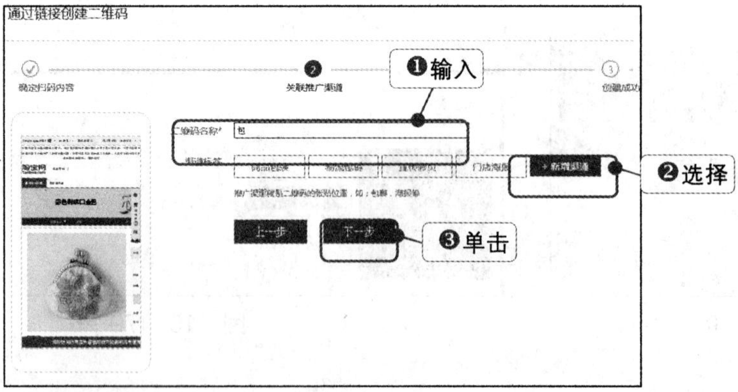

图 10-183

第 5 步 在打开的页面可以看到创建好的二维码，将其下载即可，单击“下载”按钮，如图 10-184 所示。

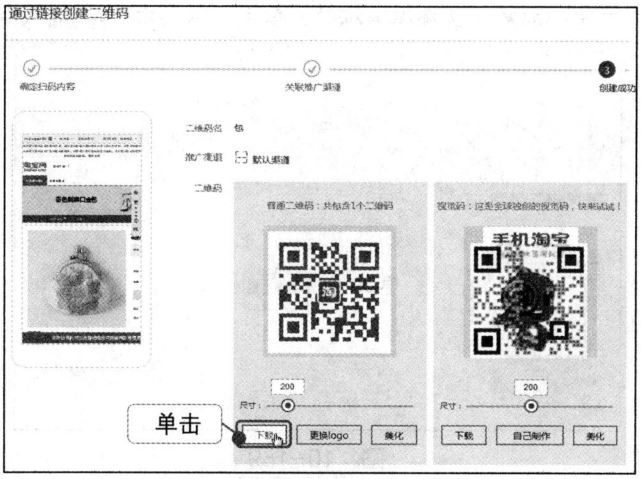

图 10-184

第 6 步 ❶ 在打开的对话框中选择下载的位置后单击“下载”按钮，如图 10-185 所示。完成后可以将二维码用到 QQ 或微信等其他推广渠道上，❷ 买家只需要从手机淘宝首页扫一扫二维码即可访问到店铺的商品，如图 10-186 所示。

图 10-185

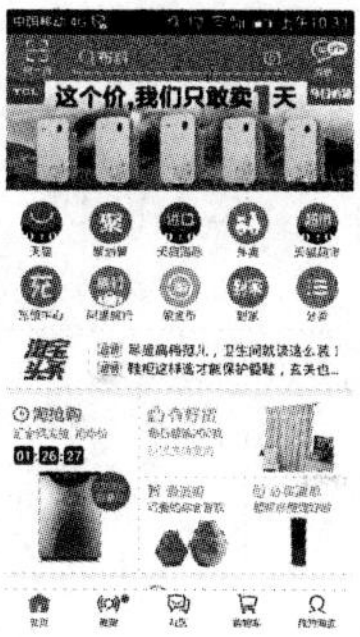

图 10-186

2. 通过宝贝创建

下面介绍通过宝贝创建码上淘的具体操作方法。

第 1 步 ❶ 单击“创建二维码”下方的“通过宝贝创建”链接，如图 10-187 所示。❷ 选择要创建二维码的宝贝，❸ 单击“下一步”按钮，如图 10-188 所示。

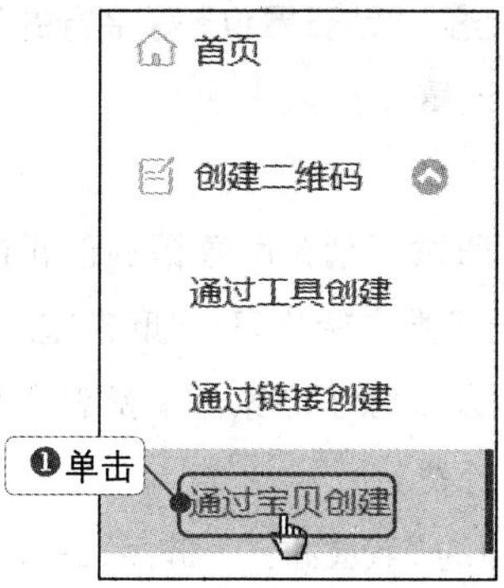

图 10-187

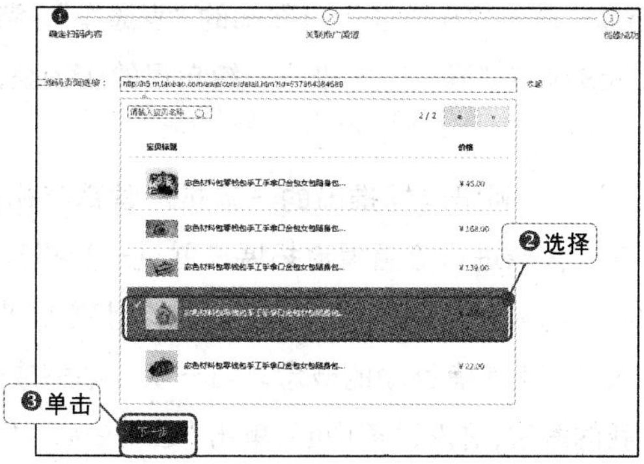

图 10-188

第 2 步 输入二维码名称，选择渠道标签，单击“下一步”按钮，如图 10-189 所示。

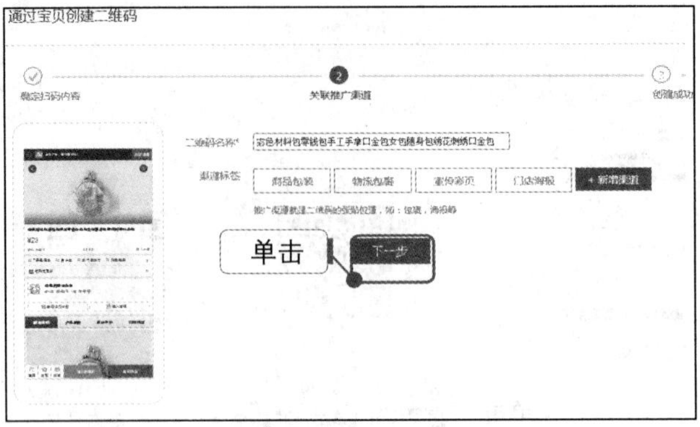

图 10-189

第 3 步 在打开的页面可以看到创建好的二维码，将其下载即可，最后单击“下载”按钮，如图 10-190 所示。

图 10-190

10.4.4 麻吉宝推广

“麻吉宝”是一款和之前大家熟知的“直通车”“淘宝客”“钻石展位”等平行的营销产品。商家可以通过参与“麻吉宝”推广，给自己的店铺获得流量。

1. 什么是“麻吉宝”，如何进入“麻吉宝”

“麻吉宝”是阿里妈妈推出的一款推广营销产品，通过互动激励营销的创新推广模式，帮助商家在无线端进行流量渠道拓展，并进一步提升无线推广转化率。“麻吉宝”推广与之前推广的产品的最大差别是引入了新的推广计费方式以及加强了商家与消费者的互动形式。麻吉宝引入了与消费者互动的概念，当一次互动完成时计费。

登录我的淘宝，进入卖家中心，单击“营销中心”栏中的“我要推广”链接，进入推广页面，单击“麻吉宝”中的“马上开动”按钮即可进入麻吉宝，如图 10-191 所示。

图 10-191

2.“麻吉宝”的玩法

麻吉宝现有玩法有答题推广、二阶任务、天猫猜品牌和猜价格几个方面。

（1）答题推广

商家可以通过在麻吉宝后台设计问答题的推广模式，与用户产生互动。用户回答正确商家设计的问题，卖家支付一次营销费用，其他行为不扣费。

（2）二阶任务

通过麻吉宝发布召回任务，帮助商家囤积无线端流量，让目标用户在指定的时间内完成指定的动作，如大促期间引导大量流量进入店铺。

（3）天猫猜品牌

通过用户参与“猜品牌”这一互动形式，在增加品牌曝光度的同时，增强用户对品牌的记忆度，是品牌营销的一种有效方式。

（4）猜价格

猜价格是麻吉宝为商家量身打造的营销利器。商家挑选一款产品并设置专享优惠价，用户猜对价格后即可享受优惠价购买。制造了营销场景，让用户更容易下单成交。

3. 哪里可以看到“麻吉宝”

目前“麻吉宝”正在逐步介入阿里巴巴旗下的众多应用，已经覆盖了大量人群。在支付宝、手机淘宝、旺信等位置展示，如图 10-192 所示。

图 10-192

10.4.5 创建手机店铺活动

手机店铺活动主要包括上新宝贝、聚划算、热门促销、优惠活动和专享活动等。卖家可以根据自己的需求创建相应的店铺活动。下面以“创建上新宝贝活动”为例介绍创建手机店铺活动的方法。

第 1 步 在卖家中心的页面左侧找到“店铺管理”选项，单击右侧展开按钮∨显示此选项下所有菜单，单击“手机淘宝店铺”链接。

第 2 步 进入手机淘宝店铺页面后，页面中间会显示无线店铺选项，❶ 单击选项中的“立即装修”链接，如图 10-193 所示。❷ 再单击“店铺活动”链接，如图 10-194 所示。

图 10-193

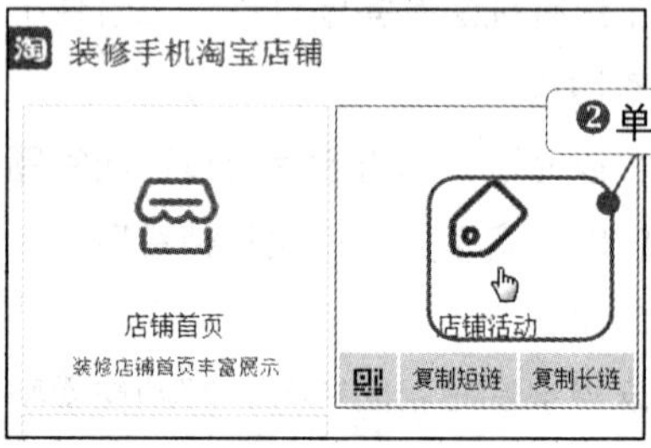

图 10-194

第 3 步 进入“营销活动”创建页面，❶ 单击“创建店铺活动”按钮，如图 10-195 所示。进入营销活动主页，❷ 单击选择“上新宝贝”下的“创建活动”按钮，如图 10-196 所示。

图 10-195

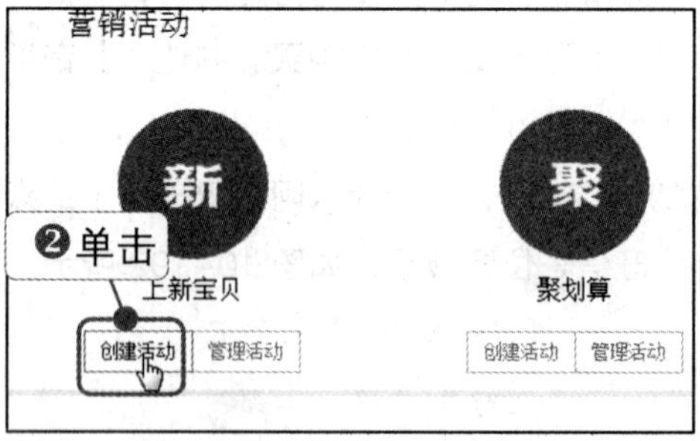

图 10-196

第 4 步 ❶ 单击“添加宝贝”按钮，如图 10-197 所示，❷ 在打开的页面选择上新的宝贝，如图 10-198 所示。

第 5 步 此时可以看到，选中的宝贝会出现在面板的右方，❶ 单击“确定”按钮，如图 10-199 所示。❷ 输入标题与简介，❸ 单击右上角的“发布”按钮，如图 10-200 所示。

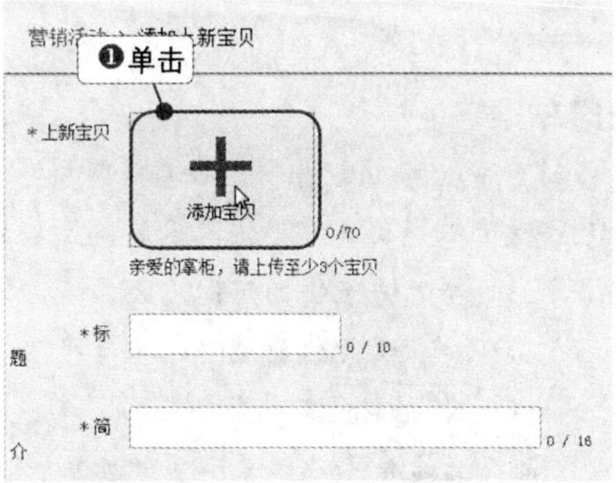

图 10-197

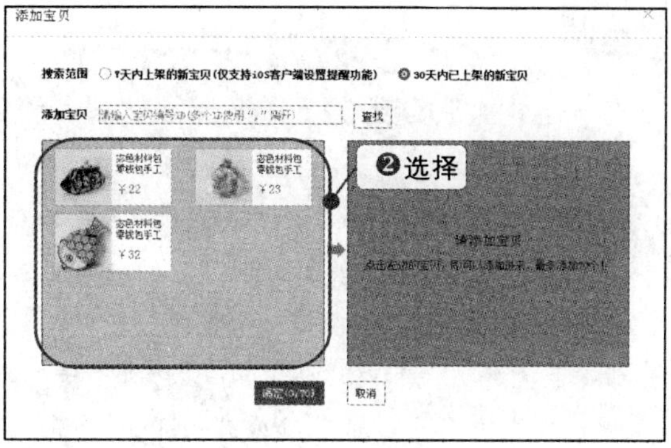

图 10-198

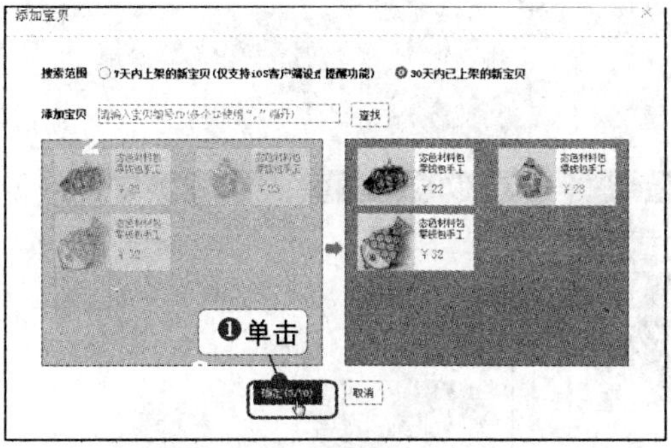

图 10-199

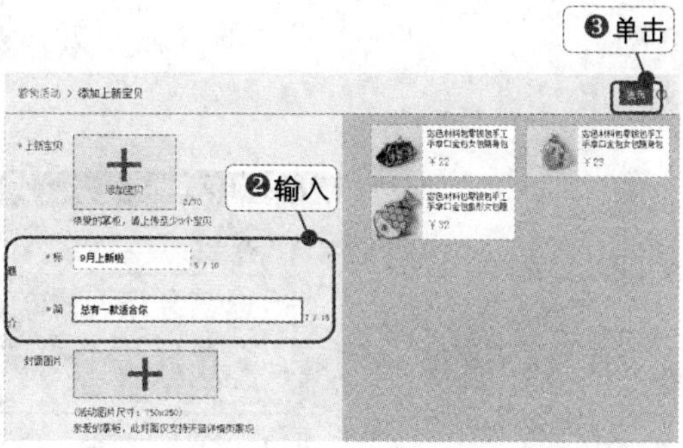

图 10-200

第 6 步 系统提示发布成功，如图 10-201 所示。同时也可以“同步到微淘动态”，只需单击“同步到微淘动态”按钮并根据系统提示完成相应的设置即可。

图 10-201

运营大师谈经验：重视无线钻展、无线直通车推广

众所周知，现如今流量的重点已经从PC端转移到了手机端，店铺手机端的流量占比越来越重，手机端钻展已经成了淘宝卖家在手机无线端的必争之地。手机端钻展展位要比PC端少很多，展现得到关注的可能也就要大得多，目标客户点击的可能更大，从而点击单价较低。在做好钻展图片设计和店铺装修的前提下，投放无线钻展可以为宝贝带来巨大的流量和转化。图10-202所示手机淘宝首页一屏的广告就是无线钻石展位。

现在很多店铺都陆续地开通了无线直通车，目前无线直通车已被越来越多的卖家接受并使用。如今无线端投放的点击率是非常高的，原因是在无线端第一个位置就是直通车广告位。图10-203所示左上角带有"HOT"字样的宝贝即为参加手机直通车活动的，一般搜索页面中，第一个位置及靠前的位置都有手机直通车的广告展示位置。手机直通车的投放方式与PC端的投放方式类似，但是在选择投放平台时一定要选择手机平台投放。

图 10-202

图 10-203

附录　电子商务常见专业名词解释（内容见光盘）